FLORENZ

Mit Fiesole, Uffizien, Palazzo
Pitti und Nationalmuseum

Von Günter Wachmeier

W0245118

Artemis Verlag Zürich und München

Mit 84 Abbildungen, 32 Plänen und Zeichnungen.
Karten, Pläne und Rekonstruktionen wurden, wenn nicht
anders angegeben, von S. Habermann, München, gezeichnet.
Mehrfarbige Stadtpläne: Achim Norweg, München.

Reproduktionsrechte © 1979 Artemis Verlag München.

ISBN 3 7608 0756 9

INHALTSVERZEICHNIS

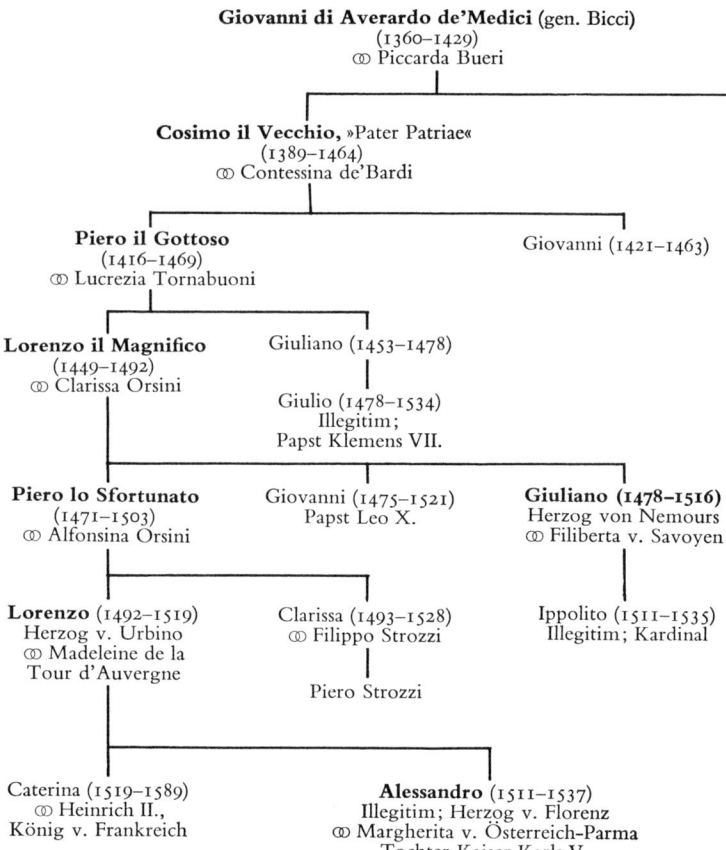

Giovanni di Averardo de'Medici (gen. Bicci)
(1360–1429)
∞ Piccarda Bueri

Cosimo il Vecchio, »Pater Patriae«
(1389–1464)
∞ Contessina de'Bardi

Piero il Gottoso
(1416–1469)
∞ Lucrezia Tornabuoni

Giovanni (1421–1463)

Lorenzo il Magnifico
(1449–1492)
∞ Clarissa Orsini

Giuliano (1453–1478)

Giulio (1478–1534)
Illegitim;
Papst Klemens VII.

Piero lo Sfortunato
(1471–1503)
∞ Alfonsina Orsini

Giovanni (1475–1521)
Papst Leo X.

Giuliano (1478–1516)
Herzog von Nemours
∞ Filiberta v. Savoyen

Lorenzo (1492–1519)
Herzog v. Urbino
∞ Madeleine de la
Tour d'Auvergne

Clarissa (1493–1528)
∞ Filippo Strozzi

Ippolito (1511–1535)
Illegitim; Kardinal

Piero Strozzi

Caterina (1519–1589)
∞ Heinrich II.,
König v. Frankreich

Alessandro (1511–1537)
Illegitim; Herzog v. Florenz
∞ Margherita v. Österreich-Parma
Tochter Kaiser Karls V.

A. STAMMTAFEL DER MEDICI

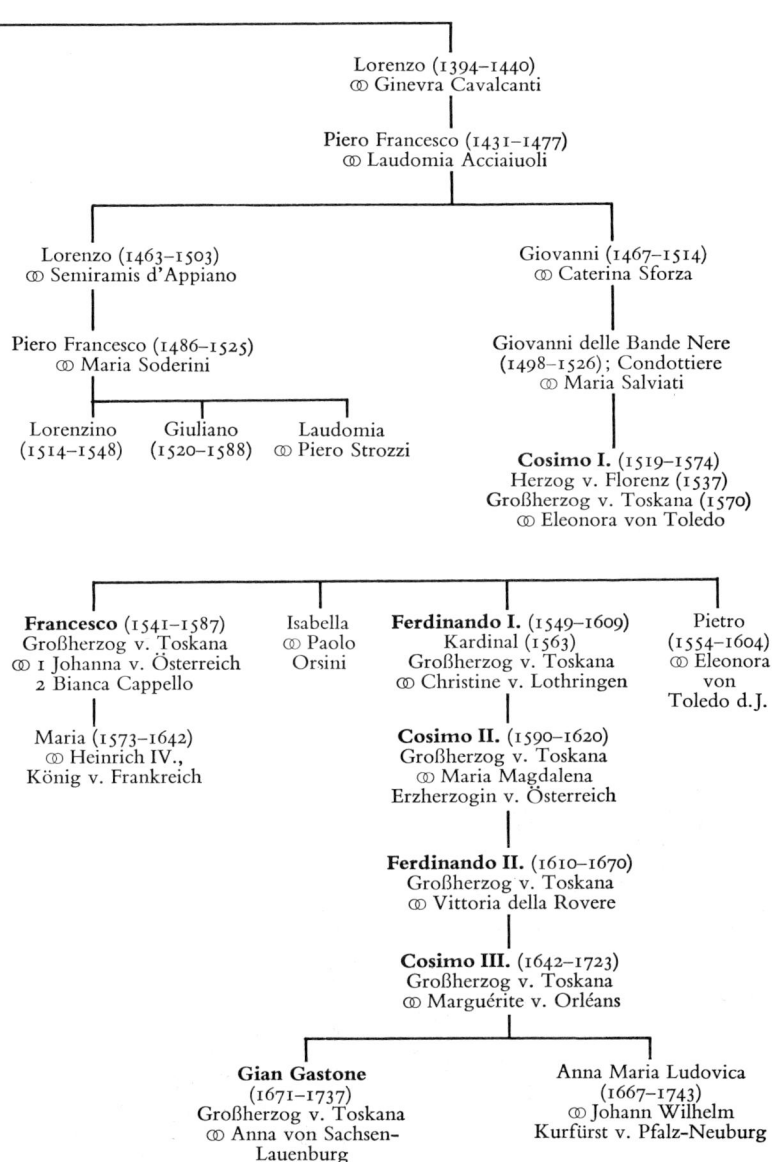

Lorenzo (1394–1440)
⊙ Ginevra Cavalcanti

Piero Francesco (1431–1477)
⊙ Laudomia Acciaiuoli

Lorenzo (1463–1503)
⊙ Semiramis d'Appiano

Piero Francesco (1486–1525)
⊙ Maria Soderini

Lorenzino
(1514–1548)

Giuliano
(1520–1588)

Laudomia
⊙ Piero Strozzi

Giovanni (1467–1514)
⊙ Caterina Sforza

Giovanni delle Bande Nere
(1498–1526); Condottiere
⊙ Maria Salviati

Cosimo I. (1519–1574)
Herzog v. Florenz (1537)
Großherzog v. Toskana (1570)
⊙ Eleonora von Toledo

Francesco (1541–1587)
Großherzog v. Toskana
⊙ 1 Johanna v. Österreich
2 Bianca Cappello

Maria (1573–1642)
⊙ Heinrich IV.,
König v. Frankreich

Isabella
⊙ Paolo
Orsini

Ferdinando I. (1549–1609)
Kardinal (1563)
Großherzog v. Toskana
⊙ Christine v. Lothringen

Cosimo II. (1590–1620)
Großherzog v. Toskana
⊙ Maria Magdalena
Erzherzogin v. Österreich

Pietro
(1554–1604)
⊙ Eleonora
von
Toledo d.J.

Ferdinando II. (1610–1670)
Großherzog v. Toskana
⊙ Vittoria della Rovere

Cosimo III. (1642–1723)
Großherzog v. Toskana
⊙ Marguérite v. Orléans

Gian Gastone
(1671–1737)
Großherzog v. Toskana
⊙ Anna von Sachsen-
Lauenburg

Anna Maria Ludovica
(1667–1743)
⊙ Johann Wilhelm
Kurfürst v. Pfalz-Neuburg

B. HISTORISCHER ÜBERBLICK

Kurze Geschichte der Stadt Florenz mit tabellarischen Übersichten
zu Künstlern und Kunstdenkmälern

Sieht man einmal davon ab, daß sich schon in voretruskischer Zeit im damals noch versumpften Arnotal eine dörfliche Siedlung befunden haben soll (10./8. Jh. v. Chr.), so tritt Florenz um das Jahr 59 v. Chr. ins Licht der Geschichte, als *Caesar* im Zusammenhang mit seinen Agrargesetzen das nördlich des Arno gelegene Land zu einer *Veteranenkolonie* machte, die er *Florentia* (»die da blühen möge«) nannte. Als *ager Florentinus* finden wir sie in den alten Urkunden zitiert. Die Lilie im Wappen wurde ihr Signum.

Sehr viel älter als ›Florentia‹ war indessen das benachbarte, in seiner beherrschenden Höhenlage strategisch ungleich bedeutsamere *Fiesole*, das als »Vorposten des etruskischen Gebietes« etwa ab 450 v. Chr. als befestigter Ort erscheint und schließlich über eine gewaltige Mauer aus mörtellos versetzten Quaderblöcken (3. Jh. v. Chr.) verfügte. – In römischer Zeit in den ›Aufstand des Bundes der Italiker‹ und in die ›Verschwörung des Catilina‹ verwickelt, wird Fiesole 90 v. Chr. zerstört und verliert durch *Sulla* seine Stadtrechte.

Fiesole (mit Badia Fiesolana)   **Nr. 59**

Erst in christlicher Zeit erlebte Fiesole einen neuen Aufstieg. Durch *Kirchen-* und *Klostergründungen* wird es vom 5. Jh. an mehr und mehr zu einem *geistigen Zentrum* und ist Sitz von reichsunmittelbaren *Bischöfen*, die über die flächenmäßig größte Diözese Italiens herrschten: Grund genug, um unten am Arno Mißtrauen zu wecken. Florenz, das sich vom 11. Jh. an politisch profilierte, empfand das benachbarte Fiesole als unliebsame Rivalin, ja als einen versteckten Gegner. So drängte man auf eine gewaltsame Bereinigung der Einflußsphären. Aus nichtigem Anlaß wird 1123 der offene Kampf gesucht, der 1125 im dritten Anlauf mit der Niederwerfung von Fiesole endet, das künftig von Florenz abhängig ist.

Doch kehren wir zunächst zum alten römischen ›Florentia‹ zurück, einem Geviert von annähernd *quadratischer* Grundform, dessen Begrenzungslinien sich noch heute im Stadtbild ablesen lassen. So bezeichnet der *Dom* ziemlich genau die *NO-Ecke* der alten Stadt, die *Badia* deren östliche Grenze, die *Via Tornabuoni* den Verlauf der alten *Westmauer*. Die *Südmauer* erstreckte sich zwischen *Piazza S. Trinità* und *Mercato nuovo*. – Das Gebiet um den *Palazzo Vecchio* gehört schon zu einer später in Richtung Arno erfolgten Stadterweiterung von schmaler Dreiecksform, zurückführend zur Piazza S. Trinità.

Der Florentiner Dom, vom Boboli-Garten aus gesehen   7

Von der männlichen Bevölkerung des römischen ›Florentia‹ tat ein guter Teil in der Prätorianergarde Dienst. Andere waren als Flößer tätig und belieferten die kaiserlichen Werften in Pisa mit dem notwendigen Holz. Ein weiterer Erwerbszweig war der Handel mit Schafwolle (Pisa war hier der Hauptumschlagsplatz). – Ihre Blütezeit erlebte die römische Stadt im 3. Jh. n. Chr. Damals entstanden am Forum (Piazza della Repubblica) die marmorverkleideten Tempel, die Säulenstraßen, die Thermen; aber auch das 15 000 Zuschauer fassende Amphitheater, dessen Areal später der Palazzo Vecchio einnehmen sollte.

Die Entwicklung bricht zunächst durch das Eindringen der Langobarden ab, ohne daß sich in frühchristlicher oder frühmittelalterlicher Zeit schon neue Ansätze von einiger Bedeutung erkennen ließen. Zwar entstanden im Laufe der Jahrhunderte eine Reihe kleinerer Kirchen wie S. Felicità, S. Pier Scheraggio, S. Maria Maggiore und Santa Reparata (die Vorgängerkirche des heutigen Domes). Doch das künstlerische Niveau war wohl nicht allzu hoch. »Zwischen der Mitte des 4. Jh. und dem Anfang des 11. Jh. entstand in Florenz höchstwahrscheinlich kein einziger Bau ersten Ranges« (Paatz).

Eine grundlegende Änderung trat erst ein, als 1045 ein burgundischer Geistlicher namens *Gerhard* den Florentiner Bischofsstuhl bestieg. Bischof Gerhard war ein treuer Anhänger der cluniazensischen Reform, mit der sich im 11. Jh. auch kirchenpolitische Ziele verbanden, vor allem die Durchsetzung des kanonischen Rechts in der Kirche, was zwangsläufig einen Gegensatz zum deutschen Kaisertum heraufbeschwören mußte und schließlich zum Investiturstreit und zu den Ereignissen von Canossa (1077) führte.

In dieser entscheidenden Phase der Kirchengeschichte wurde Florenz zu einem Zentrum der antikaiserlichen Kräfte. Neben Bischof Gerhard war es Herzog *Gottfried von Lothringen*, der sich als Anführer der antikaiserlichen Richtung Florenz zur Residenz wählte. Zu ihnen stieß als Dritter der Legat *Hildebrand*, auch er ein Mönch aus Cluny (in Rom erzogen) und ein entschlossener Kämpfer für die Rechte der Kirche: »der geniale Leiter der Reformpartei«, der später als *Papst Gregor VII.* deutsche und italienische Bischöfe mit dem Bann belegte und das Investiturdekret erließ. Als Heinrich IV. seine Absetzung forderte, belegte Gregor auch ihn mit dem Bann, »ein in dieser Form nie dagewesenes Ereignis« (H. Kühner).

Vor diesem Hintergrund muß auch der Bau des Baptisteriums (beg. 1060) gesehen werden, zu dem Papst Nikolaus II. (der oben erwähnte Bischof Gerhard von Florenz) persönlich den Grundstein legte. Zusammen mit S. Miniato al Monte begründet das Baptisterium den *Florentiner Inkrustationsstil*, der, als Rückgriff auf die römische Antike, »das großartige Wagnis einer ersten Renaissance« (Paatz) darstellt.

Nach Größe, Stil und Anspruch orientiert man sich dabei am römischen *Pantheon*, dessen absolute Maße vom Baptisterium nur geringfügig unterschritten werden. Von dort übernimmt man auch die *Inkrustationstechnik* (die Verkleidung der Wände mit dünnen Marmorplatten), die seit Kaiser Domitian (81–96) zum festen Bestandteil römischer Staatsarchitektur geworden war und mit dem Pantheon (120–125) einen ihrer Höhepunkte erreicht hatte.

1060	**Baptisterium (voll. um 1128)**	**Nr. 1**
nach 1060	**S. Miniato al Monte**	**Nr. 49**

Den Anschluß an die Antike und die Wiederbelebung der Inkrustationstechnik verstand man in Florenz als Bekenntnis zur eigenen Vergangenheit und gleichzeitig als eine Entscheidung für das Papsttum: beides in Abwehr des deutschen Kaisertums und seines Italienanspruches.

Guelfen und Ghibellinen

Mit der Erinnerung an das Imperium Romanum verband sich nicht zuletzt die Hoffnung auf eine Einigung Italiens. Doch die heiß diskutierte Frage, auf welchem Wege dies möglich sei, trieb einen tiefen Keil in die führenden Schichten, spaltete den Adel in zwei feindliche Lager (»hie Papst« – »hie Kaiser«), schuf etwa ab 1200 zwei sich unversöhnlich gegenüberstehende Parteien. Die *Guelfen* als Anhänger des Papstes konnten sich eine Erneuerung Italiens nur durch *Rom* vorstellen, während sich die *Ghibellinen* (auf der Seite des Kaisers) die Einigung des Landes von einem militärischen Eingreifen aus dem *Norden* erhofften.

Der Gegensatz zwischen Kaiser und Papst, der die europäische Geschichte noch bis ins 13. Jh. geprägt hat, bestimmte auch das Schicksal von Florenz, das sich 1125 (wir erwähnten es schon) Fiesole unterworfen hatte. Zu Beginn des 13. Jh. herrschte in der Stadt »ein gesundes ghibellinisch-guelfisches Gleichgewicht« (Stahl). Man war zur Führungsmacht der Toskana aufgestiegen, besaß in Lucca einen guten Verbündeten, brauchte auch feindlich gesinnte Städte wie Siena und Pisa nicht ernstlich zu fürchten. Regiert wurde Florenz vom Adel. Der Einfluß der Zünfte war anfangs noch gering.

Verfolgen wir die weitere Entwicklung (nach Stahl, dessen Forschungen wir hier zugrunde legen), so zeigen sich erste Veränderungen der inneren Verhältnisse in den Jahren 1237/38, als der kaiserlich-päpstliche Antagonismus erneut auf die Stadt übergriff. Friedrich II. hatte mit der Wiederaufnahme der staufischen Italienpolitik erneut den Kampf mit den lombardischen Städten und dem Papsttum eingeleitet. Sein Sieg über den lombardischen Städtebund (1237) ließ die Ghibellinen auf eine Wiederherstellung der Reichsmacht in Italien hoffen, was in Florenz zur Vertreibung des antikaiserlichen Podestà führte (1238), während umgekehrt (allerdings nur für kurze Zeit) der Reichslegat von Tuszien (Gebhard von Arnstein) in die Stadt kam.

Mit der inneren Eintracht war es 1238 zu Ende; der Standesverband der Ritter war durch den Parteienkampf gespalten. Die Ghibellinen gewannen nun die Oberhand, während die Guelfen vorübergehend sogar aus der Stadt auszogen. Der *popolo* aber, von den Ghibellinen umworben, konnte sich 1244 seine erste Organisation geben. Es war ein Gesamtverband, der auch die Zünfte und Kaufmannschaften mit einschloß.

Die päpstliche Gegenreaktion ließ nicht lange auf sich warten. Schon 1244 gibt es in Florenz einen päpstlichen *Inquisitor*. 1245 erklärt das Konzil von Lyon Friedrich II. für abgesetzt. In Florenz kommt es noch im selben Jahr zum offenen Kampf zwischen dem kaiserlich gesinnten Bürgerheer unter dem Befehl des Podestà und den päpstlich gesinnten Mönchen und deren Anhängerschaft aus dem niedrigen Volk. Da die Kaiserlichen siegen, gehorcht die Toskana von da an dem Staufer. Doch die Unterwerfung löst zugleich eine Welle der Empörung aus. Der Wille, die Fremdherrschaft abzuschütteln, ist allgemein, und er verbindet sich beim *popolo* mit dem Ziel, die Macht innerhalb der Stadt an sich zu reißen.

Im September 1250 scheint die Gelegenheit dazu günstig. Guelfen und Ghibellinen stehen sich außerhalb der Stadt bewaffnet gegenüber; die Stadt selbst ist von Truppen entblößt. Als die Kaiserlichen eine empfindliche Niederlage hinnehmen müssen, ist die Stunde des Aufstands gekommen. Mit dem Ruf »viva il popolo« errichtet man kurzentschlossen die *erste Volksherrschaft der florentinischen Geschichte*. Der Podestà, die Regierenden und alle Beamten der Kommune werden ihrer Ämter enthoben. Das Volk handelt »aus eigener Machtvollkommenheit«.

Schon am 20. Oktober 1250, zwei Monate vor dem Tode Kaiser Friedrichs II., wurde die neue *Verfassung* verkündet. Es gab nun eine Art *Volksmiliz gegen innere Feinde*. Im übrigen wurde die Stadt aufgeteilt in 20 ›Bannerschaften‹ *(gonfaloni)* mit je einem jährlich gewählten »gonfaloniere di compagnia« als Anführer und vier Rektoren als Berater an der Spitze. »Der Standesverband der Ritter trat nicht mehr einheitlich auf.« An der Spitze der Stadt stand jetzt neben dem Podestà der Kapitanus *(Capitaneus populi)*. »Nur beide zusammen konnten in Politik und Verwaltung die Stadt lenken.« Zwar hatte der Kapitanus keine legislative Gewalt, doch mußte er gegen jede gesetzeswidrige Behandlung eines Popolanen einschreite˙ und Gewaltakte der Großen rücksichtslos bestrafen. Außerdem war jeder, der von geheimen Verschwörungen oder unerlaubten Parteibildungen Kenntnis hatte, verpflichtet, dies anzuzeigen. Es gab ferner einen aus zwölf Personen bestehenden Rat der Ältesten *(Anzianen)*. Zusammen mit dem Kapitanus konnte dieser Rat die Statuten auslegen und abändern, ja selbst gerichtliche Urteile mildern oder verschärfen (was vormals nur dem Podestà zustand).

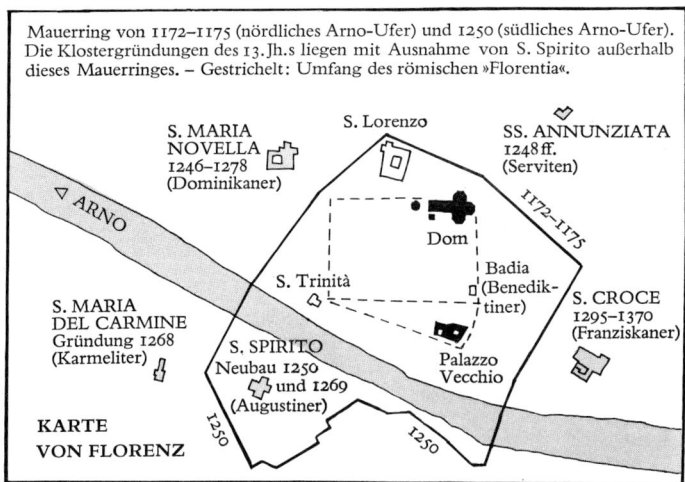

Mauerring von 1172–1175 (nördliches Arno-Ufer) und 1250 (südliches Arno-Ufer). Die Klostergründungen des 13. Jh.s liegen mit Ausnahme von S. Spirito außerhalb dieses Mauerringes. – Gestrichelt: Umfang des römischen »Florentia«.

S. MARIA NOVELLA
1246–1278
(Dominikaner)

S. Lorenzo

SS. ANNUNZIATA
1248 ff.
(Serviten)

ARNO

Dom

1172–1175

S. MARIA DEL CARMINE
Gründung 1268
(Karmeliter)

S. Trinità

Badia
(Benediktiner)

S. CROCE
1295–1370
(Franziskaner)

S. SPIRITO
Neubau 1250
und 1269
(Augustiner)

Palazzo Vecchio

KARTE VON FLORENZ

1250

1250

In rascher Folge entstehen nun innerhalb eines Jahrhunderts jene bedeutenden Monumente mittelalterlicher Architektur, die in ihrer herben und strengen Form das Stadtbild von Florenz bis heute bestimmen.

| 1246 | Baubeginn von S. Maria Novella | Nr. 28 |
| 1255 | Baubeginn des Bargello | Nr. 8 |

Steht der Baubeginn von S. Maria Novella noch unter dem Zeichen einer kirchlich motivierten, papstnahen Initiative (1232 war den Dominikanern die Inquisition übertragen worden), so ist der hohe festungsartige Steinbau des Bargello ein demonstrativ gesetztes Zeichen der neu gewonnenen Freiheit, ein »Symbol des Sieges über den Adel« (G. K.).

Florenz erlebte nun eine Zeit großer wirtschaftlicher Blüte. Hatte die Stadt schon um 1200 eine für mittelalterliche Verhältnisse ungewöhnlich hohe Einwohnerzahl von 40000 Seelen, so stieg ihre Bevölkerung bis etwa 1300 auf runde 100000. Eine Nachricht von 1260 nennt allein 47 Paläste und 59 Türme. Darüber hinaus waren bis 1252 drei neue Brücken entstanden. Auch wird im selben Jahr *die erste Münze* geprägt: eine *Goldwährung* entsteht, »die erste, die eine Stadt des Mittelalters einführte« (Braunfels).

Ordensniederlassungen im 13. Jahrhundert

Der im 13. Jh. rapide anwachsenden Bevölkerung entsprachen eine Reihe von Ordensniederlassungen, die ausschließlich der *Volksseelsorge* dienten: Dominikaner in S. Maria Novella (1221), Franziskaner in S. Croce (1226), Serviten in SS. Annunziata (1248), Augustiner in S. Spirito (1250), Karmeliter in S. Maria del Carmine (1268).

1265 wurde in Florenz *Dante* geboren, 1266 in der Nähe von Florenz *Giotto*, der Begründer der nachbyzantinischen Malerei. 1272/74 malt *Cimabue* sein Kruzifix für S. Croce (vgl. S. 80).

Schon Dante hat sich mit der Frage nach der *vollkommenen politischen Ordnung* beschäftigt. Er war 17 Jahre alt, als sich Florenz eine neue demokratische Verfassung gab (1282). Dieser sog. *secondo popolo* läßt erkennen, welches Gewicht die Zünfte in den drei zurückliegenden Jahrzehnten gewonnen hatten. Man teilte sie jetzt ein in die »Großen Zünfte«, die *Arti Maggiori*, zu denen Richter und Notare, Kaufleute, Wechsler, Wollweber, Ärzte, Apotheker und Kürschner zählten, während die »Kleinen Zünfte«, die *Arti Minori*, die Handwerker vertraten, darunter auch die Steinmetze. – Von diesen Zünften (sieben große, vierzehn kleine) ging künftig der politische Einfluß aus. Ihre Vorsteher *(Priori)* bildeten die *Signoria*, die zusammen mit dem *Gonfaloniere della giustizia* (dem Oberhaupt der Republik) die gesetzgebende Gewalt und die Exekutivbehörde darstellt.

In baulicher Hinsicht verlagerte sich der Schwerpunkt immer mehr vom privaten Bereich in den *öffentlichen*. Es entstanden nun jene Großbauten, die über ihren praktischen Zweck hinaus das Gemeinwesen als solches repräsentierten und dementsprechend mit dem größten Aufwand, zumal in künstlerischer Hinsicht, betrieben wurden. Diese Arbeiten waren eine Angelegenheit der ganzen Stadt, wurden aber im einzelnen jeweils einer bestimmten Zunft zur verantwortlichen Leitung übertragen.

1284	**Dritte Stadtmauer** (voll. 1333)	**Nr. 55**
1294	**Neubau des Domes** (Weihe 1436)	**Nr. 2**
1295	**S. Croce** (voll. kurz vor 1385)	**Nr. 10**
1299	**Palazzo Vecchio** (Kernbau 1314 voll.)	**Nr. 13**

Mit dem Projekt der *Dritten Stadtmauer* greift Florenz weit über seine angestammten Grenzen hinaus. Es entsteht ein Verteidigungsring, dessen Ausmaße durch keine praktische Notwendigkeit begründet erscheint. Das Vorhaben erwächst vielmehr »aus einem neuen politischen Denken«, es ist in erster Linie eine »Demonstration politischer Macht« (Braunfels).

Die Pläne zu diesem gewaltigen Unternehmen stammten vom Dombaumeister *Arnolfo di Cambio*. Ausgerüstet mit über 70 Türmen und einem Dutzend Torburgen umschloß diese Verteidigungsmauer die Stadt in einer Länge von mehr als 8 km: ein kühnes Unterfangen, für dessen Ausführung man rund 50 Jahre benötigte. Ein großer Teil der zur Verfügung stehenden Kräfte war für lange Zeit gebunden, so daß selbst der Dombau an Dringlichkeit zurückstehen mußte, ja vorübergehend zum Erliegen kam. Die vom Mauerring umschlossene Fläche (650 ha) hat dann der Stadtentwicklung für weitere 500 Jahre genügt. Erst das 19.Jh. sah sich gezwungen, über die vom Mittelalter abgesteckten Grenzen hinauszugreifen.

Auch das zweite große Unternehmen jener Jahre, der 1294 begonnene *Dombau* (S. Maria del Fiore), erwuchs aus dem neuen, erstarkten Selbstbewußtsein der Stadt. Man trat mit ihm bewußt in Konkurrenz zu Pisa, Siena und Orvieto und wollte (wie ein Chronist berichtet) »einen schöneren und ehrenvolleren Tempel haben als alle, welche sich bisher in der Toskana finden«. Man wollte »das weithin sichtbare Stadtmonument« (Braunfels). So kommt dem Bauwerk hohe symbolische Bedeutung zu. Es ist die *Idee der Stadtfreiheit*, die sich einen ihr angemessenen Ausdruck zu geben versucht. Gerade auch der Umstand, daß der Dombau schon bald zum Erliegen kam (etwa ab 1302), zeigt, wie sehr die *Idee* im Vordergrund stand. Man plante in riesigen Dimensionen, ohne die Möglichkeiten einer Realisierung nüchtern abzuschätzen.

Wie sehr aber die öffentlichen Bauten als eine Angelegenheit der ganzen Stadt empfunden werden, zeigen uns die häufig ausgeschriebenen »Konkurrenzen«, die wechselnden Kommissionen, die zur Begutachtung ausgestellten Modelle, die häufigen Planänderungen. Oft geht es dabei um einzelne Details, um Höhe und Breite von Räumen, um Jochzahl und Pfeilerform, um Ausstattungsfragen und Konstruktionsprobleme. Gerade die Baugeschichte des Domes, die sich über mehr als 150 Jahre hinzieht, ist begleitet von solchen Einzelentscheidungen, an denen neben den Künstlern auch die Zünfte und die großen Familien, ja die ganze Bevölkerung lebhaften Anteil nehmen.

Nur fünf Jahre waren seit der Grundsteinlegung zum Florentiner Dom vergangen, als die Stadt 1299 mit dem *Palazzo Vecchio* ihr drittes großes Bauvorhaben begann. Als »Palazzo dei Priori«, wie die ursprüngliche Bezeichnung lautete, diente das Bauwerk gemäß der Verfassung von 1282 den *Zunftmeistern* (Priori) und dem *Gonfaloniere* als ständiger Sitz. Der wehrhafte Charakter des Äußeren unterstrich in eindrucksvoller Weise die Entschlossenheit des Stadtregiments, sich gegenüber etwaigen Feinden zu behaupten. In früheren Jahren hatte man sich in einem mittelalterlichen Turm versammelt, um vor den »Drohungen der Mächtigen« geschützt zu sein. Jetzt wohnte und schlief man hier, abgeschirmt gegen mögliche Beeinflussung von außen.

Stadtbaukunst als Leistung der Zünfte

Die im 13. Jh. mit so vehementer Kraft beginnende Bautätigkeit setzte sich im Florenz des 14. Jh. mit unverminderter Energie fort. Die große Epoche der florentinischen Stadtbaukunst fällt ja nicht in die Zeit der Medici, sondern gehört dem vorausgehenden 14. Jh. an, als gleichzeitig am Dritten Mauerring, am Dom, an S. Croce, am Palazzo Vecchio, am Campanile, an Or San Michele und an der Loggia dei Lanzi gebaut wurde. Die damals neu entstehende Stadtphysiognomie muß als die große historische Leistung der Zünfte gesehen werden, die sich mit der Verfassungsänderung von 1293 endgültig gegen den Adel durchgesetzt hatten.

Das 14. Jh. wird wesentlich von gotischen Einflüssen bestimmt, wobei unter den Sakralbauten vor allem S. Croce (beg. 1295) herausragt, die größte aller uns bekannten Franziskanerkirchen. Ihre Abmessungen gleichen denen von Alt-St. Peter. Entsprechend aufwendig gestalten man auch die Ausstattung. Die durch Glasmalerei in leuchtende Materie aufgelösten Chorwände strahlen ein tiefes sakrales Licht aus. Nicht weniger eindrucksvoll ist die Ausmalung der hohen Kapellenräume durch Giotto und seine Schüler.

1320–1328	**Giottos Fresken in S. Croce**	**Nr. 10**
1330–1336	**Erste Baptisteriumstüre (Andrea Pisano)**	**Nr. 1**
1334	**Campanile (voll. 1355)**	**Nr. 2**
1337	**Or San Michele (voll. 1404)**	**Nr. 23**

Giotto, der Begründer der nachbyzantinischen Malerei, wurde in seiner entwicklungsgeschichtlichen Bedeutung schon von Dante und Petrarca erkannt. In großflächig angelegten Darstellungen weitet sich bei ihm der Bildraum mit Hilfe einer vorwissenschaftlichen Erfahrungsperspektive zu einem ›realistischen‹ Schauplatz, auf dem statuenhaft gestaltete Bildfiguren von großem körperlichen Volumen in feierlichem Ernst agieren. Die Überwindung der byzantinischen Maltradition mit ihrem eingeengten Typenvorrat ist damit endgültig vollzogen. Giottos neue Sehweise eröffnet der Malkunst völlig neue Wege. Er legt die Grundlagen für Masaccio und die realistische Malerei der Frührenaissance.

Als man Giotto 1334 im Alter von 68 Jahren in das Amt des Dombaumeisters beruft, richtet er seine ganze Energie auf den Campanile. Gleichsam als Ersatz für den steckengebliebenen Dombau war es sein Ziel, der Stadt mit einem gigantischen Campanile ein neues Wahrzeichen zu geben. Nach Giottos Plänen hätte der über 100 m hohe Turm mit einem gotischen Spitzhelm abschließen sollen. Doch Giottos Nachfolger (Andrea Pisano, später Francesco Talenti) verwirklichten eigene Ideen.

Andrea Pisano, Giottos Mitarbeiter am Campanile, verdankt Florenz vor allem die erste Baptisteriumstüre, eine aufwendige und kostspielige Bronzearbeit, deren figurenreiche Bildfelder in ihrer gotischen Schönlinigkeit zugleich dem neuen Bedürfnis »etwas zu sehen« entgegenkommen. Die Kunst gewinnt nun zunehmend einen repräsentativen Charakter (was auf die Frührenaissance vorausweist).

Ganz sicher ist diese erste Bronzetüre des Baptisteriums auch ein Zeichen für den wirtschaftlichen Aufstieg der Stadt und ihren Wohlstand in Handel und Handwerk. In der Woll- und Seidenindustrie, die sich zur industriellen Betriebsform von ›Manufakturen‹ entwickelt hatte, beschäftigte man damals rund 30000 Personen. Das war knapp ein Drittel der Gesamtbevölkerung. Man fertigte pro Jahr über 25000 Stück Tuch, was Millionenwerte repräsentierte.

So nimmt es nicht wunder, wenn auch der Bau des städtischen Getreide-speichers (Or San Michele), an dessen Ausschmückung sich alle Floren-tiner Zünfte zu beteiligen hatten, einen fast palastartigen, stolzen und repräsentativen Zug annahm. Das großzügige Unternehmen war noch kaum begonnen, als in Florenz (1340, 1348) die *Pest* wütete. Vor allem das Jahr 1348 wurde für die Stadt zur Katastrophe. Die Einwohnerzahl reduzierte sich von 100000 (um 1300) auf etwa 45000. Ein düsteres, von tiefem Pessimismus erfülltes Le-bensgefühl breitete sich aus, gegen das eine religiöse, spätgotisch orien-tierte Kunst ankämpfte.

1359	Marmortabernakel in Or San Michele (voll.)	Nr. 23
1365	Ausmalung der ›Spanischen Kapelle‹	Nr. 28
1367	Gotische Maßwerkfenster an Or San Michele	Nr. 23

Eine Generation später dokumentiert die Errichtung der Loggia dei Lanzi erneut einen Geisteswandel. In klassisch-strengen Formen erbaut, als »erste Stadtloggia Italiens« auch historisch denkwürdig, spricht aus ihr der alte Stolz des Gemeinwesens, die ›römisch-republikanische‹ Ge-sinnung. Auch das im Maßstab 1 : 10 angefertigte Ziegelmodell des Domes (1367) zeigt uns, daß man nun neue Anstrengungen unternimmt, den liegengebliebenen Dombau fortzusetzen. 1375 wird die Vorgänger-kirche S. Reparata abgerissen, 1379 das Langhaus für Gottesdienste be-nützt.

1367	Ziegelmodell für den Dom (Maßstab 1:10)	Nr. 2
1374	Loggia dei Lanzi (voll. 1381)	Nr. 13
um 1380	S. Croce, Fresken von Agnolo Gaddi	Nr. 10

Während um 1380 Agnolo Gaddi mit seinen Fresken in S. Croce noch immer in der Nachfolge Giottos steht, dessen Stilprinzipien er ›manieri-stisch‹ übersteigert, wird schon jene Generation geboren, deren Namen wir als Träger der Frührenaissance kennen.

Die erste Generation der Frührenaissance (Geburtsdaten)

Brunelleschi (1377), *Ghiberti* (1381), *Nanni di Banco* (um 1380), *Fra An-gelico* (1387), *Cosimo d. Ä.* (1389), *Michelozzo* (1396), *Uccello* (1397), *Luca della Robbia* (1399), *Masaccio* (1401), *L. B. Alberti* (1404), *Domenico Vene-ziano* (um 1405), *Fra Fillippo Lippi* (1406).

1401	Konkurrenzreliefs (Ghiberti, Brunelleschi)	Nr. 8

Das 15. Jh. beginnt in Florenz mit dem denkwürdigen Wettbewerb für die zweite Baptisteriumstüre. Von den Probearbeiten (»Opferung Isaaks«) haben sich die von Ghiberti und Brunelleschi erhalten. Beide Reliefs sind noch spätgotisch gebunden, wenn auch nach Temperament und Auffassung verschieden konzipiert. Ghiberti erweist sich schon hier als der große Erzähler, Brunelleschi als der realistischere ›Analytiker‹.

1403–1424   Zweite Baptisteriumstüre (Ghiberti)   Nr. 1

Die Entscheidung, das Baptisterium mit einer zweiten Bronzetüre auszustatten, signalisiert einen neuen künstlerischen Impuls: Es handelt sich
um das letzte große Werk der Plastik vor Beginn der Frührenaissance.
Ghiberti, der den Auftrag zugesprochen erhielt, benötigte für die Ausführung mehr als 20 Jahre. Als er die Türe 1424 vollendet hatte, entstanden in Florenz bereits die Gründungsbauten der Frührenaissance,
deren antikisierende Formensprache die Gotik ablösen sollte.

1408   »Quattro Coronati« von Nanni di Banco   Nr. 23

Für Or San Michele, dessen plastischer Nischenschmuck noch immer
ausstand, schafft Nanni di Banco mit seinen »Quattro Coronati« (1408)
eine Figurengruppe von überraschend antikisierendem Charakter. Man
glaubt, vier römische Senatoren vor sich zu haben. Zusammen mit den
Frühwerken Donatellos begründet dieser jung verstorbene Meister die
neue Vorrangstellung der Skulptur, an der sich künftig die Malerei
orientieren wird (körperliche Erfassung der Figur mit malerischen Mitteln). Aus dem Sockelrelief der »Quattro Coronati« (Abb.) spricht zugleich eine neue Selbsteinschätzung des Künstlers. In einer hinreißend
lebendigen Darstellung schildert hier Nanni di Banco den Werkstattbetrieb des Bildhauers: gleichsam ein erster Schritt auf dem Wege zu
Ghibertis späteren Selbstporträts (Baptisteriumstüren).

Or San Michele, Sockelrelief der »Quattro Coronati« von Nanni di Banco

1411	»Hl. Markus« von Donatello (Or San Michele)	Nr. 23
1415–1420	»Prophet mit Schriftrolle« (Dommuseum)	Nr. 3
1416–1420	»Hl. Georg« von Donatello (Bargello)	Nr. 8

Noch entschiedener als Nanni di Banco arbeitet Donatello am neuen Menschenbild der Frührenaissance. Sein »Hl. Markus« ist eine der ersten Figuren, bei der sich trotz schwerer Stoffmassen die *körperliche* Erscheinung auszuformen beginnt. Doch erst mit dem »Hl. Georg« befreit sich die Skulptur endgültig aus ihren mittelalterlichen Bindungen. Selbstsicher steht der Heilige in seinem jugendlichen Habitus vor uns, hoch aufgerichtet, den Blick mit kühner Entschlossenheit auf ein Ziel gerichtet. Hinzu kommt die Physiognomie. Welche Rolle sie künftig spielen wird, zeigt uns der »Prophet mit Schriftrolle«, aus dessen Gesichtszügen Alter, Sorge und Schmerz sprechen.

1418–1421	Sakristei von S. Trinità	Nr. 20
1419–1428	»Alte Sakristei« in S. Lorenzo (Brunelleschi)	Nr. 30
1420–1436	Errichtung der Domkuppel (Brunelleschi)	Nr. 2
1421	Baubeginn des Findelhauses (Brunelleschi)	Nr. 39
1421	Grundsteinlegung zu S. Lorenzo (Brunelleschi)	Nr. 30

Parallel zum ›realistischen‹ Menschenbild der Skulptur entwickelt sich eine auf die Antike zurückgreifende Baukunst von betont rationalem Charakter. Ausgehend von Euklids Optik entdeckt Brunelleschi (um 1410) die Gesetze der Zentralperspektive. Auch sein Modell zur Domkuppel (1417) ist in erster Linie ein bautechnisches Dokument.

Brunelleschi hatte sich anheischig gemacht, die Domkuppel ohne Gerüste hochführen zu können. Freischwebend sollte sie aufwachsen, nur
von Gewölberingen gehalten, deren Teilstücke zwischen den freitragenden Rippen untereinander verklammert sein würden.

Neben die technische Seite tritt der baukünstlerische Aspekt. Brunelleschi überwindet die Gotik, indem er auf allen figürlichen oder ornamentalen Zierat verzichtet. Keine Statuen, keine Türmchen (Fialen),
keinerlei Blattornamente (Krabben) beeinträchtigen die großflächige
Erscheinung der äußeren, durch weiße Marmorrippen dynamisch ge-
strafften Kuppelschale. Durch rote Ziegeldeckung bleibt die Kuppel
eingebunden in den Gesamtzusammenhang der Florentiner Dachland-
schaft. Sie ist in erster Linie ein *bürgerliches* Stadtsymbol.

War die Vollendung der Domkuppel noch eine aus zurückliegender Zeit
resultierende Gemeinschaftsaufgabe, so sind die Bauten der Frührenaissance sehr viel mehr an private Initiativen gebunden. Es sind die großen
wohlhabenden Familien, die untereinander in Wettstreit treten und
selbst bei kirchlichen Bauaufgaben als Geldgeber auftreten. Das gilt vor
allem für Kapellen, Sakristeien und Kapitelsäle, die nicht selten neben
ihrer kirchlichen Funktion noch eine private Aufgabe erfüllen.

So ist die Sakristei von S. Trinità, »der erste Monumentalbau der Frührenaissance« (Klotz), zugleich Familienkapelle und Grabstätte der *Strozzi*,
deren Wappen wir sowohl am Außen- wie am Innenbau finden. Die ein
Jahr später begonnene, von den *Medici* finanzierte »Alte Sakristei« in
S. Lorenzo (auch sie eine Familiengrabstätte) ist innerhalb von Florenz
ein Konkurrenzbau zur Sakristei der Strozzi. Und wenn Brunelleschi
drei Jahre später mit dem Kirchenneubau von S. Lorenzo beginnen kann,
so nur, weil auch hier die Medici als Geldgeber auftreten.

Brunelleschis Architektur setzt sich sehr bewußt von der Gotik ab. Er
ist der *Wiederentdecker der antiken Säulenordnung*. Er schafft zum ersten
Mal Kirchenräume, die an die frühchristliche Basilika der Spätantike
erinnern, Räume, die sich in Grund- und Aufriß durch klare und schöne
Verhältnisse auszeichnen. Das Transzendente der Gotik ist gleichsam
aufgehoben. Die Struktur des Kirchengebäudes ist wieder überschaubar
geworden. Ähnliches gilt für den profanen Bereich (Findelhaus): Die
Bauten sind von vornehmer Erscheinung, mit großen geschlossenen
Wandflächen, im Detail feingliedrig und von linearer Präzision.

1422	»Hl. Matthäus« von Ghiberti (Or San Michele)	Nr. 23
1424–1428	Masaccios Fresken in S. Maria del Carmine	Nr. 55
1425–1427	Masaccios »Trinitätsfresko« (S. Maria Novella)	Nr. 28
1425–1452	Dritte Baptisteriumstüre (Ghiberti)	Nr. 1
um 1430	Donatellos Bronzedavid (Bargello)	Nr. 8
1430	Pazzi-Kapelle von S. Croce (Brunelleschi)	Nr. 10

1436 Weihe des Florentiner Domes   **Nr. 2**
1436 Baubeginn von S. Spirito (Brunelleschi)   **Nr. 18**
  1436 Uccellos Reiterbildnis des John Hawkwood   **Nr. 2**

In den beiden Jahrzehnten bis zur Domweihe (1436) entfaltete sich die Kunst der Frührenaissance in zunehmender Breite. Durch Ghiberti entstand 1422 mit dem »Hl. Matthäus« die *erste Bronzestatue der europäischen Kunst seit dem Ende der Antike*, mit Donatellos »Bronzedavid« (um 1430) die erste selbständige *Aktfigur*. Bald darauf gelingt Ghiberti mit der dritten Baptisteriumstüre der Durchbruch zu einer *neuen Reliefkunst*, die den Bildgedanken unter Einbeziehung von Architektur und Landschaft weiträumig entwickelt.

Auf dem Gebiet der *Malerei* ist es der früh verstorbene Masaccio, der mit den Fresken in S. Maria del Carmine eine neue Epoche einleitet. *Masaccio schafft das neuzeitliche Bild*, das wirklichkeitsnah den Menschen bis in seine seelischen Regungen hinein erfaßt und das Geschehen durch Licht und Schatten akzentuiert. – In seinem »Trinitätsfresko« in S. Maria Novella stellt Masaccio die Erscheinung Gottvaters unter ein kassettiertes Tonnengewölbe und gibt ihr so einen römisch-antiken ›Nimbus‹. Die perspektivischen Kenntnisse vermittelt ihm Brunelleschi.

Was Masaccio malt, setzt Brunelleschi in gebaute Architektur um. Bei seiner Pazzi-Kapelle sind die Vorhalle und der quergerichtete Hauptraum *tonnengewölbt*, eine Wölbungsform, die von Alberti zur architekturtheoretischen Forderung für den christlichen ›Tempel‹ erhoben wird.

Zur Wiederbelebung antiker Kunstform gehört auch das Reiterbildnis. Als Fresko von gewaltiger Größe, perspektivisch genau berechnet, finden wir es zuerst im Florentiner Dom. Uccello malt es im Jahre der Domweihe (1436). Diese Domweihe, von Papst Eugen IV. vollzogen, ist selbst ein denkwürdiges Ereignis. Die berühmtesten Florentiner Künstler sind anwesend. Alberti, der von der Domkuppel sagt, sie sei so geräumig, daß sie alle Toskaner zu überwölben scheine, nimmt das Ereignis zum Anlaß, um Brunelleschi die ihm gewidmete Schrift »Über die Malerei« zu überreichen.

Florenz stand nun auf dem Höhepunkt seiner Macht. 1434 hatten *Cosimo d. Ä.* und seine Freunde alle wichtigen Ämter der Stadt übernommen. Es begann eine glanzvolle Zeit künstlerischer Entfaltung: »Das vollkommen Schöne sollte zur Kulisse des Daseins werden« (Braunfels). Erst jetzt entstehen auch die großen Privatpaläste, deren Rustika (übernommen vom Palazzo Vecchio) zugleich den politischen Anspruch der Bauherren dokumentieren. – Mit der Laterne der Domkuppel (nach Plänen Brunelleschis) und der Fassade von S. Maria Novella (L. B. Alberti) kommen weit zurückreichende Unternehmungen zu einem glücklichen Abschluß. Völlig singuläre Schöpfungen sind dagegen Albertis Palazzo Rucellai und sein »Hl. Grab« in S. Pancrazio.

Die Entfaltung der Florentiner Kunst unter den Medici steht unter dem Zeichen der Toleranz. Heydenreich hat in diesem Zusammenhang von einem ›elastischen‹ Kunstgeschmack gesprochen. Man fördert in Architektur und Malerei die unterschiedlichsten Richtungen, fördert kirchliche und weltliche Werke gleichermaßen. Meditative Religiosität (Fra Angelico) steht neben traumhafter Naturseligkeit (Benozzo Gozzoli). Die Autonomie des Künstlers gewinnt an Profil. Ghibertis »Commentarii« (1447/48), die erste Autobiographie eines Künstlers und seine Porträtbüsten an den Baptisteriumstüren, die ihn als 40- und 60jährigen zeigen, sind dafür eindrucksvolle Zeugnisse. Derselbe individuelle Geist spricht aber auch aus den ergreifenden Spätwerken Donatellos mit ihrer von Schmerz und innerer Erschütterung gezeichneten Bilderschrift. – Mit Donatellos Tod (1466) und dem Hinscheiden von Cosimo d. Ä. (1464) endet die erste Phase der Florentiner Frührenaissance.

In der Zeit *Lorenzos des Prächtigen* (1469–1492) vollzieht sich eine höfische, lyrisch-poetische Verfeinerung der Kunst. Verrocchio (geb. 1436), Botticelli (geb. 1444), Ghirlandaio (geb. 1449) und Filippino Lippi (geb. 1457) sind Künstler, die schon zur zweiten Generation der Frührenaissance gehören. Sie arbeiten für eine literarisch und humanistisch geprägte Gesellschaftsschicht, die unter dem Einfluß der noch von Cosimo d. Ä. 1459 gegründeten ›Platonischen Akademie‹ an eine Harmonisierung zwischen Christentum und Antike glaubt. Die Ausmalung von Kirchenräumen wird nun für den Stifter zu einer willkommenen Gelegenheit, sich und seine Familie porträthaft darstellen zu lassen. Im Falle der Sassetti-Kapelle in S. Trinità läßt der Stifter auch die Medici porträtieren, was nach der vorangegangenen Pazzi-Verschwörung (1478) einem politischen Bekenntnis gleichkam.

Gegen die Profanisierung der religiösen Kunst hat mit äußerster Schärfe *Savonarola* angekämpft. Als Lorenzo der Prächtige 1492 stirbt, regiert Savonarola von S. Marco aus die Stadt, läßt 1495 die Republik ausrufen, entzündet 1497 den berühmten »Scheiterhaufen der Eitelkeit«, dem auch Maler wie Botticelli einen Teil ihrer Bilder opfern.

Michelangelo, der die Vorgänge als junger Mensch miterlebt, ist von ihnen zutiefst geprägt. Seine Kunst bewegt sich ein Leben lang zwischen Idealismus und Resignation. Das Gewalttätige und Dumpfe, die ›terribilità‹ seines Schaffens ist zugleich ein Stück Manierismus. Auch Michelangelo bleibt nicht unberührt von der Krise seiner Zeit, vom Zweifel an der klassischen Form, von der Veränderung der Atmosphäre in Florenz, als unter *Cosimo I.* (Großherzog von Toskana) sich eine absolutistische Regierungsform zu etablieren beginnt.

Mit Vasari, Rosso Fiorentino, Jacopo Pontormo, Benvenuto Cellini und Giovanni da Bologna wurde Florenz geradezu zu einem Vorposten des Manierismus. Doch die Zeiten der Freiheit gingen zu Ende. Die Kanonen der beiden Fortezzen (1532, 1590/95) waren nicht nach außen, sondern auf die Stadt und ihre Bürger gerichtet. Zwar hat der Barock noch einige gute Leistungen hervorgebracht, zumal in der Zeit der letzten Mediceer (1670–1743), als die Plastik eine überraschende Spätblüte erlebte (vgl. S. Maria Maddalena dei Pazzi, S. 173). Doch das Ende der Florentiner Kunst war gekommen. Die Geisteshaltung bestimmte ein »bigotter Despotismus« (Lankheit), so daß auch Leibniz und Galilei keine nennenswerten Spuren hinterlassen konnten. Nach über 50jähriger Herrschaft stirbt 1723 Cosimo III. »abgeschlossen von der Umwelt, verbittert und voll Mißtrauen« (Lankheit). Als dann 1743 das Geschlecht der Medici mit der Markgräfin *Anna Maria Ludovica* von der Pfalz ausstirbt, ist es ihr Verdienst, die unermeßlichen Kunstschätze der Medici durch testamentarische Verfügung Florenz erhalten zu haben. Danach lebte die Stadt vorwiegend der Pflege und Erhaltung des Überkommenen. Sie tut dies bis heute mit Leidenschaft, doch in der stolzen Verschlossenheit des geschichtlich Gealterten.

C. DIE KUNSTDENKMÄLER

I Baptisterium *(Battistero S. Giovanni)*

Daten: Die Geschichte der Vorgängerbauten bedarf noch der Klärung. – Zum heutigen Bauwerk wurde um 1060 durch *Papst Nikolaus II.* (vormals Bischof von Florenz) der Grundstein gelegt. – Nach etwa 70jähriger Bauzeit war das Baptisterium um 1128 vollendet; die Laterne um 1150.

Veränderungen: 1220 ersetzte man die ursprünglich halbkreisförmige Apside durch eine *rechteckige* Chorkapelle. – Zur selben Zeit begann man im Inneren mit den *Mosaiken,* deren Datierungen allerdings schwanken. Zum größten Teil entstanden sie wohl zwischen 1220 und 1300, d.h. sie verkörpern die *gotische* Stilstufe, nicht die der Erbauungszeit des Baptisteriums.

Am Außenbau verstärkte *Arnolfo di Cambio* 1296 die *Eckpfeiler,* erkennbar am streifenförmigen Steinwechsel, der seither die Harmonie des Ganzen etwas beeinträchtigt.

Berühmt sind die *drei Bronzetüren.* Sie entstanden innerhalb eines Zeitraumes von rund 120 Jahren. – Die erste Türe (1330), von *Andrea Pisano* gearbeitet, ist noch eine rein gotische Arbeit, während sich zwischen der zweiten und der dritten Türe, die beide von *Ghiberti* stammen, der Wechsel von der Gotik zur Frührenaissance vollzieht: 1. Türe Ghibertis 1403–1424, 2. Türe Ghibertis (»Paradiespforte«) 1425–1452. – Arbeiten der *Hochrenaissance* sind die *vollplastischen Figurengruppen über den Portalen:* »Taufe Christi« (1505), »Johannes als Lehrer der Pharisäer und Leviten« (1506–1511) und »Enthauptung Johannes d.T.« (1570).

Zur kunstgeschichtlichen Bedeutung des Florentiner Baptisteriums

(a) Schon die *Größe* des Bauwerks ist erstaunlich, mißt man sie an der geringen Bevölkerungszahl von Florenz im 11.Jh. Praktische Erfordernisse, wie die Durchführung des Taufaktes, können die Dimensionen nicht erklären. Es handelt sich vielmehr um »Architektur als Bedeutungsträger«: um einen *Repräsentationsbau,* mit dem *im Zeitalter des Investiturstreites* (1077: Canossa) die herausgehobene Stellung von Florenz als einem *Vorposten der päpstlichen Richtung* dokumentiert werden sollte (Florenz als »heimliche Hauptstadt Italiens«). Die formalen Bezüge zur römischen Antike sind aufzufassen als eine Antithese zum deutschen Kaisertum, das sich seinerseits im Dom von Speyer repräsentiert sah.

Baptisterium, Grundriß und Außenansicht

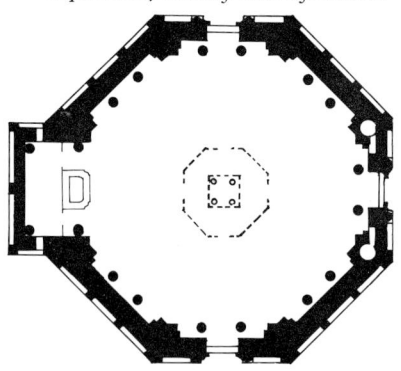 

Baptisterium, Fassadenausschnitt

(b) In architektonischer Hinsicht drängt sich der Gedanke an das *römische Pantheon* auf, das hier in *nachantiken Formen* einen Widerhall gefunden hat: ein im wesentlichen nur von *oben* beleuchteter *Zentralraum*, bei dem an die Stelle des kreisförmigen Grundrisses ein *Achteck* getreten ist, ein Typus, den die byzantinische Architektur in Konstantinopel mit der *Sergios- und Bacchus-Kirche*, in Ravenna mit *S. Vitale* vorgebildet hatte. Wir finden dieselbe Grundrißform auch in der *Palastkapelle Karls des Großen* in Aachen (800 n. Chr.).

Mit der *Achteckform* verbindet sich (neben der Taufsymbolik) in erster Linie ein *imperialer Anspruch*, der auch in den absoluten Maßen des Bauwerks zum Ausdruck kommt: Die Höhe des Pantheon wird nur um $1/5$ unterschritten; in der Raumweite werden immerhin $2/3$ des römischen Vorbildes erreicht (das Baptisterium hat somit ›*steilere*‹ mittelalterliche Proportionen).

(c) Mit der Verkleidung der Wände mit Marmorplatten (dem sog. *Inkrustationsstil*) wird unmittelbar an die römische Antike angeknüpft. Auch beim römischen Pantheon waren ja ehemals die Außenwände des Bauwerks mit Marmorplatten inkrustiert, eine Form der *Außenverkleidung*, die gerade für die Florentiner Architektur der folgenden Jahrhunderte formbestimmend werden sollte. Man denke an *S. Miniato al Monte*, an den *Dom*, den *Campanile* oder auch an die Kirchenfassade von *S. Maria Novella*.

Die römisch-antike Vielfarbigkeit hatte sich allerdings seit Ravenna reduziert zu einer »herben, harten *Zweifarbigkeit*« mit »starrer *Linienstrenge*« (Paatz). Die Freilegung römischer Mosaikfußböden führte aber in Florenz auch zu neuen ornamentalen Anregungen (Verwendung von *Quadraten, Dreiecken* und *geometrischen Verschlingungen*). Gerade »die Pracht der dekorativen Gesamtwirkung« ist nach Paatz »völlig antikisch«.

(d) Ein neues, vom römischen Pantheon abweichendes Element war die *Überdachung der Scheitelöffnung* durch eine ›*Laterne*‹. Doch auch sie bedient sich durch Ausbildung eines ›*Tempiettos*‹ antikisierender Formen: acht klassische Säulen tragen einen horizontalen Architrav.

(e) Die architekturgeschichtliche Bedeutung des Baptisteriums für die florentinische Baukunst der nachfolgenden Jahrhunderte beruht in erster Linie auf dem Umstand, daß man das Baptisterium etwa seit dem 13.Jh. für ein *original antikes Bauwerk* (und damit für vorbildlich) hielt. Nach der gängigen Überlieferung war es von Kaiser Augustus errichtet worden: ein antiker Tempel, der erst zur Zeit von Konstantin dem Großen und Papst Sylvester zur christlichen Kultstätte umgewandelt worden sei. Dieser Auffassung waren sowohl Dante wie Brunelleschi. Nur weil man glaubte, ein *antikes* Bauwerk vor sich zu haben, konnte das Baptisterium im Bewußtsein der Florentiner ein so außerordentliches Gewicht gewinnen. – Die Vorgänge zeigen zugleich, daß auch im *gotischen* Florenz die Erinnerung an die römische Vergangenheit noch lebendig war.

Zur Abbildung rechts: ▷

Man kann verstehen, daß die innere Wandgliederung des Baptisteriums jahrhundertelang für *antik* gehalten wurde. Wir sehen Säulen und Pilaster, Gebälk- und Architravformen, die eine geradezu verblüffende Verwandtschaft zu ihren römischen Vorbildern zeigen. *Römisch* sind indessen nur die *14 Säulenschäfte* der unteren Reihe und *vier* der dazugehörigen *Kapitelle*. Alles andere entstand im 12.Jh.: *eine mittelalterliche Bauschöpfung in engster Berührung zur Antike.*

Die Architekten der florentinischen Frührenaissance konnten aus solchen Bildungen vielfach lernen. So mag *Brunelleschi* von den über Eck gestellten Pilastern die Idee der *Doppelpilaster* (Pazzi-Kapelle) gewonnen haben. Auch finden sich hier als Friesschmuck jene *Medaillons mit Cherubinen*, die Brunelleschi häufiger in seinen Sakralbauten verwendete: Vgl. dazu die »Alte Sakristei« (S. 142 ff.), die Pazzi-Kapelle (Abb. S. 83) sowie den figurativen Schmuck der Kämpferstücke über den Kapitellen im Langhaus von S. Lorenzo (Abb. S. 141).

◁ *Zur Konstruktion*

Wie beim römischen Pantheon verbirgt sich auch beim Baptisterium hinter der Marmorinkrustation ein *Konstruktionssystem* besonderer Art. Es besteht in einer *schrittweisen Aushöhlung des Mauerkerns* von unten nach oben. – Im unteren Bereich ist die Mauer *kompakt* und hat keine Fenster. Darüber gliedert sie sich auf in eine Folge quergestellter *Tonnengewölbe*. Zuletzt wachsen regelrechte *Strebemauern* auf, die (nach außen durch das Attikageschoß verdeckt) den Gewölbeschub wie bei einer gotischen Kathedrale abfangen. Das *Gewölbe* selbst ist *doppelschalig*, ein System, auf das *Brunelleschi* später bei der Konstruktion seiner Domkuppel zurückgreift. – Vgl. zur Domkuppel die Abbildungen auf S. 42 (Schnitt und Konstruktionssystem).

Kennen Sie auch andere Bücher aus unserem Verlag? Wir möchten Sie gerne in Zukunft über unsere Arbeit informieren. Teilen Sie uns deshalb bitte Ihre Anschrift mit, auch wenn Sie sich des (umseitigen) Leser-Service nicht bedienen. Vielen Dank.

Diese Karte wurde entnommen dem LN-Touristikführer

____

____
Vorname, Name

____
Beruf

____
Straße

____
Postleitzahl, Ort

Wir setzen Ihr Einverständnis voraus, daß wir diese Angaben auf Datenträgern speichern.

Bitte
als
Postkarte
freimachen

LN-VERLAG

Postfach 2238

2400 LÜBECK 1

Mehr sehen und erleben

wollen viele in der schönsten Zeit des Jahres,
im Urlaub. Dieser LN-Touristikführer will
dazu anregen. Verfasser und Verlag haben
sich um Vollständigkeit und Aktualität
bemüht, doch nicht alle speziellen Interessen
können in einem solchen Buch berücksichtigt werden. Wenn Sie mehr wissen wollen,
schreiben Sie Ihre Fragen und Wünsche
auf diese Karte. Wir übermitteln Ihnen dann
gern weitere Angaben – und sind im
übrigen dankbar für alle Anregungen und
Ergänzungsvorschläge.

Ihr
LN-VERLAG LÜBECK

Dieser Raum ist für Sie reserviert.
Bitte möglichst deutlich schreiben.

Bitte wenden

Baptisterium, Inneres, Wandgliederung

Im Gegensatz zum römischen Pantheon vermittelt das Innere des Baptisteriums nicht jenes befreiende, große Raumgefühl, das den antiken Bau in seiner harmonischen Weite und Helligkeit auszeichnet. Trotz aller Anklänge an Römisches empfinden wir sehr viel stärker die *mittelalterliche Struktur*: Der Raummantel ist *eckig* gebrochen, die Wand *kleinteilig* gegliedert, das Raumganze *steiler* proportioniert, die Kuppel in harte Segmente aufgeteilt. Hinzu kommt der *geringe Lichteinfall*, der ein mystisches Halbdunkel erzeugt. Und schließlich wirken auch die wechselnden Muster des Fußbodens (anders als die Großflächigkeit des Pantheons) unruhig, ja unorganisch.

Geradezu einen *Stilbruch* bewirkt dann die in gotischer Zeit erfolgte *Mosaizierung der Kuppel*. Die antikisierenden Formelemente des unteren Raummantels erfahren in den figurenreichen Darstellungen der Wölbungszone keine wesensgemäße Entsprechung. Das Kuppelmosaik (von venezianischen Künstlern gearbeitet) wirkt eher als *Antithese* aus gotisch-byzantinischem Geiste.

Den mittelalterlichen Charakter verstärkte ehemals noch das heute fehlende *Taufbecken*, das 1577 auf Befehl des *Großherzogs Francesco I.* entfernt wurde. Standort und Größe lassen sich jedoch am Fußbodenmuster ablesen. Man läßt sich das Taufbecken wohl in Form eines achteckigen *Marmorbaldachins* vorzustellen: es gab dem Raum seine *geistig-sakrale Mitte*. Erst von hier aus wird auch der achteckige Raummantel verständlich: ein *seitenschiffähnlicher Umgang* um diese sakrale Mitte.

Daten und Einzelwerke:

Fußboden: Die einfachen Muster 12.Jh., die komplizierteren 13./14.Jh. – *Hauptaltar*: frühes 13.Jh. – *Sarkophag des Bischofs Rainer*: 1113 datiert.

Rechts der Chorkapelle befindet sich das bedeutende, von *Donatello* zusammen mit *Michelozzo* geschaffene *Grabmal für Johannes XXIII.* (um 1425). Über einem hohen Marmorsockel mit den Allegorien »Glaube«, »Hoffnung«, »Liebe« ist der Tote in einer *liegenden Bronzefigur* dargestellt, übergriffen von einem *Marmorbaldachin*. Nach Kauffmann handelt es sich um *das erste Baldachingrab der Renaissance*. – Der am Architrav regelrecht ›aufgehängte‹ Baldachin verbindet den mehrstöckigen Grabaufbau mit den Säulen der unteren Wandteile: ein dekorativer Gedanke, der geradezu kurios anmutet. – Das kostbare Werk steht leider in krassem Gegensatz zur Persönlichkeit des Dargestellten. Denn Johannes XXIII., seit 1414 ›Gegenpapst‹ (er wird offiziell nicht gezählt), galt als »würdelos, verschlagen und weltlich« (Kühner). Vom Konzil in Konstanz abgesetzt, starb er 1419 in Florenz als ein verarmter ›Kardinalbischof‹.

Der Mosaikschmuck, vor 1225 begonnen und von *venezianischen* Künstlern ausgeführt, stellt nach den Mosaiken von S. Marco (Venedig) das bedeutendste Unternehmen dieser Art dar. Zu den ältesten Teilen gehören das Apsismosaik und die dekorativen Felder am Fuß der Laterne. Um 1270 muß das Kuppelmosaik zum größten Teil fertig gewesen sein. – *Die Themen*: »Jüngstes Gericht« (Richtung Chorkapelle), »Himmlische Heerscharen« (zweitoberster Kuppelring) sowie – von oben nach unten – »Weltschöpfung«, »Josephsgeschichte«, »Szenen aus dem Leben Jesu und Marias« und das »Leben Johannes des Täufers«.

Die Bronzetüren des Baptisteriums

1. Türe	*2. Türe*	*3. Türe*
(Südtüre)	(Nordtüre)	(Osttüre)
Andrea Pisano	*Lorenzo Ghiberti*	*Lorenzo Ghiberti*
1330–1336	1403–1424	1425–1452

Baptisterium, Bronzetüre von Andrea Pisano

Baptisterium, Bronzetüre von Andrea Pisano (Ausschnitt)

Die Bronzetüre des Andrea Pisano *(Südtüre)*   **Nr. 1**

Andrea Pisano (1290/95 bis ca. 1349), ein vermutlich in *Pisa* geschulter *Bildhauer* und *Goldschmied*, gehört zu den bedeutendsten Schülern *Giottos* (1266–1337). Er war dessen Mitarbeiter beim Bau des Campanile und wurde sein Nachfolger im Amt des Dombaumeisters. – Bei der Schaffung seiner Bronzetüre zeigt er sich vor allem beeinflußt von Giottos Fresken der *Peruzzi-Kapelle* in S. Croce, deren nach 1320 erfolgte Ausmalung erst wenige Jahre zurücklag. »Die kraftvoll modellierten Figuren mit ihren faltenreichen Gewändern wirken wie eine *Übersetzung von Giottos Gestalten in den Stil des Bronzeplastikers*« (Oertel). Andrea Pisano hat allerdings, dem Zeitgeschmack folgend, die *ornamentale Schönlinigkeit* sehr viel stärker betont als Giotto. Indessen ist die »Gruppenbildung, die verhaltene Dramatik, die Kargheit und Klarheit der landschaftlichen und architektonischen Elemente« (Oertel) durchaus ein Erbstück Giottos.

Die figürlichen Darstellungen auf der Bronzetüre des Andrea Pisano

(1) Während der greise Zacharias sein Priesteramt versieht, verkündet ihm ein Engel die Geburt Johannes d. T.

(2) Zacharias tritt aus dem Tempel, ist aber seiner Sprache nicht mehr mächtig.

(3) Elisabeth, die Mutter des Johannes, und Maria, die Mutter Jesu, begegnen sich vor dem Hause des Zacharias.

(4) Die Geburt Johannes des Täufers.

(5) Zacharias schreibt auf ein Täfelchen »Johannes ist sein Name«.

(6) Johannes durchzieht auf Befehl Gottes das Jordanland.

(7) Johannes predigt die Buße.

(8) Johannes verweist die Menschen auf Jesus: »der nach mir kommen wird, der stärker ist als ich«.

(9) Johannes tauft »alles Volk«.

(10) Johannes tauft Jesus. Der Heilige Geist spricht in Gestalt einer Taube: »Du bist mein lieber Sohn, an dem ich Wohlgefallen habe«.

(11) Johannes erhebt Vorwürfe gegen Herodes und die Frau seines Bruders.

(12) Als Folge seiner Anklagen wird Johannes in den Kerker gebracht.

(13) Die Jünger besuchen Johannes im Gefängnis.

(14) Jesus spricht zu den Menschen und heilt Kranke.

(15) Salome tanzt vor Herodes (als ihr eine Bitte gewährt wird, fordert sie den Kopf des Täufers).

(16) Johannes wird enthauptet.

(17) Der Kopf des Johannes wird vor Salome gebracht.

(18) Salome bringt den Kopf ihrer Mutter, der Herodias.

(19) Die Jünger des Johannes tragen den Leichnam fort.

(20) Johannes wird begraben.

Die unteren acht Felder:

Obere Reihe: Hoffnung, Glaube, Barmherzigkeit, Demut.

Untere Reihe: Stärke, Mäßigung, Gerechtigkeit, Klugheit.

Der Bronzerahmen der Türe, ein Werk der Frührenaissance

Der Rahmen entstand erst 120 Jahre nach der Türe. Ist die Türe noch ein Zeugnis der hohen und strengen Gotik, so spricht aus der schmuckreichen, fast vollplastischen Rahmung mit ihren vielfältigen Pflanzen, Tieren und Figuren das *Naturgefühl der Frührenaissance.*

Die in technischer Hinsicht einzigartige Arbeit entstand im Anschluß an die Paradiesestür. *Lorenzo Ghiberti* und sein Sohn *Vittorio* begannen damit kurz nach 1452. Als Lorenzo drei Jahre später starb, setzte der Sohn das Werk fort. Vielleicht findet eine gewisse Üppigkeit in der Verwendung der Motive, ja ein gelegentliches Ausufern der Form hier seine Erklärung.

Die Bronzegruppe über dem Portal

Sie zeigt die »Enthauptung des Täufers« (1570), eine Arbeit von *Vincenzo Danti,* der sich an Michelangelo orientiert, aber in gewissen Übertreibungen schon deutlich *manieristische Züge* erkennen läßt.

Als man in Florenz 1401 den Gedanken aufgriff, das Baptisterium mit den beiden noch fehlenden Bronzetüren auszustatten, stand man vor einem völligen Neuanfang. Die Tradition des Bronzegusses war seit den Tagen *Andrea Pisanos* kaum mehr gepflegt worden. Die neue Initiative setzte mit einem berühmt gewordenen *Wettbewerb* ein, an dem sich sieben Meister beteiligten, darunter auch *Brunelleschi*. Vorgeschrieben war ein Probestück mit dem Thema »Opferung Isaaks«. *Ghiberti*, damals 20 Jahre alt, ging als Sieger hervor, vermutlich, weil schon sein Probestück *seine erzählerische Begabung* erkennen ließ. Dann aber auch, weil Ghiberti es verstand, Relief und Figuren in einem *einzigen* Guß und damit *billiger* herzustellen als z.B. Brunelleschi, der seine Figuren einzeln gegossen und dann auf dem Reliefgrund verschraubt hatte. – Vgl. für die erhaltenen Konkurrenzreliefs Bargello, S. 66.

Die beiden unteren Vierpaßreihen *(Evangelisten und Kirchenväter)*

(a) *Johannes* (obere Reihe links) ist in tiefes Nachdenken versunken, *Matthäus* dagegen blickt auf und lauscht den Eingebungen des Engels, *Lukas* ist mit einem Textvergleich beschäftigt, *Markus* hält mitten im Schreiben inne.

(b) In den Feldern darunter sind die Kirchenväter ganz ähnlich angeordnet. Links der *Hl. Ambrosius* und der *Hl. Hieronymus* (beide beim Vergleich von Textstellen). Rechts der *Hl. Gregor* und der *Hl. Augustin* (als Kirchenlehrer).

Das »Leben Jesu«, dargestellt in zwanzig Vierpaßfeldern

Die Bildfolge verläuft von links nach rechts und von unten nach oben, beginnend mit dem linken Feld der dritten Reihe (»Verkündigung«).

Dritte Felderreihe von unten

(1) Gleich die erste Darstellung, die »Verkündigung«, macht uns bekannt mit dem *weichen melodischen* Fluß der Linien, die Ghibertis Bilderfindungen ihren *poetischen Charakter* verleihen. Alles ist auf die knappste Formel gebracht und doch voll lyrischer Stimmung und Atmosphäre. – (2) In der »Geburt Christi« setzt sich dieser sanfte Erzählstil fort; ein neues Element ist hier die heftige Reaktion der beiden Hirten beim Anruf des Engels. – (3) Es folgt die »Anbetung der Könige« mit dem tiefen Kniefall des greisen Herrschers und seinem Erstaunen über das göttliche Wunder. – (4) Ganz persönlich gesehen ist auch »Der zwölfjährige Jesus im Tempel«: ein ›thronender König‹, abgerückt von den Schriftgelehrten (von rechts kommen die Eltern Jesu, die den Sohn drei Tage lang vergeblich gesucht hatten).

Vierte Reihe von unten

(5) Auch in der »Taufe Christi« betont Ghiberti die einzigartige Stellung des Gottessohnes. Johannes tauft Jesus, er weicht aber gleichzeitig vor ihm zurück, in Abstand, der geistig zu verstehen ist: »Dieser ist stärker als ich.« – Besonders schön auch die Gruppe der Engel. – (6) »Versuchung Christi«. Hier gehört das halbe Bildfeld dem Teufel, aber schon gleitet er nach links ab und weicht zurück. Jesus sollte seine Gottessohnschaft beweisen, indem er sich von den Zinnen des Tempels herabstürzte, denn (so zitiert der Teufel das Alte Testament) es stehe geschrieben: »Er wird seine Engel für dich entbieten, daß sie dich sicher behüten« (daher die Engel hinter Christus). – (7) Es folgt die dramatische Szene der »Austreibung der Händler und Geldwechsler aus dem Tempel in Jerusalem«. Der Gegensatz zwischen Christus und der Masse der Händler spiegelt sich schon in der Architektur wider. Von starker Bildwirkung ist auch der Bewegungskontrast zwischen Christus und dem zu Boden Gestürzten, ferner die Rückwendung des aus dem Tempel Herausdrängenden. – (8) Nicht weniger dramatisch

ist die folgende Darstellung »Christus wandelt auf dem Meere«. Das Boot der Jünger ist in Seenot geraten. Als aber Christus ihnen auf dem Wasser entgegenkommt, erschrecken sie noch mehr. Petrus, der Jesus erreichen will, sinkt im Wasser ein und ruft: »Herr, rette mich!«

Fünfte Reihe von unten

(9) »Verklärung Christi«: Jesus ist mit *Petrus, Jakobus* und *Johannes* in die Einsamkeit der Berge gegangen, wo ihnen *Moses* und *Elia* erscheinen. Als eine Stimme aus der Wolke ertönt, werfen sich die Jünger zu Boden. (10) Die »Auferweckung des Lazarus» (vielschichtige Darstellung): *links* der Blick in das Felsengrab, *rechts* das Gespräch zwischen Jesus und Martha: »Herr, er ist schon in Verwesung; er liegt ja schon seit vier Tagen«. Links der tote Lazarus, »an Füßen und Händen mit Binden umwickelt« (unheimlich der Blick auf Jesus). Daneben die Jünger in freudigem Erschrecken über das Erscheinen des Toten. Ganz vorne (liegend) nochmals Lazarus. Jesus: »Macht ihn frei von seinen Hüllen und laßt ihn dann gehen«. – (11) »Einzug Christi in Jerusalem«: zum erstenmal zeigt Ghiberti eine Volksmenge. Eine herrliche Erfindung ist auch rechts der Mann, der vor Jesus einen Teppich ausbreitet. – (12) Die Reihe schließt mit dem »Abendmahl«. Vor einer fünfteiligen Fensterwand sind die Jünger Jesu in zwei Reihen eng zusammengedrängt; fünf von ihnen sind vom Rücken her gesehen. Christus sitzt am linken Tischende (nicht wie später üblich in der Bildmitte). Der Lieblingsjünger Johannes hat (wie die Bibel berichtet) seinen Kopf an Christi Brust gelehnt.

Sechste Reihe von unten

(13) »Gethsemane«: Ghiberti legt hier den stärkeren Akzent auf die Begegnung Christi mit dem Engel. Er schildert den Vorgang wie ein Gespräch. Christus, der darum bittet, »der Kelch möge an ihm vorübergehen«, wird »vom Engel gestärkt«. – (14) In der »Gefangennahme Christi« stellt Ghiberti zwei Verhaltensweisen nebeneinander. Rechts läßt sich Christus ohne Gegenwehr von Judas küssen und gefangennehmen. Links spielt sich ein heftiger Kampf ab, Petrus ringt mit einem der Kriegsknechte. Aber gerade dieses »Herr, sollen wir mit dem Schwerte dreinschlagen?« wird von Jesus verworfen. – (15) »Geißelung Christi«: Ghiberti vermeidet bezeichnenderweise jegliche Brutalität der Darstellung. Das Gewalttätige schlägt sich bei ihm einzig in heftigen Bewegungen nieder; auch sind die Schergen ganz an den Rand der Darstellung gerückt. Christus selbst bleibt von dem Geschehen wie unberührt. – (16) In der Szene »Christus vor Pilatus« interessiert sich Ghiberti vor allem für römische Rüstungen und die antike Muschelnische.

Siebte Reihe von unten

Hier folgen von links nach rechts: (17) »Kreuztragung Christi«, (18) »Christus am Kreuz«, (19) »Auferstehung« und (20) eine nur sehr ungenau als »Pfingstwunder« bezeichnete Szene. – Bei der Kreuzigung fällt wieder auf, daß nicht der Vorgang selbst, sondern lediglich das *Faktum* wiedergegeben ist. Man sieht weder die Schächer noch die Kriegsknechte. Auch Maria und Johannes, am Boden sitzend(!), verkörpern mehr in einem allgemeinen Sinne ›Trauer‹ und ›Anbetung‹. – Die letzte Darstellung (ganz rechts) vereinigt in sich *zwei Vorgänge aus der Apostelgeschichte*. Über einer Bogenarkade sieht man das ›Obergemach‹, in dem sich die Jünger Jesu zusammen mit Maria (hier in der Mitte!) nach Jesu Tod aufzuhalten pflegten. – Die Szene darunter bezieht sich auf die Inhaftierung von Petrus und Johannes nach ihrem Auftreten im Tempel. Ghiberti zeigt uns »die Priester, den Tempelhauptmann und die Sadduzäer«, die beide »in Gewahrsam nehmen«. Der Tempelhauptmann schließt gerade die Türe zu. – Die Architektur verkörpert zugleich das Haus der Jünger, den Tempel und das Gefängnis. – Über dem Portal »Die Predigt des Täufers« (1506–1511), Bronzegruppe von *Francesco Rustici*.

Ghibertis 1. Baptisteriumstüre (Ausschnitt)

Ghibertis Selbstbildnis (Nordtüre)

Porträtkopf auf einer der Rahmenleisten (linke Türe, mittlere Reihe, vierter Kopf von unten): Das Bildnis zeigt den Künstler im Alter von etwa 40 Jahren. *Lorenzo Ghiberti* (1381–1455) war Maler, Bildhauer, Goldschmied und Architekt.

Seine *Lebenserinnerungen* (1447/48), als *Commentarii* veröffentlicht, sind *die erste Autobiographie eines Künstlers*, die wir besitzen. Ghiberti war von dem Bewußtsein erfüllt, »in einer *Zeit der Erneuerung des Geistes* zu leben, an der die *Kunst* – und nicht zuletzt er selbst! – führenden Anteil hat« (Heydenreich). Den beiden Baptisteriumstüren widmete er mehr als 50 Jahre seines Lebens. Sie brachten »die Erfindung und Entfaltung einer neuen *Reliefkunst*«, wobei sein *Werkstattbetrieb*, der zeitweise 25 Mitarbeiter und Gehilfen umfaßte, zur »Schule einer ganzen Künstlergeneration« wurde (Heydenreich). Zu seinen Schülern gehörten auch Donatello und Nanni di Banco.

Ghibertis 2. Baptisteriumstüre (Ausschnitt)

Ghibertis zweite Baptisteriumstüre *(sog. Paradiespforte)* **Nr. 1**

Nach dem großen Erfolg seiner Bronzearbeiten zum »Leben Jesu« übertrug man Ghiberti auch die letzte noch ausstehende Türe. Ghiberti verzichtet auf die gotischen Vierpaßrahmen zugunsten annähernd quadratischer *Rechteckfelder* (78 × 77 cm), die eine *weiträumigere Ausbreitung der Bildgedanken* ermöglichten. Um das vorher festgelegte alttestamentliche Programm unterzubringen, mußten jeweils *mehrere* Begebenheiten *gleichzeitig* dargestellt und kompositorisch zur Bildeinheit zusammengefaßt werden. Fast zwangsläufig erhalten dadurch auch Architektur und Landschaft ein größeres Gewicht, und dies wiederum führt zu einem neuen *Realismus*, denn die Vorgänge spielen nicht mehr vor fragmentarisch angedeuteten Kulissen, sondern in der *Wirklichkeit einer irdischen Szenerie*. Der Maßstab der handelnden Figuren verschiebt sich scheinbar zu ihren Ungunsten (sie erscheinen jetzt wesentlich kleiner); doch ist der *Wahrheitsgehalt der Bilder* sehr viel größer geworden.

33

Die Bildfolge verläuft von links nach rechts und von oben nach unten, beginnend mit dem linken Feld der oberen Reihe (»Paradies«).

(1) »Paradies«: Links *Erschaffung Adams*, in der Mitte, von Engeln getragen, *Eva*. – Hinter Adam der *Sündenfall*. Ganz rechts *Vertreibung aus dem Paradies*. – (2) »Kain und Abel«: Im Vordergrund der pflügende *Kain*; darüber *Abel* bei seiner Herde. Weiter links *Adam und Eva mit Kain und Abel*. – Rechts oben *Opfer der beiden Brüder. Kain erschlägt Abel.* Unten rechts: *Gottvater fordert von Kain Rechenschaft.*

(3) »Die Geschichte Noahs«: Den Bildhintergrund bildet die *Arche Noah* in Form einer *Pyramide.* – Vorne rechts das *Dankopfer.* – Links die *Trunkenheit Noahs:* Noah, der einen Weinberg angelegt hatte, aber die berauschende Wirkung des Weines noch nicht kannte, liegt entblößt am Boden. Zwei seiner Söhne ergreifen sein Obergewand, um ihn zuzudecken: »Ihr Gesicht war dabei abgewandt, so daß sie die Blöße ihres Vaters nicht sahen«. – (4) »Opferung Isaaks«: Links überbringen *drei Engel* dem *Abraham* die Forderung Gottes, seinen Sohn Isaak zu opfern. – Von poetischem Frieden erfüllt ist die Gegenszene rechts: Die zurückgelassenen *Diener* erfrischen sich an einer Quelle. – Eine *Baumreihe* lenkt den Blick auf das Erscheinen des Engels, der Abraham Einhalt gebietet.

(5) »Die Geschichte von Jakob und Esau«: Im Vordergrund der greise *Isaak*. Er schickt *Esau*, seinen Erstgeborenen, auf die Jagd (daher die Hunde). – In der Mitte geht Esau auf *Jakob* zu, um diesem sein Erstgeburtsrecht zu verkaufen (ein zeitlich früheres Ereignis, das Ghiberti in die Halle des Hauses verlegt). Eine *Schlange* symbolisiert das Schuldhafte der Handlungsweise Esaus. – Aber auch *Jakob* handelt schnöde. Während Esau auf der Jagd ist, wird der erblindete Vater von ihm getäuscht (rechte Szene): *Jakob gibt vor, Esau zu sein*, und erschleicht sich so den Segen des Vaters. Rechts steht *Rebekka*, seine Mutter, die den Plan ausgeheckt hat. – Kostbar gekleidete *Frauen* repräsentieren den Wohlstand des Hauses. – (6) »Joseph in Ägypten«. Rechts oben sieht man, wie Joseph von seinen Brüdern aus dem Brunnen gezogen und nach Ägypten verkauft wird. – Dort spielen die weiteren Ereignisse. *Joseph* vertritt den Pharao und läßt während der »fetten Jahre« Vorräte anlegen (Rotunde), von denen auch seine Brüder einen Teil erhalten, als sie während einer Hungersnot nach Ägypten kommen. Joseph, der seinen Brüdern hilft, sich aber nicht zu erkennen gibt, demütigt sie zugleich durch eine List: Er läßt in einen der Getreidesäcke seinen *Silberbecher* legen; als der Becher entdeckt wird, stehen sie da als Diebe (links). Joseph gibt sich aber zu erkennen, versöhnt sich und läßt auch seinen Vater nach Ägypten kommen.

(7) »Moses empfängt die Gesetzestafeln«. – (8) »Josua erobert Jericho«: *Unten:* Überschreiten des Jordans, Sammeln der ›Steine der Erinnerung‹, Tragen der Bundeslade, Josua im Streitwagen. – *Oben:* der Zug des Volkes, an der Spitze die sieben Posaunenbläser, unter deren Schall schließlich die Mauern einstürzen. – (9) »David und Goliath«: Die Schlacht der Philister gegen die Juden. – Im Vordergrund enthauptet David den toten Goliath. Im Hintergrund Jerusalem. – (10) »Besuch der Königin von Saba bei Salomo«.

Auch die vergoldeten Rahmenleisten sind von höchster Qualität. Sie enthalten vier liegende Figuren (oben: Adam und Eva; unten: Noah und dessen Frau) sowie *20 hervorragende Statuetten* (Propheten und Heldengestalten). – *Selbstporträt Ghibertis* als etwa 60jähriger: *zweite Leiste von links* (dritter Kopf unten).

Über dem Portal die Marmorgruppe »Taufe Christi« (1505) von *Andrea Sansovino*; der barocke Engel (1792) von *Spinazzi*.

Loggia del Bigallo *(gegenüber dem Baptisterium)*   **Nr. 1**

Mitte 14.Jh. errichtet von *Alberto Arnoldi*, seit 1425 Sitz einer ›Compagnia‹ für Krankenpflege. *Madonna* 1359/64, *Tabernakel* 16.Jh., *Glasgemälde* 19.Jh.

Or San Michele Dom mit Campanile Turm des Palazzo Vecchio

2 Der Dom von Florenz (S. Maria del Fiore)

Unsere Abbildung zeigt die Südseite des Domes. Links der von Giotto begonnene Campanile (1334–1356), in der Mitte das Langhaus (voll. 1379), rechts die von Brunelleschi geschaffene Kuppel (1420–1436) mit der 1472 vollendeten Laterne.

Zur Baugeschichte des Florentiner Domes *(vgl. Tabelle Seite 36 f.)*

Bis ins 13. Jh. hatte den Florentinern ihr *Baptisterium* und die relativ kleine Kirche *Santa Reparata* zur Repräsentation genügt. Das änderte sich mit der Entscheidung von 1296. Damals entschloß man sich in Florenz für einen *Dombau* in bis dahin unbekannten Abmessungen: sichtbarer Ausdruck der neugewonnenen *Stadtfreiheit.*

Florenz hatte sich 1250 eine neue *Verfassung* gegeben. Die Adelsherrschaft war gebrochen, und das politische Leben nahm unter der Führung der Zünfte republikanische Formen an.

In rascher Folge entstanden nun jene Bauwerke, die bis heute das Florentiner Stadtbild beherrschen. Die Bettelordenskirche *S. Maria Novella* hatte man schon 1246 begonnen: es war der »erste gotische Großbau« der Stadt. Ihm folgte der *Palazzo del Podestà* (Bargello), den man 1250 als »Symbol des Sieges über den Adel« (G. K.) zu errichten beschloß. Ab 1295 entsteht dann mit *S. Croce* die zweite große Bettelordenskirche, ab 1299 mit dem *Palazzo dei Priori* (dem späteren Pal. Vecchio) das Haus der Zunftmeister mit dem Sitz des *Gonfaloniere,* des gewählten Stadtoberhaupts. Ab 1307 beschäftigt man sich mit dem Plan für *Or San Michele,* den städtischen Getreidespeicher. Er wird ab 1337 in den heutigen Formen erstellt.

Der Florentiner Dom verdankt seine Entstehung weniger einem religiösen Impuls als vielmehr dem Wunsche nach einem weithin sichtbaren »*Stadtmonument*«, nicht zuletzt in Konkurrenz zu Venedig und Pisa sowie den Dombauten in Siena (beg. 1229) und Orvieto (beg. 1295): Das Bestreben war darauf ausgerichtet, »einen schöneren und ehrenvolleren Tempel zu haben als alle, welche sich bisher in der Toskana finden« (Braunfels). – Mailand folgte mit seinem Dom erst 1387.

Baubeginn des Domes

1294   Baubeginn nach Plänen von *Arnolfo di Cambio*, der aber schon 1301/ 1302 stirbt. Begonnen wird zunächst nur mit der *Westfassade*. Sie bleibt Fragment und wird 1587 abgerissen. – Heutige Fassade von 1875–1887.

Nach dem Tode des Arnolfo kamen die Arbeiten am Dom zum Erliegen. Der Bau der Dritten Stadtmauer und die Errichtung des Palazzo Vecchio hat damals alle verfügbaren Kräfte gebunden. Erst in der folgenden Generation bringt die Berufung Giottos neue Impulse. Doch Giotto, schon 68 Jahre alt, richtete seine ganze Energie auf den Campanile. Wenn schon der Dom nicht in kurzer Zeit zu vollenden war, so wollte er Florenz wenigstens mit dem Campanile das alles überragende Wahrzeichen schenken. – Ab 1330 ist die Wollweberzunft (Arte della Lana) für den Dombau verantwortlich.

Errichtung des Campanile

1334   Berufung *Giottos* zum Dombaumeister, der den Campanile entwirft. Als Giotto 1337 stirbt, setzen *Andrea Pisano* (1337–1348) und *Jacopo Talenti* (1348–1355) sein Werk fort, ändern aber die Pläne. Unausgeführt bleibt der von Giotto vorgesehene gotische Spitzhelm.

Errichtung des Langhauses

1350   Berufung *Francesco Talentis* zum Dombaumeister, der vorschlägt, die einzelnen Joche gegenüber den früheren Plänen zu erweitern und zu erhöhen.

1367   legt eine Kommission *neue Pläne* vor. Das Langhaus soll auf *vier* Joche vergrößert werden, die geplante Kuppel einen *größeren Durchmesser* und einen *Tambour* erhalten *(Ziegelmodell im Maßstab 1:10)*.

1368   wird ein nach diesen Plänen gefertigtes *Modell* gebilligt und für alle künftigen Architekten als verbindlich erklärt.

1375   wird die Kirche Santa Reparata endgültig abgetragen.

1379   nimmt man das Langhaus für den Gottesdienst in Gebrauch.

ab 1388   entstehen als erste Ausstattungsteile die *Glasmalereien* der beiden östlichen Langhausjoche.

Ausbau der Portale

Die beiden *westlichen* Langhausportale gehören noch zur Planung des Arnolfo di Cambio. Sie wurden aber nach 1368 den erhöhten Langhauswänden durch Giebelaufsätze angepaßt. Noch in die Zeit vor 1400 fällt das östliche Südportal: die *Porta dei Canonici*. Ihr plastischer Schmuck datiert von 1402.

1391–1422 errichtet man die *Porta della Mandorla* (östliches Nordportal). Damit erreicht die Portalplastik ihren Höhepunkt (größter Schmuckreichtum). Bedeutende Künstler sind beteiligt: Entwurf vom Dombaumeister *Giovanni d'Ambrogio*; Relief der Gürtelspende von *Nanni di Banco*; Prophetenfiguren vom jungen *Donatello*.

Beginn der Ausstattung

1408–1438 werden insgesamt 17 *Statuen* für die Chortribünen, den Campanile und die Domfassade in Auftrag gegeben.

1412–1415 entstehen nach Entwürfen *Ghibertis* die *Glasmalereien* »Hl. Stephanus« und »Hl. Laurentius« über den Seitenportalen.

1425–1426 entsteht, wiederum nach Entwurf *Ghibertis*, das große *Glasgemälde* »Himmelfahrt Mariens« über dem Mittelportal.

1432–1433 erhalten *Luca della Robbia* und *Donatello* den Auftrag zur Schaffung der sog. *Sängertribünen* (Tribünen für das Orgelpult).

1436 *Paolo Uccello* malt das Reiterbildnis für John Hawkwood.

Errichtung der Domkuppel und Weihe des Domes

Die Umfassungsmauern der Choranlage sowie die Vierungspfeiler waren zwischen 1393 und 1414 hochgeführt worden.

1413 war der *Kuppeltambour* fertiggestellt.

1417 hatte *Brunelleschi* sein erstes *Kuppelmodell* vorgelegt.

1420–1436 errichtete man die *doppelte Kuppelschale* (noch ohne die Laterne).

1436 erfolgte die *Weihe des Domes* durch *Papst Eugen IV.* in Anwesenheit von *Donatello, Brunelleschi, Ghiberti, Michelozzo, Luca della Robbia* und *Leone Battista Alberti*.

Fortsetzung der Ausstattung und Errichtung der Kuppellaterne

1438–1445 *Glasmalereien* von sieben Tambourfenstern nach Entwürfen von *Donatello, Ghiberti, Paolo Uccello* und *Andrea del Castagno*.

1443–1467 Errichtung der *Kuppellaterne* nach Plänen *Brunelleschis* von 1432/36.

1472 Fertigstellung der *Bronzekugel mit dem Kreuz (Andrea del Verrocchio)*.

beg. um *Bronzetüre* der nördlichen Sakristei von *Michelozzo* mit *Terrakotta-*
1440 *Reliefs* (1442–1445) von *Luca della Robbia*.

Arbeiten des 16. Jahrhunderts

1506 Auftrag an *Michelangelo* für 12 *Apostelfiguren*, die im Langhaus und im Chor zur Aufstellung kommen sollen. Nur eine Figur wird begonnen.

1543 Neuer *Marmorfußboden* im Langhaus.

1552 Errichtung des *Hochaltares*.

1563–1565 Schaffung der *Tabernakelnischen* an den Kuppelpfeilern nach Entwürfen von *Bartolomeo Ammanati*.

1572–1579 *Kuppelfresko*, von *Vasari* begonnen, von *Federico Zuccari* vollendet.

1587 Abriß der alten Domfassade.

Fassadengestaltung des 19. Jahrhunderts

1875–1887 Errichtung der heutigen Marmorfassade in historisierenden Formen nach Plänen von *de Fabris*.

Übersicht über die Bauphasen von Baptisterium, Dom und Campanile

(1) Santa Reparata, Vorgängerbau des heutigen Domes (4.–14. Jh.).

(2) Baptisterium. Grundsteinlegung 1059/60. Vollendung um 1128. Mosaikschmuck der Kuppel 13. Jh.

DOM

8
Michelangelo »Pietà«
7
9
Vierungspfeiler
und Spitzbogen
1398 vollendet
6
5
SANTA
REPARATA
1
3
4

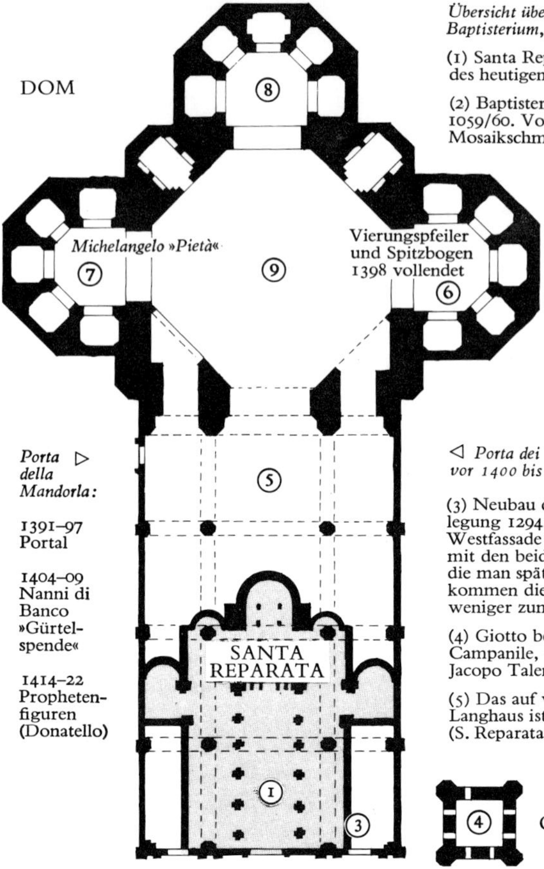

Errichtung der Exedren 1438 ff.

Porta della Mandorla: ▷

1391–97 Portal

1404–09 Nanni di Banco »Gürtelspende«

1414–22 Prophetenfiguren (Donatello)

◁ *Porta dei Canonici vor 1400 bis 1402*

(3) Neubau des Domes. Grundsteinlegung 1294. Begonnen wird mit der Westfassade (1587 abgerissen) und mit den beiden westlichen Jochen, die man später erhöht. Nach 1301 kommen die Arbeiten mehr oder weniger zum Erliegen.

(4) Giotto beginnt 1334 mit dem Campanile, den Andrea Pisano und Jacopo Talenti fortsetzen.

(5) Das auf vier Joche erweiterte Langhaus ist 1379 vollendet (S. Reparata 1375 abgerissen).

CAMPANILE

Ausgrabungen im Bereich von Santa Reparata, Vorgängerbau des heutigen Domes

(6) Südliche Tribuna 1393–1396.

(7) Nördliche Tribuna 1401–1408.

(8) Östliche Tribuna 1410–1414.

(9) Kuppeltambour 1413 vollendet. Kuppel 1420–1436. Kuppellaterne 1443–1467. Bronzekreuz 1472. Kuppelausmalung 1572–1579.

BAPTISTERIUM

2

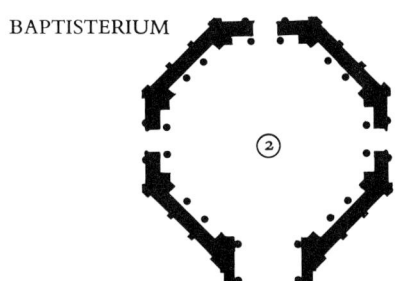

Santa Reparata

S. Reparata (Vorgängerbauten des heutigen Domes): Ausgrabungen 1966–1973. – Etwa 2 m unter dem heutigen Fußboden des Domes fand man Reste eines aus dem 4. oder 5. Jh. stammenden *Mosaiks mit christlichen Symbolen und Stifternamen.* Diese ältesten, zu einer frühchristlichen Kirche gehörenden Teile bildeten später die Mittelapside der mehrmals vergrößerten Nachfolgekirche *S. Reparata,* von der sich allein drei verschiedene Fußböden (um 780 in Marmor, im 11. und 13. Jh. aus Ziegel) nachweisen lassen. – Um 780 wurden 2 *Apsiden* hinzugefügt, die Säulen in *Pfeilerform* ummantelt, das Langhaus um 3 Stufen erhöht, der Fußboden mit Marmor ausgelegt. – Vermutlich aus dem 11. Jh. stammen die beiden äußeren Apsiden (Ausbildung eines *Querhauses*). Damals wurde auch der Fußboden im Langhaus um 1 m erhöht, was die Anlage seitlicher, zum Chor führender *Treppen* notwendig machte. Der Chor selbst wurde zur *Krypta.* Erhöhung des Fußbodens im Langhaus noch einmal im 13. Jh. (Ziegelboden). In dieser obersten Schicht fand man wertvolle *Grabplatten* aus dem 14. Jh.

Die alte Domfassade (Abb.)

Sie war noch von *Arnolfo di Cambio,* dem ersten Dombaumeister, begonnen worden, gedieh aber kaum bis zur Hälfte der geplanten Höhe.

Arnolfo, ein Schüler Niccolò Pisanos, hatte in Anlehnung an französische Kathedralen ein Figurenprogramm entworfen, dessen Verwirklichung nicht leicht war. Noch in der Frührenaissance haben bedeutende Künstler wie *Nanni di Banco* und *Donatello* für dieses Programm gearbeitet (vgl. Dommuseum, S. 50ff.).

Der Abriß der alten Fassade (1587) beraubte Florenz eines seiner schönsten Werke. Man zerschlug »das Antlitz des Domes« (wie es ein Chronist ausdrückte), ohne je etwas Gleichwertiges an seine Stelle setzen zu können. Denn die Fassadenpläne des 16. Jh. kamen nicht zur Ausführung, und die Fassade des 19. Jh. (1875–1887) war bei aller guter Absicht letztlich doch ein stilistischer Mißgriff.

Die Domportale (Nord- und Südseite des Langhauses)

Die Gestaltung der Domportale fällt im wesentlichen in die Zeit *vor* Errichtung der Domkuppel. Das Langhaus war seit 1379 fertiggestellt, doch die Hochführung der Chorwände nahm noch weitere 30 Jahre in Anspruch. Da auch die Fassade ins Stocken geraten war, konzentrierten sich die bildhauerischen Kräfte vorübergehend auf den Portalschmuck, der sich in zeitlicher Abfolge von West nach Ost steigert und in der *Porta della Mandorla* (Nordseite) seinen Höhepunkt findet.

Porta della Mandorla: Türgewände 1391–1397, *Archivolten* 1403–1409, *Propheten* 1406–1408, *Giebelrelief* mit der »Gürtelspende« *(Nanni di Banco)* 1414–1422, *Verkündigungsmosaik* (Tympanon) nach Entwurf *Ghirlandaios* 1490.

Zum Thema der »Gürtelspende«: Nach einer Legende des 12. Jh., wie sie ein Ritter aus Prato aus dem Heiligen Land mitbrachte, war der ungläubige Thomas zu spät an das Totenbett Mariens geeilt und bezweifelte daher, daß Christus sie leiblich in den Himmel aufgenommen habe. Als er ein Zeichen forderte, erschien ihm die Madonna als Himmelskönigin, von Engeln getragen, und überreichte ihm zum Beweis ihrer leiblichen Existenz ihren Gürtel.

Die Bausituation nach 1379

1379 war das Langhaus soweit fertiggestellt, daß man es für den Gottesdienst verwenden konnte. Den von *Giotto* begonnenen Campanile hatten *Andrea Pisano* und *Francesco Talenti* schon 1355 zu Ende geführt, wenn auch die geplante Turmspitze nicht zur Ausführung kam. Auch die Arbeiten an der Fassade waren ins Stocken geraten.

In den folgenden drei Jahrzehnten war man bestrebt, die *Chorwände*, die *Vierungspfeiler* und den *Tambour* zu erstellen, damit danach mit der Kuppel begonnen werden konnte. Der Dom bot daher noch für lange Zeit das Bild einer riesigen Baustelle.

Dommodell von 1368: Seit 1368 besaß man in Florenz ein verbindliches *Dommodell*, auf das jeder neue Dombaumeister einen Eid zu leisten hatte. Doch in der Frage, wie die geplante Riesenkuppel *technisch* zu bewerkstelligen sei, herrschte noch ein halbes Jahrhundert später keine Klarheit. Lebendig war zunächst nur die *Idee*, und diese richtete sich auf die *Außenerscheinung* des Domes: Man wollte die alles überragende *Dom-Silhouette*, wollte den einprägsamen Umriß, die mächtige, voluminöse Kuppel, die sich über hohem Tambour frei in den Himmel erheben würde. Erst in zweiter Linie dachte man an das *Innere*, wie ja auch der Dom (im Gegensatz zum Baptisterium) nur nach *außen* eine Marmorverkleidung erhielt.

Schon *Pisa* und *Siena* hatten sich mit dem Problem befassen müssen, in welcher Weise die Kuppel abgestützt und gleichzeitig der Kuppelraum mit dem Langhaus verbunden werden könne. Pisa entschied sich für eine *Ovalkuppel* (die nur in der *Querachse* über die Breite des Mittelschiffs hinausgriff), Siena für ein unregelmäßiges *Sechseck*. Doch konnten beide Lösungen nicht befriedigen. So errichtete man in Florenz die Kuppel über einem *Achteck* und folgte damit zugleich der Grundform des Baptisteriums.

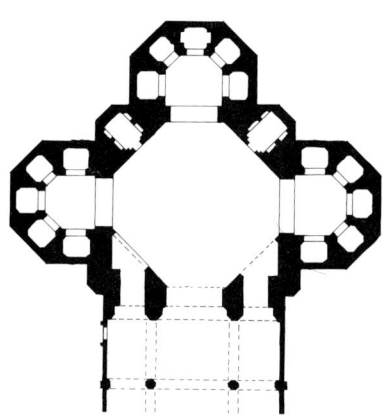

Zu Grundriß und Abbildung rechts:

Die *Verkleidung der Außenwände mit Marmorplatten* rückt den Dom bewußt in die geistige Nähe des für *antik* gehaltenen Baptisteriums, an das auch die *Rundbogen* erinnern sollen. Gotisches Stilempfinden kommt lediglich in den Fenstern zur Geltung.

Der gewaltige Chorbau dient in erster Linie der *Abstützung der Kuppel*. So verbergen sich hinter den geschlossenen Wandflächen des unteren Kapellenkranzes weit ausladende *Mauermassen* als Verstärkung der weiter oben sichtbar werdenden *Strebepfeiler*. Der jeweils fünfteilige Kapellenkranz jeder ›Tribuna‹ tritt nach außen nicht unmittelbar in Erscheinung.

Dom, Teile der südlichen Chorpartie ▷

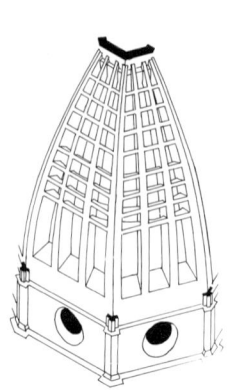
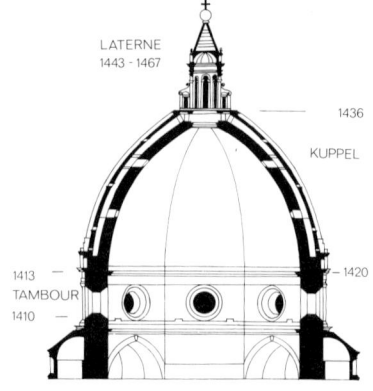

LATERNE
1443 - 1467

1436

KUPPEL

1413
TAMBOUR
1410

1420

Domkuppel, Konstruktionssystem und Schnitt

Zur Domkuppel und ihrer Konstruktion (Abb. 1 und 2)

Die Florentiner Domkuppel ist im wesentlichen das Werk *Brunelleschis*. Schon 1417 hatte der damals 40jährige ›Goldschmied‹ ein *Modell der Kuppel* vorgelegt und sich dabei anheischig gemacht, die Kuppel »ohne Gerüste« errichten zu wollen. Sie sollte freischwebend emporwachsen, gebildet aus *Gewölberingen*, »deren Teilstücke zwischen den freitragenden Sporen oder Rippen untereinander verklammert sein würden« (Braunfels).

1418 gewann dann Brunelleschi zusammen mit Ghiberti den für die Kuppel ausgeschriebenen Wettbewerb. 1420 legten beide gemeinsam das endgültige *Modell* vor. Ab 1426 aber ist Brunelleschi für die Ausführung *allein* verantwortlich. Seine Konstruktionstheorie bewährt sich, doch wurden zahlreiche Einzelerkenntnisse erst im Laufe der Zeit durch praktische Erfahrung hinzugewonnen.

Eine wichtige *Vorentscheidung* hatte noch das 14.Jh. mit dem Entschluß gefällt, die Kuppel über einem hohen *Tambour* zu errichten, damit sie weit über das Langhaus hinausrage (vgl. zu den älteren Projekten die Abb. S. 135). Erst dieser Tambour (ausgeführt 1410–1413), gibt der Kuppel das notwendige *Eigengewicht – allerdings auf Kosten der inneren Raumwirkung*: denn im Inneren ist die Kuppelwölbung dem Beschauer so weit entrückt, daß er sie nicht mehr *gestalthaft* erlebt.

Brunelleschis technisches Können

Zu Beginn des 15.Jh. hatte man in Florenz *keinerlei praktische Erfahrung im Kuppelbau*. So kam den Vorschlägen Brunelleschis und seinem technischen Können eine überragende Bedeutung zu (als er einmal vorgibt, krank zu sein, stellt sich Ghibertis Inkompetenz heraus). Brunelleschi organisiert die Baustelle, er erfindet Geräte und Maschinen, arbeitet unermüdlich an neuen Modellen und prägt die künstlerische Gestalt des Bauwerks (Lit. Braunfels).

Überwindung der Gotik

Brunelleschi überwindet die gotischen Formprinzipien, indem er auf jeden figürlichen oder ornamentalen Zierrat verzichtet. Keine Statuen, keine Türmchen (Fialen), keinerlei Blattornamente (Krabben) beeinträchtigen die *großflächige Wirkung der äußeren Kuppelschale*, die sich gerade durch ihre schlichte Form kraftvoll gegen den Unterbau absetzt und sich als etwas Eigenes behauptet: ein gewaltiges Volumen, dem die scharf sich abzeichnenden *Vertikalrippen* eine starke Dynamik verleihen.

42

Dom, Chorpartie, Exedra   *Domkuppel, Laterne*

Zusammenfassung der Baumassen durch die Chorpartie

Für die äußere Erscheinung der Chorpartie war die *Zusammenfassung der Baumassen* ein wichtiges Moment. Die Kuppel mußte gleichsam von unten vorbereitet werden, und zwar durch Elemente, die sich nach Gestalt und Farbe als mit der Kuppel *verwandt* erweisen würden. Um dies zu erreichen, gab man den drei Konchen kuppelartige Bekrönungen, die sich mit ihrem *Ziegelrot* an den Tambour heranschieben und mit dessen hellen Marmorflächen kontrastieren. Dieser *Helldunkel-Kontrast* prägt wesentlich den Gesamtbau und bewirkt sowohl eine Absetzung der Kuppel vom Langhaus, wie er andererseits das Langhaus mit der Chorpartie verbindet. Die Kuppel selbst aber gewinnt erst durch den *hellfarbigen* Tambour ihren leicht schwebenden Charakter.

Die Errichtung der Exedren (Abb. 3)

1436 war die Kuppel (mit Ausnahme der Laterne) fertiggestellt. Noch im selben Jahr fand durch *Papst Eugen IV.* die offizielle Domweihe statt, die mit einem beispiellosen Aufwand als großes *Stadtfest* begangen wurde.

In den Jahren danach nimmt *Brunelleschi* zunächst am *Chorbau* eine ästhetisch wichtige *Korrektur* vor. Er errichtet dort, wo 30 Jahre lang die Baumaterialien für die Kuppel lagerten, also vor den noch freigebliebenen Oktogonseiten des unteren Tambourringes, jene vier *Exedren*, die »ohne jeden praktischen Zweck« (Braunfels) lediglich dazu bestimmt waren, *die mittlere Dachzone zu harmonisieren* und dem Ganzen dadurch größere *Festigkeit* zu geben.

Diese relativ kleinen Anbauten sind bedeutsam, weil sie einen *Stilwandel* im Schaffen Brunelleschis erkennen lassen. Durch Ausbildung tiefer *Nischen* (vgl. S. Maria degli Angeli, S. 155) wird die *Mauermasse* zu einem künstlerischen Gestaltungselement. Zusammen mit den plastisch vor die Wand tretenden *Halbsäulen* entstehen kraftvolle, auf den Barock vorausweisende *körperhafte* Gebilde.

Die Laterne (Abb. 4)

Um für die Laterne eine breitere Grundfläche zu erhalten, hatte Brunelleschi die äußere Kuppelschale *steiler* hochgeführt, als dies ursprünglich vorgesehen war. Er hatte erkannt, daß die von unten aufsteigenden Eckrippen eine *Zusammenfassung* verlangten, daß die aufstrebende Bewegung in einem architektonisch selbständigen *Zielpunkt* zur Ruhe kommen müsse. – Die *Laterne*, 19 m hoch, greift noch einmal die Vorstellung des ›*Tempels*‹ auf (tempietto), und sie bedient sich dabei der Antike entlehnter Formen.

Baudaten (drei Bauabschnitte, drei Architekten): Unteres Geschoß bis zum ersten Gesims 1334–1337 von *Giotto*. – Die folgenden Abschnitte bis zum ersten Fenstergeschoß 1337–1343 von *Andrea Pisano*. – Die drei Fenstergeschosse 1343–1355 von *Francesco Talenti*. – Höhe des Turmes 82 m.

Zur Baugeschichte: Die Errichtung des Campanile bedeutete »eine Flucht nach vorne«. Der Dombau war steckengeblieben, »seit einem Menschenalter war das Langhaus und seine Fassade so gut wie nicht gefördert worden«. – »Die Riesenbaustelle inmitten der Stadt muß ein Trauma für das städtische Selbstbewußtsein gewesen sein« (Braunfels). – Erst Giottos Berufung (1334) führte aus dieser verfahrenen Situation heraus.

Der bald 70jährige Giotto erkannte, daß der Dom in wenigen Jahren nicht fertigzustellen war. Statt dessen schlug er vor, der Stadt in einem gigantischen *Campanile* ein neues *Wahrzeichen* zu geben. Damit aber verschoben sich auch die Proportionen der Gesamtplanung. Denn der von Giotto vorgesehene Turm war gegenüber der ersten Domplanung (Arnolfo di Cambio) viel zu hoch und zu mächtig. Die Folge war, daß man später (als der Turm seine heutige Höhe erreicht hatte) zu der Erkenntnis kam, daß jetzt auch der Dom größere Abmessungen verlangte: (a) durch höhere Langhauswände, (b) durch Verlängerung des Bauwerks um ein weiteres Joch. – Später hat dann der *Kuppelbau* seinerseits wieder das *Turmprojekt* beeinträchtigt. Denn der von Giotto geplante hohe gotische Spitzhelm wäre vor dem riesigen Kuppelrund sinnlos gewesen. So blieb es bei dem heutigen flachen Abschluß.

Rund 80 Jahre lang stand der Turm fertig da, während die Domkuppel noch fehlte oder sich erst im Bau befand. Der *Turm*, nicht die Kuppel, war zunächst das *Stadtsymbol*. Bewußt hatte Giotto ihn nicht an der Nordseite der Kirche errichtet, sondern *südlich* von ihr, *der Stadt zugewandt* (Braunfels).

Architektur und Plastik (Originalskulpturen im Dommuseum vgl. S. 50ff.)

Der Turm ist *zweischalig* gebaut. Unabhängig voneinander führen *zwei Treppen* nach oben (der Zugang zur zweiten Treppe erfolgte von der Nordseite her, wo von einer höher gelegenen Pforte eine Verbindung zur Kirche bestand). – In seiner heutigen Erscheinung wirkt der Turm in erster Linie ›malerisch‹. Die *Inkrustation* täuscht darüber hinweg, daß er aus festungsartig dicken Mauern besteht (Giottos dünne Wände mußten um fast das Doppelte verstärkt werden). Auch hinter den schwerelos wirkenden Spitzbogenöffnungen der Obergeschosse verbergen sich tiefe, massiv aufgemauerte Nischen.

Giotto und *Andrea Pisano* hatten den Turm noch im Sinne der Gotik mehr von der *Skulptur* her entworfen, in Parallele zum Skulpturenprogramm französischer Kathedralen und in Nachfolge der reichen Figurenwelt, die Giovanni Pisano in Siena, Pisa und Pistoia, meist an Kanzeln, geschaffen hatte. – *Francesco Talenti*, von dem die drei oberen Turmgeschosse stammen, betonte mehr die ›bildhafte‹ Erscheinung des Bauwerks, u. a. durch die starke *Farbigkeit*.

Untere Reihe (Reliefs in Sechseckform): Kopien nach *Giotto*. – Das Programm ist »protohumanistisch« und »enzyklopädisch« bestimmt (Trachtenberg). – *Adam und Eva sowie Berufe, Wissenschaft und Erfindungen sind die Themen:* Viehzucht, Musikinstrumente, Weinbau (Noah), Astronomie, Bauwesen, Medizin, Jagd, Weberei, Rechtsprechung, Kunsthandwerk, Schiffahrt, Herkules, Ackerbau, Wagenrennen, Baumeister, Bildhauer, Maler, Grammatik, Logik und Dialektik, Poesie (Orpheus), Geometrie (Euklid) und Arithmetik (Pythagoras), Ursprung der Musik (Hämmer).

Obere Reihe (Reliefs in Rautenform): Kopien nach *Andrea Pisano*. –»Nachgiottesk«: Die sieben Planeten, die freien Künste, Tugenden und Sakramente.

Dom, Längsschnitt

Das Innere des Florentiner Domes Nr. 2

Das Langhaus: Der erste Eindruck ist der einer riesigen *Halle.* Zwar ist der Querschnitt *basilikal* (das Mittelschiff höher als die Seitenschiffe), aber die Größe der einzelnen Joche läßt die Raumgrenzen verschleifen und erzeugt ein Gefühl unbestimmte *Weite.* Es handelt sich um Dimensionen, in denen sich *das erstarkte Selbstbewußtsein der Florentinischen Republik* widerspiegelt. Den neuen Maßstab hatten zuerst die beiden Großkirchen *S. Maria Novella* (ab 1246) und *S.Croce* (ab 1295) gesetzt. Diese noch zu übertreffen, war das natürliche Motiv bei einem Bauwerk, in dem sich die ganze Stadt repräsentiert sehen wollte. Allerdings verlagerte sich das Schwergewicht zunehmend auf das äußere Erscheinungsbild: den *Campanile* und die *Domkuppel.*

Eine Reihe von Gründen lassen vermuten, daß der erste Dombaumeister, *Arnolfo di Cambio,* das Mittelschiff in Anlehnung an frühchristliche Bauten noch mit einer *flachen Holzdecke* schließen wollte. Auch finden sich an der inneren Fassadenwand Spuren einer *Marmorverkleidung,* die sich möglicherweise (wie beim Baptisterium) über das ganze Innere hätte erstrecken sollen.

Die *heutige* Raumgestalt ist das Ergebnis mehrerer *Planänderungen.* Die von Arnolfo begonnenen Langhausjoche waren enger gefaßt, die Zahl der Joche auf nur *drei* festgelegt. Erst um 1350 entschied man sich für *vier* Joche, vielleicht als Folge des von Giotto begonnenen Campanile, dessen gewaltige Höhe fast zwangsläufig eine *Verlängerung des Domes* nach sich ziehen mußte. Mit einem *Architekturmodell,* auf das jeder neue Dombaumeister durch Eid verpflichtet wurde, kamen die Planungen 1368 zu einem gewissen Abschluß (große Teile der *alten* Kirche standen noch bis 1375). 1379 war das Langhaus vollendet.

Bemerkenswert ist, daß selbst *Detailfragen* durch sog. *Konkurrenzen* entschieden wurden. So hatte man 1357, als das Fundament für den ersten Pfeiler gelegt wurde, noch keine genaue Vorstellung von dessen Größe und Form, schrieb vielmehr einen Wettbewerb aus, dem später noch ein zweiter, eigens für die Kapitelle, folgte. Auch Fenster und Portale, einzelne Höhen- und Breitenmaße, die Gestalt der Kuppel, die Kuppelkonstruktion sowie die Kuppellaterne waren jeweils Gegenstand solcher ›Konkurrenzen‹.

45

Glasmalereien

Von der einst sehr reichen Ausstattung des Domes hat sich nur weniges erhalten. – Vor allem auf die *Glasmalereien* sei aufmerksam gemacht. Sie werden leicht übersehen, weil sie nicht (wie bei den französischen Kathedralen) die Gesamtfarbigkeit des Raumes bestimmen. Und doch handelt es sich um »*einen ganz unvergleichlichen Zyklus von Frührenaissancefenstern, wie er uns in gleichem Rang in keiner zweiten Kirche Italiens wiederbegegnet*« (Braunfels). Von den ursprünglich 55 Fenstern haben sich bis heute 44 im Original erhalten. – Die Entwürfe stammen von berühmten Meistern: *Donatello, Ghiberti, Paolo Uccello, Andrea del Castagno.* – Lediglich die Scheiben der beiden östlichen Langhausjoche aus der Zeit nach 1388 (Entwurf *Agnolo Gaddi*) sind noch spätgotisch.

Über dem Mittelportal »Himmelfahrt Mariens« (1425/26), über den *Seitenportalen* »Hl. Stephanus« und »Hl. Laurentius« (1412/1415), jeweils nach Entwurf von *Ghiberti* (entstanden in der Zeit seiner ersten Baptisteriumstüre).

Ferner die *Uhr* (1443) mit dem *Zifferblatt* von *Paolo Uccello.* Die Einteilung in 24 Stunden beginnt am unteren Ende des Zahlenkreises und verläuft entgegengesetzt unserem Uhrzeigersinn. – *Mosaik* »Marienkrönung« (um 1300): Es gehört zu den *ältesten erhaltenen Ausstattungsstücken* des Domes.

Ruhmesbilder, Grab- und Ehrenmäler

Links vom Hauptportal ein *Bischofsgrabmal* (1321) von *Tino di Camaino* (mit sitzend aufgebahrtem Toten). – *Im rechten Seitenschiff* die bedeutende Bildnisbüste *Brunelleschis* (1447), von seinem Schüler *Buggiano* nach antikem Vorbild gearbeitet. – Von *Benedetto da Maiano* die Darstellung *Giottos als Mosaikmaler* (mit einer von *Poliziano* verfaßten Inschrift). – Im vierten Joch von *Ferrucci* (1521) die Büste des italienischen Humanisten *Marsilio Ficino* (1433–1499), Lehrer an der ›Platonischen Akademie‹ der Medici (Übersetzer klassischer griechischer Texte ins Lateinische).

Im linken Seitenschiff von *Benedetto da Maiano* die Büste des Organisten *Squarcialupi* (die Büsten für *Arnolfo di Cambio* und *de Fabris* sind Arbeiten des 19.Jh.).

Uccellos Reiterstandbild des John Hawkwood (1436)

Monumentales Wandfresko im linken Seitenschiff (8,20 × 5,15 m) von *Paolo Uccello* (1397–1475). – Ein epochemachendes Werk. Hier wird »zehn Jahre vor Donatello der Gedanke eines Condottiere-Reiterdenkmals in einem Bilde vorweggenommen« (Heydenreich). – Dargestellt ist der englische Söldnerführer *John Hawkwood* (siehe unten), der ab 1377 in florentinischen Diensten stand. 1394 hatte die Signoria beschlossen, dem berühmten Heerführer ein plastisches Grabmonument zu errichten, was jedoch unterblieb (vielleicht aus Geldmangel). Statt dessen schuf *Agnolo Gaddi* im Dom ein entsprechendes *Wandbild* von Hawkwood, das 1436 durch das heutige von *Uccello* ersetzt wurde.

Von *Uccello* wissen wir, daß er schon als Zehnjähriger in der Werkstatt Ghibertis tätig war. Fünf Jahre lang hielt er sich in Venedig auf. Danach beschäftigte er sich leidenschaftlich mit den Problemen der *Perspektive.* In seiner *wissenschaftlichen Auffassung von Malerei* ist er ein Schüler *Brunelleschis* (des Entdeckers der Perspektive) und natürlich *Masaccios,* der Brunelleschis Kenntnisse als erster in Malerei umsetzte (vgl. Abb. S. 129). In seiner *plastischen* Gestaltungsweise ist Uccello von *Donatello* beeinflußt.

Im Reiterstandbild Hawkwoods kommen beide Komponenten (Perspektive und Körpervolumen) gleichermaßen zum Tragen. »In gewaltigen Dimensionen angelegt, erweckt das Bild die *Illusion eines plastischen Denkmals*« (Heydenreich). Der aufwendige Sockel ist in steiler Untersicht exakt ›konstruiert‹; eine Malerei, »die mit Verkürzungen geradezu prunkt« (Wundram). Auch eine leichte

Uccello, »Reiterbildnis des John Hawkwood« (Fresko)

Schrägansicht ist mit berücksichtigt. – Das alles setzt ein intensives Studium der Perspektive voraus. – Zum ersten Mal werden auch Pferd und Reiter diesem Gesetz unterworfen, ihr perspektivischer Bezugspunkt ist aber mit dem des Sokkels nicht identisch.

Zur Person von John Hawkwood: Sie ist nur verständlich vor dem Hintergrund einer neuen Art von Kriegführung, wie sie in der Mitte des 14.Jh. in Italien allgemein üblich geworden war. Man kämpfte mit *angeworbenen Soldaten* unter der Führung eines *Condottiere,* »der gegen gutes Geld überall hinzog« (Cleugh). Ein solcher Condottiere war auch Hawkwood. In den Streitigkeiten zwischen Florenz und Pisa kämpfte er mit seinen englischen Soldaten zunächst auf seiten Pisas, später für Perugia gegen den Papst, dann für Mailand gegen Pisa und Florenz, dann wieder für den Papst gegen Mailand, bis ihn 1377 (als ein päpstlicher Angriff auf Florenz drohte) die Signoria mit einer großzügigen Summe neutralisierte und 1377 in ihren eigenen Dienst nahm.

Links von Uccellos Reiterstandbild das zwanzig Jahre später (1456) von *Andrea del Castagno* gemalte Parallelbild, das den Söldnerführer *Niccolò da Tolentino* zeigt. – Weiter rechts ein *Fresko* (1465) zu Ehren *Dantes,* der mit der ›Göttlichen Komödie‹ in der Hand, mit der Rechten auf Hölle und Paradies zeigt (Bildentwurf: *Baldovinetti*; Ausführung: *Domenico di Michelino*).

Kuppelraum und Tribunen (Ausstattung)

Die von *Michelangelo* 1503 geplanten *Apostelfiguren* kamen nicht zur Ausführung. – In acht Marmornischen stehen heute andere *Apostelfiguren,* darunter links »Jakobus« (1511/18), ein frühes Werk des *Jacopo Sansovino.* Die *Marmortabernakel* schuf *Ammanati* erst 1565. – *Achteckige Marmorbrüstung* (Mitte 16.Jh.) ursprünglich mit Säulen und Gebälk. – *Holzkruzifix* (um 1490) von *Benedetto da Maiano.* – *Glasmalereien im Tambour:* »Marienkrönung« *(Donatello),* »Auferstehung« *(Uccello),* die übrigen von *Lorenzo Ghiberti.* – Die geplante *Mosaizierung* der Kuppel kam nicht zustande. – *Ausmalung* »Jüngstes Gericht« (1572/74) von *Vasari.*

Bronzetüre der linken Sakristei (um 1440) von *Michelozzo* und *Luca della Robbia;* von diesem »Auferstehung Christi« (1442/45). – In der *Sakristei* kostbare *Schränke* mit Intarsien (voll. 1468). – *Über der Türe zur rechten Sakristei* »Himmelfahrt Christi« (1446) von *Luca della Robbia.* – In den *Tribunen* umlaufender *Freskenzyklus* (um 1440) von *Bicci di Lorenzo.* – In der *Scheitelkapelle* »Bronzeschrein des Hl. Zenobius« (voll. 1442) von *L. Ghiberti.*

Michelangelos »Pietà« (Abbildung rechts)

Linke Tribuna. – In Rom gearbeitetes *Spätwerk* aus der letzten Lebenszeit des Künstlers, der sich fast nur noch mit der *Passion Christi* beschäftigte, in der Hoffnung auf »Heil der Seele« und »völlige Vergebung« (so Michelangelo in einem seiner Sonette). – Wohl in den 40er Jahren begonnen, 1553 noch in Arbeit, 1555 »wegen Fehlstellen im Marmor und weil ihm das linke Bein Christi abgebrochen war, *aufgegeben und zerschlagen*« (v. Einem). – Vasari berichtet, Michelangelo wollte zu Füßen dieser Gruppe begraben sein. – Seit dem 17.Jh. ist sie in Florenz. – Die Restaurierungen des 16.Jh. betreffen im wesentlichen die Unterarme (Hände original); völlig überarbeitet wurde die kniende Magdalena. – Das Ganze ist eine »*Verschmelzung von Schmerzensmann, Kreuzabnahme und Beweinung*«, gewissermaßen eine »Rückwendung zum Mittelalter«, doch »kraftvoll« gestaltet und von höchster Geistigkeit. – Mit der ehrwürdigen Gestalt des greisen Nikodemus hat Michelangelo vermutlich sich selbst gemeint und damit dem Bildwerk eine ganz persönliche bekenntnishafte Note gegeben. Christus selbst scheint sich noch im Tode liebevoll der Mutter zuzuneigen, während sein rechter Arm Magdalena mit einer großen Geste umfaßt, als wolle er sie in göttlicher Vergebung an sich heranziehen.

3 Das Dommuseum *(Museo dell' Opera del Duomo)*

Lage: Piazza del Duomo, 9. – Auf der Ostseite des Domplatzes gelegen, dem Chor gegenüber (zwischen Via dell' Oriuolo und Via dei Servi). – Die Stelle bezeichnet ziemlich genau die NO-Ecke der alten Römerstadt (vgl. Plan S. 11).

Zum Museum: Die seit dem 13. Jh. bestehende *Dombauhütte* wurde wahrscheinlich von Brunelleschi an diese Stelle verlegt. Sie war das *Zentrum der Domplanung*, verbunden mit einem ausgedehnten *Werkstattbetrieb*, dem auch ein *Kunstdepot* angeschlossen war, so daß der museale Gedanke hier weit zurückreicht. – 1891 wurde die Sammlung öffentlich zugänglich gemacht. – Ihre letzte Neueinrichtung erfolgte nach der Überschwemmungskatastrophe von 1966.

Die ausgestellten Werke (vorwiegend Bauplastik) sind teilweise von einzigartiger Qualität und hoher stilgeschichtlicher Bedeutung. – Wir nennen hier die Lebensdaten der wichtigsten Künstler:

Andrea Pisano	1290/95–1349	*Donatello*	1386–1466
Filippo Brunelleschi	1377–1446	*Nanni di Banco*	ca. 1380–1421
Lorenzo Ghiberti	1381–1455	*Luca della Robbia*	1399–1482

Großer Skulpturensaal *(Erdgeschoß)*

Man findet hier Werke von *Nanni di Banco, Donatello, Bernardo Ciuffagni, Niccolò di Piero Lamberti, Arnolfo di Cambio* und *Pietro di Giovanni Tedesco:* Arbeiten des 14./15. Jh. für die alte, fragmentarisch gebliebene Domfassade, die 1587 auf Befehl des Großherzogs Ferdinando I. abgerissen worden war (vgl. Abb. S. 39).

Da die ausgestellten Stücke beschriftet sind, beschränken wir uns hier auf wenige Bemerkungen. Dazu gehört der Hinweis auf das *Problem der Sitzfigur*, das angesichts der flachen Fassadennischen nur schwer zu lösen war. Nanni di Banco schuf den ›Typus‹, Donatello indessen erreicht die größere Plastizität. – In der Saalmitte ein im Mittelalter zu einem Grabmal umgearbeiteter *antiker Sarkophag* (die Reiterfigur verloren).

Brunelleschi-Räume (Sale Brunelleschi) *(Erdgeschoß)*

Links vom Skulpturensaal hat man 1977 zwei Räume eingerichtet, die Brunelleschi, dem größten Architekten der Frührenaissance, gewidmet sind.

Im ersten Raum sieht man neben der eindrucksvollen *Totenmaske* des Meisters sein *Holzmodell für die Domkuppel,* hier noch ohne die spätere Laterne, für die Brunelleschi erst kurz vor seinem Tode ein eigenes Modell vorlegte, das ebenfalls ausgestellt ist.

Am Modell der Domkuppel erkennt man (teilweise abweichend von der späteren Ausführung): (a) die rundbogige Außengliederung der Konchen; (b) gotische Spitzbogenfenster zwischen den mächtigen Strebepfeilern; (c) das Fehlen der sog. Ädikulen (Abb. S. 43), die erst nach Fertigstellung der Kuppel errichtet wurden (hier noch Spitzbogenöffnungen im Wechsel mit geschlossenen Wandflächen). – Vgl. zu dem hier gezeigten Modell die Abbildungen auf Seite 6 bzw. Seite 35 (ausgeführte Kuppel), die Abbildungen auf Seite 43 (Exedra und Laterne), ferner die Abbildung Seite 135 (Andrea da Firenze: Kuppelprojekt von 1348: noch ohne Tambour, die Kuppelschale mit gotischem Zierat).

Im zweiten Raum sind *Arbeitsgeräte* ausgestellt, wie sie beim Kuppelbau verwendet wurden, darunter Seile von 203, 218 und 242 m Länge. – Es ist bekannt, daß sich Brunelleschi unablässig mit der Erfindung neuer Geräte beschäftigte und daß es wesentlich seiner *technischen Begabung* zu verdanken war, wenn der von vielen Zeitgenossen für unmöglich gehaltene Kuppelbau doch gelang.

Donatello, sog. »Sängerkanzel« (Ausschnitt)

Werke von Donatello

Donatello darf als der größte Bildhauer seines Jahrhunderts gelten. Mit seinem plastischen Werk zählt er zu den herausragenden Meistern der Florentiner Frührenaissance, ebenso faszinierend in seiner *thematischen Vielfalt* wie durch die *gedankliche Tiefe* seiner Arbeiten. – Die Skala seiner Ausdrucksmöglichkeiten reicht von kindlicher Daseinsfreude (tanzende Putten) bis zur Tragik alttestamentarischer Prophetengestalten, sie umfaßt menschliche Schuld und göttliche Selbstaufopferung. – Donatello war 34 Jahre, als er seinen »Jeremias« schuf; er war 53 Jahre alt, als er die »Sängerkanzel« vollendete, und er schuf noch mit 69 Jahren die »Hl. Magdalena«, ein Bildwerk, das an Aufgewühltheit und innerer Erschütterung kaum seinesgleichen kennt.

Saal der Sängerkanzeln   (Obergeschoß)

Sängerkanzeln: Donatello (1433–1439), Luca della Robbia (1432–1438). Die Bezeichnung ›Sängerkanzeln‹ ist irreführend. Es handelt sich um kleine Tribünen, bestimmt für den Spieltisch der heute verlorenen Domorgeln.

Donatello und Luca della Robbia behandeln dasselbe Thema. *Luca* hält sich wörtlich an den vorgeschriebenen Text des 150. Psalms und schildert mit großer Gewissenhaftigkeit die Tubabläser und Trommler, die Tamburin- und Zimbalschläger, die er gruppenweise zusammenfaßt und als selbständige ›Bildtafeln‹ zwischen rahmende Pilaster stellt. In ihrem strengen Aufbau trägt seine Kanzel deutlich *antikisierende, ja klassizistische* Züge.

Donatellos Rahmengerüst wirkt wesentlich freier, ist lockerer, kleinteiliger und bewegter. *Bewegung* ist überhaupt sein eigentliches Thema: zumal in jenem herrlichen *Fries geflügelter Knaben*, die temperamentvoll, mit raschem Tanzschritt, an uns vorüberziehen.

Zur Abbildung links:
Donatello, »Prophet mit Schriftrolle«
(1415/1420). – *Obergeschoß.*

Im Gegensatz zur jugendlichen Idealität des »David« (Abb. S. 63) und des »Hl. Georg« (Abb. S. 64) bricht sich mit den Prophetenfiguren (gearbeitet für den Campanile) ein *neuer Realismus* Bahn, der sich unverkennbar an *antiken Vorbildern* orientiert: formal und geistig. Letztlich ist es das *römische Porträt* und die *freie antike Persönlichkeit*, die hier zum Vorbild genommen werden. Das scharf gezeichnete *Profil*, die männlich-kräftigen Gesichtszüge, der nachdenkliche Blick und die Gleichzeitigkeit von *Wille und Skepsis:* Das sind Merkmale, die diese Gestalt deutlich vom Mittelalter abheben. Ein neues, von innerer Tragik überschattetes, *heroisches Menschenbild* gewinnt Gestalt. Eine neue *herbe Schönheit* findet ihren Ausdruck.

Ähnliche Züge finden wir auch beim Propheten »Jeremias«, in dessen Physiognomie die heruntergezogenen Mundwinkel und eine fast schon dämonisch wirkende innere Entschlossenheit auffällt: ein Mann, der seinem Volk das Strafgericht Gottes androht und dann selbst zum Verfolgten und Geächteten wird.

Zur Abbildung rechts:
Donatello, »*Hl. Magdalena*« (1455).
Treppenhaus

Die Figur (Holz) stand früher im Halbdunkel des Baptisteriums. Erst ihre heutige Aufstellung im Treppenhaus der Domopera läßt das *Einzigartige* dieser späten Schöpfung erkennen. Selten ist die *Vergänglichkeit des Menschen*, ist die Hinfälligkeit seiner äußeren Erscheinung im Prozeß des Alterns realistischer dargestellt worden als in diesem Bildwerk, das vielleicht an Giorgiones zahnlose ›Alte‹ in Venedig (um 1500) erinnern mag, diesem aber um ein halbes Jahrhundert vorausgeht. Zum jugendlichen Optimismus der Florentiner Frührenaissance will ein solches Dokument nicht recht passen. Welch ein Gegensatz zu Donatellos eigenen Frühwerken: dem »David« und dem »Hl. Georg«. – Man wird daran denken, daß sich auch in Michelangelos und Tizians letzten Werken (Pietà) eine ähnliche Haltung *resignierender Gläubigkeit* dokumentiert.

Dommuseum

Raum mit den Originalreliefs vom Campanile

Untere Reihe (Giotto):
Von rechts nach links, beginnend mit der »Erschaffung Adams«: Späte Arbeiten des damals schon 68jährigen Meisters. – Zuletzt fünf Reliefs von Luca della Robbia (Frührenaissance).

Obere Reihe (Andrea Pisano):
Sehenswert die Darstellungen von Taufe, Buße, Priesterweihe, Firmung, Altarsakrament und letzte Ölung.

Abbildung links:
»*Grammatik*« – *Relief von Luca della Robbia*

Andrea Pisano und Donatello   *(Obergeschoß)*

Andrea Pisanos Figuren (links und rechts der Sängerkanzel) vertreten noch den *gotischen* Figurentypus, wie er ursprünglich die Domfassade hätte schmücken sollen. – Das unvermittelte Auftreten dieses großen Plastikers in Florenz (»historisch ein Rätsel«) brachte der Florentiner Skulptur nach dem Tode Arnolfo di Cambios (1302) noch einmal einen großen Aufschwung, rund hundert Jahre vor dem Beginn der Frührenaissance. Noch sind es ›gotische‹, relativ flach gearbeitete Gewandfiguren von typisierter noch nicht individuell entwickelter Grundform.

Donatellos Prophetenfiguren (an den Schmalseiten des Raumes) unterscheiden dagegen schon deutlich zwischen *Körper* und *Gewand* (beim »Jeremias« wird sogar ein Teil des Körpers unmittelbar sichtbar). – Im Sinne der Frührenaissance gestaltet Donatello wirkliche Persönlichkeiten (sie sind um vieles plastischer und bewegter als die Figuren des Andrea Pisano). Alles wird jetzt *individuell* erfaßt: *Kopfform, Haartracht, Mundpartie, Nase, Auge* und *Hände.* Das führt insgesamt zu einem neuen *geistigen* Ausdruck: *Nachdenken, Leiden* und *Skepsis, Einsamkeit* und *Sehertum* werden unmittelbar anschaulich. – So erschien die Aufstellung der Figuren in großer Höhe (an Kirchenfassaden oder am Campanile) nicht mehr sinnvoll: In logischer Konsequenz entstand daher die selbständige, *denkmalhafte* ›Freifigur‹ (vgl. dazu Michelangelos »David«, S. 86).

Letzter Raum (Silberaltar des Baptisteriums)   *(Obergeschoß)*

Rechte Eingangswand: Zwei sehr schöne byzantinische *Mosaiktafeln* (12. Jh.) mit zwölf Szenen aus dem Marienleben und dem Leben Christi.

Silberaltar des Baptisteriums (linke Schmalwand): Bedeutende gotische *Metallarbeit,* »unvergleichliches Monument Florentiner Goldschmiedekunst« (G. K.) aus der Zeit zwischen 1366 und dem Ende des 14. Jh., fortgeführt zur Zeit der Florentiner Frührenaissance. – *Die Reliefs der Vorderseite* (gotisch) stehen in der *Nachfolge Andrea Pisanos,* sind aber reicher entwickelt und ›malerischer‹ in der Art der Flächenfüllung. – Die *Johannesfigur* (1452) der Mittelnische, eine Arbeit *Michelozzos* (Frührenaissance) paßt sich dem gotischen Charakter der Altarfront an. – *Echte Renaissanceschöpfungen sind die Reliefs der Schmalseiten (1477–1480):* Links »Visitatio« von *Cennini* und »Geburt des Täufers« von *Antonio del Pollaiuolo*; rechts das »Festmahl des Herodes« von *Antonio di Salvi* (Mitarbeit *Francesco di Giovanni*) und »Enthauptung des Täufers« von *Andrea del Verrocchio.*

4   Museo Topografico *(»Firenze com' era«)*

Zugang: Via dell' Oriuolo (vom Dom kommend links, zurückgesetzt in einem Garten). – *Gemälde, Pläne, Fotos* zeigen die *Stadtentwicklung* seit 1490. – Zahlreiche inzwischen veränderte Einzelsituationen werden anschaulich. – Von Interesse sind auch die Planungen des 19.Jh., darunter die nicht zur Ausführung gekommenen Projekte für Platzgestaltungen, Triumphbögen, etc.

Ospedale S. Maria Nuova mit Spitalkirche S. Egidio *(Piazza S. M. Nuova)*

Ältestes Hospital von Florenz, 1287 durch *Folco Portinari* gestiftet (Ausbau bis in moderne Zeit; Westflügel von 1960). – *Portikus* (1611–1618) nach Plänen *Buontalentis* über *Giulio Parigis.* – Ehemals über dem Kirchenportal (heute in einem Raum der Hospitalverwaltung): eine *Masaccio* zugeschriebene »Marienkrönung« (1424) in *Terrakotta;* sofern die Zuschreibung zutrifft, *das einzige erhaltene plastische Bildwerk des Malers.* – In der Kirche S. Maria Nuova fand ab 1480/82 der berühmte »Portinari-Altar« des Hugo van der Goes Aufstellung (heute in den Uffizien) – vgl. S. 219.

5   Palazzo Nonfinito *(Museum für Völkerkunde)*

Lage: Via del Proconsolo, 12. – Der 1593 für *Alessandro Strozzi* begonnene Palast blieb unvollendet. – *Erdgeschoß* von *Buontalenti, Portal* und *Obergeschosse* von *G.B. Caccini* (2. Stock nach Entwurf *Vincenzo Scamozzis*). – *Hof* von *Cigoli, Treppe* von *Santi di Tito.* – Heute Sitz des 1869 von *Paolo Mantegazza* gegründeten *Museo Nazionale di Antropologia ed Etnologia.*

Palazzo Pazzi-Quaratesi   Nr. 5

Lage: Via del Proconsolo, 10, Ecke Borgo degli Alibizzi. – Unvollendeter Palast. – Erste Pläne vielleicht von *Brunelleschi.* – 1462–1472 von *Giuliano da Maiano* für *Jacopo de' Pazzi* (hingerichtet 1478) erbaut. – »Das dekorative Element tritt in den Vordergrund« (Heydenreich): originelle *Rahmenleisten* in Form eines beschnittenen Astes. – Im *Hof* hervorragende *Delphinkapitelle.*

6   S. Margherita de' Ricci – Palazzo Cepparello
    Dantes Geburtshaus

S. Margherita de'Ricci (Via del Corso, 6): Dreibogige *Vorhalle* (1611) von *Gherardo Silvani.* – *Inneres* tonnengewölbt mit Pilastergliederung, der Chorraum überkuppelt. – Die spätbarocken Formen von 1707 wurden 1769 von *Zanobi Rosso* überarbeitet. – *1. Kap. rechts:* Bemerkenswert die *Predella* der Altartafel (um 1450) mit der Margaretengeschichte. – *Hochaltar* mit dem Gnadenbild »Madonna de'Ricci« (um 1300) von *Giovanni da Milano* (Giotto-Nachfolge). – S. Margherita war die Pfarrkirche bedeutender Florentiner Familien wie der Portinari, der Donati, der Cerchi.

Palazzo Cepparello (Via del Corso, 4): Um 1500 für die *Salviati* unter Einbeziehung älterer Häuser der *Portinari* erbaut (daher auch *Pal. Salviati* oder *Pal. Portinari* genannt). – Heute *Banca Toscana.* – Die Gewölbe des rückwärtigen Arkadenhofes mit *Fresken* von *Alessandro Allori* (1535–1607): Odysseus-Sage. – Die heutige *Schalterhalle* im Stil *Baccio d'Agnolos.*

Dantes Geburtshaus (Casa di Dante Alighieri): Via Dante Alighieri, 4. – Gegenüber der »*Torre della Castagna*«, im 13.Jh. (solange der Palazzo Vecchio noch nicht existierte) Sitz der Zunftleitung *(Priorati delle Arti).*

7 Die Badia *(la Badia = die Abtei)*

Die Badia gehörte jahrhundertelang zu den vornehmsten Einrichtungen der Stadt, ein Faktum, das sich an ihrer heutigen, eher bescheiden wirkenden Gestalt kaum mehr ablesen läßt. Die in ottonischer Zeit 969 gegründete *Benediktinerabtei* war das *erste* in Florenz errichtete Kloster: ein wichtiger Kulturfaktor in so früher Zeit. Dies um so mehr, als die Benediktiner die *Überlieferung* sowohl der christlichen wie der heidnischen Schriftsteller des *Altertums* pflegten. Auch waren die Benediktiner weltoffen. Sie besaßen Klosterschulen, betätigten sich wirtschaftlich, erwarben Wohlstand und Reichtum und übten nicht selten politischen Einfluß aus. So ist es nicht ohne Bedeutung, wenn sich noch im 13. Jh. der erste florentinische Stadtpalast, der um 1250 begonnene *Bargello*, als »Sitz des Podestà«, also des Stadtoberhauptes, in unmittelbarer Nähe der Badia erhebt: Neben das alte geistige Zentrum trat ein neues, ein politisches.

Zur Baugeschichte: Die heutige Badia ist zu großen Teilen ein Bau des 17. Jh., ausgeführt ab 1627 nach Plänen von *Matteo Segaloni*, der die Kirche um 90° drehte, den alten gotischen Bau zum Querhaus machte und eine neue Choranlage hinzufügte. – Aus älteren Zeiten blieb nur wenig erhalten. Gänzlich verschwunden ist der ottonische Kirchenbau des 10. Jh. (969–978). Vom gotischen Nachfolgebau (1284–1310), einem Werk des Dombaumeisters *Arnolfo di Cambio* (einst mit Fresken Giottos), stecken noch die Außenmauern in der jetzigen Bausubstanz. Erhalten blieb vor allem die *gotische Chorseite* (heutige Straßenfront) mit einer schönen Fenstergruppe. – Das *Portal* daneben, florentinische Frührenaissance (Gebälk erneuert) stammt von *Benedetto da Rovezzano*.

Der Turm der Badia (nach 1330) ist ein architektonisches Kleinod und zugleich ein Wahrzeichen von Florenz: Über ottonischer Grundlage errichtet, sechseckig, mit gotischen Klangöffnungen und gotischem Spitzhelm, entstand er in zeitlicher Parallele zu Giottos Campanile (1334 ff.). Ein Vergleich der beiden Türme läßt die epochemachende Leistung Giottos deutlich werden. Doch darf man nicht vergessen, daß auch Giottos Turm ursprünglich mit einem gotischen Spitzhelm schließen sollte. – *Kreuzgang* (um 1400).

Zur Abbildung rechts

Michelangelo (1475–1564)
»Trunkener Bacchus«
(1497 begonnen), in Rom gearbeitet.
Marmor, Höhe 2,03 m.

Michelangelo war 22 Jahre alt, als er diese virtuos behandelte, schon zu seinen Lebzeiten viel diskutierte Figur schuf (zeitlich unmittelbar vor der römischen »Pietà«). Auftraggeber war der Bankier *Jacopo Galli*.

Bezugspunkt ist die *Antike*. Michelangelo sollte einen Bacchus schaffen, »dessen Gestalt und Aussehen in jeglichem Teil den Vorstellungen der alten Schriftsteller entspricht: das Gesicht fröhlich und die Augen lüstern und schielend, so wie sie diejenigen zu haben pflegen, die von der Liebe und dem Weine über die Maßen besessen sind«.

Die Statue war zur Aufstellung in einem Garten bestimmt, umgeben von antiken Statuen. Noch das 16. Jh. hielt die Figur für antik.

Dieses künstlerische Frühwerk charakterisiert eine *Häufung von Motiven*. So sind die *Trauben*, die den Kopf schmücken, aufs feinste ausgearbeitet und wie Haarlocken behandelt. Der *Mund* ist lallend geöffnet, die *Augen* sind leicht verdreht und auf die Trinkschale gerichtet, die ihm zu entgleiten droht. Die *Arme* sind muskulöser gebildet als bei Donatello. *Schwierige Motive* sind die starke Abwinkelung von Unterarm und Hand.

Das *Labile* der Figur kommt am stärksten in den *Beinen* zum Ausdruck: »Durch Vornahme der Schulter über dem angehobenen Spielbein wird dem Kontrapost das Widerlager genommen . . .« (G. K.).

Erst im Umschreiten der Figur wird der sich rechts befindliche Satyr voll sichtbar.

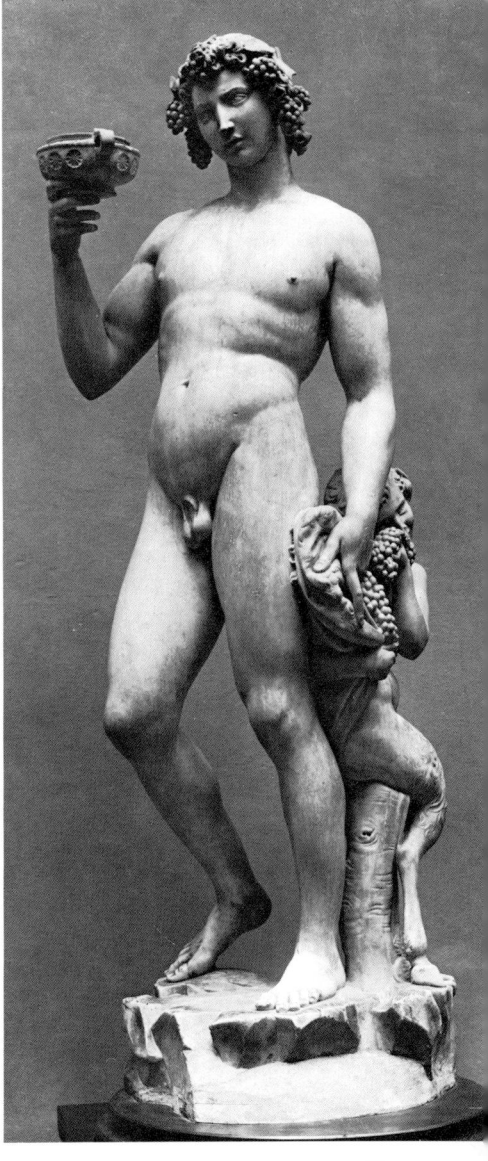

Michelangelo	1475–1564	Bartolomeo Ammanati	1511–1592
Jacopo Sansovino	1486–1570	Vincenzo de' Rossi	1525–1587
Baccio Bandinelli	1493–1560	Giovanni da Bologna	1529–1608
Benvenuto Cellini	1500–1571	Vincenzo Danti	1530–1576

Werke Michelangelos

Michelangelo, »Tondo Pitti« (um 1504/05): Rundrelief in Marmor mit Maria, dem Kinde und dem kleinen Johannes (H. 85 cm). – Das in Florenz gearbeitete Werk datiert ein knappes Jahrzehnt nach dem »Bacchus«. Inzwischen waren die »Pietà« für St. Peter in Rom (1498–1499), der »David« (1501–1504) und die »Brügger Madonna« (um 1504) entstanden. – Wohl im Anschluß daran hat sich Michelangelo dreimal mit dem Thema der Madonnendarstellung in der Form des Tondo beschäftigt, wobei die hier gezeigte ›Fassung‹ die späteste ist.

Die erste Behandlung des Themas (London) führte zu einer mehr idyllischen Darstellung, bei der sich die beiden Knaben in übermütigem Spiel um die verständnisvolle Mutter gruppieren. – Dann folgte der sehr viel ernstere Tondo der »Doni-Madonna« (Uffizien), ein in Tempera gemaltes Rundbild, bei dem im Thema der Kindheit schon die *Passion* anklingt.

Jetzt, bei der dritten ›Fassung‹ (dem für *Bartolomeo Pitti* geschaffenen Tondo des Bargello) verändert sich die Grundstimmung noch weiter zum *Schicksalhaften*.

»Der stolze hoheitsvolle Ausdruck der Madonna deutet schon auf die Sibyllen der Sixtinischen Decke voraus« (v. Einem): Das Liebliche im Erscheinungsbild der Mutter tritt fast ganz zurück; ihr Blick ist ahnungsvoll in eine unbestimmte Ferne gerichtet. Nicht zufällig ist nun für den *Jesusknaben* das aufgeschlagene *Buch* zum Bezugspunkt geworden. Nicht kindliches Spiel bestimmt dessen Tun, sondern ein die Zukunft vorwegnehmendes *Nachdenken* über Auftrag und Leidensweg als Gottessohn (das unvollendet gebliebene Werk läßt die schmerzlichen Züge im Antlitz des Knaben nur ahnen). – Ausgehend von der hier erreichten Schaffensstufe wendet sich Michelangelo in den folgenden Jahren der Arbeit am Juliusgrab und an der Sixtinischen Decke zu.

Michelangelo, »Brutus«, Marmor (H. 74 cm): Die Deutung dieses Werkes ist nicht ganz einheitlich. Nach *Vasari* wurde die Büste auf Anregung des Historikers *Donato Giannotti* für den Kardinal *Niccolò Ridolfi* geschaffen und verherrlicht *Lorenzino*, den Mörder des verhaßten *Alessandro de' Medici*. Giannotti läßt in seinen Dialogen (1545) Michelangelo über Brutus sagen: »Wer einen Tyrannen mordet, tötet keinen Menschen, sondern eine Bestie in Menschengestalt«. – »Die florentinischen Patrioten feierten Lorenzino als *Bruto nuovo* (so auch auf einer florentinischen Münze). – Die Büste muß demnach als »politisches Kunstwerk« (v. Einem) gesehen werden, vielleicht gearbeitet nach einer in Florenz befindliche *Caracallabüste*. Michelangelo formte daraus ein ›Idealbild‹.

Benvenuto Cellini (1500–1571)   ▷

»Cosimo I., Großherzog von Toskana«
(1545), Bronzebüste, Höhe 1,10 m.

Cellini war 1545 nach Florenz gekommen und sofort mit dem »Perseus« (Abb.
S. 93) beauftragt worden, sein später so
berühmt gewordenes Meisterwerk.
Noch bevor er damit begann, empfahl
er sich dem Herzog mit der hier gezeigten *Büste* als *Bildhauer, Goldschmied* und
erfahrener *Bronzegießer.* – Die Fertigkeit
des Goldschmieds erkennt man sofort an
der feinen Ausarbeitung des mit Einzelmotiven überreich geschmückten Pan-
zers. Cellini selbst ging es mehr um die
Erprobung des Gußverfahrens. Er wählte
eine von Donatellos Technik abwei-
chende Zusammensetzung der Tonerde
und überwand so gewisse Schwächen,
die er an dessen Werken beobachtet
hatte.

Das Verhältnis Cellinis zu seinem Auftraggeber war im übrigen von Tragik
überschattet. Obwohl die Büste gefiel und der »Perseus« uneingeschränkte Bewunderung fand, erhielt Cellini keinen größeren Auftrag mehr. Er mußte miterleben, wie *Bandinelli* und *Ammanati,* als schwächere Konkurrenten, vom Herzog bevorzugt wurden; wir wissen nicht warum. – Cellini berichtet von diesen
Vorgängen in seiner 1803 von Goethe ins Deutsche übertragenen, nicht minder
berühmt gewordenen Lebensbeschreibung.

Giovanni da Bolognas ›figura serpentinata‹

Giovanni da Bologna (1529–1608): »Florenz siegt über Pisa« (1570), Marmorpla-
stik, Höhe 2,60 m. – Schon bald nach Michelangelos Tod (1564) begannen sich
die Bildhauer von dessen Stil zu entfernen und wandten sich mehr *Giovanni da
Bologna* zu. Das neue Ideal war die *figura serpentinata:* die Figur, die sich in
schlängelnder Bewegung um eine meist schräge Achse spiralförmig hoch-
schraubt. – Michelangelo selbst hatte in dieser Hinsicht erste Grundlagen gelegt
und das Gestaltungsprinzip seinen Schülern empfohlen. Doch erst *Giovanni da
Bologna* verhalf diesem »Manierismus« zum Durchbruch. Man war der Über-
zeugung, durch *komplizierte Körperstellungen* Michelangelo übertreffen zu können. Der Betrachter sollte gezwungen werden, die Figur *umschreiten zu müssen,*
um alle Aspekte wahrnehmen zu können. – Manieristisch ist auch die *Neigung
zur Allegorie:* hier die Verkörperung von Florenz und Pisa durch mächtige
kraftvolle Gestalten.

(a) *Ansicht von vorne: Pisas Niederlage verkörpert eine zu Boden gegangene Gestalt:*
gebeugt, die Arme nach hinten genommen, mit schweren Ketten gefesselt. –
Darüber erhebt sich *im Siegesgestus das triumphierende Florenz:* Der weibliche
Oberkörper wird zum Symbol von Schönheit und Kunstsinn der Stadt. Der
Kopf von klassischem Zuschnitt, durch Profilansicht betont. Im Haar Lorbeer
und Blumen. – (b) *Ansicht von rechts:* Die gekrümmte Haltung von Pisa wird
voll sichtbar. Der Kopf von Florenz erscheint von vorne. – (c) *Ansicht von links:*
Pisa umgreift Florenz: eine *Körperdrehung im Gegensinne,* eine im Sinne des Ma-
nierismus bewußt herbeigeführte Polarität.

Auf den folgenden Seiten: Skulpturen vom »Donatello-Saal« des 1. Stocks. – Vgl.
den *Orientierungsplan S. 66* mit Text für die nachfolgenden Räume.

Donatello (1386–1466)
»David« (1408/09)
Marmor, Höhe 1,91 m.

Donatellos *Marmordavid* war zusammen mit anderen Figuren für den *äußeren Kapellenkranz des Florentiner Domes* bestimmt, kam aber dort nicht zur Aufstellung, sondern wurde 1416 von der Signoria angekauft, im Anschluß daran von Donatello überarbeitet und im *Pal. Vecchio* aufgestellt.

Für die Beurteilung der Figur ist zunächst wichtig, daß sie nur für die *Vorderansicht* bestimmt war. Sie sollte in einer *Nische* stehen, ähnlich wie später der »Hl. Georg« (1416–1420). Erst Donatellos *Bronzedavid* (um 1430) war eine echte *Freifigur*, geschaffen für den Hof des Pal. Medici, wo sie von *allen* Seiten gesehen werden konnte.

Betrachten wir den Marmordavid seiner ursprünglichen Bestimmung gemäß *von vorne*, so wird deutlich, welche Rolle der lebhaft bewegte *Umriß* spielt. Die Figur ist im Zuge gotischer Tradition noch *linear* entworfen, obschon sie durch räumliche Tiefe bewußt *körperhaft* wirken will. Der Gotik verpflichtet sind vor allem die *großen Faltenschwünge* der zügig behandelten Oberfläche, doch »läßt das eng anliegende Gewand schon die *Körperstruktur* erkennen« (Planiscig).

Wie häufig bei Frühwerken werden bestimmte *Details* mit besonderer Sorgfalt behandelt. So wirkt der *Knoten* des lässig über die Schultern geworfenen Mantels wie ein Ornament (zehn Jahre später, beim »Hl. Georg«, erscheint dasselbe Motiv gestraffter: als kraftvoller plastischer Akzent, Abb. S. 64). – David trägt im Haar »einen Kranz von *Amaranth*«: ein biblisches Ruhmessymbol.

Donatello (1386–1466)
»David« (um 1430/32)
Bronze, Höhe 1,38 m.

Donatellos Bronzedavid ist die *erste selbständige Aktfigur seit der Antike:* »die Wiedergeburt eines antiken Schönheitsideals, in dem Sinnliches und Geistiges sich unlösbar durchdringen« (Wundram).

Donatello schuf die Figur mit 44 Jahren; ein Werk, das nachhaltig auch *Verrocchio* (1465) und *Michelangelo* (1498) beeinflußt hat, »zugleich ein Dokument der *Freundschaft,* die Donatello mit dem 1434 zur Herrschaft gelangten *Cosimo de' Medici* bis an sein Lebensende verbinden sollte« (Wundram). – Die Figur stand bis 1495 im Hof des Palazzo Medici, später in der fürstlichen Kunstsammlung (16. Jh.).

David als *jugendlicher Volksbefreier* – das war ein Thema nach dem Herzen der Florentiner, gefördert durch *die Neigung der Frührenaissance zu knabenhaften Gestalten.*

Zum ersten Male begegnet uns in nachantiker Zeit der ›schöne Mensch‹, während das Thema des Kampfes zurücktritt. Selbst die Siegesgebärde ist von jugendlicher Unbekümmertheit. Der linke Fuß ist wie beiläufig auf das Haupt des Erschlagenen gesetzt, der Kopf gesenkt, der Blick drückt eher Verwunderung als Triumph aus.

Durch den Wegfall des Mantels ändern sich die Motive, und die Figur erhält einen neuen Sinn. Beim Marmordavid führen die Arme noch zum Körper zurück: die Gestalt ist in sich selbst gebunden. Beim Bronzedavid beobachten wir dagegen eine neue Aktivität, eine neue Freiheit: Die Bewegung führt von der Mitte weg und greift in den Raum aus; sie ist gelöster und im Gesamteindruck voller Poesie.

Donatello (1386–1466)

»Hl. Georg« (1416–1420)

Nischenfigur für Or San Michele
Marmor, Höhe 2,09 m.

In der Zeit zwischen dem »Marmordavid« (1408) und dem »Hl. Georg« (beg. 1416) hatte sich Donatello rasch an die Spitze der florentinischen Bildhauer gesetzt. Sein »Markus« (Or San Michele) und die Sitzfigur des »Evang. Johannes« (Dom) waren Meilensteine auf diesem Weg, nicht zuletzt in Konkurrenz zu Ghiberti, dem Meister der ersten Bronzestatuen der Frührenaissance (Or San Michele).

Schon zu Lebzeiten Donatellos wurde der »Hl. Georg« als Höhepunkt florentinischer Plastik empfunden. Hier war eine Figur entstanden, *die symbolhaft die Generation der Frührenaissance verkörperte:* in aufrechter Haltung, den Blick sicher und selbstbewußt auf ein Ziel gerichtet, jugendlich im Habitus und doch voller Würde im Rückbezug auf die wiederentdeckte Antike, als deren Erben und Neuschöpfer man sich sah.

Mit dem »Hl. Georg« trat an die Stelle der traditionellen gotischen Gewandfigur »ein *neues Figurenideal,* das die Gestalt aus ihren mittelalterlichen Bindungen befreite« (Wundram). Das Epochale dieses Vorgangs, vor allem auch im Gegensatz zur nordischen Kunst, wird deutlich, wenn man etwa an Tilman Riemenschneider (1460–1531) denkt, der sich rund hundert Jahre später noch immer der gotischen Formensprache bedient (Creglinger Altar, 1505–1510).

Donatellos Statue wurde im Auftrag der Waffenschmiedezunft hergestellt, deren Schutzpatron der Hl. Georg ist. An Or San Michele stand sie in Nachbarschaft zu den Bronzefiguren Ghibertis und den Statuen Nanni di Bancos.

Andrea del Verrocchio
(1436–88)
»David« (1465)
Bronzefigur, Höhe 1,24 m.

*Aufstellungsort im Museum bei
Drucklegung nicht bekannt.*

Nach dem Tode Donatellos
(1466) trat *Verrocchio* an die
Spitze der Florentiner Bildhauerkunst. Vor allem seine frühen
Werke, wie hier der »David«,
sind Beispiele der Auseinandersetzung mit dem Schaffen des
50 Jahre älteren Meisters.

Zweifellos hat Verrocchios »David« an Keckheit und Selbstbewußtsein gewonnen, aber er ist
auch eitler, er lebt in der *Grundstimmung ästhetischer Vollkommenheit.* War Donatellos Bronzedavid (1430) noch ein epochemachendes Werk (»die erste frei-
stehende Aktfigur seit der Antike«), so ist der Generation Verrocchios das Formengut der
Frührenaissance schon eine
selbstverständliche Voraussetzung. Der Gestaltungswille zielt
auf *Verfeinerung*, auf leichte und
elegante Erscheinung, auf formalen Reichtum.

»Alle Ränder der Bekleidungs-
stücke sind *ornamentiert*; eine
Palmette schmückt die Brust,
Rosetten zeigen in gewissenhaf-
ter Anatomie die Stelle der
Brustwarzen« (Planiscig).

Die *Gestalt* als solche ist »ge-
streckt, schlank, zierlich und geschmeidig«, der *Körper* eher »ma-
ger«, die *Knochen* »schmalgratig«.
Das kunstvoll gelockte *Haar*
zeigt »den Geschmack des Goldschmieds«, das geheimnisvolle
Lächeln den »empfindungsvollen
Künstler« – ein Lächeln, »das vor
Verrocchio niemand zu bilden
gewagt hat« (Mackowsky). Erst
sein Schüler Leonardo wird es
übernehmen (vgl. zu Verrocchio: Or San Michele, Abb. S.
115 u. S. Lorenzo, S. 144).

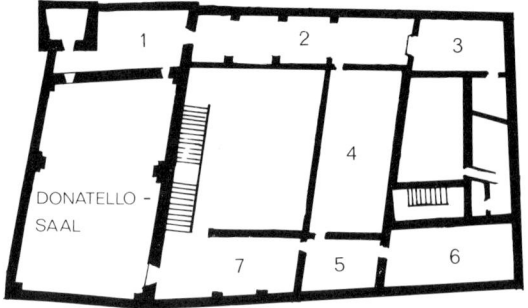

Die Konkurrenzreliefs von 1401 (Ghiberti – Brunelleschi)

Rechts vom »Hl. Georg« findet der Besucher an der Längswand des Saales *zwei Bronzereliefs gleichen Themas*, jeweils die »Opferung Isaaks« darstellend. Sie stammen von jenem berühmten *Wettbewerb* für die *zweite Baptisteriumstüre*, aus dem *Ghiberti* 1401 als Sieger hervorging. Beide Stücke sind von meisterhafter Qualität, vertreten aber unterschiedliche künstlerische Auffassungen.

An *Brunelleschis Arbeit* (rechts) hat man schon immer den *Formenreichtum* in den sorgfältig durchgebildeten Einzelmotiven, ebenso die größere *Räumlichkeit* und schließlich das leidenschaftlichere *Temperament* bewundert. Brunelleschi wählt den Augenblick höchster »dramatischer Zuspitzung« (Wundram). Das Ganze aber wirkt wie eine »aus Teilen zusammengesetzte« Komposition.

Ghibertis Darstellung ist geschlossener, weniger dramatisch und insofern ›schöner‹, als ihm »die Einbindung aller Teile in einen übergreifenden landschaftlichen Zusammenhang« gelingt (Wundram).

Ghiberti ist der geborene *Erzähler*, Brunelleschi der größere *Analytiker*. Beide aber erweisen sich als ›Erfinder‹. Brunelleschi im Sinne eines »expressiven Realismus«, Ghiberti durch einen »dekorativen Illusionismus«. Wundram sieht darin prinzipielle »Grundhaltungen«, Positionen, »die sich in der Entfaltung der Frührenaissance konstant bewahren«.

Für die Wettbewerbsentscheidung zugunsten Ghibertis waren sicher auch finanzielle Gründe mit ausschlaggebend, denn Ghibertis Relief war aus einer *einzigen* Gußform hervorgegangen, ein Verfahren, bei dem ein *Drittel* der Bronze *eingespart* werden konnte. Brunelleschi dagegen hatte seine Figuren *einzeln* gegossen und dann dem Reliefgrund aufgeschraubt, was sehr viel mehr Material erforderte (Wundram).

Übersicht über die weiteren Räume im 1. Stock

Raum 1 (Sala della torre): (a) *Wandteppiche*, französische Arbeiten des 15. Jh. mit Kampfszenen und Schlachtenbildern, u. a. »Erstürmung Jerusalems«. – (b) Kostbare gotische Tafelmalerei, sog. *Meister des großen Diptychons des Bargello* (um 1390) mit Mariendarstellung und Kreuzigung: beide Tafeln auf Goldgrund gemalt, mit reichverzierter, vergoldeter Holzumrahmung im reinen Stil der französischen Gotik des 14. Jh. (Ornamentik in durchbrochener Schnitzarbeit), Pariser Schule, flämisch beeinflußt. »Die Qualität der Malerei, die Kleidung und die Gestalten entsprechen genau den Darstellungen in den französischen Handschriften aus der Zeit König Karls VI. und Valentinens von Mailand« (Henri Bouchot), das Ganze »ein Meisterwerk seiner Zeit«. – (c) Wertvolle *Stickereien*, u. a. mit Szenen aus der Tristansage. – (d) *Arabische Moscheenlampe* (14. Jh.), *Kelch aus Murano* (15. Jh.) mit Schmelzeinlage »Triumph der Gerechtigkeit«.

Raum 2 (Sala del Podestà): *Kamin* (1478) von *Lorenzo di Andrea Guardini*. – In einer Reihe von Vitrinen findet man hier Hunderte von Ausstellungsstücken, meist der *Kleinkunst* angehörend. – Die wertvollen *Gold- und Elfenbeinarbeiten* stammen überwiegend aus der *Sammlung Louis Carrand*, die 1888 an die Stadt Florenz überging. – Hervorzuheben sind ferner die *Emailarbeiten aus Limoges* (12.–15.Jh.), einem mittelalterlichen Zentrum dieser Kunstgattung (u. a. Verarbeitung islamischer Anregungen; seit etwa 1200 industriemäßige Herstellung mit ausgedehntem Export nach ganz Europa). – Ferner flämische und deutsche *Bronzen*.

Raum 3 (Cappella): Hier verbrachten die zum Tode Verurteilten unter dem Beistand einer Bruderschaft (Compagnia dei Neri) ihre letzten Stunden. – Die der Hl. Maria Magdalena geweihte Kapelle war in spätgotischer Zeit vollständig ausgemalt. – *Fresken* (14.Jh.) im Stile Giottos: An den *Seitenwänden* Szenen aus dem Leben der Hl. Magdalena sowie der ägyptischen Maria, ferner Szenen aus dem Leben Christi und Johannes des Täufers. – An der *Eingangswand* die »Hölle«, *gegenüber* das »Paradies« (dort, links unten, Freilegung eines Bildnisses, in dem man *Dante* zu erkennen glaubt).

Sakristei: Sammlung kostbarer Paramente und früheste Beispiele (15.Jh.) italienischer Steinschnittarbeiten.

Raum 4 (Sala degli avori): Berühmte *Elfenbeinsammlung* mit zum Teil kostbaren Stücken, die frühesten aus dem 5.Jh., die meisten Beispiele aus dem 9./10.Jh., zahlreiche andere aus dem 11./12.Jh. (die Neueinrichtung des Saales war bei Redaktionsschluß noch nicht abgeschlossen).

Raum 5: Toskanische *Goldschmiedearbeiten* des 13.–16.Jh., u. a. ein Stück aus dem Baptisterium (dat. 1313) und eines aus S. Maria Novella (Reliquienbüste des Hl. Ignaz). – Hervorzuheben ein *Reliquienkreuz aus S. Gaggio* mit sechs *Silberschmelzplatten*, vermutlich von *Antonio Pollaiuolo* (1492–1498).

Raum 6: Sehenswerte Stücke aus der *Keramik-Sammlung der Medici*. – Hervorzuheben das *Groteskenservice* von *Orazio Fontana*, angefertigt für *Guidobaldo* II., *Herzog von Urbino*.

Raum 7 (Loggia): Man findet hier vorwiegend *Bronzearbeiten* von *Giovanni da Bologna* = *Giambologna* (1529–1608), dem bedeutendsten flämisch-italienischen Bildhauer des späten Manierismus, der für Florenz u. a. den »Raub der Sabinerin« (Loggia dei Lanzi), das Reiterstandbild für Cosimo I. (Piazza della Signoria) und den »Sieg von Florenz über Pisa« (Bargello, Erdgeschoß) schuf. – Ausgestellt sind eine Reihe seiner nicht weniger geschätzten *Kleinplastiken*.

In der Mitte der Loggia die Marmorarbeit »Architektur«, an der man in stilistischer Hinsicht eine »starke Reduzierung der Details erkennt« (G. K.) – eine erste Hinwendung zum *bildhaften Sehen* der späteren Barockskulptur (eine Reihe bedeutender Frühbarockmeister waren Giambolognas Schüler, so Hans Reichle von Augsburg, Hubert Gerhard und Adriaen de Vries).

Als zweites Werk nennen wir den »Geflügelten Merkur« (1564), ein berühmtes, oft kopiertes Bildwerk (entstanden im Todesjahr Michelangelos): beispielhafte Bewältigung einer schwebenden Gestalt.

Von hervorragender Qualität sind auch Giambolognas *Tierplastiken*, von denen wir *Adler, Falke, Eule, Pfau, Hahn* und *Truthahn* nennen, Arbeiten, die eine genaue Naturbeobachtung verraten.

Zweites Obergeschoß: Die Neueinrichtung der hier gelegenen Räume war bei Redaktionsschluß nicht abgeschlossen, die Räume selbst nicht zugänglich.

Zu den Ausstellungsbeständen gehören u. a.: die berühmte Medaillensammlung der Medici mit Arbeiten von *Benvenuto Cellini, Bertoldo, Pisanello* und *Matteo dei Pasti*. – Plastische Werke von *Mino da Fiesole, Tommaso, Benedetto da Maiano, Antonio Rossellino*. – Ferner eine große Zahl von Kleinbronzen, überwiegend aus der Zeit der Renaissance (u. a. von *Jacopo Sansovino, Francesco da Sangallo, Alessandro Vittoria*). – Von *Lorenzo Bernini* die Porträtbüste seiner Freundin Constanza Bonarelli.

Lage: Via Ghibellina, 70 (nur wenige Minuten von S. Croce entfernt). – Dreistöckiges, auffallend langgestrecktes *Eckhaus* mit Portal. – *Museum mit Werken Michelangelos* und Sitz eines *Institutes für Michelangelo-Studien* (2. Stock). – Neueinrichtung des Hauses 1965.

Michelangelo hat das Haus für seinen Neffen *Leonardo Buonarroti* erworben; er selbst hat es nicht bewohnt. – Um 1620 erfolgte durch Florentiner Künstler eine Ausschmückung der Räume ›zum Ruhme des großen Michelangelo‹. – Im Erdgeschoß das *Selbstbildnis* des Malers. – Die wichtigsten Werke befinden sich im 1. Stock, darunter das 1963 von *Margrit Lisner* im Kloster S. Spirito wiederaufgefundene *Holzkruzifix* des 19jährigen Künstlers.

Michelangelos Holzkruzifix für S. Spirito (1494) – Abbildung rechts

Die folgenden Angaben und Zitate nach Margrit Lisner (1970): Das Kruzifix für S. Spirito war Michelangelos *erste Arbeit für eine Kirche.* Es handelt sich zugleich um das früheste unter den erhaltenen großfigurigen Werken des Künstlers. – Vorausgegangen waren die beiden Marmorreliefs »Madonna an der Treppe« (um 1491) und »Kentaurenschlacht« (um 1492), beide hier ausgestellt. – Zeitlich später als das Holzkruzifix sind der »Bacchus« (beg. 1497) heute im Bargello (Abb. S. 59) und die »Pietà« (1498/99) im Vatikan.

Von der *ursprünglichen Aufstellung* des Bildwerks gibt Vasari eine präzise Beschreibung, die eine Zeichnung Dosios bestätigt: danach stand das Kruzifix innerhalb des Mönchschores von S. Spirito *über dem Halbkreisbogen des Hochaltares.* »Wahrscheinlich hat diese Schmuckarchitektur mit ihren leichten Formen die geringen Abmessungen der Figur (unterlebensgroß) mitbedingt«. Die Höhe des Bildwerks (ohne Kreuz) beträgt 1,35 m. – Baldini hat die Vermutung ausgesprochen, der 19jährige Michelangelo habe sich durch diese Arbeit Zugang zum Kloster S. Spirito verschafft, um dort seine *Anatomiestudien,* die historisch bezeugt sind, betreiben zu können.

Der Einfluß Savonarolas und der ›Platonischen Akademie‹

Zum geistigen Gehalt der Figur (Kunstwerk, Zeitgeist, Kunsttheorie): Margrit Lisner sieht in der »zarten Reinheit« dieses Werkes eine *religiöse Äußerung des heranwachsenden Michelangelo,* die entstand, als in Florenz unter dem Einfluß *Savonarolas* eine Stimmung religiöser Umkehr und Buße herrschte.

Auch Michelangelo war von den Predigten und Schriften Savonarolas beeindruckt: nicht von dessen Fanatismus, wohl aber von den liebevollen Schilderungen, die Savonarola vom *leiblichen Aussehen* Christi gab. Christus sei *edel* und *zart, fein* und *sensibel* gewesen (anders also, als ihn Donatello und vor allem Brunelleschi in seinem krassen Realismus gesehen hatten). – Michelangelos zarte, feingliedrige, jugendliche Gestalt, »mit Augen, die wie im Schlaf geschlossen sind«, folgt unmittelbar dem Christusbild Savonarolas.

Michelangelo ignoriert indessen die *andere* Seite in Savonarolas Schilderung: das *Leiden* Christi, die Qual seines Sterbens und seinen Tod. Er sieht an Christus nur die *schönheitliche* Seite, die *unberührte Vollkommenheit des knabenhaft schlanken Körpers* in seiner feinen Modellierung.

In dieser Hinsicht machen sich bei Michelangelo *humanistische* Einflüsse geltend, Auffassungen, wie sie an der ›Platonischen Akademie‹ der Medici von *Marsilio Ficino* (1433–1499) vertreten wurden, der eine Harmonisierung zwischen christlicher Offenbarungslehre und griechischer Philosophie anstrebte. – Ficino sprach von der *Schönheit als einem Spiegel Gottes,* eine Auffassung, die auch *Ghiberti* teilte: *Schönheit sei im höchsten Grade dem Göttlichen eigen* und damit auch Christus, – ein im späten 15. Jh. weitverbreitetes Gedankengut.

Michelangelo, Holzkruzifix aus S. Spirito

S. Croce, Außenansicht

Es fällt auf, daß der Kruzifixus von S. Spirito die Maße *1,35 × 1,35 m* hat, sich also Höhe und Breite der Figur (ohne Kreuz) gleichen. Die Figur läßt sich in ein *Quadrat* einschreiben und folgt so dem *Idealschema* des *homo quadratus*, das auch Leonardo da Vinci kannte. Michelangelo (dem Denken seiner Zeit folgend) sieht *die Göttlichkeit Christi* in der *Vollkommenheit des Körpers* und seiner Maße gegeben. – Margrit Lisner macht in diesem Zusammenhang auf *die drei gleichen Längen* von *Stirnhöhe, Nase* und *Nase-Kinn* aufmerksam, eine Dreiteilung, die zum festen Bestand damaliger Kunsttheorie gehörte. Michelangelo versucht nun, dieses Teilungsverhältnis auf die *ganze* Gestalt zu übertragen, indem er sie aus *neun* solchen Einheiten aufbaut.

Zu erwähnen ist noch die *Inschrifttafel* (Margrit Lisner hält sie für original): der in griechischer, lateinischer und hebräischer Sprache verfaßte Text muß *von rechts nach links* gelesen werden. – Wie man heute weiß, wurde 1492 in Rom eine Holztafel mit entsprechender Textfolge gefunden, was das Interesse der florentinischen Humanisten hervorrief. Michelangelo gestaltete seine Tafel offenbar in Anspielung auf diesen Fund.

Zur wissenschaftlichen Diskussion: Im Burlington Magazine (12, 1978) hat sich *Ulrich Middeldorf* gegen eine Zuschreibung des Kruzifixes an Michelangelo ausgesprochen. Er nennt stattdessen *Taddeo Curradi* als Autor.

Zwei frühe Marmorreliefs aus Michelangelos erster Schaffenszeit

(a) »Madonna an der Treppe« (»Madonna della Scala«): Eine Arbeit des etwa 16-jährigen Michelangelo (um 1491), erstaunlich in ihrer handwerklichen Qualität (Donatellos Flachrelieftechnik verwandt). – *Ganz persönlich ist die Auffassung:* »es fehlt alles Zärtlich-Süße toskanischer Madonnen« (G.K.). Die Augen der Mutter sind in die Ferne gerichtet »als wären ihre Gedanken bereits von Todesahnung überschattet« (v. Einem). »Das göttliche Kind wird mit ungewöhnlicher Freiheit als *Rückenfigur* gegeben« (G.K.): ein »neues, ungewöhnliches Motiv«, aber gerade »aus dem Gegensatz zu der Figur des Knaben gewinnt die Frauengestalt ihre monumentale Kraft« (v. Einem).

(b) »Kentaurenschlacht« (um 1492): »die fortschrittlichste Figurenkomposition jener Zeit in Florenz und anderswo«. Es kündigt sich die Fähigkeit an, »Leidenschaft und Tragik durch die verschlungenen Bewegungen menschlicher Körper auszudrücken« (F. Hartt); Vorbild waren römische Schlachtenszenen.

Abbildung links:

Fassade von S. Croce (1863)

Kurz nach 1800 erwachte in Europa ein neues Verständnis für die gotische Baukunst. Man empfand damals die unfertig gebliebenen Fassaden »als Ärgernis« und betrieb die nachträgliche ›Vollendung‹ der Bauwerke.

Fassadenprojekte für S. Croce entstanden ab 1837 durch *Niccolò Matas* (1799–1872) mit viel »gotischen Zitaten« (Spitzbogen, Sechspass, Wasserspeier, Laubwerk), später mehr »klassizistisch«, u. a. durch Marmorfelder und Zweistöckigkeit der Fassade (Brües).

10   S. Croce *(Franziskanerkirche)*

Zum Historischen: Eine Franziskanerniederlassung in Florenz, wohl am nördlichen Stadtrand, soll noch vom *Hl. Franziskus* selbst veranlaßt worden sein.

Franz von Assisi (1182–1226), Sohn eines reichen Tuchhändlers, zog seit 1208 predigend durch die Lande, gründete 1210 einen Bettelorden, unternahm Missionswanderungen bis nach Südfrankreich und Spanien. In Ägypten predigte er nicht nur dem Kreuzzugsheer, sondern im feindlichen Lager auch dem Sultan. 1220 erlangte seine Bruderschaft den Status eines Ordens. Von Krankheit heimgesucht, gab sich Franziskus mehr und mehr einer rigorosen Askese hin und erfuhr 1224 die *Stigmatisation*: das Erscheinen der Wundmale Christi am eigenen Körper. Kurz danach (1225/26) entstand sein berühmter ›Sonnengesang‹. Franziskus, der 1226 starb und 1228 heiliggesprochen wurde, war erfüllt vom Ideal der *Christusähnlichkeit,* der *imitatio Christi.* Er forderte vollkommene Armut, Keuschheit und Gehorsam, Forderungen, die im Orden lange umstritten blieben (vgl. den sog. Armutsstreit).

Baugeschichte und Bautypus von S. Croce

Eine erste Kirche in sehr bescheidenen Ausmaßen soll schon um 1228 entstanden sein, von deren Erweiterung man um 1252 hört. – Davon zu trennen ist das heutige Bauwerk (1295 beg.): *die größte aller uns bekannten Franziskanerkirchen.* Mit ihrem offenen Dachstuhl und vor allem in ihren absoluten Maßen greift sie bewußt auf *Alt-St. Peter* in Rom zurück. Bei gleicher Länge (!) ist ihr Hauptschiff nur um 1,50 m schmaler als bei der römischen Kirche. Beide haben als gemeinsames Merkmal »das lange Schiff und den kurzen Chor«, ein *Typus,* der allgemein »in der umbrisch-toskanischen Bettelordensarchitektur zur Regel geworden war«. Offenbar sahen die Mönche »in den frühchristlichen Kirchen Roms die Vorbilder für die Errichtung von Volkskirchen« (W. Gross). – 1295 wurde der Grundstein gelegt. Als Architekt wird der Dombaumeister *Arnolfo di Cambio* genannt. Schon gegen 1300 dürfte das *Querhaus* vollendet gewesen sein. Dann verlangsamte sich das Bautempo, denn man benötigte noch 85 Jahre, bis das Ganze kurz vor 1385 fertiggestellt war. – Das 19. Jh. fügte den *Glockenturm* (1842) hinzu, und schuf nach einem gotisierenden Riß des 17. Jh. die marmorinkrustierte *Fassade* (1863).

Nachdem in der florentinischen Sakralarchitektur mit *S. Maria Novella* (beg. 1246) ein neuer, monumentaler Maßstab gesetzt war, entstand ein halbes Jahrhundert später mit *S. Croce* ein Bauwerk von noch gewaltigeren Ausmaßen. Sein Inneres nimmt den Besucher sofort gefangen.

Für die *Raumwirkung* sind mehrere Faktoren bestimmend: zuerst *die extreme Breite des Mittelschiffs*, die in Verbindung mit den hohen und weitgespannten Arkaden das Langhaus wie einen großen, einheitlichen Bezirk erscheinen läßt, dessen Dreiteilung durch Achteckpfeiler keine trennenden Grenzen setzt. Gerade die Achteckform der Pfeiler begünstigt die diagonalen, in die Seitenschiffe führenden Blickbahnen.

Trotz dieser Weiträumigkeit dominiert im Raumganzen die *Längsrichtung*. Wie im Langhaus des Domes wird auch hier die Blickrichtung zum Hauptaltar unterstützt durch die Horizontale eines auf Konsolen aufruhenden *Laufgangs* unterhalb der Hochfenster – ein Element, das z. B. in S. Maria Novella fehlt. Die Arkadenfolge, die Laufgangkonsolen, aber auch die Balkenlagen des offenen Dachstuhls bilden zusammengenommen einen *längsgerichteten Bewegungsrhythmus*, der in der abschließenden *Chorwand* seinen Zielpunkt findet.

Chorwand und *Chor* formen ein spirituelles Zentrum, in dem *Farbe* und *Licht* dominieren. Die Chorwand bildet dabei geradezu eine Art ›Innenfassade‹ (W. Gross). Wandmalerei und Glasmalerei verbinden sich zu einem eindrucksvollen sakralen Akkord.

S. Croce bezeichnet einen *Höhepunkt italienischer Gotik* »um 1300«. Doch es ist eine Gotik, in der auch antike Elemente weiterleben: in den großen geschlossenen Wandflächen des Langhauses und der freien Stellung seiner Pfeiler: Elemente, die einen Kontrast bilden zur Spiritualisierung von Chor und Querhauskapellen. Gotische Spiritualisierung durchdringt hier nicht das Raumganze; sie prägt nur den östlichen Teil der Architektur, der sich in der Chorpartie wie ein kostbares Gehäuse den Blicken darbietet.

Übersicht über die Ausstattung von S. Croce Nr. 10

⟨1⟩ Großes *Rundfenster* an der Fassaden-Innenseite mit der Darstellung der Kreuzigung (Entwurf: *Giovanni da Ponte*).

Altäre im Langhaus (Passionszyklus)

Nach dem Willen des Großherzogs Cosimo I. schuf *Giorgio Vasari* (etwa ab 1568) für die beiden Langhauswände eine Folge wuchtiger Altararchitekturen, denen man die gotische Ausstattung opferte. Das Ergebnis war eine aufdringliche Vereinheitlichung des Ganzen. *Altarbilder* von Vasari, Santi di Tito, u.a.

⟨2⟩ Das *Grabmal Michelangelos*, in seinem Todesjahr 1564 auf Betreiben des Großherzogs Cosimo I. errichtet, ist ein Werk *Giorgio Vasaris*. Der Sarkophag erinnert an die von Michelangelo geschaffenen Medicigräber. Die drei Figuren (1568–1573) symbolisieren die *Skulptur*, die als ›ranghöchste‹ Kunst die Mitte einnimmt, die *Architektur* (rechts) sowie die *Malerei* (links), bei der eine Statuette andeutet, wieviel sie der Bildhauerkunst an Anregungen verdankt.

Am Pfeiler gegenüber die »Madonna del Latte« (1478) von *Antonio Rossellino* (1427–1479), einst bemalt und vergoldet, eine zart empfundene, qualitätvolle Arbeit (vgl. Rossellinos Hauptwerk: Das Grabmal des Kardinals von Portugal in S. Miniato al Monte, S. 180).

⟨3⟩ *Kenotaph für Dante Alighieri* (1265–1321), der 1301 als Anhänger der kaiserfreundlichen Partei (Ghibellinen) aus seiner Heimatstadt Florenz verbannt worden war und in Ravenna bestattet liegt. Das 1829 geschaffene Monument zeigt außer *Dante* die Allegorien *Italien* und *Die trauernde Poesie*.

S. Croce, Inneres

⟨4⟩ *Monument für Vittorio Alfieri* (1749–1803), politisch orientierten Dichter (Hauptthema: Bekämpfung der Tyrannis). Bildhauerarbeit von *Antonio Canova* (1757–1822), neben Thorwaldsen der führende Klassizist jener Zeit.

Die Kanzel des Benedetto da Maiano (1472–1476), »ein Meisterwerk architektonischen Aufbaus und Lehrstück für den dekorativen Geschmack einer ganzen Generation« (G.K.), zeigt in *fünf Marmorreliefs* Begebenheiten aus der Franziskuslegende. – Links beginnend: *Bestätigung der Ordensregel, Feuerprobe vor dem Sultan, Stigmatisation, Tod des Franziskus* und *Martyrium der ersten Franziskaner in Afrika.* – Darunter fünf Allegorien: *Glaube, Hoffnung, Liebe, Stärke, Gerechtigkeit.*

⟨5⟩ *Grabmal für Niccolò Machiavelli* (1469–1527), den in Florenz geborenen Staatsmann und Geschichtsphilosophen. Errichtet 1787. Auf dem Sarkophag die Allegorie der *Diplomatie* (im Figurenstil letzte Nachklänge des Rokoko).

Machiavelli verfaßte 1513 (nach seiner Absetzung) die berühmte Schrift »*Il Principe*« (»Der Fürst«), in der er kompromißlos niederschrieb, was politische Herrschaft zu seiner Zeit war. – Mit 29 Jahren zum Sekretär der zweiten Kanzlei des Rates der Zehn gewählt, reformierte Machiavelli die Florentiner Wehrverfassung und schuf erstmals ein Bürgerheer. 23 mal betraute man ihn mit wichtigen Auslandsmissionen. Dabei wurde ihm die Begegnung mit Cesare Borgia zum politischen ›Urerlebnis‹.

⟨6⟩ *Altartabernakel* »*Verkündigung*« *von Donatello* (1386–1466), ein kostbares Werk aus der Zeit um 1435, entstanden nach Donatellos römischem Aufenthalt, etwa gleichzeitig mit der Sängertribüne des Domes. Den Stil dieser Schaffensphase charakterisiert ein *neuer archäologisch-dekorativer Reichtum* und eine *zarte empfindsame Grundstimmung.*

⟨7⟩ *Grabmal für den Kanzler und Gelehrten Leonardo Bruni* (1369–1444), ein hochbedeutendes Werk von *Bernardo Rossellino* (1444ff.). Als erstes *Wandnischengrab* hat es typenbildend bis zum Ende der Frührenaissance gewirkt. Deutlich spürt man die Wiederbelebung der antiken Vorstellungen von der Größe des Menschen und seinem Nachruhm. Der Verstorbene hält sein literarisches Hauptwerk, »Die florentinische Geschichte«, in Händen. »So hatte man ihn schon bei seiner Totenfeier gebettet, um ihn ›nach Weise der Alten zu ehren‹« (G.K.).

Giotto, Fresken der Peruzzi-Kapelle (Ausschnitt)

74

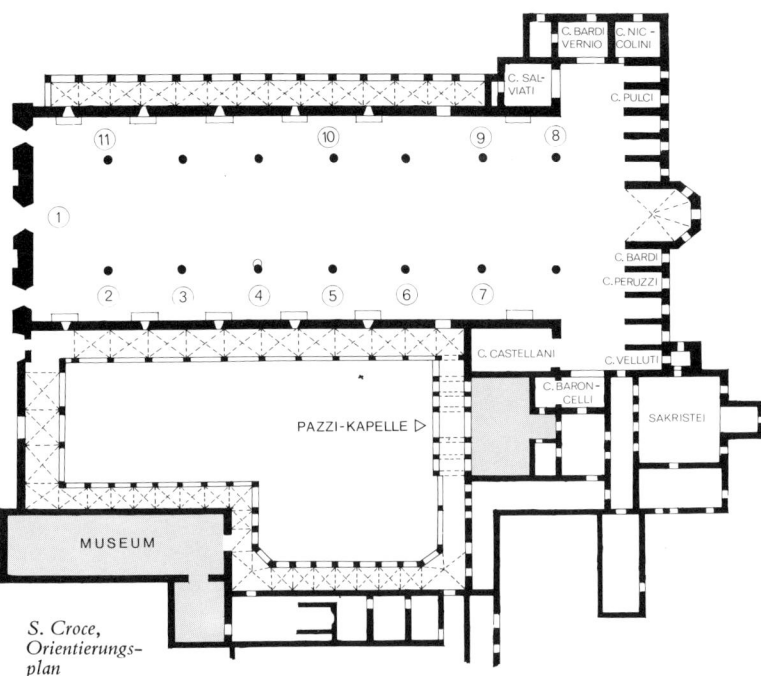

S. Croce,
Orientierungs-
plan

Links das *Grabmal für den Komponisten Gioacchino Rossini* (1792–1868) – eine Arbeit von 1900 in historisierenden Formen.

⟨8⟩ An der Ecke der Langhauswand zwei Grabmäler: *Rechts* das *Grabmal des Kupferstechers Raffaello Morghen* (1758–1833), *links* das *Grabmal des Komponisten Luigi Cherubini* (1769–1842), errichtet 1860. – Wir erwähnen ferner: *Vasaris* Altarbild »Das Pfingstfest« (1568) und den Gedenkstein für *Amerigo Vespucci* (1451–1512), nach dem Amerika benannt ist.

⟨9⟩ *Grabmal des Carlo Marsuppini* (um 1455), eine vorzügliche Arbeit *Desiderio da Settignanos* (um 1428–1464), eines von Donatello und Luca della Robbia beeinflußten Meisters der florentinischen Frührenaissance. – Weiter oben die von *Vasari* entworfene *Orgel*, ausgeführt 1579.

⟨10⟩ Im Fußboden die *Grabplatte von Lorenzo Ghiberti* (1381–1455), dem Schöpfer der zweiten und dritten Baptisteriumstüre (vgl. S. 30 ff.). – Rechts »Christi Himmelfahrt« (1569) von *Stradanus*, ferner von *Agnolo Bronzino* (1503–1572), einem Hauptmeister des florentinischen Manierismus, die »Pietà«, ein besonders bemerkenswertes Bild in schmalem Hochformat. – Links *Vasaris* Altarbild »Der ungläubige Thomas« (um 1570).

⟨11⟩ *Rechts* zwei Altarbilder von *Santi di Tito*: »Christus in Emmaus« (1574) sowie »Auferstehung Christi«. – *Links* das 1737 errichtete *Gedächtnismonument für Galileo Galilei* (1564–1642) mit den allegorischen Figuren »Astronomie« und »Geometrie«.

Grundsätzliches zur Ausmalung der Kapellen

Entstehung und Ausbreitung der Gotik hatten im 12. und 13. Jh. das Verlangen nach bildhafter ›Sichtbarmachung‹ der christlichen Glaubensinhalte stark gefördert. Immer heftiger wurde der Wunsch, *etwas zu sehen* und auch die kultischen Vorgänge *anschaulich* werden zu lassen, sei es in *Prozessionen* (1264 Stiftung des Fronleichnamfestes), sei es in Form der damals aufkommenden *Monstranzen* (in denen die geweihte Hostie gezeigt wurde). In diesem Zusammenhang erfahren auch *Wand- und Glasmalereien* einen neuen Aufschwung.

Die französischen Königskathedralen des 12. und 13. Jh. haben gerade die *Glasmalerei* zu einem nie wieder erreichten Höhepunkt geführt. In der Kathedrale von Chartres sind es noch heute mehr als 170 Scheiben, die bei einer Fläche von rund 2000 m² die ›Wände‹ in *leuchtende Materie* verwandeln (vgl. in S. Croce den Chor). Dieses Aufleuchten ist seinem Wesen nach *überindividuell* und unabhängig von einzelnen ›Themen‹. Nach mittelalterlicher Vorstellung meint dieses sakrale Licht ein Stück der ›Himmelswelt‹.

Giottos neue Malweise

In der Zeit »um 1300« vollzieht sich dann mit *Giotto* (1266–1337) eine grundlegende Veränderung. Der ›zeitlose‹ Charakter der Bilder verliert sich zugunsten einer neuen *irdischen* Sehweise, die alles so darzustellen versucht, »wie es in Wirklichkeit gewesen sein könnte«. Das ist auch der Grund, warum sich die Maler um *Räumlichkeit* und *Perspektive* zu kümmern beginnen und überhaupt um ›Realismus‹ (was gleichzeitig den Kern einer zunehmenden ›Verweltlichung‹ des religiösen Bildes in sich birgt).

Die neue Sehweise ist *individuell* und eröffnet der Kunst unendliche Darstellungsmöglichkeiten mit prinzipiell ›persönlichem‹ Charakter.

Nun erst beginnt die *Malerei* die *Architektur* zu überflügeln, ein Vorgang von grundsätzlicher Bedeutung. Die vollständig ausgemalte *Bilderkapelle des 14. Jh.* wird zum Gegenpol der klassischen Kathedrale des 12./13. Jh. (Sedlmayr), deren umfassende Gemeinschaft sich auflöst. Denn die Kapellen sind Stiftungen von Berufsverbänden oder bedeutenden Familien: Sie dokumentieren eine Absonderung vom Ganzen (noch heute tragen die Kapellen von S. Croce die Namen berühmter Florentiner Geschlechter).

Wandel des religiösen Bildes

Zum Stil: Die neue Malerei schafft optisch überschaubare Räume. Sie rechnet mit der Nähe des Betrachters; sie erstrebt ›Natürlichkeit‹. Andererseits sollen Hoheit und Würde gewahrt bleiben. – Im Ergebnis führt das zu einer *poetischen Verklärung der religiösen Vorgänge.*

Die Ausmalung der Wände in voller Höhe zwingt darüber hinaus zu einem *größeren Maßstab,* wenn die Darstellungen in ihren Einzelheiten erkennbar bleiben sollen. Dieses ›Erkennen-Wollen‹ hat dann seinerseits wieder zur Folge, daß in die Bilder ein *verstandesmäßiges* Element einfließt (Übergang zur Neuzeit).

Giotto (1266–1337) ist der erste europäische Maler, in dessen Werk die genannten Prinzipien zur Verwirklichung kommen. Mit gutem Gründen sieht die Kunstwissenschaft in ihm den *Begründer der neuzeitlichen Malerei.* Giotto löst sich aus der einengenden Bindung der byzantinischen Maltradition mit ihrem begrenzten Typen- und Formenschatz (vgl. dafür in der Bardi-Kapelle die aus dem 13. Jh. stammende Tafel mit dem Hl. Franziskus sowie das Madonnenbild in S. Maria Maggiore). – Beeinflußt von römischen Mosaiken und Fresken, schafft Giotto als erster das autonome, das verselbständigte, von der Architektur losgelöste ›Bild‹.

Die Giotto-Fresken der Peruzzi-Kapelle (um 1320/1328)
Die Malereien waren 1714 übertüncht worden. Ihre Wiederaufdeckung erfolgte 1841/63.
Letzte umfassende Restaurierung 1958/61.

Die Themen (von oben nach unten): An der *rechten Wand* die *Geschichte von Johannes dem Evangelisten*: (a) Johannes auf Patmos, (b) Erweckung der Drusiana, (c) Himmelfahrt des Johannes. – An der *linken Wand* die *Geschichte Johannes d. T.*: (a) Ein Engel kündigt dem Zacharias die Geburt eines Sohnes an, (b) Geburt des Sohnes und Namensgebung, (c) Herodes im Palast, Salome mit dem Haupt des Täufers, Salome vor ihrer Mutter.

Zum Stil: Giottos neue Malweise beginnt 1290/1300 in der *Oberkirche von Assisi* und setzt sich in den berühmten *Fresken der Arena-Kapelle in Padua* (um 1305) fort. In Padua finden wir die »klassische Formulierung seines Stils«, während die Fresken der *Peruzzi-Kapelle* schon zu *Giottos Spätwerk* gehören (letzte Arbeit vor dem Campanile).

Giottos Spätstil

Merkmale (nach Robert Oertel): Die Bildfiguren sind wesentlich größer als in Padua (fast *lebensgroß*), und sie bewegen sich *freier* als dort. Der *Bildraum* ist weiter geworden; die *Perspektive* erfaßt größere Tiefen. Wie schon in Padua dient auch hier die *Bildarchitektur* den Figurengruppen »als Stütze und überhöhender Akzent«. Die Figuren selbst bleiben aber »*statuengleich in sich geschlossen*«; sie sind von »wuchtiger körperlicher Erscheinung« bei »idealer Gewandung«. Die *Farbe* (auffallend hell) hat vor allem die Aufgabe, den Handlungsablauf zu klären und dessen innere Dramatik widerzuspiegeln (Spannungsverhältnis vor allem zwischen Blau und Rot).

Besonders hervorzuheben sind die »*figuralen und dramatischen Erfindungen*« Giottos. Sie bilden ein wesentliches Element der neuen Kunst, die sich (anders als noch im 12. und 13.Jh.) primär an das *Vorstellungsvermögen des Betrachters* und dessen *persönliches Miterleben* richtet.

Die neuen Bilderfindungen wurden in der Folgezeit »zum Typenschatz« der sog. Giottoschule, ja es war gerade der *Spätstil*, der Giotto »*zum Schöpfer der großen, für Jahrhunderte gültigen Form*« machte (R. Oertel). Auch Andrea Pisano zeigt sich bei seiner ersten Bapteriumstüre (beg. 1330) von Giotto beeinflußt. Seine Bronzereliefs wirken gelegentlich wie ein »Reflex« auf die Fresken der Peruzzi-Kapelle (für die unmittelbare Giotto-Nachfolge vgl. in S. Croce die *Bardi-Kapelle*, für spätere Nachwirkungen die *Chorkapelle*, die *Cappella Baroncelli* und die *Cappella Castellani*).

Die Bardi-Kapelle (erste Kapelle rechts vom Chor)

Wichtig ist zunächst die *Altartafel mit dem Hl. Franziskus* (spätes 13.Jh.): ein Beispiel für die *in byzantinischer Formtradition befangene Malerei der Zeit vor Giotto*. Betrachtet man die auf *Goldgrund* gemalten Szenen mit dem *Leben des Hl. Franziskus* (von Giottos Malerei in Assisi vielleicht nur durch zwei oder drei Jahrzehnte getrennt), so wird das Epochemachende von Giottos neuer Kunst deutlich. Der Abstand ist geistig wie formal gewaltig.

Die Fresken der Bardi-Kapelle (Restaurierung 1958/59) behandeln die *Franziskuslegende*. Nach Auffassung von Robert Oertel sind es lediglich *Arbeiten eines Giotto-Schülers*. Oertel nennt dafür folgende *Merkmale*: Der räumliche Eindruck ist wesentlich schwächer als bei Giotto; die Malerei wirkt flächenhaft. »Kaum, daß einmal eine Figur sich wirklich rundet oder frei im Raume steht.« Die Bewegungen sind »spröde und eckig«. Nirgends finden wir Giottos »bildhauerische Kraft der Umrißlinien«, »selten die plastische Fülle des tief durchschatteten, üppig modellierten Faltenwerks«. Auch die Architektur bleibt »körperlos und abstrakt«. Die Farbgebung ist blaß und wenig akzentuiert.

An der großen Schauwand (rechts, in halber Höhe): von *Giotto* ein Fresko mit der Darstellung der *Stigmatisation des Hl. Franziskus* (Auftreten der Wundmale Christi am Körper des Heiligen). Das von Giotto schon in Assisi aufgegriffene Thema erfährt eine kompositionell überzeugende Klärung. Zwei sich überkreuzende *Bilddiagonale* formen das Grundgerüst. Fels und Kapelle trennen den knienden Mönch vom visionär geschauten Seraphim, mit »sechs feurigen Flügeln«, der vom Himmel herabkommend zwischen seinen Flügeln das Abbild des Gekreuzigten trägt.

Der Freskenzyklus der Chorkapelle (kurz nach 1374) *von Agnolo Gaddi* hat die *Kreuzlegende* zum Thema. – *Rechte Wand:* Der Erzengel Michael (oben) bringt einen Zweig vom Baum der Erkenntnis. Aus diesem Holz werden später die Isrealiten das Kreuz Christi fertigen, das 300 Jahre danach von der Kaiserin Helena (unterer Wandteil) aufgefunden wird. – *Linke Seite:* Die Kaiserin bringt das Kreuz nach Jerusalem, doch der Perserkönig läßt es wegführen und verspotten. Daraufhin erhält der byzantinische Kaiser im Traum die Weisung, den Perserkönig zu bekriegen und das Kreuz in die Stadt zurückzubringen.

Agnolo Gaddi (um 1350–1396) ist ein typischer Giotto-Epigone, von Giotto durch mehr als zwei Generationen getrennt. – Noch immer im Schatten des großen Meisters stehend, versucht man in der 2. H. des 14.Jh. Giotto in bestimmten Aspekten zu übertreffen (sog. Giotto-Manierismus). Immer größer wurden die bemalten Wandflächen, immer zahlreicher die in den Handlungsablauf eingefügten Figuren. Man neigt zu gewissen Effekten, einer übersteigerten Perspektive und kokettiert mit zerbrechlich wirkenden Architekturen, doch hat diese Malerei letztlich keine Zukunft mehr.

Ausstattung der Chorkapelle: Glasmalereien (spätes 14.Jh.) teilweise wohl nach Entwurf von Agnolo Gaddi. – Das große *Triumphkreuz* ist sicher nicht von Giotto. – Der *Hauptaltar* (1869 zur jetzigen Form zusammengefügt) vereinigt Arbeiten ganz verschiedener Meister.

Pulci-Kapelle (vierte Kapelle links vom Chor)
Frühe Fresken des *Bernardo Daddi* (geb. um 1295), eines ›Schülers‹ von Giotto, der wesentlich zur Verbreitung von dessen Stil beigetragen hat. Hier (um 1330) zeigt er sich vor allem beeinflußt von Giottos Fresken in der Arena-Kapelle zu Padua (um 1305). – Auf dem Altar eine Terrakotta-Madonna (um 1525) von *Giovanni della Robbia.*

Niccolini-Kapelle
Begonnen 1584, vollendet um 1650. – Beispiel für den Florentiner Dekorationsstil in der Zeit nach Michelangelo *(später Manierismus).* – Statuen von *Francavilla*, Gemälde von *Bronzino.* – Davon zu unterscheiden ist das *barocke Deckenfresko* (um 1650) von *Volterrano* (1611–1689), dem im 17.Jh. führenden Maler von Florenz. Da es für Kuppeldekorationen dieser Art in Florenz keine richtungweisenden Vorbilder gab, orientiert sich Volterrano am römisch-barocken Illusionismus des *Pietro da Cortona* (1596–1669) und dessen kurz zuvor im Palazzo Pitti entstandenen Deckenausmalungen (1640–1647).

Cappella Bardi di Vernio (Holzkruzifix von Donatello)
Donatellos Kruzifix (um 1420): Dieses eindrucksvolle Werk dürfte in zeitlicher Parallele zu Donatellos »Hl. Georg« entstanden sein, in dem wir heute die Manifestation eines »neuen, idealen Menschenbildes« sehen. Doch empfanden die Zeitgenossen Donatellos Holzkruzifix als nicht weniger revolutionär. Brunelleschi kritisierte das Werk als »zu bäuerisch« und schuf als Antithese seinen Holzkruzifixus in S. Maria Novella.

Aus heutiger Sicht ist der Vorwurf des ›Bäurischen‹ kaum zu verstehen. Wohl aber sehen wir, daß Donatello den Gottessohn in der Erscheinungsform des *natürlichen Menschen* darstellt. Das Göttliche bleibt dennoch voll erhalten. – »Keinerlei Schmerz dringt nach außen. Christus wirkt weder gepeinigt noch gedemütigt. Überhaupt ist jede laute Gebärde vermieden« (Margrit Lisner). Christus, in seiner irdischen Erscheinung, bleibt anschaubar als das ›kostbare Gefäß‹, in dem sich Gott der Welt offenbarte. So gesehen, ist das Bildwerk, in einem höheren Sinne, von großer innerer Schönheit.

Salviati-Kapelle: Links das *Grabmal der Prinzessin Sofia Zamoyska Czartorska* (»Gelassenheit christlicher Todeserwartung«), eine Arbeit von *Lorenzo Bartolini* (1777–1850) – neben Canova der bedeutendste Bildhauer seiner Zeit.

Cappella Baroncelli (1328)

An der *Außenwand rechts* das stilgeschichtlich wichtige *Grabmal der Familie Baroncelli* (1327 dat.): Durch die Verbindung von Tabernakel und Sarkophag bildet es »die Voraussetzung für das Florentiner Nischengrabmal« (G. K.).

Die Wandmalereien (1332–1338) stammen von *Taddeo Gaddi* (gest. 1366), dem bedeutendsten Giotto-Schüler. Er soll 24 Jahre lang in der Werkstatt Giottos gearbeitet haben. Die Fresken (sein Hauptwerk) behandeln Teile des Marienlebens und des Lebens Jesu. »Neu sind die dramatisch bewegten *Massenszenen,* kühne *architektonische Verkürzungen* und die *weiträumige Landschaftsschilderung*« (LdK). Zum ersten Mal begegnen wir auch einem *Nachtbild* (Verkündigung an die Hirten) sowie *stillebenartigen Darstellungen* (2 Sockelfelder mit Gegenständen). – Auch die *Glasmalereien* entwarf wohl Taddeo Gaddi. Rechts am Pfeiler »David« mit dem Haupte Goliaths. – *Rechte Kapellenwand* mit »Himmelfahrt Mariä« und »Gürtelspende an Thomas« (um 1480), wohl nach einem Entwurf *Ghirlandaios* (zur ›Gürtelspende‹ vgl. S. 39). – Das *Madonnenstandbild* ist von 1568.

Cappella Castellani (1383)

Wandmalereien von *Agnolo Gaddi* (um 1350–1396), der auch die Chorkapelle ausgemalt hat. Der zeitliche Abstand zu den Fresken der Baroncelli-Kapelle (die der Kunst Giottos noch sehr nahe stehen) beträgt rund 50 Jahre. Das macht sich bemerkbar in einer Vergröberung im Stil, aber auch in einem Verlust an geistiger Substanz. Die Impulse der Giottozeit waren erschöpft. Eine neue Kunst sollte erst mit den Fresken von Masaccio in S. Maria del Carmine (1426/27) entstehen.

Dargestellt sind Szenen aus dem Leben des *Hl. Nikolaus* und *Johannes des Täufers* (beide rechts) sowie des *Evangelisten Johannes* und des *Antonius Abbas* (links). – Wir erwähnen noch: Aus dem frühen 19.Jh. das *Grabmal der Gräfin Stolberg-Albany* (links), das auf Formen der Frührenaissance zurückgreift. – Ferner: Zwei *Terrakottastatuen,* Schule des Luca della Robbia: *Hl. Franziskus* und *Hl. Bernhardin von Siena.* – Gemaltes *Kruzifix* (1380 dat.).

Korridor, Cappella Medici und Sakristei mit Rinuccini-Kapelle

Links von der Cappella Baroncelli tritt man durch ein Portal in einen Korridor, an dessen Ende die Cappella Medici liegt. Portal, Korridor und Kapelle, eine Stiftung von *Cosimo dem Älteren,* repräsentieren reinste florentinische Frührenaissance (1434/1445) und sind das Werk von *Michelozzo* (1396–1472), dem Erbauer des Palazzo Medici-Riccardi.

Vor allem das *Portal* mit seiner Pilasterrahmung, seinem skulpierten Fries und dem Dreiecksgiebel verdient inmitten der gotischen Umgebung Beachtung. *Korridor* und *Kapelle* sind *tonnengewölbt* (!) und mit sparsamsten Mitteln baukünstlerisch akzentuiert. Bemerkenswert auch, daß Michelozzo bei den Korridorfenstern offenbar bewußt *gotische* Motive (Vielpässe) mit einbezieht. In der Kapelle beachte man den *Altaraufsatz aus Terrakotta* (Marienkrönung), eine feinsinnige Arbeit von *Andrea della Robbia.*

Sakristei (um 1350/70): Quadratischer Raum mit offenem Dachstuhl und Wandschränken des 15./16.Jh. – *Fresken: Kreuzigung* (um 1340/50), *Kreuztragung, Auferstehung, Himmelfahrt* (um 1400).

Die Rinuccini-Kapelle (Chorkapelle der Sakristei), abgetrennt durch ein *Gitter* (1371), enthält die wertvolleren *Fresken.* Sie entstanden um 1366 und sind das Hauptwerk von *Giovanni da Milano*, einem Lombarden, in dessen Stil sich die französisch-paduanische Richtung mit der von Giotto herkommenden florentinischen Malkultur verbindet (Giovanni war mit dem Giotto-Schüler *Taddeo Gaddi* befreundet). Als *nordische* Elemente gelten sein an Miniaturen geschulter *Farbgeschmack*, ein gewisses *höfisches* Element (Gestalten von »zarter und bezaubernder Verhaltenheit«) und die lombardische *Lebensnähe* (Betonung des zeitgenössischen Kostüms). Aus dem Erbe Giottos stammt dagegen der »*konstruktive Sinn*«. – Die ›volkstümlicheren‹ Bilder des unteren Streifens sind Arbeiten eines Schülers. – *Auf dem Altar: Polyptychon* (1379), Spätwerk von *Giovanni del Biondo* (Rückkehr zu Formen Giottos).

Museum *(Museo dell' Opera di Santa Croce) – Cimabue-Kruzifix*   **Nr. 10**

Zugang rechts von der Kirchenfassade (wie zur Pazzi-Kapelle). – Den weiten Hof nahmen ehemals zwei Kreuzgänge ein. – Das *Museum* liegt rechts (im alten Refektorium). – Dort befindet sich auch ein *Konzertsaal.*

Cimabues Kruzifix (1272/74), ein berühmtes Werk aus der Zeit unmittelbar vor Giotto, stand ursprünglich wohl als *Triumphkreuz* auf dem Lettner von S. Croce. Für die Florentiner wurde es zum *Symbol der Überschwemmungskatastrophe von 1966.* Als stark beschädigtes Werk steht es vor uns, noch immer ergreifend in seinem leidenschaftlichen, tief ernsten Pathos.

Cimabue verfügt noch nicht über die malerischen Mittel der Giotto-Zeit. Sein künstlerisches Werk bleibt byzantinischer Maltradition verhaftet, ist Teil der *maniera greca.* Christus wird weniger als leidender *Mensch*, in seiner irdisch bedingten Qual gezeigt, vielmehr als Personifikation eines *überpersönlichen*, zeichenhaften Geschehens. Daher der unnatürlich in die Länge gezogene, fast gespenstig wirkende Körper und der übersteigert abgewinkelte und ›gebrochene‹ Leib. Das ist kein Realismus (wie später bei Giotto), sondern eine visionäre Ausdrucksform. Aus der Gestalt des Gekreuzigten wird gleichsam ein religiöses Zeichen, eine vom Irdischen gelöste, schwebende »Leidenskurve«.

An der Schmalwand des Refektoriums: »Abendmahl« (1330/40) von *Taddeo Gaddi*, die älteste Darstellung dieser Art in Florenz. – Darüber: »Vision des Hl. Bonaventura« (Christus als Lebensbaum). – Von *Donatello* (1386–1466) die vergoldete *Bronzestatue* »Hl. Ludwig von Toulouse« (um 1420?). – Ferner das *Fresko* »Johannes d. T. und der Hl. Franziskus« von *Domenico Veneziano* (gest. 1461), ein von Castagnos hartem Realismus beeinflußtes Spätwerk. Vorzüglich die Charakterisierung: Prophetisches Sendungsbewußtsein bei Johannes, meditative Versunkenheit bei Franziskus. – Von *Andrea Orcagna* (um 1308–1368) bedeutende *Freskenreste* (vgl. zu Orcagna S. 118, 133).

Zweiter Klosterhof – Blick auf den Turm von S. Croce

Zweiter Klosterhof (von der Pazzi-Kapelle aus nach rechts): *Portal* von *Benedetto da Maiano* (1442–1497). – Der *Kreuzgang* (Entwurf Brunelleschi) ist in Form und Proportionierung ein *Juwel der florentinischen Frührenaissance* (ehemals ausgemalt).

Der Turm von S. Croce (vom ersten Hof aus gut sichtbar): Qualitätvolle Architektur des 19.Jh. (1841–1845), von *Gaetano Baccani*, »der entscheidend in das Florentiner Stadtbild eingriff« (u. a. Kanonikergebäude am Dom). – Bemerkenswert ist, daß im Gesamtaufbau kein direktes Vorbild kopiert wird: eine Stufe der *Neugotik*, »in der noch nicht mit archäologischer Genauigkeit vorgegangen wurde« (Brües).

Zugang: Rechter Hand der Fassade von S. Croce. – *Bestimmung:* Kapitelsaal und Grabkapelle der Familie Pazzi. – *Hochbedeutender Frührenaissancebau von Brunelleschi* (1377–1446). – Obergeschoß der Eingangsseite unvollendet.

Der Außenbau (Vorhalle)

Den Außenbau bestimmt eine quergestellte *Vorhalle*, die in nichts mehr an die Gotik erinnert. Man könnte sich das Bauwerk eher in der Nachbarschaft des Baptisteriums vorstellen, zu dessen nachantiker Sprache (Brunelleschi hielt es für antik) eine innere Wahlverwandtschaft besteht.

Der Blick trifft zuerst auf hohe kräftige *Säulen* mit korinthisierenden Kapitellen als Träger eines in antiker Weise dreigeteilten, horizontalen *Gebälks*. Hinter der geschlossenen *Hochwand*, deren zierliche *Pilastergliederung* an das Obergeschoß des Baptisteriums erinnert, verbirgt sich ein *kassettiertes Tonnengewölbe* nach römischem Muster (*Masaccio* hatte schon 1425, fünf Jahre *vor* dem Bau der Pazzi-Kapelle, in seinem Trinitätsfresko in S. Maria Novella (Abb. S. 129), die Hl. Dreifaltigkeit unter ein Tonnengewölbe gestellt). Brunelleschi ist kühn genug, in das Gewölbe einen *Rundbogen* einschneiden zu lassen: So wird der Zugang zur Pazzi-Kapelle zur *triumphalen Gebärde*.

Tritt man in die Vorhalle ein, so steht man unter einer (von außen nicht sichtbaren) *Kuppel:* erster Schritt in einer dreiteiligen Kuppelfolge. Die höhere Innenkuppel bringt die Aufgipfelung, während die Kuppel über dem Chorquadrat wieder zu den Anfangsverhältnissen zurückführt. Die Vorhalle ist somit eingebunden in einen *tiefenräumlichen* Bewegungszug.

Von ihrer Struktur her ist die Vorhalle ein *kompliziertes architektonisches Gebilde* (auch statisch äußerst gewagt): Brunelleschi verbindet die geschlossene Form eines schwer lastenden Tonnengewölbes mit der lichten und weiten Öffnung einer ›Außenwand‹, die auf einer gedehnten Säulenstellung aufruht; zugleich erfährt die längsgerichtete Tonne in der überkuppelten Mitte eine vertikale Durchbrechung. Das sind Merkmale, die in ihrer Kühnheit an Beispiele aus der *römisch-hadrianischen Architektur* (117/138 n. Chr.) denken lassen.

Inneres

Das Innere der Pazzi-Kapelle ist ein auffallend heller, in seiner Struktur ungemein klarer, kristallinisch wirkender Raum von geradezu antiker Heiterkeit, in der Kühnheit seiner Konzeption weit über das hinausgehend, was Brunelleschi ein Jahrzehnt vorher mit der »Alten Sakristei« von S. Lorenzo (1419–1428) erreicht hatte. Bestimmend ist ein *geometrisch-rationaler Grundcharakter*, der sich selbst noch im Fußbodenmuster widerspiegelt.

Dem *Raumganzen* liegt die Vorstellung eines tonnengewölbten, quergerichteten Saales zugrunde, dessen Mitte von einer Kuppel überwölbt wird. Die östliche Wand öffnet sich rundbogig zum Chorquadrat; die übrigen Wände reflektieren diese Rundbogenform im Sinne symmetrischer Entsprechung.

Dem ›antikisierenden‹ Sakralraum liegt bei aller Neuheit der Form noch immer die christliche Vorstellung vom *himmlischen Jerusalem* zugrunde (Barolsky). Von Bedeutung ist dabei *die Zwölfzahl der Kuppelrippen und der Oculi,* denen entlang der Wände die *zwölf Apostelmedaillons* (wohl von Luca della Robbia) entsprechen. Nach Apokalypse 21, 14 hat die Mauer des neuen Jerusalem »zwölf Grundsteine und diese tragen die Namen der zwölf Apostel«. Vielleicht darf man auch die *zwölf Flachnischen* als die »zwölf Tore« der Stadt verstehen.

Denkt man sich die Mönche auf der umlaufenden Steinbank versammelt, so ergibt sich ein *hierarchisches* Bild: die Mönche sitzen unterhalb der Apostel, deren Werk sie fortsetzen; die Apostel unterhalb des Lammes, dem sie dienen.

S. Croce, Pazzi-Kapelle, Inneres

Die *Piazza di S. Croce* war im alten Florenz ein Ort großer Volksversammlungen und glanzvoller Feste. – Im Mittelalter standen hier größere Paläste. – Heutige Bausubstanz im wesentlichen 16. Jh. – *Hervorzuheben* (Haus Nr. 21): *Palazzo dell' Antella* (1619) mit farbiger Außendekoration und reich geschmückten Innenräumen (heute Restaurant). – *Dante-Denkmal* von 1865.

Nationalbibliothek (Biblioteca Nazionale Centrale): Umfangreicher Gebäudekomplex (1911–1935) im Anschluß an die Kreuzgänge von S. Croce. Hauptfront zum Arno (Neo-Renaissance). – Berühmte Sammlungen von Handschriften, Inkunabeln, Briefen, Musikalien (Besichtigung: Auskunft beim Pförtner).

11   **Museum Horne – Palazzo Bardi-Busini – S. Remigio**

Museum Horne, Casa Horne (Piazza S. Jacopo tra' Fossi, 6): Der Palast, der vielleicht auf einen Entwurf von *Giuliano da Sangallo* (1445–1516) zurückgeht, beherbergt heute die Sammlung des englischen Kunstliebhabers *Herbert Percy Horne* (gest. 1916): Kleinplastiken, Möbel, Gemälde, Zeichnungen. – In jedem Raum befinden sich Verzeichnisse mit sachkundiger Erklärung der Stücke.

Palazzo Bardi-Busini (der Casa Horne gegenüber): ein *musikgeschichtlich* denkwürdiger Ort. In der Zeit um 1600 trafen sich hier im Hause des Grafen *Bardi* Humanisten und Kunstfreunde, deren Bestrebungen, die antike griechische Musik wiederzubeleben, zur Entstehung der *Oper* und des *rezitativen Gesangstils* führten. – Der *Palast* selbst gehört nach Heydenreich zum Frühwerk *Brunelleschis* (1415/1420), der hier »unter Anwendung der Sgraffitotechnik dem Baukörper eine fein differenzierte Geschoßgliederung gibt«.

S. Remigio (Piazza S. Remigio): Gründung in karolingischer Zeit. – Die heutige Hallenkirche: Florentiner Gotik. – *Chortreppe* von 1589. – *Chorkapelle* 1821. – *Linkes Seitenschiff: Madonnentafel* (Cimabue-Umkreis).

12   **S. Firenze – Palazzo Gondi**

S. Firenze (bedeutendstes Beispiel Florentiner Barockarchitektur): Erbaut für die Brüder des *Hl. Filippo Neri* (1515–1595), dem Gründer der Kongregation der *Oratorianer* (Rom, 1558): *Weltpriester*, die ihre Abendandachten *mit meditativer Musik* umrahmten – eine Praxis, aus der später das *Oratorium* hervorging, dessen Ursprungsland Italien ist. – 1622 wurde Filippo Neri, ein gebürtiger Florentiner, heiliggesprochen. Wohl in diesem Zusammenhang beschloß man, die Kongregation auch auf Florenz auszudehnen. Am Anfang standen große Pläne. Man dachte an einen Kuppelbau (!), für den *Pietro da Cortona*, einer der großen Meister des römischen Barock, die Entwürfe lieferte (er war 1640–1647 im Palazzo Pitti tätig). Cortonas Projekt erwies sich indessen als zu kostspielig. – *Heutiger Komplex*: Hinter der *Fassade* (Ende 18. Jh.) verbirgt sich *links* das *Oratorium der Filippiner-Mönche* (prunkvoller Barock), 1696 vollendet. – *Mitteltrakt* und *rechter Gebäudeteil* kamen zusammen mit der Fassade erst 1772 nach Abriß einer romanischen Kirche hinzu.

Palazzo Gondi (Piazza S. Firenze, 1): 1490 nach Plänen von *Giuliano da Sangallo* (1445–1516) begonnen (voll. 1874). – Giuliano da Sangallo (vgl. seine Sakristei in S. Spirito S. 103) übersetzt die Architektur Brunelleschis in die Sprache der Hochrenaissance (er war zeitweise auch für St. Peter in Rom tätig). – Die Verwendung von *Bossenquadern* ist hier Florentiner Traditionsgut. *Lorenzo der Prächtige* hatte sie z. B. für den gleichzeitig (1489) begonnenen Palazzo Strozzi obligatorisch als »Ausdruck der Verschönerung« verlangt. – Sangallos persönliche Leistung ist das *Titanenhafte* seines Sockelgeschosses (riesige Blöcke, die Portale wie Höhleneingänge) im Kontrast zur feinen Abstufung der beiden Obergeschosse.

Piazza della Signoria mit Palazzo Vecchio und Loggia dei Lanzi

13 Piazza della Signoria – Palazzo Vecchio Loggia dei Lanzi

Die Piazza della Signoria bildete seit dem 13. Jh. das *politische Zentrum* des Florentiner Gemeinwesens. Schon in der Zeit nach 1250 hatte sich Florenz mit dem Bargello, dem Sitz des Podestà, ein kraftvolles Zeichen seiner innerstädtischen Selbständigkeit gesetzt. Nun gab man sich mit der *Piazza della Signoria* auch den notwendigen *Versammlungsplatz* für das profane politische Leben. Aus kleinen Anfängen hervorgehend, hat sich das Platzgefüge erst allmählich zur heutigen Größe entwickelt. – Ein Zeuge des 14. Jh. ist noch das *Alte Handelsgericht* (Nr. 10) von 1359 mit den 22 Wappen der Zünfte. – Aus dem 16. Jh. stammt der *Palazzo Uguccioni* (Nr. 7), um 1550 in den Formen der römischen Hochrenaissance errichtet. – Den Versuch historisierender Anpassung zeigt ein *Versicherungsbau* von 1871, den man (wenig überzeugend) dem Palazzo Vecchio gegenüberstellte.

Zur heutigen Platzgestalt hat vor allem das 16. Jh. beigetragen: Zuerst durch den Bau der *Uffizien* (beg. 1560), die das Raumbild bis zum Arno hin erweitern und so der östlichen Platzhälfte ein starkes Eigengewicht geben. – Dann durch die Errichtung des *Neptun-Brunnens* (1565), der als wichtiges Gelenkstück (an der linken Ecke des Palazzo Vecchio) beide Platzhälften künstlerisch miteinander verklammert. – Schließlich mit dem *Reiterstandbild für Großherzog Cosimo I.* (1594), dem optischem Mittelpunkt der nordwestlichen Platzseite. – Das 16. Jh. setzt also wesentliche Akzente durch weithin sichtbare Werke der *Großplastik.* Nicht zu übersehen ist dabei die Wirkung des *weißen Marmors* sowie die Häufung von Bildwerken vor dem Palazzo Vecchio und der Loggia dei Lanzi – eine wohlüberlegte Maßnahme, die noch einmal der östlichen Platzhälfte das größere Gewicht gibt und den Blick zwangsläufig auf die neu erbauten Uffizien lenkt.

(a) *Michelangelos»David«* (Kopie von 1910): Das 1501–1504 geschaffene Original befindet sich seit 1873 in der »Accademia« (vgl. Abb. S. 157), doch entspricht die heutige Aufstellung derjenigen von 1504. Damals hatte eine Kommission, der u. a. Leonardo da Vinci, Botticelli, Filippino Lippi und Perugino angehörten, über den Standort beraten. Sechs Jahre nach dem Tode Savonarolas (1498) nahm man eine solche Frage offenbar sehr ernst. In der Tat wirkt die Aufstellung von Michelangelos »David« an so exponierter Stelle wie ein demonstratives Bekenntnis zu Größe und Autonomie der Kunst. Doch spricht aus dem Bildwerk nicht mehr der Geist der Florentiner Frührenaissance, sondern das stolze Pathos der römisch orientierten Hochrenaissance. Rom war inzwischen das wahre Kunstzentrum Italiens geworden, während Florenz einen politischen Tiefpunkt erlebte. Die Medici waren vertrieben. Seit 1502 regierte ein gewisser *Pietro Soderini* (bis 1512), »ehrlich, gewissenhaft und intelligent« (Brion), doch nicht der starke Mann, den Florenz nach dem Sturze Savonarolas benötigt hätte.

(b) *Donatellos Bronzegruppe »Judith und Holofernes«* (um 1460): Auch sie hatte ihr ›politisches Schicksal‹. Als Brunnenfigur schmückte sie zunächst den Hof des Palazzo Medici (Medici-Riccardi), geschaffen noch für Cosimo d. Ä. (gest. 1464). Doch nach der Vertreibung der Medici (1494) beschloß man, die Gruppe vor dem Palazzo Vecchio aufzustellen. Man versah sie mit einer *Inschrift*, die sie zum mahnenden »exemplum«, zur Warnung vor falschem Machtgebrauch, erhob. – *Stilistisch* gehört die Gruppe zum *Spätwerk* des damals schon über 70jährigen Donatello. Planiscig spricht von einer »undefinierbaren Müdigkeit«, die den alternden Künstler verrate. – Überblickt man das Spätwerk Donatellos (Bronzealtar in Padua, Hl. Magdalena in Florenz, zuletzt noch die Kanzeln in S. Lorenzo), so ist die *Abkehr vom optimistischen Grundgefühl der Frührenaissance* unverkennbar. Donatello nimmt in gewisser Weise die ›tragische‹ Grundkomponente Michelangelos vorweg. »Der mit ihm alt gewordene Cosimo mag ihn verstanden und unterstützt haben«. Die junge Generation, angeführt von *Lorenzo dem Prächtigen* (1469–1492), dachte anders. Sie lebte bis zum Auftreten Savonarolas (1483 ff.) im Hochgefühl humanistisch begründeter Selbstverwirklichung.

(c) *Neptunbrunnen* (1565 ff.): Charakteristisches Werk aus der Zeit nach Michelangelo. *Bartolomeo Ammanati* (1511–1592) und seine Schüler übersetzen Michelangelos kraftvolle, elementare Sprache ins *Manieristisch-Elegante*, ja *Gezierte*. – Anlaß für die Errichtung des Brunnens war die Hochzeit von Cosimos I. Sohn *Francesco* mit *Johanna von Österreich*, eine Verbindung, die Cosimo den Großherzogtitel einbrachte. – *Neptun* will als *Herrschaftssymbol* verstanden werden, bezogen auf den *Palazzo Vecchio*, den ersten Wohnsitz der Neuvermählten.

Gedenkplatte für Savonarola (vor dem Neptunbrunnen): Eine runde *Porphyrplatte* bezeichnet die Stelle, an der Savonarola 1498 gehängt und dann auf einem Scheiterhaufen verbrannt wurde.

(d) *Reiterdenkmal Cosimos I.* (1594): *erstes absolutistisches Reiterdenkmal der europäischen Kunst* (vgl. die Büste S. 61), ein Werk von *Giovanni da Bologna* (1529–1608), dem bedeutendsten Bildhauer des Spätmanierismus. – Die drei *Reliefplatten* zeigen: »Der toskanische Senat verleiht Cosimo I. den Titel eines Großherzogs«, »Pius V. übergibt Cosimo die Insignien der neuen Würde«, »Cosimos Triumph über Siena«.

Politischer Aspekt (Lit. Ulrich Keller): Die in der Staatstheorie des 16. Jh. entwickelte Auffassung, wonach die Beziehung zwischen dem Fürsten und seinen Untertanen auf einem *vertragsähnlichen* Verhältnis beruhe, fand in der Kunst des Absolutismus einen sichtbaren Niederschlag. Das Porträt des Fürsten (Büste, Standbild, Reiterdenkmal) gilt im weitesten Sinne als *monumentale Versicherung gegenseitiger Vertragstreue*. – Schon 1582 begründete der Erzbischof von Bologna die Errichtung von Herrscherstandbildern mit der Dankbarkeit der Menschen für die erwiesenen Wohltaten und dem gleichzeitigen Bestreben, den Herrscher durch die Aufstellung seines *idealisierten* Bildnisses erneut auf seine *Tugenden* zu verpflichten. Mit der Erwartung, er möge auch künftig »für Frieden, Reichtum und Gerechtigkeit sorgen«, verbindet sich die Bereitschaft, seine Autorität anzuerkennen und ihm zu dienen.

Kunstgeschichtlich leitet sich das Reiterstandbild von der *Grabmalkunst* ab. Auch die berühmten Reitermonumente des »*Gattamelata*« (Padua) und des »*Colleoni*« (Venedig) sind noch reine Erinnerungsmale an Verstorbene; sie gelten bedeutenden Feldherren, nicht aber einem Herrscher. Die *Rüstung* bezeichnet bei ihnen unmittelbar das ausgeübte Kriegshandwerk. Erst beim Fürstenporträt wird die Rüstung zum *Herrscherattribut* und dient der *Repräsentation*. Im Falle Cosimos I. ist sie knapp und einfach formuliert: Der Fürst gibt sich bewußt maßvoll und zivil; er verzichtet auf heroisches Pathos (um ihre Macht zu festigen, waren die Medici auf Ausgleich und Versöhnung bedacht).

Palazzo Vecchio *(Baubeginn 1299)*   **Nr. 13**

Der Palazzo Vecchio gehört in seinen Anfängen zur großen *Stadterneuerung*, die Florenz ab der Mitte des 13.Jh., nach Überwindung der Adelsherrschaft, erlebte. Mit dem Bau von *S. Maria Novella* (beg. 1246), dem *Bargello* (beg. 1255), dem *Neubau des Domes* (beg. 1294) und *S. Croce* (beg. 1295) beginnt jene stolze Reihe architektonischer Zeugnisse, die sich mit dem *Palazzo Vecchio* (beg. 1299), dem *Campanile* (ab 1334) und *Or San Michele* (beg. 1337) fortsetzt und in der *Loggia dei Lanzi* (beg. 1374) ihren Abschluß findet. War der *Bargello* (1255) noch ein erstes »Symbol des Sieges über den Adel«, so bekundet der 40 Jahre später (1299) entstehende *Palazzo Vecchio* die endgültige Durchsetzung des demokratischen Prinzips: 1282/83 hatte sich Florenz eine republikanische Verfassung gegeben; ab 1293 regieren praktisch die *Zünfte*. So heißt denn auch der Palazzo Vecchio ursprünglich »Palazzo dei Priori«: Er bildet das erste feste Haus der Zunftmeister (»Priori«) und des Gonfaloniere. Zum ersten Mal gibt es jetzt einen ständigen Sitz des weltlichen Stadtregiments.

Daten: Hauptbau (1299–1314) etwa in den Abmessungen der heutigen Frontseite. *Erweiterungen* (1343 ff., 1495, 1511, 1549–55, 1588–92) überwiegend nach rückwärts (Ostseite). – *Turmuhr* von 1353.

Zur Architektur: Der *wehrhafte Charakter* des Palazzo Vecchio entsprach durchaus dem Wunsch der hier Versammelten nach *Sicherheit*. Anfangs hatten sich die Prioren noch in einem mittelalterlichen Turm getroffen, um vor den »Drohungen der Mächtigen« geschützt zu sein. Jetzt dagegen *wohnten und schliefen sie hier*, abgeschirmt gegen mögliche Beeinflussungsversuche von außen (so das Motiv), bewacht von einer Hundertschaft Soldaten.

Noch heute erkennt man die alte Gliederung: Im kaum durchfensterten *Erdgeschoß* tagten die 300 Mitglieder des *Bürgerrates*. – Im *1. Geschoß* versammelte sich der »Rat der Hundert«. – Im *2. Geschoß* lagen *Wohn- und Diensträume*. – Aus der ersten Erbauungszeit stammt auch der *Turm*, dessen massiver Kern die Palastfront in voller Höhe durchzieht (daher die Blindfenster).

Innenhof – Räume im 1. Stock (»Saal der Fünfhundert«)

Der Hof des Palazzo Vecchio: Erste Umgestaltung (1453) durch *Michelozzo* (Frührenaissance). – *Zweite Umgestaltung* (1565) aus Anlaß der Hochzeit *Francescos* mit *Johanna von Österreich:* Aus dieser Zeit (Manierismus) stammen der *Groteskenschmuck der Säulenschäfte* (Mythologie, Astrologie, christliche und bacchantische Motive), der *Groteskenschmuck der Gewölbe* und die bemerkenswerten »*Stadtlandschaften*« an den Wänden: Ansichten österreichischer Städte als Anspielung auf das Haus Habsburg.

Hofmitte: Porphyrschale (1565) mit einer reizenden *Bronzefigur* »Geflügelter Putto mit Delphin« (1476) von *Verrocchio* (1436–1488), ein für die Villa Medici in Careggi geschaffenes Werk aus der zweiten Generation der florentinischen Frührenaissance.

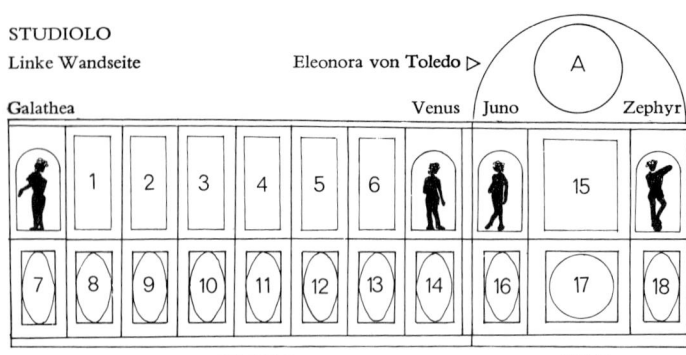

STUDIOLO

Linke Wandseite   Eleonora von Toledo ▷   A

Galathea   Venus | Juno   Zephyr

| 1 | 2 | 3 | 4 | 5 | 6 | | | 15 | |

| 7 | 8 | 9 | 10 | 11 | 12 | 13 | 14 | 16 | 17 | 18 |

WASSER   LUFT

Die neue Haupttreppe (1560–1563) gehört zum *Umbau des Palastes*, den *Vasari* für *Cosimo I.* (Großherzog von Toskana) durchführte. *Doppelläufig* angelegt und unter schwierigen Bedingungen dem alten Palast eingefügt, bildet sie einen wirkungsvollen Auftakt zum »Saal der Fünfhundert«: Ausdruck bewußter *Staatsrepräsentation* (die alte Treppe verlief an der Hofinnenseite).

Der »Saal der Fünfhundert« (1495) entstand unter *Savonarola* für die »*ständige Konferenz der Volksvertreter*«, die er 1494 nach venezianischem Vorbild geschaffen hatte. – Zur Ausschmückung des ursprünglich niedrigeren Raumes vergab man Aufträge an *Leonardo da Vinci* und *Michelangelo*. In riesigen Wandgemälden der Eingangsseite (eine Konkurrenz zum Dogenpalast in Venedig) sollte Leonardo »Die Schlacht von Cascina« (Reiterkampf), Michelangelo »Die Schlacht von Anghiari« darstellen (ein Alarm ruft die badenden Soldaten zu den Waffen), Ereignisse von 1364 und 1441. – Beide Werke kamen nicht über die Anfänge hinaus, doch haben die vorbereiteten *Kartons* die europäische Kunstentwicklung stark beeinflußt.

In seiner heutigen Form (1560/65) ist der »Saal der Fünfhundert« eine Schöpfung *Vasaris* und seiner Schüler und ein *Hauptwerk des Florentiner Manierismus* (Höhe 22,4 m, Länge 53,7 m, Breite 18,7 m). Die *Decke* hatte man auf Anregung Michelangelos 7 m höher gelegt. In *39 Feldern* zeigen die Malereien die Geschichte von Florenz und der Medici. – Im Zentrum *Cosimo I.*

Die Wandmalereien (Vasari) behandeln verschiedene Schlachten. Vor einem landschaftlichen Hintergrund entfalten sich *Massen- und Einzelszenen* mit eindringlichem Realismus. – Der Eingangsseite gegenüber *links* die »Eroberung Sienas«, bemerkenswert als ›*Nachtbild*‹ (die Angreifer bedienen sich großer Laternen).

Die Podiumsseite des Saales (Triumphbogenmotiv), durch Stufen erhöht, diente den Empfängen der großherzoglichen Familie. – Die *Nischenfiguren* (links beginnend) zeigen: *Cosimo I.* und dessen Vater *Giovanni delle Bande Nere* (Arbeiten von Bandinelli), dann *Papst Leo X.*, *Alessandro de'Medici*, *Papst Klemens VII.* (Kaiser Karl V. krönend) und *Francesco I.* – An den Längswänden des Saales plastische Gruppen: »Die Taten des Herkules« von de' Rossi.

Zweite Schmalseite (Wandgestaltung modern): Bedeutendes Werk *Michelangelos* »Der Sieg« (Datierungen schwankend: um 1516, 1519, 1532, etc.). Die Figur war möglicherweise für das Grabmal Julius' II. bestimmt. Sie behandelt in spannungsgeladener Form den *Sieg des Geistes* (jugendlich-kraftvolle Idealität) über das Böse und Chaotische (dargestellt durch einen Giganten mit nachdenklich menschlichen Zügen).

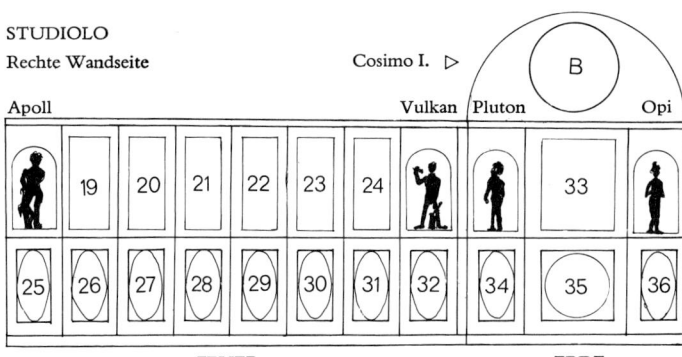

STUDIOLO

Rechte Wandseite — Cosimo I. ▷ — B

Apoll — Vulkan / Pluton — Opi

| 19 | 20 | 21 | 22 | 23 | 24 | | 33 |
| 25 | 26 | 27 | 28 | 29 | 30 | 31 | 32 | 34 | 35 | 36 |

FEUER — ERDE

Das sog. Studierzimmer Francescos I. *(1570ff.)* **Nr. 13**

Das ›*Studiolo*‹, eine Schöpfung *Vasaris* und seines Künstlerkreises, gilt als *Kabinettstück des späten Florentiner Manierismus*. Anlaß zu der auffallend gelehrten Bildthematik mag das Interesse *Francescos* an den Naturwissenschaften gewesen sein. Doch ist der Raum als solcher auch typisch für den manieristischen Zeitgeist und seine Neigung zum Absonderlichen. Die Lust an intellektueller Abgeschiedenheit (der Raum tonnengewölbt, ohne Fenster, mit verborgenen Schränken und Geheimtüren), die Unerschöpflichkeit der Bildphantasie (Gedanklichkeit, durchsetzt mit erotischen Anspielungen), dazu eine raffinierte Farbgebung: *Charakteristika einer nachklassischen Zeit.*

Das philosophische Programm entwarf *Vincenzo Borghini*, ein gelehrter Humanist. Behandelt wird *das Verhältnis zwischen Kunst und Natur:* Wißbegierde, Stolz und Zweifel des ›prometheischen‹ Menschen. – Das *Deckengemälde* eröffnet gleichsam die Thematik: »Prometheus erhält aus der Hand der Natur ein Stück Quarz«.

Die Bilder der linken Wandseite und der anschließenden Schmalwand

Obere Reihe: (1) Perseus rettet Andromeda. (2) Durchzug durch das Rote Meer. (3) Einbringen des grauen Ambra-Waales. (4) Die Schwestern des Phaeton werden in Pappeln verwandelt. (5) Leineweberei. (6) Perlenfischerei.

Untere Reihe: (7) Türe zum Tesoretto. (8) Alexander gibt Campaspe an Apelles. (9) Neptun und Thetis. (10) Opfer der Lavinia. (11) Circe verwandelt die Gefährten des Odysseus in Bestien. (12) Allegorie der Träume. (13) Gastmahl der Kleopatra. (14) Venus übernimmt den Gürtel Junos, um sich Paris zu zeigen.

Schmalwand mit dem Bildnis der Eleonora von Toledo: (15) Gewinnung von Diamanten. (16) Aeneas landet in Italien. (17) Der Sturz des Ikarus. (18) Türe.

Die Bilder der rechten Wandseite und der anschließenden Schmalwand

Obere Reihe: (19) Die Thermen von Pozzuoli. (20) Erfindung des Schießpulvers. (21) Glashütte. (22) Goldschmiedewerkstatt. (23) Werkstatt der Alchimisten. (24) Kanonengießerei.

Untere Reihe: (25) Daniel beim Gastmahl des Balthasar. (26) Jason und Medea. (27) Herkules tötet den Hesperidendrachen. (28) Herkules und Iole. (29) Plünderung. (30) Gießerei. (31) Die Familie des Darius vor Alexander. (32) Die Schmiede des Vulkan.

Schmalwand mit dem Bildnis Cosimos I. (Bronzino): (33) Goldschürfung. (34) Danae. (35) Deukalion und Pyrra. (36) Wettlauf der Atalanta.

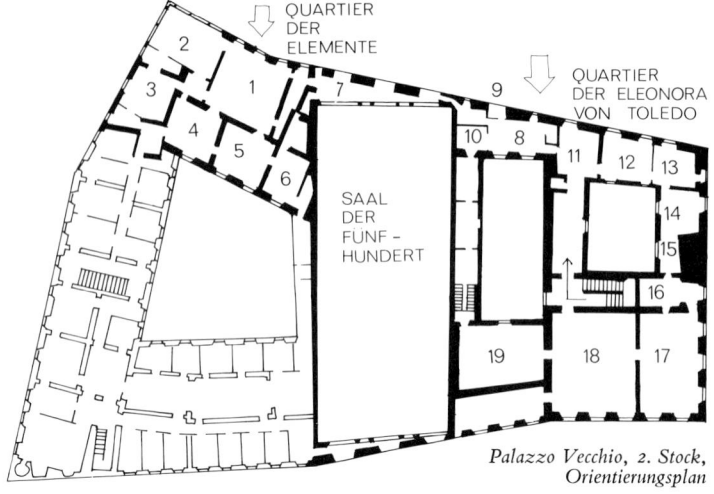

SAAL DER FÜNFHUNDERT

QUARTIER DER ELEMENTE

QUARTIER DER ELEONORA VON TOLEDO

Palazzo Vecchio, 2. Stock,
Orientierungsplan

Zweiter Stock des Palazzo Vecchio

Zugang: Im »Saal der Fünfhundert« führt von der *Podiumsseite* aus nach *links* ein Gang zum *Saal Leos X.* (dieser meist geschlossen). *Links*, steil ansteigend, beginnt die *Treppe zum Obergeschoß.* Sie führt weiter zum oberen Zinnenkranz des Palastes. Von dort lohnende Aussicht auf Florenz (der Turm darf neuerdings nicht mehr bestiegen werden).

Quartier der Elemente (Räume 1 bis 7) – Quartiere degli Elementi

Zugang: Im Obergeschoß geht man von der Treppe aus nach *rechts* durch einen länglichen *Vorraum.* Man kommt zunächst in die Gemächer der Eleonora von Toledo (siehe unten), geht sofort nach *links*, durchschreitet Raum 8 und die anschließende Galerie (Raum 7) mit Einblick in den »Saal der Fünfhundert« und kommt dann zum »Quartier der Elemente« (beginnend mit Raum 1).

Verwendung der Räume: Im 14./15. Jh. lagen hier die bescheidenen Wohnräume der auf Zeit gewählten Mitglieder der Signoria. – Was wir heute sehen, geht zurück auf einen *Umbau* nach 1550 während der Regierungszeit des später zum Großherzog von Toskana ernannten Cosimo I. – Es sind *Prunkräume*: sie atmen nicht mehr den Geist der Republik, sondern dienen dem Ruhm eines absolutistischen Regenten. – Kunstgeschichtlich handelt es sich um den *dekorativen Frühstil Vasaris* (Mitarbeit von *Cristoforo Gherardi*). Die Arbeiten waren 1559 beendet, vier Jahre vor der Ausmalung des »Saales der Fünfhundert«. – Vasaris manieristischer Dekorationsstil bedeutet eine Abkehr vom klassischen Vorbild Raffaels (gest. 1520) zugunsten der sog. »Schule von Fontainebleau«, benannt nach den Prunkräumen des Schlosses von Fontainebleau (um 1550), einem Hauptwerk des europäischen Manierismus.

Raumfolge

Raum 1 (Saal der Elemente): Die *Deckenmalerei* behandelt das Thema »Luft« (Teilung des Himmels, Sonnen- und Mondwagen, Tag und Nacht). – Die *Kaminwand* zeigt »Vulkan, wie er für Cupido Pfeile schmiedet« (»Feuer«). Die *Seitenwände* schildern »Die Geburt der Venus« (»Wasser«) und die »Darbringung von Früchten an Saturn« (»Erde«).

Charakteristisch sind die *vorgetäuschte* Sockelarchitektur und die *gemalten* Kartuschen über den Türen. Sie bilden den ›Rahmen‹ für *illusionistische Ausblicke*, sei es in die Landschaft oder auf Wasserflächen (typisch ›manieristische‹ Effekte).

Raum 2 (Terrasse des Saturn): Schöner Ausblick in Richtung S. Miniato al Monte und auf die Fortezza del Belvedere. – *Deckengemälde:* »Saturn verschlingt seine Kinder« von *Vasari*. – *Bronzestatuette* von *Giovanni da Bologna*.

Raum 3 (Saal des Herkules): Hier und in den folgenden Räumen sind es vor allem die kunstvoll gestalteten *Decken* und die unterhalb verlaufenden *Friese*, die Beachtung verdienen. Der Reiz liegt in der *Mannigfaltigkeit der Formen.* So sind die Kassettenfelder meist unterschiedlich tief gestaffelt, und ihre kräftigen Rahmungen stehen bewußt in Kontrast zu feingliedrig-zarten Groteskenfeldern. Gemalte Statuen fungieren als Gebälkträger, oder sie stehen in vorgetäuschten Nischen. Landschaftsmotive erscheinen in Medaillons, die wie aufgehängte Spiegel wirken. – Ungewöhnliche Farben und häufiger Farbwechsel geben jedem Raum seine besondere Note. – *Deckenthematik* hier: Die Taten des Herkules. – *Gobelin:* »Sieg über den Zentauren Nessos« nach Karton von dem Flamen *Giovanni Stradano.*

Raum 4 (Saal des Jupiters): Deckengemälde: »Jupiter wird mit Ziegenmilch und wildem« Honig aufgezogen«. – *Gobelins:* »Wolfsjagd« und »Wildschweinjagd«.

Raum 5 (Saal der Göttin Opis): Die *Decke* zeigt die Göttin auf einem von Löwen gezogenen Wagen. In separaten *Feldern* Darstellung der vier Jahreszeiten. Im *Fries* die zwölf Monate. – *Gobelins:* »Allegorien« (18.Jh.).

Raum 6 (Saal der Ceres): Deckengemälde: »Ceres auf schlangengezogenem Wagen sucht Proserpina« *(Vasari)*. – *Gobelins:* »Jagd auf Stachelschwein, Dachs und Wildkatze«. – *Rückweg durch Raum 7 (Galerie) zu den Gemächern der Eleonora.*

Quartier der Eleonora von Toledo (Räume 8 bis 14)

Eleonora von Toledo, Tochter des Vizekönigs von Neapel, war die erste Gemahlin Cosimos I. (Heirat 1539). Die junge Herzogin starb 1562, noch vor dem Abschluß der Arbeiten. – *Dekoration: Vasari*, unter Mitwirkung des flämischen Malers *Jan van der Straet*, genannt *Stradano*. – *Raum 8: Grünes Zimmer.* – *Raum 9: Schreibzimmer.*

Raum 10 (Privatkapelle): Ausmalung durch *Agnolo Bronzino* (1503–1572), einen Hauptmeister des florentinischen Manierismus. »Pietà« und »Verkündigung« sind charakteristische Beispiele seiner Kunst: starke Empfindung, großer Formenreichtum, höfische Eleganz, kühle, distanzierende Farbgebung.

Raum 11 (Saal der Sabinerinnen): U.a. »Maria mit Kind«, Tondo von *Lorenzo di Credi* (1459–1537). – *Raum 12 (Saal der Esther):* Am Fries spielende *Putten* zwischen großen *Buchstaben*, die Name und Titel der Herzogin ergeben.

Raum 13 (Saal der Penelope): Fries mit den »Taten des Odysseus«. – *Raum 14 (Saal der Gualdrada):* Fries mit Stadtansichten aus dem alten Florenz. – *Raum 15 (Korridor):* Die ältesten erhaltenen Holzdecken von Florenz (14.Jh.). – *Raum 16 (Ratskapelle):* Fresken von R. Ghirlandaio (1514); Altartafel (1620).

Die alten Staatsräume der Republik Florenz (Räume 17 bis 20)

Raum 17 (Saal der Audienzen): Die prunkvolle *Decke* (1478) sowie die *Portale (Benedetto* und *Giuliano da Maiano)* stammen noch aus republikanischer Zeit, der *Freskenschmuck* (1550/60) von *F. Salviati* gehört schon zu Cosimo I. (Geschichte des Römers *Furius Camillus*, 4.Jh. v.Chr.).

Raum 18 (Saal der Lilien): Lilien betonen hier das gute Verhältnis zwischen Florenz und der französischen Krone. – *Fresken* (1481/85) von *Domenico Ghirlandaio* (1449–1494). – Die *Decke* und die meisterhaften *Portale* (1476/81) stammen von *Benedetto da Maiano* (späte Frührenaissance).

Raum 19 (»Garderobe«): Schränke mit 53 berühmten, in Öl gemalten *Landkarten*. Erstaunlich genaue Kartographie von *Ig. Danti*, Mathematiker und Geometer.

Diese berühmte Stadtloggia war die *erste* ihrer Art in ganz Italien. Sie wurde errichtet »*zu Ehren und Ansehen der Gemeinde*« und war bestimmt für die öffentlichen Zeremonien einer stolzen und freien Bürgerschaft. Dieser ›römisch-republikanischen‹ Gesinnung entspricht die strenge klassische Form. Nur geringfügige Details erinnern an die Gotik. Aus den hohen und weitgespannten Halbkreisbögen spricht ein der Antike verwandtes Selbstbewußtsein, gewissermaßen ein Vorgriff auf den Geist der Renaissance.

Nicht zufällig hat das 19.Jh. an diese große pathetische Geste angeknüpft: die Münchner Feldherrnhalle von 1840/44 ist im wesentlichen eine Kopie der Loggia.

Der Anteil Agnolo Gaddis

Zum *plastischen Schmuck* gehören die »Tugenden« (1384–1389) nach Entwürfen *Agnolo Gaddis*, die *Wappen* und die auf Konsolen aufruhende *Balustrade*, die zusammen mit den *Gesimsbändern*, den *Kapitellen* und den *Rundstäben* dem Ganzen eine klar definierte Form geben. – Das *Flachdach* der Loggia wurde durch den Bau der Uffizien von dort her zugänglich: man machte daraus einen ›Lustgarten‹, dessen Brunnen (Giovanni da Bologna) sich bis heute erhalten hat.

Benvenuto Cellini »Perseus mit dem Haupt der Medusa« (1545–1554)

Mit diesem berühmten *Bronzebildwerk* tritt *Benvenuto Cellini* (1500–1571) in Konkurrenz zum alternden Michelangelo. Von Fontainebleau kommend, wo er für Franz I. arbeitete, hatte Cellini dem Herzog seine Dienste angeboten. Mit dem »Perseus« (dieses Thema hatte Cosimo I. selbst gewählt) wollte er Donatello und Michelangelo ›dreimal‹ übertreffen. Auch Bandinelli sollte aus dem Feld geschlagen werden (von ihm stammt die wenig überzeugende Herkulesfigur vor dem Palazzo Vecchio). – Das Perseusthema aber wurde aufgegriffen, weil man in der antiken Gestalt ein Sinnbild für den Herzog sah: der Herrscher als Retter des Volkes. – Im antiken Mythos erhält Perseus den Auftrag, der gefürchteten *Gorgo* (Medusa) das Haupt abzuschlagen: ein gefährliches Unterfangen, denn jeder, der die Gorgo ansah, erstarrte zu Stein. Perseus war daher auf die Hilfe der Götter angewiesen. Von Hermes erhielt er die *Sichel* und den unsichtbar machenden *Helm*, die *Flügelschuhe* zur Flucht und eine *Tasche* zur Bergung des Hauptes. So zeigt ihn auch die Plastik.

Manieristische Stilmerkmale der Perseusfigur

Cellini erstrebte zwei unterschiedliche Wirkungen. Dem Ideal der Zeit folgend, sollte die Figur *von allen Seiten* her befriedigen und als ›schön‹ empfunden werden; und doch sollte sie gleichzeitig eine auf die Loggia bezogene *Hauptansicht* haben (Frontalität), etwa so, als zeige Perseus das abgeschlagene Haupt der Gorgo einer vor der Loggia versammelten Volksmenge.

Cellinis Werk trägt typisch *manieristische Züge*. Dazu gehört auch die Neigung, Körperlichkeit und Stoff gerade in ihrer Gegensätzlichkeit zur Wirkung zu bringen. Auch der Formenreichtum des Sockels und das Nebeneinander von Bronze und Marmor sind manieristische Komponenten. – Die *Sockelfiguren* zeigen *Danae* und *Jupiter* (die Eltern des Perseus) sowie Minerva und Hermes (seine Helfer).

Giovanni da Bologna »Raub der Sabinerin« (1583)

Rund 40 Jahre nach dem »Perseus« entsteht mit dem »Raub der Sabinerin« ein *Hauptwerk der manieristischen Skulptur*, eine Arbeit des etwa 50jährigen *Giovanni da Bologna* (1529–1608), dessen Ideal der *figura serpentinata* (spiralförmig sich hochschraubende Figur) damals das bildhauerische Schaffen in ganz Europa beeinflußte. – Jede Bewegung ergibt sich zwangsläufig aus einer vorausgegangenen und leitet zur nächsten über. – Der Betrachter sieht sich zum Umschreiten der Skulptur veranlaßt.

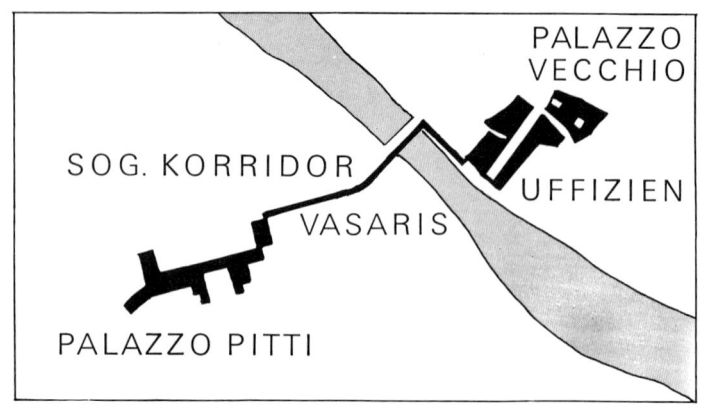

Situationsplan zum sog. Korridor Vasaris

I4 **Uffizien** *(für die Gemäldesammlung siehe S. 210ff.)*

Die Uffizien, 1560 von *Giorgio Vasari* (1511–1574) begonnen, gehören zu den ersten großen Verwaltungsgebäuden in Europa. Venedig hatte am Rialto mit dem *Palazzo Camerlenghi* (1525–1528) den Anfang gemacht. Und wie dort, so ging es auch hier um den *festen Sitz von Behörden,* um Büroräume für ein gutes Dutzend von Magistraten. – Florenz hatte sich zu einem *Stadtstaat* mit bedeutendem *Territorialbesitz* entwickelt, hatte sich *Pisa* und *Pistoia, Volterra* und *San Gimignano, Arezzo* und *Borgo San Sepolcro* unterworfen. Es war neben dem Königreich Neapel und dem Kirchenstaat (der bis hinauf nach Bologna reichte), neben der Republik Venedig (deren Territorium sich bis Bergamo erstreckte) und neben Mailand das mächtigste Staatswesen Italiens. Unter Großherzog Cosimo I. war 1555 auch noch die *Republik Siena,* der hartnäckigste Gegner, zu Fall gebracht worden. Dieses Ereignis lag erst 5 Jahre zurück. – So sind die Uffizien *der baukünstlerische Ausdruck eines politischen Machtzentrums erster Ordnung.*

Kunstsammlungen, Wohnungen, Werkstätten

Mit der *politischen* Demonstration verband sich nahtlos die *künstlerische.* Von Anfang an war das *Obergeschoß* der Uffizien für die Aufnahme der großherzoglichen *Kunstsammlungen* bestimmt worden. Hier befanden sich auch *Künstlerwohnungen* und bedeutende *Werkstätten* sowie Räume für naturwissenschaftliche Studien und alchimistische Experimente. – Berühmt war vor allem das 1585/86 hier eingerichtete (im 19.Jh. dem Museum geopferte) *Theater,* in dem die ersten Opernaufführungen Europas stattfanden (vgl. auch Pal. Bardi, S. 84).

Zur Architektur: Bedingt durch die außerordentliche Höhe der Bauten und ihre annähernd parallele, straßenähnliche Zuordnung, wirkt der Gesamtkomplex eher abweisend und streng, ja etwas unfroh. Obschon sich das Untergeschoß in voller Länge als tonnengewölbte Kolonnade zur Straße hin öffnet, vermißt man doch die einladende Geste, die ein Portal, ein Fassadenvorsprung oder eine Schmuckzone gebracht hätten. – Im ganzen wie im Detail handelt es sich um eine *analytische* Architektursprache; bestimmend sind letztlich nur »Linien, Flächen und Proportionen« (G.K.), was eine gewisse Verhärtung der Gesamterscheinung zur Folge hat.

| Sog. Korridor Vasaris | Uffizien | Pal. Castellani |

Vasari hat offenbar sehr bewußt die *Längstendenz* des Bauwerks betont und im Bereich der Säulenstellungen (entgegen anderslautenden Vorschlägen) jede Unterbrechung durch einen Bogen vermieden (eine Ausnahme bildet die Einführung der *Via Lambertesca* auf der Westseite). Im Kontrast zur Längstendenz gibt Vasari dem einzelnen *Joch* (mit je drei Fenstern) eine deutliche *Höhenentwicklung*: ein gewollter, typisch *manieristischer* Gegensatz-Effekt. Durch *Verkröpfung des Gebälks* werden die einzelnen Joche als solche sichtbar gemacht, ebenso durch die *Verdoppelung der Konsolen.* In ihrer *länglichen* Form verbinden sie zugleich das obere mit dem unteren Geschoß.

Auch *architekturtheoretische Überlegungen* scheinen eine Rolle gespielt zu haben: Das *Kapitell mit einfachen Ringen* ist nach *Serlio* allein dem *Herrscher* gemäß; das *gerade Gebälk* bleibt nach *Alberti* »hervorragenden Personen« vorbehalten (G. K.). Im übrigen ist die ganze Uffizien-Architektur ihrem Wesen nach ›Fassade‹, denn hinter dem scheinbaren Regelmaß verbergen sich völlig ungleiche Gebäudeteile mit älterer Bausubstanz. – Als *konstruktive Besonderheiten* seien erwähnt: (a) die Verwendung von *Zement*, (b) die statische Sicherung des Gebäudes durch eine Vielzahl von *Eisenketten*, (c) die Entlastung des ›vorgetäuschten‹ Gebälks über den Säulen durch ein dahinter liegendes *Bogensystem aus Backsteinen* (G. K.). – Der *Skulpturenschmuck der Nischen* datiert von 1835–1856. Vasari wollte *leere* Nischen.

Städtebauliche Zusammenhänge *(der sog. Korridor Vasaris)* **Nr. 14**

Für den Besucher von Florenz nicht sofort erkennbar ist die Verbindung zwischen *Palazzo Vecchio* und *Palazzo Pitti*, die Vasari im Auftrag des Großherzogs Cosimo I. herzustellen hatte. Eine *fürstliche Residenz* sollte geschaffen werden, nach Idee und Anlage ausgerichtet an der antiken Überlieferung, an Forderungen, wie sie z. B. der römische Architekturtheoretiker *Vitruv* (1. Jh. n. Chr.) aufgestellt hatte: Überlegungen, die von den Architekturtheoretikern der Renaissance *(Alberti, Serlio, Palladio)* lebhaft diskutiert wurden.

Eine dieser Thesen lautete: »Das Anwesen der Fürstin sei getrennt vom Hause des Gemahls«. Dieser Forderung entsprach man durch den *Ankauf des Palazzo Pitti* (1550). Auf dem jenseitigen Arnoufer gelegen, erfüllte er auch den Wunsch nach »ländlicher Abgeschiedenheit« (der Pitti-Palast hatte damals etwa das Aussehen des Palazzo Medici, war also wesentlich kleiner als heute).

Dieses »Anwesen der Fürstin« (Eleonora von Toledo) verband Vasari mit der »Residenz des Fürsten«, dem Palazzo Vecchio, durch einen hochgelegenen *Gang*, den sog. *Korridor Vasaris*, der sich noch heute durch die Uffizien hindurchzieht, dem Arnoufer folgt und über den Ponte Vecchio hinweg zum Palazzo Pitti führt. – Der Gang dient inzwischen *musealen* Zwecken. Er ist von den Uffizien aus zugänglich und enthält eine *einzigartige Sammlung von Porträts*, darunter zahlreiche berühmte Stücke.

Palazzo Castellani (Nationalmuseum für Geschichte der experimentellen Naturwissenschaften): Am Arnoufer, rechts neben der Loggia der Uffizien gelegen. – Der Palast stammt aus dem 14.Jh. (1889 erneuert). – Bedeutende *Sammlung naturwissenschaftlicher Instrumente.* – Die Instrumente *Galileis* findet man im Obergeschoß, Raum 5, ausgestellt.

I 5   S. Stefano al Ponte *(Piazza S. Stefano)*

Erste Erwähnung 1116. – Ursprünglich am äußersten Stadtrand neben dem Tor zum Arno gelegen. – Versammlungsort der Florentiner Goldschmiede, die auf dem Ponte Vecchio ihre Verkaufswerkstätten hatten.

Fassade: Unterer Teil *spätromanisch* (um 1233), eine *Dreiportalanlage*, das mittlere Portal durch *Marmorinkrustation* hervorgehoben; über den Seitenportalen zweigeteilte Fenster. – Der *obere Fassadenteil* selbständig entworfen, mit großen frühgotischen Rundbogenfenstern (gotisch ist hier die erhöhte Bedeutung des sakralen Lichts).

Inneres: Saalkirche mit offenem Dachstuhl. – Sehenswert ist vor allem die *›frühbarocke‹ Choranlage* (1574). – Die *Chortreppe* (von S. Trinità hierher übertragen) darf als ein Meisterwerk *Bernardo Buontalentis* (1536–1608) gelten. Buontalenti war der wohl bedeutendste Schüler Vasaris, ein Architekt des Florentiner Manierismus im Dienste der Großherzöge in der Zeit nach Michelangelo (Buontalenti vollendete u.a. die von Vasari begonnenen Uffizien, schuf die Fassade von S. Trinità sowie das Erdgeschoß des Palazzo Nonfinito). – Etwas später als die Treppe ist im Chor der *Hochaltar* (1591) von *Giovanni da Bologna* (der Altar ebenfalls aus einer anderen Kirche hierher übertragen).

Zur Ausstattung: Im Chor Marmorsarkophage (1642). – Im *linken Seitenschiff* die »Gürtelspende Mariens« (1585), ein Spätwerk *Santi di Titos.* – In der *gotischen Nische* der ehemalige *Hochaltar* der Kirche mit *Bronzerelief* »Marter des Hl. Stephanus« (1656) von *Ferdinando Tacca.*

I6   Ponte Vecchio

Bis zum Jahre 1218, als Florenz schon 40000 Einwohner zählte, war der *Ponte Vecchio* der einzige feste Übergang über den Arno – damals noch ein Holzbrücke, nur halb so breit wie heute. – Die Tradition dieses Übergangs reicht bis in *römische*, ja *etruskische* Zeit zurück, denn der Ponte Vecchio überquert den Arno im Zuge einer uralten, nach Volterra führenden *Handelsstraße*. – Gefährdet war die Brücke seit jeher durch die ständig drohenden *Hochwassereinbrüche*. Eine ganze Reihe von Daten sind in diesem Zusammenhang überliefert. War die Brücke zerstört, wurde sie jedesmal wieder aufgebaut. – Von einer *Pflasterung* hören wir erstmals 1294, zur Zeit des beginnenden Domneubaus (1294) und der Grundsteinlegung von S. Croce (1295). Schon im Laufe des 13.Jh. hatte man begonnen, auf der Brücke *Verkaufsläden* einzurichten. »Sie waren zunächst völlig symmetrisch angeordnet und gehörten dem Staat, der aus ihnen nicht unerhebliche Einkünfte zog« (G.K.). Das blieb so bis in die Zeit von Brunelleschi und Lorenzo dem Prächtigen. Erst während der Herrschaft *Savonarolas* fing man an, die Verkaufsläden an *Privatleute* zu verkaufen, was dann schließlich zu jenen

Ponte Vecchio

malerischen An- und Ausbauten führte, die bis heute das Bild dieser Brücke bestimmen. Ab 1593 durften sich nur noch *Goldschmiede* auf dem Ponte Vecchio niederlassen.

Auf der *Brückenmitte* erinnert eine moderne *Büste* an *Benvenuto Cellini* (1500–71), den wohl berühmtesten florentinischen Goldschmied; von ihm stammt u. a. der »Perseus« der Loggia dei Lanzi (Abb. S. 93).

17   S. Felicità *(Piazza S. Felicità)*

Am Anfang steht eine *frühchristliche Säulenbasilika* des 4./5.Jh. – Dann folgt eine verwickelte Baugeschichte. – Die *heutige* Kirche entstand im wesentlichen 1736 ff. (Ferdinando Buggieri) unter Beibehaltung älterer Teile. Zu diesen gehört die *Vorhalle* (1564) und der darüber gelegene *Laufgang*, der den Palazzo Vecchio mit dem Palazzo Pitti verbindet, beides Schöpfungen *Vasaris* aus der Zeit von *Cosimo I., Großherzog von Toskana* (vgl. Abb. S. 61). – S. Felicità war damals die *Hofkirche* der großherzoglichen Familie. Vom Korridor aus konnte sie ungesehen an den religiösen Handlungen teilnehmen.

Jacopo Pontormos »Kreuzabnahme« (ein Hauptwerk des Florentiner Manierismus)

Erste Kapelle rechts (wohl um 1452 von *Brunelleschi* erbaut, Frührenaissance): »Kreuzabnahme Christi« (1528) von *Jacopo Pontormo* (1494–1557), ein *Hauptwerk des florentinischen Manierismus*, ungewöhnlich in der Komposition und in den blassen changierenden Farben. – *Pontormo* verarbeitete Einflüsse seiner Lehrer Leonardo da Vinci und Andrea del Sarto, übernahm Anregungen aus dem Spätwerk Raffaels, kannte Dürers Graphik und schätzte vor allem Michelangelos Malerei. Das Bild entstand aber noch vor der persönlichen Begegnung des Malers mit Michelangelo. – Von Pontormo stammt auch das seitliche »Verkündigungsfresko«. – *Die gegenüberliegende Kapelle* (um 1589) ist eine historisierende Kopie von Brunelleschis Frührenaissance-Stil mitten in der Zeit des Manierismus.

Sakristei (Zugang vom rechten Querarm aus): Zwei *Kapitelle* (11.Jh.), ferner »Madonna mit Heiligen« (um 1353), ein Hauptwerk von *Taddeo Gaddi*, einem bedeutenden Giotto-Schüler (vgl. seine Fresken in S. Croce, S. 79). – »Thronende Felicità mit ihren sieben Söhnen« von *Neri di Bicci*. – In den *Seitenkapellen* der Kirche eine Reihe von *Altarbildern* des 19.Jh. (1822, 1828, 1842, 1860).

Piazza S. Spirito mit Kirche S. Spirito (Stich von 1863)

I 8   S. Spirito *(Piazza S. Spirito)*

Daten: Augustinerkirche. – Anfänge um 1250. – Noch in gotischer Zeit aufwendiger Neubau (1269), damals der »bedeutendste Sakralkomplex des jenseitigen Arnoufers« (G. K.), rund 25 Jahre vor S. Croce errichtet.

Neubau durch Brunelleschi (1434–1482)
Der 1397 gefaßte Plan zu einem abermaligen Neubau der Kirche konnte erst 1434, zur Zeit der *florentinischen Frührenaissance*, verwirklicht werden. Entscheidend war die »Mitwirkung mehrerer vornehmer Familien«. Man wandte sich an *Brunelleschi*, den damals angesehendsten Architekten der Stadt (die Domkuppel stand kurz vor der Vollendung, die »Alte Sakristei« war fertiggestellt, das Findelhaus, S. Lorenzo und die Pazzi-Kapelle befanden sich im Bau). – Brunelleschi wurden große Freiheiten eingeräumt. Zwar verwarf man seinen Plan, S. Spirito nach Norden, zum Arno hin, auszurichten. Im übrigen aber ließ man ihm (entgegen der mittelalterlichen Tradition) hinsichtlich der Planung völlig freie Hand: ein kulturgeschichtlich wichtiges, die Verselbständigung der Kunst ankündendes Faktum.

Baubeginn 1436. – Die Anlieferung der ersten Säule (1446) erfolgte im Todesjahr des großen Architekten. – Danach gingen die Arbeiten nur schleppend voran. So stand die *alte Kirche noch bis 1471.* – Erst als sie 1471 abbrannte, kam der begonnene Neubau rasch zu Ende. – *Vollendung der Kirche mit Errichtung der Kuppel 1479–1482.*

Abweichungen von Brunelleschis Planungen
Brunelleschis Entwurf für S. Spirito wurde nicht in allen Teilen verwirklicht. *Zu den Abweichungen gehören:* (a) daß *am Außenbau* die Rundungen der Seitenkapellen nicht in Erscheinung treten, was eine empfindliche Minderung des plastischen Volumens zur Folge hat; (b) daß sich *im Inneren* die Seitenkapellen nicht auch entlang der Eingangswand fortsetzen; (c) daß ein Neubau mit einem hohen, den räumlichen Zusammenhang störenden *Tabernakel-Altar* verstellt wurde, der sowohl in seiner Form wie durch sein Material als Fremdkörper empfunden werden muß. – Auch die *Flachdecke* darf in ihrer jetzigen Form nicht für Brunelleschi in Anspruch genommen werden. – Daß Brunelleschi eine *Tonnenwölbung* vorgesehen habe, erscheint allerdings wenig wahrscheinlich (Fragen der Statik und der Belichtung sprechen dagegen).

Mit dem 1434 begonnenen Bauwerk konzipierte Brunelleschi *zum zweiten Male* einen basilikalen Kirchenraum von bedeutenden Dimensionen und hohem künstlerischen Anspruch. – Seit dem Entwurf für S. Lorenzo (beg. 1420) waren vierzehn Jahre vergangen. Dazwischen lag die gemeinsam mit Donatello durchgeführte *Romreise* (1432), die dem 55jährigen Brunelleschi die Kenntnis der antiken Bauwerke vermittelt hatte: Eindrücke, die dann wesentlich seinen *Altersstil* geprägt haben. – S. Spirito und die gleichzeitig entstehende Kirche S. Maria degli Angeli (S. 155) sind die wichtigsten Zeugen dieses Stilwandels.

Ein neuer Begriff von Monumentalität und Größe wird jetzt wirksam, ein neuer Sinn für das Körperhaft-Plastische, für Rundung und Schwellung, vor allem für die Ein- und Ausbuchtung der Wand. Die *Wand* wird nicht mehr ›statisch‹ gesehen; sie wird *modelliert* und gerät gleichsam in Bewegung.

Vom *Typus* her ist S. Spirito ein dreischiffiger, flachgedeckter, basilikaler Bau über kreuzförmigem Grundriß mit rechteckig schließendem Chor und Seitenkapellen. – Schon S. Lorenzo (1420) war in ähnlicher Weise konzipiert worden, aber erst in S. Spirito tritt uns das zugrunde gelegte Schema in reiner Form entgegen. – *Das Vierungsquadrat bildet jetzt das verbindliche Grundmaß für alle Teile der Kirche:* für den Chor und die Querarme, denen jeweils *ein* solches Quadrat zugrunde liegt; dann für das Langhaus, das sich aus *vier* solcher Quadrate zusammensetzt; schließlich für die quadratischen Seitenschiffjoche, deren Grundfläche jeweils dem *vierten Teil* des Vierungsquadrats entsprechen (in S. Lorenzo gab es noch keine solche Übereinstimmung).

Brunelleschis Bestrebungen sind auf räumliche Harmonie gerichtet. Daher werden in S. Spirito auch die Seitenschiffe und mit ihnen die Seitenkapellen »in vollkommener Regelmäßigkeit um Querhaus und Chor herumgeführt« (Wundram). Nach Brunelleschis Vorstellungen sollte das auch für die Eingangsseite gelten, wo heute Kapellen fehlen. – *Der östliche Chorabschluß und die westliche Eingangsseite hätten einander vollkommen entsprochen:* mit der Folge, daß an der Eingangsseite nur die Einrichtung von *zwei* Portalen oder eine *Vierportalanlage* (wie Brunelleschi sie wollte) möglich gewesen wäre, nicht aber die traditionelle Dreiergruppierung. – Tatsächlich entspannte sich nach Brunelleschis Tod an dieser Frage ein heftiger *Architektenstreit* im Zusammenhang mit der noch ausstehenden Fassadengestaltung. – *Sangallo*, der später die Sakristei von S. Spirito baute (S. 103), setzte sich damals mit Nachdruck für Brunelleschis Projekt einer *Vierportalanlage* ein.

S. Spirito, Längsschnitt
Brunelleschis zweiter großer
Kirchenbau (Spätwerk)

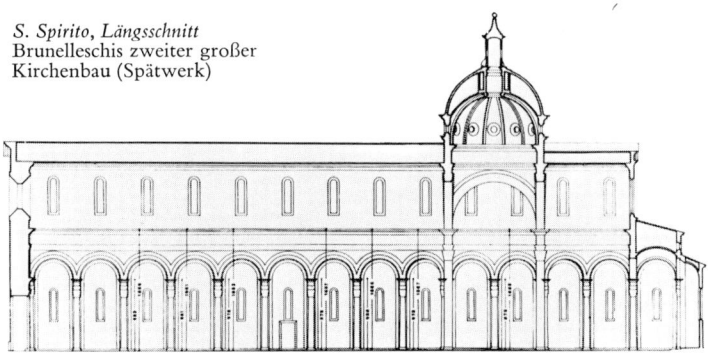

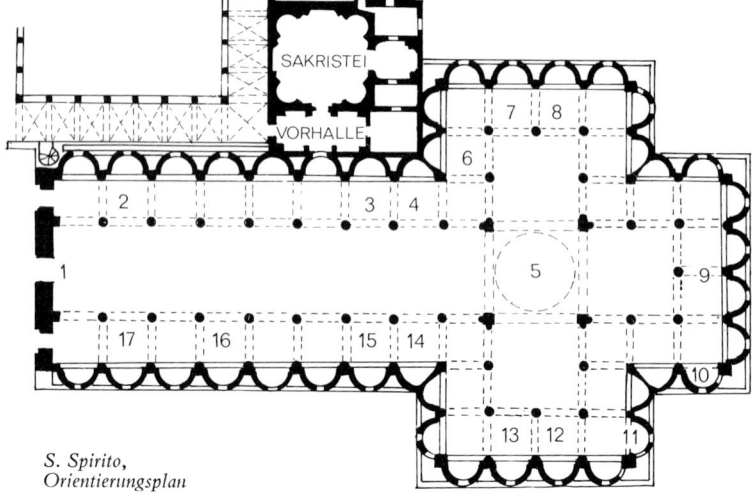

S. Spirito,
Orientierungsplan

Inneres von S. Spirito (Fortsetzung)

Zur Harmonisierung des Raumbildes gehört ferner, daß die *Seitenkapellen* jetzt
die *gleiche Höhe wie die Seitenschiffe* haben. Die Kapellen sind damit stärker in den
Gesamtraum integriert; sie verlieren an Selbständigkeit, sie wirken wie bloße
Ausbuchtungen der Wand, *sie weiten den Raum in der Querrichtung.* Gerade dies
sollte nach Brunelleschis Vorstellung auch am Außenbau sichtbar werden: als
eine »ununterbrochene Folge von an- und abschwellenden Rundungen« nach
dem Prinzip der »plastisch durchgeformten Wand« (Wundram).

Zur stärkeren Betonung des plastischen Volumens gehört das *Zurückdrängen der
dekorativen Elemente,* zumal im Bereich der Arkaden- und Gurtbögen. – In S.
Lorenzo sind die Kämpferstücke über den Säulenkapitellen noch reich skulpiert,
und die Arkadenbögen werden an ihrer Außen- wie an ihrer Unterseite von
schmalen, dekorativen Schmuckbändern begleitet: an der Außenseite durch
Eichenlaubgirlanden, an der Unterseite durch doppelläufige Perlschnüre.

In S. Spirito fügen sich die Kämpferstücke als *schmucklose Blöcke* in die herbere
Gesamtstruktur ein. Die Arkadenbögen, begleitet von einem glatten dunklen
Wandstreifen, haben keine Berührung mehr mit dem Horizontalgesims der
Wand. *Die Arkade hat sich damit verselbständigt,* ebenso die Wand, die nicht mehr
durch kleine Konsolen auf den Rhythmus der Säulenstellungen Bezug nimmt.
Auch die schmaler proportionierten Fenster der Hochwand lassen mehr Wand-
fläche stehen. – War S. Lorenzo noch ein »schlanker, gleichsam dünnwandiger
Gliederbau« (Wundram), so ist in S. Spirito alles *wuchtiger* geworden, im Sinne
jener »*plastischen Architekturgestaltung*«, der die Zukunft gehören sollte.

Neues bringt auch die *Kuppellösung.* Zwischen die Hängezwickel (Pendentifs)
und die Kuppelschale schiebt sich in S. Spirito ein kleiner *Tambour,* »schmal genug, um nicht die Innenwirkung zu beeinträchtigen, aber ausreichend, um die
Kuppel außen über die Dachzone hinauszuheben« (Heydenreich).

⟨1⟩ *Glasmalerei:* »Ausgießung des Hl. Geistes« (1500/1510), Rundfenster an der Fassade nach einem Entwurf von *Perugino* (um 1450–1523).

⟨2⟩ *Kopie nach Michelangelos Christusfigur* aus S. Maria sopra Minerva in Rom (1519–1521), eine Arbeit von *Taddeo Landini* von 1579.

⟨3⟩ *Cappella Dei:* Für diese Kapelle malte Raffael um 1507 seine »Baldachinmadonna« (heute im Palazzo Pitti). – Das jetzige *Altarbild* »Thronende Madonna mit Heiligen« ist eine *Kopie des 18. Jh.* nach einem Gemälde von Rosso Fiorentino (1494–1540), einem Meisterwerk des florentinischen Manierismus (das Original heute im Palazzo Pitti).

⟨4⟩ *Cappella Cavalcanti:* »*Wichtig als frühestes beglaubigtes Beispiel der Pietra-dura-Einlegetechnik, 1562 dat.* – Laut Inschrift stammen die Steine aus Ägypten und England. »Damit wurde ein Handel eröffnet, der später die imposante Fürstenkapelle von S. Lorenzo (S. 150) eigentlich erst ermöglichte. Initiator dieser Kunstweise ist Vasari mit seinem betont mineralogischen Interesse« (G.K.). – Vgl. Pietre-Dure-Museum (S. 159).

⟨5⟩ *Die Vierung:* Baldachin-Altar, Chorschranken, Chorgestühl, Leuchterengel und Fußboden stammen aus der Zeit zwischen 1599 und 1609: *frühbarocke Arbeiten*, zum größten Teil in der *Pietra-dura-Technik* ausgeführt. – Die vier *Leuchterengel* auf dem vorderen Balustradenteil gelten als »besonders malerische Exemplare der *Giambologna-Nachfolge*« (G.K.). – Hinter dem Altartabernakel *Kruzifix* des 16.Jh. (nicht von Michelangelo). – *Die Errichtung der frühbarocken Altaranlage gehört zu den empfindlichsten Eingriffen in die ursprüngliche Raumkonzeption,* denn sie verhindert »das Erlebnis des Raumes aus seinem Zentrum heraus«. – »Nach Brunelleschis Intentionen sollte sich von hier aus der Eindruck eines vollkommener Harmonie durchgebildeten, allseits gleichmäßig gegliederten Raumes bieten, der von einem reinen Zentralbau nur durch die Verlängerung des einen Armes als Langhaus unterschieden war« (Wundram). – Das von der späteren Barockarchitektur aufgegriffene Problem einer möglichen Verschmelzung von Zentralraum und Längsbau findet in dieser Idee seine Vorwegnahme.

⟨6⟩ *Cappella Antinori:* Qualitätvolles *Glasgemälde* »Ungläubiger Thomas« von 1485/90, vielleicht auch später, Anfang 16.Jh.

⟨7⟩ Bemerkenswertes *Altarbild* »Dreieinigkeit« (Stileinflüsse von Ghirlandaio, Filippino Lippi sowie der flämischen Malerei). Datierung und Zuschreibung schwanken. Hervorzuheben sind die Modellierung des Christuskörpers, ferner der Mittelteil der Landschaft (mit botanisch genau erfaßten Kräuterarten im Vordergrund) und die guten Predellenbilder.

⟨8⟩ *Cappella Corbinelli* (Marmorauskleidung): Der um 1490 entstandene, sog. *Corbinelli-Altar* ist ein bedeutendes *Frühwerk von Jacopo Sansovino* (1486–1570), den wir hauptsächlich durch seine Bautätigkeit in Venedig kennen (Markusbibliothek, Loggetta, Münze, S. Salvatore): einer der führenden Meister der Hochrenaissance am Übergang zum Manierismus. – *Nur der mittlere Teil des Altares ist eine Arbeit Sansovinos* (der Giebelaufsatz, die Voluten, die seitlichen Wandteile und die Balustrade sind spätere, im Stil nur angepaßte Zutaten der Barockzeit, 1642). – Ungewöhnlich reich ist der plastische Schmuck des Altares. In den beiden *Nischen* die Apostel *Jakobus* und *Matthäus,* darunter im *Relief* deren *Martyrium,* in der Mitte das *Abendmahl,* in den oberen Medaillons die *Verkündigung,* über der Mittelnische die *Marienkrönung.* – Das Ganze ist entworfen als *Triumphbogenarchitektur*: die nahezu wörtliche Umsetzung einer römisch-antiken Monumentalform (Konstantinsbogen in Rom) in die christliche Sphäre: Nicht das heidnische Rom, sondern Christus triumphiert (das ist hier der Sinn). – Die Nischen werden durch Verwendung von *Porphyr* (in der Antike ein dem Kaiser vorbehaltenes Material) ›geadelt‹. – Die Pilasterdekoration zeigt die Leidenswerkzeuge Christi.

Ausstattung von S. Spirito (Fortsetzung)

⟨9⟩ In den *Chorkapellen* mehrere *Altarbilder des 16. Jh.* mit pathetischen Rahmungen, die im Widerspruch stehen zur vornehmen Zurückhaltung der Architektur Brunelleschis. – Erwähnt sei die *Darstellung des Palazzo Pitti in seiner ursprünglichen Form* (1457/1466): auf der Predella des Altarbildes »Marter der Zehntausend« (Ostwand, 3. Kapelle von links).

⟨10⟩ *Polyptichon der Giotto-Nachfolge:* Zuschreibung an *Maso di Banco*, der sich zwischen 1341 und 1350 in Florenz nachweisen läßt (von ihm die Fresken in der Cappella Bardi di Vernio in S. Croce).

⟨11⟩ In vergitterter Nische *Marmorsarkophag* des Florentiner Politikers *Neri Capponi* (1388–1457) von *Bernardo Rossellino* (1409–1464), der in S. Croce das erste typenbildende Wandnischengrab der Frührenaissance schuf. – *Bildnisbüste eines Capponi-Kardinals* (1659), rote Bemalung.

⟨12⟩ *Cappella Nerli: Altarbild* »Thronende Muttergottes zwischen S. Martino und S. Caterina, mit dem Täuferknaben und dem Stifterehepaar Nerli« (beg. 1488) von *Filippino Lippi* (um 1457–1504), einem Botticelli-Schüler. Ein kraftvolles Bild, lebendig in der Bewegung, sensibel im Ausdruck. Im Hintergrund die Florentiner Stadtlandschaft mit der Porta S. Frediano und dem Palast der Nerli (rechts).

⟨13⟩ *Cappella della Fraternità dei Bianchi:* Marmorverkleideter *Altar* (1601), ein Spätwerk des Vasari-Schülers *Bernardo Buontalenti* (1536–1608). – *Holzkruzifix* (14. Jh.), 1471 aus der Feuersbrunst gerettet.

⟨14⟩ *Barockes Altarbild aus Stuck und Marmor* »Tobias mit dem Engel« (1698) von *Giovanni Baratta* aus Carrara: Beispiel für die *Bernini-Nachfolge*, rund 20 Jahre nach dem Tode des großen Barockbildhauers (gest. 1680). Das barocke Pathos tritt zurück zugunsten einer mehr eleganten Auffassung der Figuren, wie sie später das 18. Jh. liebte.

⟨15⟩ *Cappella Pretini:* Gesamtdekoration, Altartabernakel und Altarbild »Martyrium des Hl. Stephanus« (1602) von *Domenico Cresti, gen. Passignano* (1560–1626). Das Altarbild zeigt bemerkenswerte Lichteffekte.

⟨16⟩ *Altarbild* »Vertreibung der Wechsler aus dem Tempel« (1572) von *Stradanus*, einem flämischen Maler. – Genrehafte Züge, große Tiefenwirkung. Ein Bild, dessen Nachstich u. a. auch Rembrandt interessierte.

⟨17⟩ *Marmorkopie* (1549) von Michelangelos *Pietà* (1496/1501) in St. Peter in Rom, gearbeitet von *Nanni di Baccio Bigio*. Signatur auf dem Schulterband.

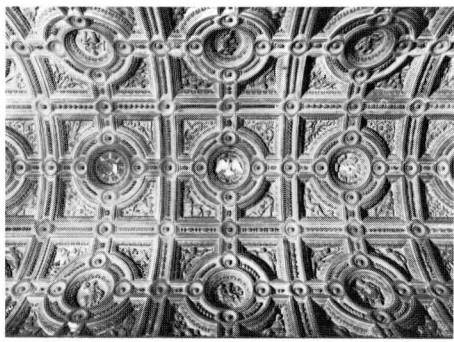

Die Sakristei von S. Spirito *(1489/1493)*   Nr. 18

Architekt: Giuliano da Sangallo. – Rund vierzig Jahre nach Brunelleschis Tod entsteht mit der Sakristei von S. Spirito erneut ein *architekturgeschichtlich bedeutendes Bauwerk*: ein achteckiger Zentralraum, überwölbt von einer doppelschaligen Kuppel, mit der Kirche durch eine tonnengewölbte Vorhalle verbunden.

War es nach Brunelleschis Tod zu einer »eigentümlichen Verständnislosigkeit« gegenüber dessen Spätwerk und seinen ausgereiften Ideen gekommen (Heydenreich), so sind es erst wieder *Giuliano da Sangallo* (1445–1516) und *Leonardo da Vinci* (1452–1519), die sich die Baugedanken des großen Meisters zu eigen machen (beide beschäftigen sich ein Leben lang mit dem Zentralbaugedanken).

Sangallo, seinem Geburtsjahr nach von Brunelleschi durch 68 Jahre geschieden, hatte sich schon im Kampf um die Fassadengestaltung von S. Spirito leidenschaftlich für die von Brunelleschi vorgesehene *Vierportalanlage* eingesetzt (wenn auch ohne Erfolg). Seine Sakristei muß als »Bekenntnis zu Brunelleschi« (Heydenreich) gesehen werden. Er ist dessen eigentlicher Nachfolger.

Die *Vorhalle* (vielleicht von *Cronaca*) erinnert in ihrer Disposition an die Vorhalle von Brunelleschis Pazzi-Kapelle (Abb. S. 81), nur daß die Formen jetzt sehr viel wuchtiger und ›römischer‹ anmuten. Das *Tonnengewölbe* ruht auf einer mächtigen, der Wand vorgestellten *Säulenkolonnade,* was bei den knappen Abmessungen des Raumes eine fast erdrückende Plastizität erzeugt. Das kräftige *Gebälk* und die *Kassettierung* des Gewölbes verstärken noch den Eindruck des Monumentalen und Prunkhaften. – So wirkt die Vorhalle wie eine Vorwegnahme der römischen Hochrenaissance: »Die Tordurchfahrt des Palazzo Farnese kündigt sich an« (Klotz).

Rückgriff auf die Florentiner Frührenaissance

Die eigentliche *Sakristei* ist völlig anders instrumentiert: *ein flächenbetonender Idealraum,* in dessen geometrischer Klarheit noch einmal der Geist der Florentiner Frührenaissance lebendig wird. Mit dem *Oktogon* bezog man sich bewußt auf das für antik gehaltene Baptisterium. Und wie dort, so werden auch hier die Gelenkpunkte des Raummantels *durch über Eck gestellte Pilaster* artikuliert: breitere in der unteren Zone, zierlichere am Zwischengeschoß. – Berühmt sind die schmuckreichen *Kapitelle*; sie sind von allererster Qualität. – Leider verstellen heute *Holzschränke* (1584) die vier *Apsiden.* So ist das ursprüngliche Raumbild in einem wichtigen Detail gestört. – *Altarbild* (1596) von *Allori.* – Im Altarraum *Marienkreuz* (um 1590).

Piazza S. Spirito, 29. – Das *Museum (Fondazione Romano nel Cenacolo di S. Spirito)* ist im ehemaligen Refektorium des Augustinerklosters S. Spirito untergebracht: eine überwiegend skulpturale *Privatsammlung*, die *Salvatore Romano* 1946 der Stadt Florenz zum Geschenk machte. – U. a. auch bedeutende spätgotische Freskoreste aus der Zeit um 1360.

Fresken des ehemaligen Refektoriums
Beim Eintritt in das ehemalige Refektorium sieht man an der *rechten Schmalwand* bedeutende Freskoreste einer »Kreuzigung« (oberer Wandteil) und eines »Abendmahls« (darunter). – Die rechten Partien des Abendmahls (um 1360) stammen von *Andrea Orcagna* (um 1308–1368), einem Meister der Zeit nach Giotto. – Vgl. zu Orcagna in Florenz u. a. das Marmortabernakel in Or San Michele (S. 118) und ein Polyptychon in der Strozzi-Kapelle in S. Maria Novella (S. 133). – Orcagna blickt »sehnsuchtsvoll« auf Giotto zurück (L. Marcucci), ja er ist nach Braunfels sogar »*der eigentliche Nachfolger Giottos*«, doch kann er sich auch nicht dem *Einfluß aus Siena* entziehen und damit der aus dem Norden einströmenden *Gotik* mit ihrem lebendigen *Kolorit* und dem schönheitlichen *Linienfluß der Gewänder*. So steht Orcagna unentschieden zwischen einer »altertümlichen Idealität« (Figuren vor Goldgrund) und neuen spätgotischen Formen des Nordens. – In seinen Fresken (wie hier) entfaltet er unbefangener seinen Hang »zur dramatischen und pathetischen Ausdrucksweise« (L. Marcucci).

Orcagnas »Kreuzigung« entstand etwa gleichzeitig mit der Ausmalung der ›Spanischen Kapelle‹ in S. Maria Novella durch Andrea da Firenze (vgl. S. 134). – Andrea ist volkstümlicher; er erzählt in kleinteilig angelegten Bildern; auch ist er kirchlich stärker gebunden. – Orcagna wirkt in seiner Auffassung persönlicher (gelegentlich wie vorausweisend auf Hieronymus Bosch). – In seiner »Kreuzigung« fehlen die beiden Schächer. Dagegen trägt der Hauptmann (rechts) einen *Nimbus* – begründet wohl in dessen Einsicht »dieser war wirklich Gottes Sohn«. Das gleiche gilt für *Nikodemus* (links), in anbetender Haltung. – Realistisch erfaßt ist die *Gruppe der Frauen* (links vom Kreuz), ebenso rechts die Gruppe der *Soldaten*: die Bildfiguren sind nicht mehr typenhaft schematisiert, sie geben sich bewegt und sind voller Abwechslung im einzelnen; man glaubt, *psychologische* Momente wahrzunehmen.

Einzelwerke: Nahe der Eingangwand zwei *Seelöwen* aus Neapel (13. Jh.). – *Florentinischer Paramententisch* (16. Jh.) auf modernem Sockel. – *Schutzmantelmadonna* (15. Jh.), sienesisch. – Schmalwand: *Portal* (dat. 1471).

Piazza S. Spirito **Nr. 18**

Plätze dieser Art wurden in Florenz schon während des Mittelalters planmäßig angelegt, nach Bedarf vergrößert und auch gepflastert. Wir finden sie vor S. Maria Novella, S. Croce, SS. Annunziata und S. Maria del Carmine, »den Hauptniederlassungen der neuen Volksorden« im 13. Jh. – Die Plätze dienten als »Predigträume«, häufig als *Märkte*, später auch für *Volksfeste*« (Braunfels).

Palazzo Guadagni und Casa di Bianca Cappello
Palazzo Guadagni (Nr. 10): Florentiner *Patrizierhaus* (1503) mit Sgraffitoschmuck und offener Loggia (Zuschreibung an Cronaca). Bis 1964 Sitz des Deutschen Kunsthistorischen Instituts (neue Anschrift S. 238). – In der Platzmitte das *Denkmal* (1896) für den Agronomen *Cosimo Ridolfi.*

Casa di Bianca Cappello (Via Maggio, 26): benannt nach der venezianischen Patriziertochter *Bianca Cappello*, der Geliebten und späteren Gattin Francescos I. de' Medici. – Umbau des angekauften Palastes durch *Buontalenti, Sgraffiti* von *Bernardino Poccelli.* – Portal mit Wappen der Cappello.

Ponte S. Trinità mit Pal. Spini (links) und Pal. Frescobaldi (rechts)

19 Ponte S. Trinità – Palazzo Frescobaldi

Die Brücke gilt mit Recht als das *schönste und eleganteste Bauwerk* dieser Art in Florenz. In ihrer jetzigen Form (1567–1570) wurde sie unter *Großherzog Cosimo I.* nach Plänen von *Bartolomeo Ammanati* (1511–1592) errichtet, einem Michelangelo nahestehenden Architekten und Bildhauer des Florentiner Manierismus. Michelangelo soll übrigens an der Planung der Brücke nicht ganz unbeteiligt gewesen sein. *Ammanati* (im selben Jahr geboren wie Vasari) hatte 1558 mit dem berühmten Gartenhof des Palazzo Pitti begonnen (Abb. S. 183). Er stand damals auf der Höhe seines Schaffens. Palast und Brücke wurden im selben Jahr (1570) fertiggestellt. – Die *Zerstörung der Brücke im 2. Weltkrieg* (Sprengung durch deutsche Truppen) traf die Bevölkerung von Florenz an einer empfindlichen Stelle. Man empfand den Vorgang als persönliche Demütigung. Der Wiederaufbau wurde zu einer Angelegenheit der ganzen Stadt, die daran leidenschaftlich Anteil nahm.

Vorläufer der Brücke reichen zurück bis ins 13. Jh. – Es war die Familie *Frescobaldi*, deren späterer Barockpalast auf unserer Abbildung rechts zu sehen ist, die *1252* die Mittel für einen ersten Brückenschlag zur Verfügung stellte. Die Brücke stürzte 1269 ein, wurde aber wiederaufgebaut, 1333 durch Überschwemmung ein zweites Mal zerstört und 1356 erneut aufgerichtet.

Historisch wichtig ist das frühe Datum der *ersten* Brücke (1252). Es wirft ein Licht auf das *rapide Wachstum der Stadt*, deren Bevölkerung bis 1300 auf rund 100000 Einwohner ansteigen sollte. »Bis 1218 gab es über den Arno nur einen *einzigen* festen Übergang, den *Ponte Vecchio*, und auch er war anfangs nur halb so breit wie heute. Ab 1218 aber entstand stromabwärts der *Ponte alla Carraia*, ab 1237 stromaufwärts der *Ponte alle Grazie* (damals *Ponte des Podestà Rubaconte* genannt). – Bis zur *Eisenbrücke* von 1836/37 ist dann in Florenz keine weitere Brücke mehr gebaut worden« (Braunfels).

Palazzo Frescobaldi (Piazza Frescobaldi, 1): Eindrucksvoller *Barockpalast* (um 1640): Der Palast gehört zu den spätesten Zeugnissen der florentinischen Baukunst, bei denen sich noch einmal ein hoher Anspruch mit künstlerischer Qualität verbindet. – Architekt: *Cavaliere Bernardo Radi*. – Die *Porträtbüsten* zeigen: *Ferdinando I., Cosimo II., Ferdinando II.* (unter dessen Regierung der Palast entstand) und *Cosimo III.* – Heute Mädchenschule.

20 Piazza S. Trinità

Die Piazza S. Trinità bezeichnet ziemlich genau die *SW-Ecke* der alten römischen Stadt, deren Befestigungen anfangs noch nicht bis an den Arno heranreichten. – Die von der Piazza genau nach Norden verlaufende *Via Tornabuoni*, heute eine der vornehmsten Geschäftsstraßen von Florenz, folgt exakt der alten römischen Stadtbegrenzung. – Ebenso bezeichnet die Lage des *Deutschen Konsulats* im Zuge des *Borgo SS. Apostoli* den Verlauf einer nach SO gerichteten, *zweiten* römischen Mauer, mit der sich die antike Stadt bis weit über die späteren Uffizien hinaus ausdehnte. – In neuerer Zeit wurde die Piazza S. Trinità zum *Mittelpunkt des Diplomatenviertels.*

Palazzo Spini-Ferroni *(zwischen Piazza und Ponte S. Trinità)*   **Nr. 20**

Erbaut 1289, vermutlich nach Plänen von *Arnolfo di Cambio*. – Dieser mächtige, *vierstöckige* Palast vermittelt mit seinen *13 Fensterachsen* der Langseite, seiner gewaltigen *Höhe* und dem kraftvoll ausgebildeten *Zinnenkranz* ein eindrucksvolles Bild Florentiner Profanarchitektur aus der Zeit des beginnenden Domneubaus (beg. 1294). Als Architekt vermutet man den Dombaumeister Arnolfo di Cambio, dem auch S. Croce (beg. 1295) zugeschrieben wird. – Der Palast ist in eine Reihe zu stellen mit dem *Bargello* (beg. 1255), dem *Palazzo Vecchio* (beg. 1299) und *Or San Michele* (beg. 1337).
Die Granitsäule auf der Piazza S. Trinità stammt aus den Caracallathermen in Rom. Sie war ein Geschenk des Medici-Papstes *Pius IV.* (1559–1565), *Giovanni Angelo de' Medici* an Großherzog Cosimo I. – ein Erinnerungszeichen an die *Schlacht von Marciano* (1554), in der Cosimo zusammen mit Karl V. die französischen Truppen besiegt hatte. – Das bekrönende *Standbild* zeigt die»Gerechtigkeit« (1581), eine Arbeit von *Francesco Ferrucci* gen. *il Tadda.*

S. Trinità *(Piazza S. Trinità)*   **Nr. 20**

Daten: Erste Erwähnung 1077 (der Gründungsbau lag noch außerhalb der antiken Stadtmauern). – Seit 1092 Stammkirche des *Benediktinerordens von Vallombrosa*, dessen Mönche im geistigen und politischen Leben des mittelalterlichen Florenz eine bedeutende Rolle spielten. – Der heutige Kirchenbau ist gotisch. Datierung umstritten. Der Baubeginn wurde bisher mit 1250/1260 angegeben, neuerdings nennt man die zweite Hälfte 14.Jh., so daß der Bau dann als einheitlich zu gelten hätte. Kapellen 1360 bis 1405. – Querhaus um 1400. – Sakristei (1418–1423), als Familienkapelle der Strozzi erbaut. – Heutige Fassade von Buontalenti (um 1580); im Inneren sind Teile der alten romanischen Westwand sichtbar. – Erhalten blieb auch die Krypta des 11.Jh. – Sassetti-Kapelle mit berühmten Fresken von Domenico Ghirlandaio (1483 ff.). – Glockenturm 1396–97.

Die Fassade (um 1580)
Sie ist ein Werk des späten Manierismus in der Übergangsphase zum Frühbarock (etwa gleichzeitig mit der Fassade von Il Gesù in Rom). – Bernardo Buontalenti (1536–1608), von dem der Entwurf stammt, war Schüler Vasaris, dessen 1560 begonnene Uffizien er vollendete. – Buontalenti konzipierte die Fassade als *großflächige*, durch Pilaster *dreigeteilte Wand*, deren hochrechteckige ›Felder‹ er mit Portalen und Fenstern schmückt. Der ästhetische Reiz liegt im Kontrast zwischen der Hintergrundfläche und den plastisch betonten Details, namentlich der Tür- und Fenstergiebel, aber auch einzelner Ornamentformen. Das Ganze ist *statisch* empfunden. Der Fassadenkörper hat noch nicht die später vom Barock bevorzugte kraftvoll-muskulöse Struktur. Unterer und oberer Fassadenteil bleiben letztlich unverbunden. – Türen 17.Jh.

Man beachte zuerst an der *Fassaden-Innenseite* die noch sichtbaren Teile der alten *romanischen Westwand* mit *Rundbogenfries* und vermauertem *Rundfenster*.

Zur gotischen Kirche: Sofern die neuere Datierung (um 1360ff.) zutrifft, entstand der gotische Bau von S. Trinità in zeitlicher Parallele zu den Arbeiten am Bargello, an Or San Michele und an SS. Annunziata. Möglicherweise stammen die Pläne von *Neri di Fioravante*, der an jedem der drei genannten Bauten beteiligt war. Vielleicht muß man die Pfeiler von S. Trinità als eine Reduzierung der Pfeiler von Or San Michele (vor 1357) ansehen.

Zur Raumform: Dreischiffige Basilika mit *Querhaus, Chor* und *Chorkapellen* (Chor und Kapellen mit geradem Abschluß). – Die *Seitenkapellen des Langhauses* (ebenfalls gerade schließend) sind die *ältesten* in Florenz. Sie sind gegenüber dem Kirchenschiff um zwei Stufen erhöht, eine Lösung, die Brunelleschi für seine Kirchenbauten übernimmt. Brunelleschi zeigt sich überhaupt von S. Trinità beeinflußt (vgl. seinen Vorschlag, das Langhaus des Domes nach dem Vorbild von S. Trinità mit Seitenkapellen auszustatten).

Romanische Krypta (Zugang über eine Treppe im Mittelschiff): Zusammen mit zwei freigelegten *Pfeileransätzen* bildet sie den letzten Rest der alten Kirche: eine *dreischiffige Halle* mit Kreuzgratgewölben. Auffallend der *Kleeblattgrundriß*, der mit dem gleichzeitigen Oberbau nicht übereinstimmt. – In einer Apsisnische eine *Christusbüste* der Verrocchio-Schule.

Sassetti-Kapelle (Fresken von Domenico Ghirlandaio)

Zweite Chorkapelle rechts (Lichtschalter betätigen). – *Ausmalung* 1479–1486. – Die dem Hl. Franziskus geweihte Kapelle diente der Familie *Sassetti* als *Grablege. Francesco Sassetti*, der Stifter der Fresken, war Mitinhaber der Medici-Bank und Finanzberater Lorenzos des Prächtigen (Lorenzo il Magnifico).

Die Fresken behandeln die *Franziskuslegende*, verlegen aber den Handlungsort nach *Florenz* und sind überhaupt in ihrer eigenartigen Mischung von christlichen, antiken und zeitgenössischen Motiven typisch für die fortschreitende *Profanisierung religiöser Themen.* – *Domenico Ghirlandaio* (1449–1494), nahezu gleichaltrig mit Leonardo, ab 1488 Lehrer des jungen Michelangelo (von beiden Meistern aber grundverschieden), ist der typische Vertreter einer *bürgerlich* orientierten Kulturepoche. Er schildert die Dinge in ihrem äußeren Glanz, er neigt zum Vornehm-Eleganten, er versteht flüssig zu erzählen, seine Architektur ist feierlich, seine Gestalten sind meist von würdiger Monumentalität.

Im einzelnen sind die Bilder von unterschiedlicher Qualität. – *Außenwand* »Kaiser Augustus und die Sibylle von Tibur«, in der *Wölbung* vier Sibyllen (Einfluß auf Michelangelo). – *Linke Wand (oben):* »Franziskus verläßt sein Elternhaus«, *darunter* »Franziskus empfängt die Wundmale«. – *Rechte Wand (oben):* »Die Feuerprobe vor dem Sultan«, *darunter* »Begräbnis des Franziskus«.

Hauptwand (oben): »Papst Honorius bestätigt die Ordensregel« (man erkennt den Palazzo Vecchio und die Loggia dei Lanzi). Im *Vordergrund* (rechts) *Francesco Sassetti* sowie *Lorenzo il Magnifico*, in der *Mitte* (die Treppe heraufkommend) der Humanist *Angelo Poliziano* und seine Zöglinge. – *Darunter* »Auferweckung eines Mädchens« (mit der romanischen Fassade von S. Trinità und der alten Arnobrücke). – *Altarbild* »Anbetung der Hirten« (1485): beeinflußt vom »Portinari-Altar« des Hugo van der Goes (1482 nach Florenz gestiftet; vgl. S. 219).

Bartolini-Kapelle (4. Kapelle rechts)

Schmiedeeisernes Gitter von 1420. – Bedeutender Freskenzyklus (1422/25), Spätwerk von *Lorenzo Monaco*, der in Florenz zwischen 1388 und 1422 als Mönch und Maler nachweisbar ist. Angeregt von Giotto, gestaltet Lorenzo die christlichen Themen »voll reinen Gefühls, mit schöner Schlichtheit und Zartheit der Ausdrucksmittel« (Vertova).

Die Sakristei von S. Trinità (»erster Monumentalbau der Frührenaissance«)

Sakristei (1418–1421): *Familienkapelle und Grabstätte der Strozzi*, »erster Monumentalbau der Frührenaissance« (Klotz), eine als Begräbnisstätte verselbständigte Kapelle, der man außen eine eigene *Fassade* zu geben versuchte (vgl. die spitzbogigen *Maßwerkfenster*, die am Außenbau in antikischen giebelbekrönten *Tabernakelrahmen* erscheinen). »Die großen *Wappentondi* (am Außenbau, in den Fensterverglasungen und im Inneren) belegen den Anspruch der Strozzi«, ebenso das *Portal*, dessen Ornamentvokabular »schon *vor* Brunelleschis ersten großen Werken die Hinneigung zur ›Wiederbelebung‹ der Antike erkennen läßt« (Klotz). – Brunelleschis »Alte Sakristei« (1419–1428) muß als Konkurrenzbau zur Strozzi-Sakristei gesehen werden (so Klotz).

Palazzo Bartolini-Salimbeni   Nr. 20

Der 1520 begonnene Palast gilt als wichtiges Beispiel einer noch von Raffael beeinflußten *Hochrenaissance-Architektur* mit ersten *manieristisch* gefärbten Ansätzen – »kurz vor dem Einwirken Michelangelos« (G. K.). – Der Architekt war *Baccio d' Agnolo*. – Zu den *manieristischen* (klassischer Ausgewogenheit entgegenstehenden) Elementen gehören vor allem der Wechsel zwischen Fenstern und *leeren Nischen* bzw. *vertieften Wandfeldern* und die enge Verzahnung zwischen Fenster und Wand durch horizontale *Gebälkbänder*. Auch die Verwendung von Säulen und Dreiecksgiebel am *Portal* war etwas grundsätzlich Neues. – Eine Straffung erfährt der Baukörper durch die *Hervorhebung der Gebäudekanten*. Das abschließende *Gesims* folgt antikem Vorbild. – Die *Inschrift am Portal* lautet: Es ist leichter zu kritisieren als nachzubilden (CARPERE PROMPTIUS QUAM IMITARI).

21   SS. Apostoli *(Piazza del Limbo)*

Die Kirche (11.Jh.) erhebt sich über einer ursprünglich *römischen*, später *frühchristlichen* Begräbnisstätte, in einem Gebiet *außerhalb* der antiken Stadtmauer. – Die *Eingangsseite* zeigt zu großen Teilen noch das ursprüngliche Mauerwerk, die Bausubstanz einer der *ältesten florentinischen Kirchenfassaden* (um 1075). Bemerkenswert ist die *Tendenz zum farbigen Steinwechsel* an den Fensterbogen, vielleicht in Parallele zum damals aufkommenden *Inkrustationsstil*. – *Mittelportal* (Anfang 16.Jh.) von *Benedetto da Rovezzano*.

SS. Apostoli wird urkundlich zum ersten Mal im Jahre 1075 erwähnt. Damit rückt die Kirche in zeitliche Nähe zum *Baptisterium* (Baubeginn 1059/60), zu der der ältesten Zeugnisse frühmittelalterlicher Baukunst in Florenz: das Baptisterium als *Zentralraum*, SS. Apostoli als *Basilika*. Der stilistische Zusammenhang beider Bauten ist so eng, daß man gelegentlich (so Paatz) an ein und denselben Baumeister dachte.

In seiner baulichen Gestalt steht SS. Apostoli dem *Typus einer frühchristlichen Basilika* näher als alle anderen florentinischen Kirchenbauten des 11./12.Jh. (näher z. B. als S. Miniato al Monte, S. Trinità oder S. Pier Scheraggio). Zwar fällt die Errichtung der Kirche in die Zeit der *Romanik*, aber als *romanisch* kann hier lediglich das Verhältnis der Seitenschiffbreite zur Breite des Mittelschiffs (1:2) und die verhältnismäßig schlanke Proportionierung des Hauptraumes angesprochen werden (Paatz). Dagegen sind die *relativ dichte Stellung der Säulen*, vor allem aber deren *mäßige Höhe* im Vergleich zur *weit hinaufreichenden Wand* (Obergaden) Merkmale, die eher eine formale Verwandtschaft zur spätantikfrühchristlichen Basilika zeigen. – Den *offenen Dachstuhl* (hier ein besonders schönes Beispiel) finden wir sowohl in frühchristlichen wie in romanischen Bauten. Auch die *Seitenschiffe* von SS. Apostoli waren ursprünglich mit einer *offenen Dachstuhlkonstruktion* versehen (Einwölbung 15./16.Jh.).

SS. Apostoli, Inneres

Veränderungen: Zuerst, noch in der Zeit der Frührenaissance (Anfang 15. Jh.), errichtete man die *fünf linken Seitenkapellen*, deren kuppelige Wölbungen an Brunelleschi erinnern. – Wenig später (Mitte 15. Jh.) folgten die *fünf rechten Seitenkapellen* zusammen mit der *Einwölbung des rechten Seitenschiffs*. Zuletzt, rund hundert Jahre später (ab 1546), wölbte man auch das *linke Seitenschiff* ein. – Der *Abbruch der ersten linken Kapelle* (1930) war eine denkmalpflegerische Maßnahme: der ursprünglich kapellenlose Zustand der Kirche soll an dieser Stelle anschaulich werden.

Einzelheiten: Einer aufmerksamen Betrachtung wert sind vor allem die mit größter Exaktheit gearbeiteten *Säulen* und *Kapitelle*, aber auch die nach antikem Vorbild dreifach abgestuften *Arkadenbögen* – hervorragende Beispiele einer nachantiken Architektursprache, an der sich Männer wie Brunelleschi bei der Ausbildung ihrer eigenen Formenwelt (man denke an die Säulenreihen in S. Lorenzo und S. Spirito) nachweislich orientierten.

Einzigartig ist auch die handwerkliche Qualität. So weisen die Säulenschäfte die von der antiken Architekturtheorie geforderte *Entasis* (eine leichte Schwellung des Säulenkörpers) auf: größter Durchmesser etwa in halber Höhe des Schaftes; stärkere Verjüngung nach oben, schwächere nach unten.

Im Blick auf Brunelleschi sei zu den Kapitellen vermerkt: Brunelleschi ersetzt das zwischen den Eckvoluten sich ausbreitende, mit einer Zierleiste aus stilisierten Blattformen (Kymation) besetzte *Polster* durch eine zusätzliche *Volute*. Er kommt so zum Typus des *Acht-Voluten-Kapitells*. Voluten, Kelchblätter, Schaftring und Deckplatte sind bei ihm *stärker profiliert* und greifen mit *kräftigerer Plastizität* weiter in den Raum aus.

SS. Apostoli (Ausstattung)

Zweite Kapelle rechts: Altarbild »St. Peter an der Tempeltür« von *Pomarancio*. – *Dritte Kapelle: Gemälde Vasaris* »Mariae Empfängnis« (1540/41), »hochkomplizierte Allegorie, Prototyp barocker Immaculata-Darstellungen« (G.K.). – *Über der Sakristeitüre: Grabmal* (um 1570). – Die *Apsisgestaltung* »manieristisch« von *Dosio* (1573/83). – Hinter dem *Hochaltar* (1901) der *Sarkophag für den Bischof Antonio Altoviti* (auf die Familie *Altoviti* gehen der Bau der Kapellen sowie die Einwölbung der Seitenschiffe zurück). – *Am Ende des linken Seitenschiffs* ein *Terrakotta-Tabernakel* des *Giovanni della Robbia* (1469–1529). Giovanni gehört zur dritten Generation der von *Luca della Robbia* in der Frührenaissance begründeten *Robbia-Werkstatt*, die sich auf *Arbeiten aus glasiertem Ton* spezialisiert hatte. – Am Ausgang (rechts der Fassaden-Innenwand): *Frauengrab* mit einer *Büste* von *Foggini* (1698).

22 Palazzo Davanzati *(Museum Davanzati)*

Lage: Via di Porta Rossa, 9 (im Winkel zwischen Palazzo Strozzi und Mercato nuovo). – Der hohe, vierstöckige *Palast*, den eine im 15.Jh. hinzugefügte, offene *Säulenloggia* bekrönt, gehört zu den schönsten Florentiner Profanbauten des 14.Jh. – Das *Erdgeschoß* öffnet sich mit drei großen *Portalen* auf eine breite, gewölbte *Vorhalle* für Wagen und Pferde; das *Gewölbe* ruht auf *Konsolen*. – Danach folgt ein stattlicher *Hof* von unregelmäßiger Grundform, dessen *Achtkantpfeiler* skulpierte, teilweise figürliche *Kapitelle* schmücken. – Der Hof dient zugleich als *Wasserzusammenlauf* für eine darunter gelegene *Zisterne*, die weiteren Zufluß durch senkrecht in den Wänden eingelassene *Wasserschächte* erhält. – Umgekehrt erlaubt eine im 3. Stockwerk installierte Vorrichtung das *Hochziehen von Wassereimern* innerhalb eines gesonderten Schachtes, der auf jedem Stockwerk Öffnungen zur Küche bzw. zur umlaufenden Galerie aufweist, so daß eine reibungslose Versorgung mit Wasser jederzeit möglich war.

Museum Davanzati (Museo della Casa Fiorentina Antica)

Besuchenswert (Besichtigung nur mit Führung). – Der 1950 in Staatsbesitz übergegangene Palast ist heute als *Museum florentinischer Wohnkultur* eingerichtet. Zu besichtigen sind *drei Stockwerke*, jeweils mit Räumen, die sich noch weitgehend im alten Zustand befinden: mit originalen Balkendecken (geschnitzt und bemalt), mit alter Wandmalerei, alten Kaminen, Fensterläden, Möbeln und Hausrat, vielfach ergänzt durch museale Stücke, überwiegend aus dem 15./16.Jh. – An keiner anderen Stelle in Florenz erhält man einen vergleichbaren, auch atmosphärisch wirksamen Eindruck von der spätmittelalterlichen Wohnkultur der Stadt. – Die einzelnen Räume sind meist von unregelmäßigem Zuschnitt, die Malereien imitieren Wandbespannungen aus Stoff, Plattenverkleidung aus Marmor und figürliche Gobelins (eine besondere Kostbarkeit ist in dieser Hinsicht das sog. Papageienzimmer). Auch sieht man in die Wand eingelassene Hausaltärchen.

Geschlechtertürme

Auch in Florenz, wie in fast allen mittelalterlichen Städten, errichteten die wohlhabenden Familien hohe *Wohntürme*, um die oft kleinen Grundstücke gut auszunützen. Bei den ständig schwelenden Geschlechterfehden dienten diese Türme zugleich der Verteidigung. Befreundete Familien verbanden ihre Türme durch Holzbrücken. Besiegte Geschlechter zwang man, ihre Türme niederzureißen oder sie in der Höhe zu reduzieren. Ein Gesetz von 1250 legte die Maximalhöhe mit 25 m fest. – Im Gebiet der *Via Porta Rossa* trifft man auf eine ganze Reihe (heute meist reduzierter) Wohntürme.

Palazzo della Parte Guelfa, Saal im Obergeschoß (Rekonstruktion)

Palazzo della Parte Guelfa *(Brunelleschi)* Nr. 22

In seinen Anfängen ein *gotischer* Bau des 14.Jh., der zu Beginn der Frührenaissance (1418/1430, Datierung strittig) durch *Brunelleschi* umgebaut und erweitert wurde. Über der alten Substanz sollte ein neuer großer *Versammlungsraum* mit Nebenzimmern geschaffen werden. – Am *Außenbau* (Via delle Terme und Via di Capaccio) beachte man die sorgfältige Behandlung der *Gebäude-Ecken* (Akzentuierung durch eingelegte Stäbe), das ebenso sorgfältig gearbeitete, formenreiche *Gebälk*, die großen *Rundbogenfenster* und ihre *Rahmung* sowie die darüber liegenden *Okuli* (Rundfenster).

Kunstgeschichtlich bedeutsam ist vor allem die *Innengestaltung des großen Saales* (vgl. Rekonstruktion): Brunelleschi schafft hier durch Verwendung von *Pilastern* (als Stützen einer der Wand vorgeblendeten Rundbogenarkatur) »einen neuen Typus des repräsentativen Saales« (Heydenreich).

Loggia del Mercato nuovo Nr. 22

Die Errichtung der *Loggia* (1547–1551) fällt in die Regierungszeit von *Cosimo I.*, *Großherzog von Toskana*, der mit diesem Bauwerk, unmittelbar nach seinem Regierungsantritt, ein erstes Zeichen seiner auf große Wirkungen abzielenden *Stadterneuerung* setzte: rund ein Jahrzent *vor* dem Baubeginn der Uffizien (1560 ff.). – Die Loggia war ursprünglich den *Seidenhändlern* vorbehalten (heute Verkaufshalle für Stroh- und Lederwaren). – Die von *zwanzig Säulen* getragene, nach allen Seiten hin offene Halle ist von bestechender *Raumwirkung* (Architekt: *Giovanbattista del Tasso*). – Auf der *Südseite* ein *Brunnen* mit einem *Bronze-Eber* von *Pietro Tacca* (um 1612), gebildet nach einem antiken Marmor-Original der Uffizien.

Nanni di Banco	*1375–1421*	*Pietro Lamberti*	*1393–1434*
Ghiberti	*1381–1455*	*Verrocchio*	*1436–1488*
Donatello	*1386–1466*	*Giov. da Bologna*	*1529–1608*

Allgemeine Übersicht (Baugeschichte): Der Name Or San Michele leitet sich von der volkstümlichen Bezeichnung *S. Michele in Orto* ab, bezogen auf eine kleine, dem Hl. Michael geweihte *Vorgängerkirche* des 8.Jh., in deren Nähe sich ein großer Gemüse- und Obstgarten befand (ital. orto = *Gemüsegarten*). – Das alte Kirchlein wurde 1240 abgerissen, um Platz zu gewinnen für einen *Korn- und Getreidemarkt*, für den 1284 der Dombaumeister *Arnolfo di Cambio* eine zunächst noch einfache, auf Backsteinpfeilern ruhende Halle errichtete. Aus der *Verehrung eines hier angebrachten Bildes des Erzengels Michael* gewann die profane Halle allmählich den Charakter eines *Oratoriums.* 1304 brannte die Halle ab. Als man schließlich 1337 den Grundstein zu dem heutigen Bauwerk legte, hatten sich die städtebaulichen Maßstäbe grundlegend geändert. Man gab nun dem *unteren Geschoß* die Form einer *offenen Loggia*: in ihrer Größe eine Vorläuferin der 40 Jahre später errichteten »Loggia dei Lanzi«. Zuschreibung der ursprünglich offenen Loggia durch Trachtenberg (1971) an *Andrea Pisano.* – In den beiden oberen Stockwerken befanden sich *Lagerräume für Korn und Getreide.*

1367 entschloß man sich, die bis dahin offenen Arkaden zu hohen *Mauerstücke* zu schließen und schuf jene reichen *Maßwerkfenster* (es sind die schönsten in Florenz), in denen sich »die letzte Blüte der Spätgotik entfaltet« (G. K.).

1337–1404	Heutiger Bau	*1367–1380*	*Schließung der Loggia*
1357	*Gewölbe der ehem.*		*durch Mauerstücke mit*
	Loggia vollendet		*Maßwerkfenstern*
1349–1359	*Marmortabernakel*	*1404*	*Kranzgesims gesetzt*
	für die damals noch	*1522*	*Annen-Altar von*
	offene Loggia		*Francesco da Sangallo*

Städtebaulich gehört Or San Michele in die stolze Reihe jener Bauten, mit denen sich Florenz auf der Grundlage seiner neuerrungenen republikanischen Freiheit seit etwa 1250 (Verfassung) ein betont monumentales Gepräge gibt, beginnend mit *S. Maria Novella* (beg. 1246) und dem *Bargello* (beg. 1255), gefolgt vom *Domneubau* (beg. 1294) und *S. Croce* (beg. 1295), dem *Palazzo Vecchio* (beg. 1299), dem *Campanile* (ab 1334), *Or San Michele* (beg. 1337) und der *Loggia dei Lanzi* (beg. 1374).

An der Errichtung und der Ausschmückung von *Or San Michele* beteiligte sich ideell und finanziell die ganze Stadt. Da aber Florenz de facto von den *Zünften* regiert wurde, so treten diese auch hier als die eigentlichen Träger des hochgespannten Unternehmens auf. – Federführend war die *Zunft der Seidenweber.* Aber auch alle anderen Zünfte, sowohl die *sieben großen (arti maggiori)* wie die *vierzehn kleinen (arti minori)*, waren insofern beteiligt, als jede von ihnen einen *Pfeiler* oder eine *Nische* zugesprochen bekam, für deren künstlerischen Schmuck sie zu sorgen hatte (Bildnis des Zunftheiligen). Die Ausführung dieses ›Programms‹ beanspruchte dann allerdings mehr als ein Jahrhundert. So stammt am Außenbau die *früheste* Figur von 1399 (Rosenmadonna), die *letzte* von 1562 (ein Giovanni da Bologna geschaffener »Hl. Lukas«). Die überwiegende Zahl der Bildwerke fällt in das Jahrzehnt zwischen *1408 und 1416* mit bedeutenden Werken von *Nanni di Banco*, *Ghiberti* und *Donatello*, denen 1484, von *Verrocchio* gearbeitet, die Gruppe »Christus und der ungläubige Thomas« folgte.

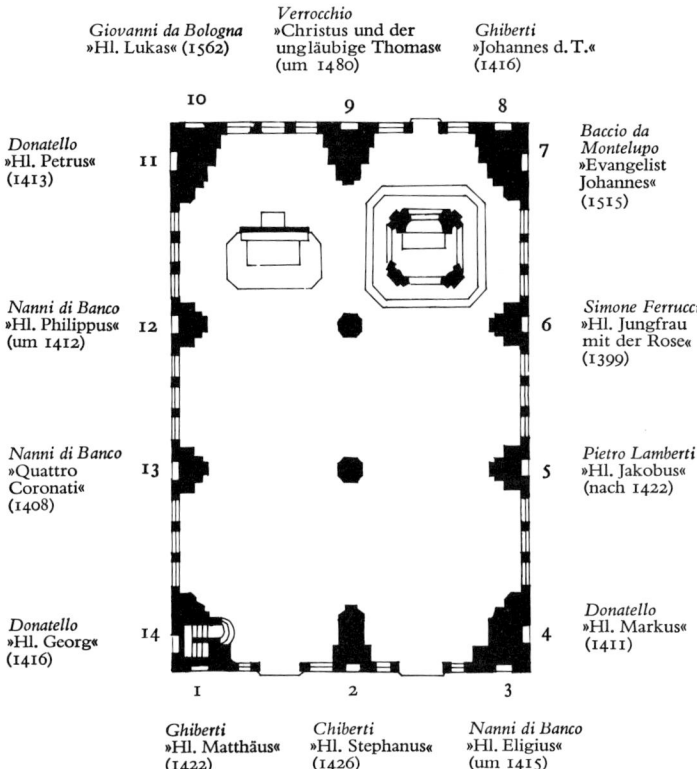

Giovanni da Bologna
»Hl. Lukas« (1562)

Verrocchio
»Christus und der
ungläubige Thomas«
(um 1480)

Ghiberti
»Johannes d. T.«
(1416)

Donatello
»Hl. Petrus«
(1413)

*Baccio da
Montelupo*
»Evangelist
Johannes«
(1515)

Nanni di Banco
»Hl. Philippus«
(um 1412)

Simone Ferrucci
»Hl. Jungfrau
mit der Rose«
(1399)

Nanni di Banco
»Quattro
Coronati«
(1408)

Pietro Lamberti
»Hl. Jakobus«
(nach 1422)

Donatello
»Hl. Georg«
(1416)

Donatello
»Hl. Markus«
(1411)

Ghiberti
»Hl. Matthäus«
(1422)

Chiberti
»Hl. Stephanus«
(1426)

Nanni di Banco
»Hl. Eligius«
(um 1415)

Die kunsthistorische Bedeutung der Nischenfiguren

Wohl zu Recht hat man gesagt, Or San Michele sei neben der Florentiner Dombauhütte (Museo dell' Opera del Duomo, S. 50 ff.) »*die Geburtsstätte der abendländischen Frührenaissance-Skulptur*« (Wundram) gewesen. In der Tat sind die
Nischenfiguren überwiegend von *hervorragender Qualität* und nach Idee, Material und Ausführung kunstgeschichtlich von exemplarischer Bedeutung.
Schon die *Nischen* selbst geben uns Aufschluß über eine neue, nicht mehr dem
Geist der Gotik verpflichtete Auffassung von der bildnerisch gestalteten Figur,
ihrer Funktion und der Art ihrer Aufstellung. Zwar gibt es noch immer *gotische
Detail- und Restformen*, die man in schmückendem Sinn verwendet, aber die
Nische als solche ist weiter gefaßt, gibt der Figur mehr Raum, läßt sie freier erscheinen und verhilft ihr zu einer *Eigenbedeutung*, die nur als Rückgriff auf die
bildhaft empfundene, römisch-antike Nischenfigur verstanden werden kann.

Nische und *Nischenfigur* stimmen nur in den seltensten Fällen stilistisch überein. Die *Nischen* stammen überwiegend aus der Zeit *vor 1400* und zeigen gotische Reminiszenzen (Spitzbogen über mehrkantig gebrochenen oder gedrehtenSäulchen, Rippengewölbe, Sternenhimmel, Feldereinteilung der Wand in Inkrustationstechnik, etc.), während die *Skulpturen*, mit Ausnahme der Rosenmadonna (1399) allesamt *nach 1400* gearbeitet wurden.

Nanni di Banco: »Quattro Coronati« (Nr. 13)

(Nr. 13): »Quattro Coronati« (»Vier Märtyrer«). – Die 1408 ff. im Auftrag der *Steinmetzzunft* entstandene Gruppe gehört zu den frühesten bildhauerischen Arbeiten an Or San Michele. Sie ist zugleich eine derjenigen Bildnisschöpfungen, die sich am unmittelbarsten als *von der Antike beeinflußt* erweisen. Nach Kleidung und Habitus glaubt man vier römische Senatoren vor sich zu haben, ebenso nachdenkliche wie selbstbewußte Männer, gewohnt, ihre Auffassung in Gelassenheit und wohlabgewogener Rede vorzutragen, aufmerksam abwägend auch im Zuhören und nicht ohne Skepsis, wie ihre vom Leben geprägten Züge verraten.

Dargestellt sind »*die vier Schutzpatrone der Steinmetzzunft*: die christlichen Bildhauer *Claudius*, *Castor*, *Symphrosian* und *Nikostratus*, die sich der Legende nach weigerten, für Kaiser Diokletian eine heidnische Götterstatue herzustellen und deshalb den Märtyrertod erlitten«.

Nanni di Banco, der auch die Nische schuf, verwendet für deren Gewölbe noch den gotischen Spitzbogen, setzt aber außen schon *Pilaster* und konstruiert die Nischenrahmung aus *Vertikale* und *Horizontale*, gliedert auch durch *Gesims* und *Sockel*. – Im Sockelrelief gibt er eine hinreißend lebendige Schilderung des bildhauerischen Werkstattbetriebes, ein Dokument hoher Selbsteinschätzung, sowohl der Gilde wie auch des eigenen künstlerischen Tuns (Abb. S. 16/17).

Wir wissen, daß sich *Nanni di Banco* intensiv mit dem *Antikenstudium* befaßt hat. Was ihn auszeichnet, ist »ein sicheres Empfinden für die große Form«. »Als Vorbild dienten ihm fraglos *römische Grabnischenreliefs*« (dort findet er auch das Vorhangmotiv). Nannis eigentliche Leistung bestand aber in der Umsetzung der römischen Vorbilder in die *Vollplastik*, ein Vorgang von »ungemein kühner Erfindungskraft«. Auch das Sockelrelief bringt nach Typus und Stil »etwas völlig Neues«: das sog. *Kastenrelief* ist eine »echte antike Rezeption«, bestechend in der nahezu vollplastischen Herausarbeitung der Figuren vor tiefem Raumgrund (Zitate nach Heydenreich).

Nanni di Banco: »Hl. Philippus« (Nr. 12)

(Nr. 12): »Hl. Philippus«. – In der vier Jahre späteren, um 1412 geschaffenen Philippus-Figur kündigt sich eine neue *Freiheit der Bewegung* an. Der Körper beginnt sich aus der einengenden Ummantelung durch schwere Stoffmassen zu lösen, Kopfhaltung und Blick gewinnen an Unmittelbarkeit des Ausdrucks, Arme und Hände bestimmen stärker als bisher den Umriß der Figur. Neu ist vor allem die *differenzierte Beinstellung*, die sog. *Ponderation* (auch sie aus der Antike übernommen): Die Verlagerung des Körpergewichts auf das *Standbein* (hier rechts), zu dem das freiere *Spielbein* (links) kontrastiert, führt zu einer entscheidenden Belebung der Figur. Während sich die *eine* Schulter senkt, hebt sich die *andere*: eine Schrägstellung, wie sie der natürlichen Erscheinung des Menschen entspricht.

Wie dasselbe Problem zur selben Zeit (1413) von *Donatello* gelöst wird, zeigt links die *Petrus-Statue* (Nr. 11): Stärkere Körperdrehung, betontere Beinstellung, machtvolleres Pathos im Faltenwurf und in den Händen.

Donatello: »Hl. Georg« (Nr. 14)

(Nr. 14): »Hl. Georg«. – Die originale Marmorstatue von 1416/17 heute im Bargello (vgl. die Charakterisierung S. 64). – An Or San Michele ein moderner *Bronzeabguß*, der es immerhin erlaubt, die Wirkung der Figur am Bauwerk zu beurteilen. Auffallend ist die flache, schmucklos gelassene *Nische*. Sie wirkt als *Folie*, vor der sich die *Figur* mit um so größerer Klarheit und *ohne jede Einengung* abzeichnet: auch dies ein Merkmal neugewonnener Freiheit.

Donatello: »Hl. Markus« (Nr. 4)

(Nr. 4): »Hl. Markus«. – Die 1411, etwa sechs Jahre *vor* dem »Hl. Georg« entstandene Figur (Donatello ist gerade 25 Jahre alt), führt noch einmal zurück zu den Anfängen des neuen Menschenbildes. Trotz der schweren Stoffmassen, die den Evangelisten einhüllen, spüren wir doch schon deutlich die *körperliche Erscheinung*, den *aufrechten Wuchs*, die *freier gewordene Bewegung*. In der Grunddisposition wird sogar manches vom »Hl. Georg« schon vorweggenommen: die leichte Drehung des Kopfes nach rechts, der nur schwach abgewinkelte linke, ebenso der stärker gebeugte rechte Arm und schließlich die Art, wie sich der verknotete Mantel über die rechte Schulter legt – das alles sind Gestaltungselemente, die wir bei der Georgsfigur wiederfinden, dort allerdings umgesetzt in eine knappere, die Akzente schärfer herausarbeitende Formensprache.

Die Figur des »Hl. Eligius« (Nr. 3) zeigt uns, wie *Nanni di Banco*, um 1415, also einige Jahre später, bei ganzlich anderem Faltenwurf ähnliches verwirklicht.

Ghiberti: »Hl. Matthäus« (Nr. 1)

(Nr. 1): »Hl. Matthäus« (1422). – Neben Nanni di Banco und Donatello ist *Ghiberti* der dritte große Meister, der in Florenz die Erneuerung der Skulptur vorantreibt. Während Nanni di Banco und Donatello überwiegend in Marmor arbeiten, ist *Ghiberti* »der größte *Bronzekünstler* Italiens«. Er schafft überhaupt »*die ersten Bronzestatuen seit der Antike*« (Wundram). In der formalen Erfindung ist *Ghiberti* nicht weniger fortschrittlich als die anderen Meister. Wir beobachten an seinem »Hl. Matthäus« sogar eine noch entschiedenere Herausarbeitung des *Kontrapostes* (unterschiedliche Beinstellung), beobachten auch zum ersten Mal ein leichtes *Abheben* des einen Fußes (ein Motiv, das später Verrocchio aufgreift). Wir sehen auch, wie viel freier sich der rechte Arm vom Körper löst und die nach *vorne* gerichtete Hand mit dem *offenen* Buch den Umriß belebt. Eine völlig neue, den Evangelisten in seinem *geistigen* Auftrag charakterisierende *Geste* ist die auf sich selbst und auf das Buch zurückweisende linke Hand. Sie erfüllt in der Gesamtdisposition geradezu eine integrierende, die einzelnen ›Motive‹ zusammenschließende Funktion. – Zugleich aber wird an der *schönlinigen Behandlung des Faltenwurfs* auch deutlich, daß Ghiberti der *gotischen* Tradition sehr viel stärker verhaftet bleibt als der realistischere Donatello. Ghiberti ist eben doch der *Lyriker*, der in seiner drei Jahre später begonnenen Paradiesestür (beg. 1425) das *poetische* Element in die erzählenden Darstellungen des Alten Testamentes einbringt.

Ghiberti: »Hl. Stephan« (Nr. 2)

(Nr. 2): »Hl. Stephan« (1426). – Die Figur variiert das Motiv des mit der Linken gehaltenen Buches, das Donatello schon 1411 im »Hl. Markus« (Nr. 4) und Nanni di Banco 1415 im »Hl. Eligius« (Nr. 3) erprobt hatten. Die Formentwicklung ist leicht zu erkennen: Bei Donatello liegt die Hand noch unentschieden dem Buch nur auf; Nanni di Banco dagegen kennt schon die Greifbewegung der Finger; doch erst *Ghiberti* findet zu jener selbstverständlichen *Natürlichkeit*, die uns als ›*schöne Form*‹ überzeugt. – Die Figur bewahrt zwar noch gotische Linienführung, gewinnt aber in der knappen Fassung der Kopf- und Schulterpartie überraschend jene selbstbewußte, den Geist der Frührenaissance verkörpernde Haltung, die wir an Donatellos »Hl. Georg« (1416) so bewundern.

Ghiberti und Donatello

Wieviel *Ghiberti* den Werken Donatellos verdankt, zeigt seine frühe, 1416 (?) entstandene *Täuferstatue* (Nr. 8), die bei aller Fortschrittlichkeit der Erfindung noch nicht zur großen Form findet. Die Figur wirkt in ihrer Statuarik unfrei; sie bleibt eingeengt durch große Stoffmassen, deren kräftige Faltenschwünge im Erscheinungsbild absolut dominieren, während die Körperlichkeit deutlich zurücktritt.

Verrocchios Bronzegruppe »Christus und der ungläubige Thomas« (Nr. 9)   ▷

Betrachten wir zuerst die von *Donatello* um 1423 vollendete *Aedikula-Nische*, ein herrliches Stück Architektur in den zarten Formen der florentinischen Frührenaissance. Nichts erinnert mehr an die Gotik. Schlanke kannelierte Pilaster mit korinthisierenden Kapitellen als Träger von Gebälk und Dreiecksgiebel übergreifen eine von Säulen eingefaßte, im Bogenlauf schachbrettartig ornamentierte Muschelnische, aufruhend auf figural geschmücktem Sockel.

Für diese Nische, die ursprünglich eine andere Figur trug, schuf *Verrocchio* ein halbes Jahrhundert später seine *Christus-Thomas-Gruppe* (voll. um 1480), das Hauptwerk seiner zweiten Schaffensperiode. Verrocchio war damals schon mit der Arbeit an seiner berühmten Reiterstatue für Bartolomeo Colleoni in Venedig (1479–1488) beschäftigt.

Verrocchio stand vor der ungemein schwierigen Aufgabe, die *Gegenüberstellung zweier Figuren*, das Herantreten des Thomas und die Aufdeckung der Seitenwunde durch den Auferstandenen, auf engstem Raum zu bewältigen. Die Lösung bestand darin, der Gestalt Christi durch Sockel und Nische ein höheres Maß an Würde und Gewicht zu geben, während Thomas zur Seite gerückt ist und *tiefer* steht, mit fragender Geste sich umwendend, was zugleich Zweifel und Distanz wie Nähe und tastende Wahrnehmung ausdrückt. Die hoch erhobene Rechte Christi schließt beide wie in einem Segensgestus zusammen. – Verrocchio hat mit dieser Christus-Gestalt einen weit in die Zukunft wirkenden, neuen Typus geschaffen. Über den Christuskopf urteilten die Zeitgenossen, es sei der schönste, den die Kunst bis dahin gebildet habe.

Terrakotta-Arbeiten an Or San Michele (Luca della Robbia)

Als »Schmuckmotive von höchstem Reiz« müssen hier noch die in *farbig glasierter Terrakotta* ausgeführten *Zunftwappen* erwähnt werden, durchweg Arbeiten von *Luca della Robbia* (1399–1482) und seiner Werkstatt, dem das Verdienst zukommt, diese weit ins Altertum zurückreichende, später vom Islam gepflegte Technik in den Bereich der hohen Kunst gehoben zu haben (der von einer *undurchsichtigen Zinnglasur* überzogene Ton wird porös gebrannt). An Or San Michele kann man die *primär farbliche Wirkung* dieser Arbeiten gut beobachten. Bevorzugt wird ein intensives *Grün*, ein kräftiges *Blau*, *Gelb* und *Orange*, dazu ein auberginefarbiges *Violett*.

Das Innere von Or San Michele   Nr. 23

Die ursprünglich *offene* Halle von Or San Michele gehört zu den qualitätvollsten Räumen des spätmittelalterlichen Florenz: ein von hohen gotischen Gewölben überfangener *Pfeilersaal* (neuerdings von Trachtenberg *Andrea Pisano* zugeschrieben). Die *Pfeiler* sind denen des Domes verwandt, doch schlanker gefaßt als jene; sie stehen auf höheren Sockeln, haben Rundprofile und tragen Kapitelle mit *zwei* (nicht wie im Dom mit vier) Blattreihen. Jeder Pfeilerstein schmückt ein vertieftes *Tabernakelfeld* mit figürlicher *Freskomalerei*, Arbeiten der Zeit um 1400, die von den ersten Werken der Frührenaissance (hier am Außenbau) nur um knapp zwei Jahrzehnte getrennt sind. In Lebensgröße erscheinen hier die *Schutzpatrone* der Stadt und ihrer Gilden, meistens ergänzt durch eine zweite, kleinere Darstellung, die eine Episode aus dem Leben des Heiligen erzählt.

Von großem Wert sind auch die gleichzeitigen *Glasgemälde*. »Sie zeigen Marien-
wunder in einer durch Buchmalerei vorbereiteten Ikonographie« (G.K.).

Das ungewöhnlich reiche *Marmortabernakel* (1359), ein von *Andrea Orcagna* (gest·
1368) geschaffenes Werk, ist der Verherrlichung Mariens geweiht (Altarbild
vom Giotto-Schüler *Bernardo Daddi*). Das im Grundcharakter noch gotische Tabernakel gehört stilistisch schon zur Vorstufe der kommenden Frührenaissance:
das zeigt sich an zahlreichen Details, vor allem aber in den großartigen *Marmorreliefs*, die gewisse Bilderfindungen Giottos in eine freiere Körperlichkeit von
großer Ausdruckskraft umsetzen. – Von hohem Rang ist auch das große *Mar-
morrelief der Rückseite* mit der »Gürtelspende Mariens« (vgl. S. 39) und dem »Ma-
rientod« (ehemals von der Straße aus sichtbar).

Der von *Francesco da Sangallo* 1526 geschaffene *Annenaltar* (manieristisch) ist sowohl von Leonardos »Annaselbdritt« wie von Werken Michelangelos beeinflußt.

Hingewiesen sei noch auf die *rechteckigen Öffnungen* in den westlichen *Eckpfeilern*:
verbunden mit senkrecht in die Obergeschosse führenden Schächten dienten sie
der Ausgabe des dort gelagerten Getreides an die mittellose Bevölkerung von
Florenz, zu der im 14.Jh. jeder zehnte Bewohner zählte.

S. Carlo *(Chiesa di S. Carlo dei Lombardi)*   **Nr. 23**

Gegenüber von Or San Michele. – 1349 begonnen, 1384 von *Simone Talenti*
vollendet. – Im *Inneren* eine »Grablegung« und »Himmelfahrt Christi« (Ende 15.
Jh.), Hauptwerk von *Niccolò di Pietro Gerini*.

Gebäude der Wollweberzunft *(Palazzo dell'Arte della Lana)*   **Nr. 23**

Der kurz nach 1300 für die einflußreiche Wollweberzunft errichtete, dreiteilige
Komplex ist mit Or San Michele durch einen 1569 von *Buontalenti* erbauten
Brückengang verbunden. – Im *Inneren* Reste der alten Bemalung. An der Nord-
ecke ein gotisches *Tabernakel* vom abgebrochenen Mercato vecchio.

24   Piazza della Repubblica

Noch bis zur Altstadtsanierung von 1885 bot sich hier ein überaus *pittoreskes*
Bild. An der *Westseite* des »Alten Marktes« (Mercato vecchio), wo sich heute der
Triumphbogen von 1895, der sog. *Arconte* erhebt, stand damals noch die von
Vasari als offene Pfeilerloggia gebildete *Fischhalle* (1568), von der man auf Mo-
riccis Bild noch zwei Bogen erkennt. Es war dies das einzige ›moderne‹ Gebäude
innerhalb eines mittelalterlichen Baubestandes, dem noch »*der wehrhafte Charakter der Dantezeit*« (Keller) anhaftete, denn über die geschlossenen Platzfronten
ragten noch immer die alten Türme empor.

Indessen reichen die Wurzeln der 1895 geschaffenen ›*Piazza Vittorio Emanuele*‹
zurück bis in die Zeit der *römischen Stadtsiedlung*, »die als Garnison und Verwal-
tungszentrum« der von *Caesar* (59 v.Chr.) ins Leben gerufenen Veteranenkolonie, dem *ager Florentinus*, zu dienen hatte. Eine auf *Donatello* zurückgehende, 1956
erneuerte *Säule*, deren Kapitell eine Allegorie des Überflusses, die ›*abbondanza*‹
trägt, bezeichnet auf der heutigen Piazza die Stelle, wo sich ehemals der nord-
südlich verlaufende *cardo* mit dem west-östlichen *decumanus* kreuzte. An diesem
Schnittpunkt lag das römische *Forum* mit dem *kapitolinischen Tempel* für *Jupiter*,
Juno und *Minerva*. »Es maß etwa 94 mal 42 Meter« (Grote), was etwa den vierten
Teil des jetzigen Platzes ausmacht.

In *hadrianischer* Zeit (um 130 n.Chr.) ist das Forum erneuert worden: der ganze
Bezirk war von einer *Mauer* umschlossen, der Verkehr wurde außen herum geführt, der Zugang auf *vier Portale* beschränkt. Es gab ein *Marmorpflaster*, etwa
drei Meter unter dem heutigen Niveau, und eine quer über die Fläche gezogene
Säulenhalle (Grote).

Piazza della Repubblica, Situation vor 1885 (Gemälde von G. Moricci)

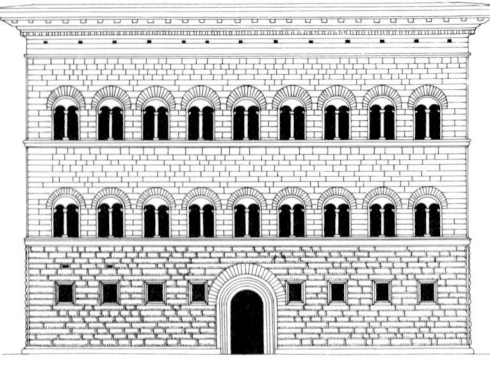

Palazzo Strozzi
(beg. 1489)
Nach Plänen von
*Sangallo d. Ä.,
Benedetto da Maiano*
und *Cronaca*

Merkmale:
Elegante Stein-
behandlung, schöner
Innenhof, sorg-
fältig gearbeitetes
Kranzgesims
(unvollendet).

25 Palazzo Strozzi *(Piazza Strozzi)*

Daten: 1489 Baubeginn im Auftrag von *Filippo Strozzi,* der zwei Jahre später stirbt. – Als Architekten folgen nacheinander: *Sangallo d. Ä.* (erstes Modell), dann *Benedetto da Maiano* (Ausführung), nach dessen Tod (1497) *Cronaca* (von diesem der Hof und das Kranzgesims). – Fertigstellung des Palastes im wesentlichen bis 1500. – Kranzgesims unvollendet. – Einstellung der Arbeiten 1536.

Filippo Strozzi war 1466 aus der Verbannung nach Florenz zurückgekehrt – zwei Jahre nach dem Tode von Cosimo d. Ä., mit dessen 35jähriger ›Regierungs-zeit‹ (1429–1464) die erste Phase der Florentiner Frührenaissance zu Ende ging.

Der Palazzo Strozzi, 1489 begonnen, ist ein *Spätling* unter den großen florenti-nischen Familienpalästen des 15. Jh., entstanden rund 40 Jahre *nach* dem Palast der Medici (beg. 1444). Gerade die späte Entstehungszeit macht ihn aber zur »Krone der Florentiner Palastkunst« (G.K.): kein Bauwerk, mit dem architek-tonisches Neuland erschlossen wird, vielmehr die *abschließende* Formulierung eines vom Brunelleschi begründeten Bautypus. Man übernimmt die *gleichmäßige Reihung der Rundbogenfenster* und die *Fassaden-Rustika,* die sich hier (wie schon beim Kernbau des Palazzo Pitti) über sämtliche Stockwerke hinwegzieht. – Mit diesen Formen verbindet sich zugleich ein politischer Anspruch: der Palast do-kumentiert Aufstieg und Finanzkraft der Strozzi.

Das Festhalten am Typus des Medici-Palastes macht deutlich, wie sehr die Flo-rentiner Palastfassade des 15. Jh. letztlich noch immer in der *Tradition des Pa-lazzo Vecchio* steht, von dem sich Form und Material ableiten. – Das von L. B. Alberti gepflegte ›römische‹ Gedankengut, wie es die 1447 begonnene Pilaster-fassade des Palazzo Rucellai (Abb. S. 123) verkörpert, konnte sich in Florenz nicht durchsetzen. Auch die in der Fassade von S. Maria Novella angelegten Möglichkeiten einer Rhythmisierung durch Säule, Halbsäule, Pilaster und Ge-bälk wurden in der florentinischen Palastarchitektur der Frührenaissance nicht aufgegriffen.

Via Tornabuoni   Nr. 25

Die *Via Tornabuoni,* heute die vornehmste Geschäftsstraße von Florenz und Sitz zahlreicher Konsulate, bezeichnet in ihrem Nord-Süd-Verlauf die *westliche Grenze der alten Römerstadt.* Dort, wo die Via Strozzi einmündet, lag auch der ›Fixpunkt‹ für die von Caesar vorgenommene »Parzellierung der fruchtbaren Schwemmebene« (Grote) als Voraussetzung der Stadtgründung.

Palazzo Corsi-Tornabuoni (Nr. 16): Heute »Banca Commerciale« (1875). – Vom Vorgängerbau, einem Palast des *Michelozzo*, ist noch der *Säulenhof* erhalten.

S. Gaetano (Piazza degli Antinori): Neubau von 1604 mit aufwendiger *Barockfassade*. Über dem Hauptportal die Figuren »Spes« und »Caritas«, über dem rechten Portal die Figur des »Hl. Avellino«, jeweils Frühwerke von *Balthasar Permoser* (1651–1732), einem deutschen Bildhauer, der 1675/1689 in Italien arbeitete, später in Dresden tätig war (Figurenschmuck am Dresdner Zwinger). Permoser war »der wichtigste Vermittler italienischer Barockplastik nach Deutschland« (LdK). – *Inneres:* Ausstattung des 17./18.Jh. – 2. *Kap. links:* »Martyrium des Hl. Laurentius« (um 1640/47) von *Pietro da Cortona* (vgl. S. 202 f.).

Palazzo Antinori (Piazza degli Antinori, 3): Erbaut gegen Ende des 15.Jh., vielleicht nach Entwurf des *Giuliano da Sangallo*. – Schlichte, gut proportionierte Fassade in der Tradition der Frührenaissance.

Palazzo Giacomini-Larderel (Nr. 19): 1580 begonnen, ein repräsentativer Palastbau der *Hochrenaissance* mit tonnengewölbtem Vestibül (ohne Säulenhof).

26 S. Pancrazio *(Piazza S. Pancrazio)*

Daten: Der Überlieferung nach eine frühchristliche Gründung. – Um 1460 Umgestaltung durch *Leone Battista Alberti* (1404–1472). – Später bis zur Unkenntlichkeit verändert. – Wiederherstellungsarbeiten 1978 begonnen.

Leone Battista Alberti, »Hl. Grab«, Apsis und Eingangsseite

Wichtigster Teil der Kirche ist die von *Alberti* geschaffene *Rucellai-Kapelle*, ein *tonnengewölbter* Saal, der sich an seiner Längsseite in einer hohen Säulenstellung so zur Kirche hin öffnete, daß sich das von Alberti geschaffene »Hl. Grab« den Blicken frei darbot. – Auftraggeber für Kirche und Grab war *Giovanni di Paolo Rucellai* (1403–1481), der, annähernd gleichaltrig mit *Alberti*, zu dessen humanistischem Freundeskreis gehörte. In seiner Begeisterung für die Antike schickte Rucellai einige seiner Leute auf die beschwerliche Reise nach Jerusalem, um dort die originalen Abmessungen des Grabes Christi und dessen Form feststellen zu lassen. *Alberti* sollte dann eine entsprechende Nachbildung anfertigen.

Zum Typus des »Hl. Grabes«

Das *Grab Christi*, ein Felsengrab am Fuße des Golgathahügels in Jerusalem, war im 4. Jh. von *Bischof Eusebius von Caesarea*, dem ›Vater der Kirchengeschichte‹, ausfindig gemacht worden, worauf *Kaiser Konstantin* über der Stelle einen *Rundbau* (326/35) errichten ließ, der später mehrmals zerstört und verändert wiederaufgebaut wurde. »Doch hat das Grabmal in S. Pancrazio mit dem eigens aufgesuchten Urbild in Jerusalem ebensowenig zu tun wie mit den zahlreichen *mittelalterlichen* Nachbildungen des Hl. Grabes« (Keller), zu denen z. B. St. Michael in Fulda (822) gehört. »Der Charakter des Geschichtlichen wird für L. B. Alberti vielmehr hergestellt durch den Anschluß an eine Architektur, die er für römischantik hielt«, die aber in Wahrheit ein »Rückgriff auf die Florentiner Protorenaissance« (Keller) war.

Alberti bildet einen *kastenartigen* ›Tempelbau‹ mit nach außen *gerundeter Apside*, das Ganze gegliedert durch *Pilaster* mit korinthischen Kapitellen und versehen mit einer orientalisch anmutenden *Kreuzblumenbekrönung*, unterhalb derer auf dem reich ornamentierten *Gebälk* in herrlich klarer *Antiqua* eine *Inschrift* mit der Jahreszahl 1467 verläuft. Die in Felder aufgegliederte Wand schmücken *Einlegearbeiten*, wie man sie schon im Florenz des 11. Jh. kannte. Das alles sind Details, die dazu dienen sollen, »den *antiken Charakter des Urbildes* im Geiste wiederherzustellen« (G. K.).

Palazzo Rucellai *(Leone Battista Alberti)*   **Nr. 26**

Bauzeit: ca. 1446–1451. – *Entwurf* durch den Architekturtheoretiker *Leone Battista Alberti* (1404–1472). – *Ausführung: Bernardo Rossellino* (1409–1464).

Albertis Entwurf für den Palazzo Rucellai stellt »einen Meilenstein in der florentinischen Profanarchitektur« dar. »Unter Verwendung römischer Gliederungselemente« schafft er den »*Prototyp der Pilasterfassade*« (Heydenreich). »Das Motiv als solches war zwar in der *Idealarchitektur* (auf Gemälden und Reliefs) vorgebildet«, aber die Verschmelzung des Pilastersystems mit der traditionellen florentinischen Rustikafront war neu und »als Erfindung von stärkster Auswirkung« (Heydenreich).

Eine Reihe von ›Motiven‹ sind der *römisch-antiken Architektur* entnommen oder spielen auf sie an: Am *Sockel* erinnert die *Kreuzschraffur* an das antike *opus reticulatum*, bei dem die Steine *diagonal* vermauert werden. – Römische Proportionen haben auch »die breit proportionierten *Türen* mit geradem Gebälk und Ohrenkonsolen«. – Der *Aufbau der Geschosse in drei Ordnungen* (dorisch, ionisch, korinthisch) entspricht dem römischen Kolosseum.

Charakteristisch sind ferner *die geschoßteilenden Horizontalen*, ausgebildet als vollständiges *Gebälk*, »was in Florenz ganz und gar unüblich war« (Wundram). Größte Sorgfalt wird ferner auf die *unterschiedlich hohen Steinschichten* und die *Bemessung der einzelnen Quader* verwendet (graphischer Effekt). Die Pilaster erscheinen wie »Rahmung und Teilung« innerhalb eines »tafelförmigen Wandzusammenhangs« (Hubala). Der Gedanke an Stütze und Last tritt demgegenüber zurück. Der Grundcharakter ist ein *ästhetischer*, kein konstruktiver.

Dazu gehört auch, daß die mit Türen besetzten Wandabschnitte etwas breiter gefaßt sind als die übrigen (leichte Rhythmisierung). Es spielt ferner eine Rolle, »daß unten nur *rechtwinkelige* Formen, oben dagegen der *Rundbogen* herrscht« (Hubala). Rundbogig sind allerdings nur die rahmenden Rustikabögen (gemäß toskanischer Baugewohnheit); die eigentlichen *Fenster* zeigen rechtwinkeligen Schnitt und haben ein eigenes *Gebälk*, auf dem die unterteilenden Zierbogen aufsitzen.

Loggia dei Rucellai (um 1460): dem Palast schräg gegenüber, an der Piazza Rucellai gelegen. – Erbaut nach Plänen *Albertis*.

Palazzo Rucellai, Fassade

27 Palazzo Corsini *(Gemäldesammlung)*

Palazzo Corsini (1648–1656): Bedeutender, von Statuen bekrönter *Barockpalast* in außergewöhnlichen Abmessungen, im Charakter weniger florentinisch als vielmehr *römisch*, errichtet von *Pierfrancesco Silvani* und *Antonio Ferri*. – Der auf den *Arno* ausgerichtete Palast gruppiert sich um einen zum Fluß hin offenen *Hof* mit zurückgesetztem *Hauptbau* und seitlich das Ufer begleitenden *Nebenflügeln* von jeweils zehn Fensterachsen. – Im Hof links eine von *Silvani* geschaffene *Wendeltreppe*, rechts die *Monumentaltreppe* von *Ferri*. – Der Palast beherbergt im Obergeschoß in sechs Sälen eine 1765 vom *Fürsten Corsini* begründete, *private Gemäldesammlung* von ungewöhnlichem Reichtum und hervorragender Qualität, u.a. mit Werken von *Botticelli, Luca Signorelli, Filippino Lippi, Raffael, Pontormo, van Dyck, Carlo Dolci, Domenico Feti*. – Die Sammlung ist nur an einigen *Samstagen* geöffnet: *Zugang* von der Stadtseite her.

Palazzo Ricasoli – Denkmal für Carlo Goldoni

Palazzo Ricasoli (Piazza Goldoni, 2): Der 1480 erbaute Palast soll auf einen Entwurf *Michelozzos* zurückgehen. Die veränderte Fassade »frühes Cinquecento«. Sie trug ehemals Fresken mit Szenen aus der römischen Geschichte. – Architekturgeschichtlich bemerkenswertes *Treppenhaus* »in freier Kombination mit dem Vestibül und damit Vorläufer der Treppe im Palazzo Gondi« (G.K.).

Denkmal von 1873 für Carlo Goldoni (1707–1793), dem in Venedig geborenen Lustspieldichter, der an die Stelle der traditionellen ›Commedia dell'Arte‹ die *Charakter- und Sittenkomödie* nach dem Vorbild Molières einführte: mit natürlicher Sprache und lebendigem Dialog, die Sitten seiner Zeit scharf charakterisierend. Goldoni arbeitete seit 1761 in Paris, wo er auch starb.

28 S. Maria Novella – Piazza S. Maria Novella

Zur Piazza: Ausdruck der im 13.Jh. aufblühenden *Florentiner Stadtbaukunst* sind die großen Plätze vor den Kirchen, die man in planvoller Arbeit anzulegen begann. Mit ihnen gab sich die Republik ein betont städtisches Gepräge. In einem langwierigen, geduldigen Prozeß des Aufkaufens und Abreißens von Häusern setzt sich der Vorgang bis weit ins 14.Jh. fort, motiviert auch durch die damals aufkommenden *Bußprozessionen* und das Bedürfnis nach großen *Predigträumen*, denn an den Umzügen nahmen zuweilen bis zu 40000 Menschen teil. So wird auch berichtet, man habe gelegentlich auf der Piazza S. Maria Novella 14 Tage lang jeweils 500 Menschen gespeist.

Wenn auch die heutige Bebauung zu großen Teilen aus neuerer Zeit stammt, so spiegelt doch *der Verlauf der Platzwände* einen sehr alten Zustand wider. An der *Südseite* hat sich noch ein Hospitalbau des 16.Jh. erhalten, das auch als Pilgerherberge genutzte *Spedale S. Paolo dei Convalescenti*, stilistisch eine Kopie von Brunelleschis »Findelhaus« (vgl. S. 170). – Die *Terrakottamedaillons* schuf *Giovanni della Robbia*, der als Sohn eines Neffen von Luca della Robbia als letzter dessen Werkstatt weiterführte. – Über der mittleren Arkade eine *Büste des Großherzogs Ferdinando I.*, Stifter der Obelisken.

Die beiden Obelisken (1608)

Die Obelisken sind charakteristische Zeugen einer imperialen, nachmittelalterlichen Geisteshaltung. Nicht mehr der religiöse, sondern der cirzensische Aspekt steht im Vordergrund: *Pferderennen*, vom Großherzog Cosimo I. in Florenz eingeführt, gaben den Anlaß, die Obelisken (in Anspielung auf den Circus Maximus in Rom) als *Wendemarken* zu errichten. – Die bronzenen *Schildkröten*, auf denen die Obelisken aufruhen, stammen vermutlich von *Giovanni da Bologna*.

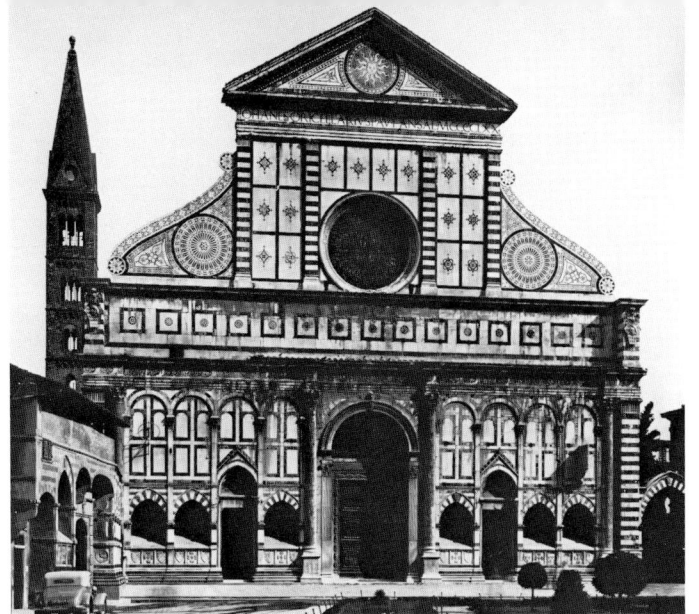

S. Maria Novella, Fassade

Die Fassade von S. Maria Novella   Nr. 28

Die einheitlich erscheinende Fassade ist in Wahrheit das Werk unterschiedlicher Stilepochen. – In *gotischer* Zeit, um 1300 begonnen, zeigen die unteren Partien *spitzbogige Nischenwandgräber* und hohe, *mittelalterlich schmale Portale* mit gotischem Tympanon, eine Zone, aus der flache Mauerbänder aufsteigen, die sich zur Bogenarkade zusammenschließen: eine flächig gehaltene *Blendgliederung* vor der in Felder eingeteilten Wand (Marmorinkrustation etwa ab 1350).

Diese ›gotische‹ Fassadenbehandlung steht formgeschichtlich in der Tradition der *Florentiner Protorenaissance*. Sie ist abhängig vom Baptisterium und verwandt mit S. Miniato al Monte (Abb. S. 178), an deren Marmorinkrustation man sich orientierte.

An diese Tradition konnte auch *Leone Battista Alberti* (1404–1472) anknüpfen, als er 1458 (54 Jahre alt) den Auftrag zur Vollendung der Fassade übernahm, ein Unternehmen, das der Florentiner Bankier *Giovanni Rucellai*, ein Freund und Gönner Albertis, finanzierte. – Alberti, »der glänzendste und faszinierendste Geist seiner Epoche« (Heydenreich), hatte sich erst als 28jähriger (neben seinen anderen Interessen) auch der Architektur zugewandt, dies allerdings als reiner *Theoretiker*. Alberti lieferte stets nur *Entwürfe*; die Ausführung lag jedesmal in anderen Händen.

Als vorbildlich galten Alberti die *Bauten der römischen Antike*, die er persönlich an Ort und Stelle gründlich studiert hatte. In seinen theoretischen Schriften (er ist der bahnbrechende Theoretiker der Frührenaissance) beruft er sich auf Plato, Aristoteles, Theophrast und Vitruv, auf Plinius, Varro und Cato, schafft aber in seinen Entwürfen Eigenes »in frei gestaltender Phantasie« (Heydenreich). Dabei sind ihm vor allem die *Einzelformen* von Bedeutung. – *Säule, Pilaster, Kapitell:* das sind für ihn gewissermaßen *Zitate*, die er rhetorisch aber überzeugend vorträgt. »In jeder Einzelform ist ein Programm enthalten« (H. Bauer).

125

Fassade von S. Maria Novella (Fortsetzung)

Alberti war bei seiner Fassadengestaltung in starkem Maße an *Vorgegebenes* gebunden. Das gilt insbesondere für das große *Rundfenster*, »das früheste in Florenz« (G. K.), dessen Erhaltung ihm ausdrücklich zur Bedingung gemacht worden war. – Das wertvolle *Glasgemälde*, eine »Marienkrönung« des 14. Jh., hatte noch *Andrea da Firenze*, der Meister der › Spanischen Kapelle‹ entworfen.

So wurde zwangsläufig dieses Fenster zum Ausgangspunkt für Albertis Fassadenkomposition. Wenn man sieht, wie das Fenster (wenig schön) mit der Unterkante seiner Rahmung unmittelbar auf der Horizontalen des Attikageschosses aufsitzt, erkennt man noch heute die Zwangslage, in der sich Alberti befand.

Alberti gab zunächst dem unteren, noch ›gotischen‹ Teil der Fassade einen neuen *antiken* Habitus: durch hohe, auch farblich hervorgehobene *Eckpilaster* sowie durch *Halbsäulen*, über denen sich das *klassisch geformte Gebälk* akzentsetzend und schattenbildend ›*verkröpft*‹. – Die Verkröpfung des Gebälks ist besonders charakteristisch für Alberti (Brunelleschi, eine Generation früher, kannte dieses so wichtige, auf die Kunst der Hochrenaissance und des Barock vorausweisende Motiv noch nicht). – Von mehr persönlichem Charakter ist ein anderes Detail: *die geblähten Segel am Gebälk*, ein dem Wappen der Rucellai entnommenes Motiv, mit dem Alberti dem Freund und Gönner *Giovanni Rucellai* seine Reverenz erweist.

Der ganze *obere* Teil der Fassade, bestehend aus der quadratisch gemusterten *Attika*, dem antiken *Tempelmotiv* mit *Dreiecksgiebel* sowie den ornamentierten *Voluten* (mit denen er die gotischen Seitenschiffwände verdeckt), ist Albertis ureigenste Erfindung, mit der er *typenbildend* auf die klassische Kirchenfassade des römischen Barock (Santa Susanna, 1603) vorausweist.

Im *Dekorativen* bleibt die Fassade bei allem Neuen ganz *florentinisch*, denn sowohl die *Inkrustation* wie die *ornamentalen Details*, aber auch die *farbliche Behandlung* (Weiß-Grün) sind florentinisches Traditionsgut. Alberti handhabt diese Gestaltungsmittel mit sicherm Gefühl für Proportionen. Er gibt der *Attika* ein bestimmendes, die Horizontale unterstreichendes Gewicht, der aufsteigenden *Wand* mehr Leichtigkeit (schwebende Sternmuster in hochrechteckigen Feldern), dem *Giebel* die plastische Kraft der Bekrönung, den *Voluten* eine der Randzone gemäße filigrane Feinheit (die rechte Volute erst 1922 ausgeführt). – Hervorzuheben: das breit gefaßte *Hauptportal*, das die volle Höhe der unteren Fassadenwand einnimmt: monumental, mit *tonnengewölbter* Nische (Tonnenwölbung ist für Alberti ein konstitutives Merkmal des antiken Tempels, auf den er mit seiner Fassade bewußt anspielt).

Zur Baugeschichte von S. Maria Novella

Daten: Erste Erwähnung eines damals noch außerhalb der Stadtmauer in Weinbergen gelegenen Kirchleins »in Urkunden ottonischen Zeit, als Kaiser Otto II. im Jahre 983 ein Privileg für das Florentiner Domkapitel ausstellt« (Grote). Die *Dominikanergründung* (Dominikaner aus Bologna) wurde noch vom Gründer des Ordens, dem *Hl. Dominikus* (1170–1221) selbst mitvollzogen. – *Der heutige Bau*, 1246 begonnen, steht am Anfang einer langen Kette von Großbauten, die das Gesicht des mittelalterlichen Florenz geprägt haben: *Bargello* (beg. 1255), *Domneubau* (beg. 1294), *S. Croce* (beg. 1295), *Palazzo Vecchio* (beg. 1299), *Campanile* (beg. 1334), *Or San Michele* (beg. 1337), *Loggia dei Lanzi* (beg. 1374). Diese Abfolge umfaßt zugleich die ungefähre Bauzeit von *S. Maria Novella*, die gegen 1360 (mit Ausnahme der Fassade) weitgehend fertiggestellt war.

Einzeldaten: 1279 Grundsteinlegung zum *Glockenturm*, 1287 erste Umrisse eines *Platzes* vor der Kirche, um 1300 *Beginn der Fassade*, um 1350 *Beginn der Inkrustierung der Fassade*, 1456 *Vollendung der Fassade* (nach Plänen Albertis). – 1565–1572 Veränderung der Kirche durch *Vasari*: Abriß des Mönchschores, Aufstellung neuer Altartabernakel. – Im 19. Jh. Kürzung der gotischen Fenster.

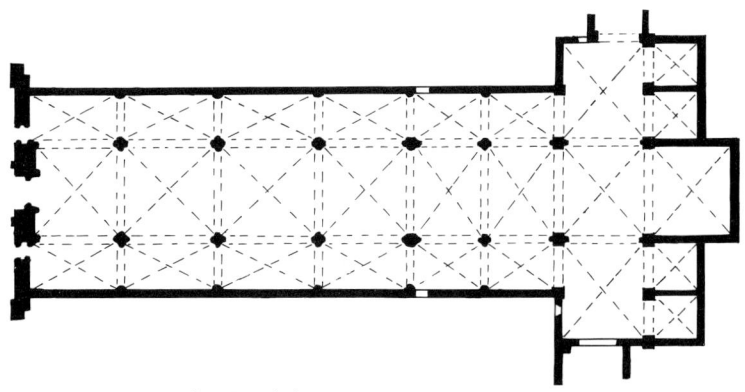

S. Maria Novella, Grundriß

1266–1337 Giotto	*1401–1428 Masaccio*
1308–1368 Andrea Orcagna	*1404–1472 L.B. Alberti*
gest. 1377 Andrea da Firenze	*1449–1494 Domenico Ghirlandaio*
1377–1446 Brunelleschi	*1457–1504 Filippino Lippi*
1397–1475 Paolo Uccello	*1469–1529 Giovanni della Robbia*

Das Innere von S. Maria Novella Nr. 28

Mit dem Großbau von S. Maria Novella wurde in Florenz ein *neuer städtebaulicher Maßstab* gesetzt. Zum ersten Mal verwirklicht sich hier eine Raumweite, die später nur noch von S. Croce und vom Dom übertroffen worden ist. *Hohe, ungewöhnlich weit gespannte Arkaden* lassen trotz des basilikalen Querschnitts einen fast *hallenartigen* Eindruck entstehen. Der Blick geht eher in die *Tiefe* oder *quer durch den Raum*, weniger in die Höhe. Mit nordischer Gotik hat das kaum etwas zu tun. Wir begegnen vielmehr dem *Raumgefühl des Südländers*, dessen Leben sich vorwiegend im Freien abspielt, so daß die Empfindung des *Offenen* und *Weiten* auch auf den Innenraum überträgt (der Innenraum als eine vor Sonne und Regen geschützte ›Piazza‹).

Das heutige Raumbild von S. Maria Novella bedarf allerdings insofern einer Korrektur, als die Kirche ursprünglich *zweigeteilt* war. Zwei flache Stufen lassen die einstige Grenze erkennen. Die ersten *vier* Joche bildeten die *Predigtkirche*, deren Mitte die *Kanzel* einnimmt: Man kann sich gut vorstellen, wie die Gläubigen dieses Zentrum von drei Seiten her umstellen, die Kirche also als ›Querraum‹ erleben. – Von der Predigtkirche getrennt durch eine ehemals vierbogige, mit Altären besetzte ›Chorschranke‹, erstreckte sich in der Tiefe von *zwei* Jochen der *Mönchschor* mit dem angrenzenden *Querhaus* und den *Querhauskapellen*.

Ist S. Maria Novella auch eine gotische Kirche, so erinnert doch manches an die Florentiner Protorenaissance des vorausgegangenen Jahrhunderts. So läßt der *Steinwechsel* der Arkaden- und Gurtbogen an die Inkrustationstechnik mit ihrer graphischen Helldunkel-Wirkung denken. Die *Pfeiler* erinnern an jene in S. Miniato al Monte. Es sind keine gotischen Bündelpfeiler, sondern solche mit quadratischem Kern, deren vier Seiten mit Halbsäulen besetzt sind (die Florentiner Großkirchen kennen durchweg keine Bündelpfeiler: In S. Croce haben die Pfeiler polygonalen Querschnitt, im Dom und in Or San Michele sind es Vierkantpfeiler).

Natürlicher Zielpunkt des ganzen Raumgefüges ist die *Chorpartie* mit den drei großen gotischen Fenstern und deren *Glasmalerei*. Auf dieses Zentrum hin war der Mönchschor ausgerichtet, doch die ausstrahlende Kraft des farbigen, immateriellen Lichtes wirkte auch noch hinein in die ›profanere‹ Predigtkirche des Volkes. Die gotischen Glasmalereien gingen indessen verloren. Die heutigen Scheiben entstanden um 1490 nach Entwürfen Ghirlandaios, sind also Arbeiten aus der letzten Phase der florentinischen Frührenaissance.

Rundgang durch S. Maria Novella *(Ausstattung)*   **Nr. 28**

Von der gotischen Ausstattung haben sich in S. Maria Novella (anders als in S. Croce) nur wenige Stücke erhalten. Dazu gehört an der *Fassadeninnenwand* das große *Rundfenster* (Ausgangspunkt für Albertis äußere Fassadenkomposition) mit einer wertvollen Glasmalerei des 14.Jh., darstellend eine *Marienkrönung* im Engelreigen, eingefaßt von einem ornamentierten Band mit Köpfen. Der Entwurf zu diesem Fenster stammt von *Andrea da Firenze*, dem Meister der ›Spanischen Kapelle‹ (S. 134). – Dem 14.Jh. gehören ferner eine Reihe von *Fresken* an, darunter eine innenräumlich interessante »Verkündigung«.

Brunelleschis Marmorkanzel (1443)

Gleich am zweiten Pfeiler links stoßen wir auf das erste wichtige Ausstattungsstück der *Frührenaissance*, die von *Brunelleschi* 1443 (drei Jahre vor seinem Tod) entworfene Kanzel. Das qualitätvolle Werk ist ganz aus dem Geist der wiederentdeckten Antike gestaltet, in seiner Rundform abhängig von Donatellos Außenkanzel am Dom zu Prato (1428/38). Die Balustrade des Aufgangs setzt sich aus kleinen Säulen zusammen, gewissermaßen die Verkleinerung einer römischen Säulenkolonnade, die hinauf zum Platz des ›Rhetors‹ führt. An die Stelle gotischer Profile treten jetzt durchweg antike Ornamentreihen. Die Marienszenen sind als tiefenräumliche Flachreliefs gegeben. – Die Weiterentwicklung dieses Kanzeltypus zeigt in Florenz die Kanzel in S. Croce von Benedetto da Maiano (1472/76) mit kräftigeren Formen, kanellierten Säulchen, schweren ornamentierten Konsolen und verkröpftem Gebälk.

Masaccios »Trinitätsfresko« (1425/27)   ▷

Dieses berühmte Gemälde, kurz vor Masaccios frühem Tod (1428) entstanden, gehört zu jenen *epochemachenden Erstlingswerken der Frührenaissance*, die durch alle Jahrhunderte hindurch bewundert und von den Florentiner Künstlern als Vorbild gepriesen wurde. Masaccio war etwa 24 Jahre alt, als er am Trinitätsfresko arbeitete, für dessen tiefenräumliche Gestaltung ihm der damals 50jährige Brunelleschi die perspektivischen Grundlagen lieferte.

Das *ursprünglich mit einem Altar verbundene* Bild transponiert das Thema der Trinität in eine antikisierende Formenwelt. *Pilaster, Säule* und *Gebälk* sprechen eine neue Sprache, noch mehr das perspektivisch verkürzte *Tonnengewölbe*, das der Darstellung einen römisch-antiken Charakter verleiht (schon Vasari hat es aufs höchste gelobt). Das kassettierte Tonnengewölbe als Bestandteil des römischen Tempels, der römischen Palasthallen und Thermen, verkörpert in eindrucksvoller Weise den *Gedanken des Imperialen*, ist Zeichen für Herrscherwürde und machtvolle Größe. Dieses Symbol überträgt Masaccio auf Gottvater. Er macht das *Gewölbe* gleichsam zur *Glorie*, die Gottvater halbkreisförmig umschließt. Dabei wird zugleich der Blick des Betrachters zwingend nach oben gezogen und eine eigene, hoheitsvolle Sphäre geschaffen.

Die knienden Stifter (der vor dem Altar begrabene *Gonfaloniere Lenzi* und seine Frau) erscheinen in vornehmer Haltung als ›Randfiguren‹. Doch haben sie teil an einer *Dreieckskomposition*, deren Spitze das Haupt Christi bildet. Christus ist das eigentliche Bildzentrum, herausgehoben auch durch die besondere Art der Lichtmalerei.

Lieber Leser, wenn Sie auch weiterhin über das Programm des Artemis & Winkler Verlages unterrichtet werden möchten, bitten wir Sie, diese Karte an uns zu senden und Ihre speziellen Interessengebiete anzukreuzen.

- ☐ ARTEMIS-CICERONE. Kunst- und Reiseführer
- ☐ Bildbände
- ☐ Belletristik
- ☐ Germanistik / Kultur- und Geistesgeschichte
- ☐ Dünndruckbibliothek der Weltliteratur
- ☐ Weltliteratur in Sonderausgaben
- ☐ Winkler Hausbücherei
- ☐ Goethe-Ausgaben
- ☐ Bibliothek der Alten Welt
- ☐ Bibliothek des Morgenlandes
- ☐ Literatur zur Antike
- ☐ Nachschlagewerke
- ☐ Emile Zola: Die Rougon-Macquart
- ☐ Die Fundgrube
- ☐ FRANCIA. Forschungen zur westeuropäischen Geschichte
- ☐ LexMA. Lexikon des Mittelalters
- ☐ MTU. Münchener Texte und Untersuchungen zur deutschen Literatur des Mittelalters
- ☐ Zürcher Beiträge zur deutschen Literatur- und Geistesgeschichte

Absender:

Name: ______________________

Vorname: ______________________

Beruf: ______________________

Alter: ______________________

Straße: ______________________

Wohnort: ______________________

Nennen Sie uns bitte auch die Werke, die Sie gerne in unseren Sammlungen sehen möchten, und empfehlen Sie uns in Ihrem Freundes- und Bekanntenkreis.

Vorschläge und Anregungen:

____

____

POSTKARTE

Bitte
Briefmarke
nicht
vergessen!

An den

Artemis & Winkler Verlag

Postfach 26/104

8000 MÜNCHEN 44

Masaccio, »Trinitätsfresko«

Maria und Johannes, die traditionsgemäß zur Kreuzigung gehören, vermitteln (inhaltlich und kompositorisch) zwischen Christus und den Stiftern, doch so, daß der wesensmäßige Abstand zwischen Gott und Mensch gewahrt bleibt. Ob der Blick in die Tiefe geht oder nach oben, ob man räumlich oder flächenmäßig empfindet, immer bleibt eine *hoheitsvolle Distanz* zur Gestalt Christi spürbar.

Sieht man Christus, eingerahmt von Pilastern und Säulen und überwölbt von der römischen Halbtonne, so erscheint er im antiken Sinne als *Abbild des ›großen Menschen‹.* Nicht zufällig ist die Frührenaissance auch eine Zeit der großen Kruzifixe, in denen Männer wie Brunelleschi und Donatello (wie später noch Michelangelo) um ihr persönliches Gottesverständnis ringen.

Masaccio selbst ist noch ein *rein religiöser Maler.* Er nimmt zwar antike Elemente, wie hier das Tonnengewölbe, in seine Bildwelt mit auf, ist aber infolge seines frühen Todes (1428) noch unberührt vom neuplatonischen Geist der von Cosimo d. Ä. 1459 gegründeten ›Akademie‹.

Masaccio hat weder die Vollendung der Domkuppel noch den Bau der Pazzi-Kapelle erlebt; er kannte weder S. Spirito noch die von Ghiberti gearbeitete Paradiesestür am Baptisterium. Seine eigene Kunst wurde erst von Alberti richtig gewürdigt.

Die Chorkapellen *(Fresken von Filippino Lippi und Domenico Ghirlandaio)*

⟨1⟩ *Die neue Strozzi-Kapelle (Ausmalung: Filippino Lippi):* Als 1486 die Strozzi das Patronat dieser Kapelle übernahmen, wurde für jedermann deutlich, welchen Aufstieg diese im Bankgeschäft tätige Familie in den zwanzig Jahren seit der Rückkehr von Filippo Strozzi aus der Verbannung (1466) genommen hatte. Drei Jahre später schon dokumentierte sich ihr hohes Ansehen in der Grundsteinlegung zu einem der schönsten Werke florentinischer Architektur, dem Palazzo Strozzi.

Mit *Filippino Lippi* (um 1457–1504) war für die Ausschmückung der Kapelle ein Meister gewonnen worden, den die Zeitgenossen ebenso schätzten wie Botticelli, Perugino und Ghirlandaio. Zusammen mit Ghirlandaio repräsentiert er in der florentinischen Malerei den höfisch verfeinerten *Spätstil der zu Ende gehenden Frührenaissance.* Figurenreiche Darstellungen, dramatischer Handlungsablauf, der antiken Vorstellungswelt entnommene Kulissen sind wesentliche Merkmale seiner dekorativ verspiegelten Bilder, deren archäologische Exaktheit eine auffallende Härte der Linienführung zur Folge hat. Die Handlung selbst ist nicht immer frei von sentimentalen Zügen. L. Berti spricht in diesem Zusammenhang von einer »unruhigen Romantik«, andere von »barocker Übersteigerung der Gestik«.

Dargestellt sind: In den vier *Deckenfeldern* die Erzväter Adam, Noah, Abraham und Jakob. An den *Wänden* Szenen aus dem Leben des Hl. Philipp (rechts) und Szenen aus dem Leben von Johannes dem Evangelisten (links). Hervorzuheben: Kreuzigung und Martyrium der Heiligen (Lünettenbilder), die Bändigung des Drachens durch den Hl. Philipp, ferner die Auferweckung der Drusiana durch Johannes. – Beginn der Ausmalung 1487, im folgenden Jahr unterbrochen, erst 1502 vollendet.

Auch die *Fensterwand,* ihre *Freskierung* und das große *Glasgemälde* stammen von Filippino Lippi, wobei besonders die musikalischen Symbole, weibliche Allegorien (Musen) und Sinnbilder des Todes und der Ewigkeit auffallen. Grundlage solcher Bildkombinationen war das Gedankengut der ›Platonischen Akademie‹ in Florenz, deren Bestreben es war, Antike und Christentum geistig miteinander zu verbinden. So verstand man z. B. die *Musen* als Bürgen für die Unsterblichkeit der Seele, ihre Musik als Gleichnis für die Harmonie der Sphären. In diesem Sinne deuten die Malereien den Raum als *Grabkapelle.* In einem von *Benedetto da Maiano* gearbeiteten *Sarkophag* ruht *Filippo Strozzi,* der Stifter der Kapelle.

⟨2⟩ *Hauptchorkapelle, Cappella Maggiore (Ausmalung durch Domenico Ghirlandaio
und seine Werkstatt 1485/90;* bedeutendster Freskenzyklus vor der Sixtinischen
Kapelle in Rom, an der neben Ghirlandaio auch Perugino, Botticelli u. a. beteiligt waren): Auftraggeber war der Leiter der mediceischen Bankniederlassung
in Rom, *Giovanni Tornabuoni*. Er verlangte ausdrücklich »*zur Lobpreisung seines
Hauses und seiner Familie*« einen Gemäldezyklus mit »*Figuren, Gebäuden, Kastel-
len, Städten, Gebirgen, Hügeln, Ebenen, Steinen, Tieren, Vögeln, Wild vielerlei und
jeglicher Art . . .*«, Forderungen, die uns zeigen, unter welchen Gesichtspunkten
man damals religiöse Bilder bewertete.

Ghirlandaio, Puttenfries aus dem Fresko »Geburt Mariens«

Domenico Ghirlandaio (1449–1494), bedeutender als Filippino Lippi, steht mit
seinem Werk noch immer im Banne der florentinischen Frührenaissance, deren
heitere Anmut er in eine kraftvolle Sprache von gemessener Feierlichkeit um-
zusetzen versteht. Ausgestattet mit einem »frischen und wachen Wirklichkeits-
sinn« (L. Berti) ist er der geborene *Erzähler*, der uns das Leben der vornehmen
Florentiner Gesellschaft in einer *Grundstimmung von Schönheit und Harmonie* vor
Augen führt. Dramatische Vorgänge liegen ihm weniger; wo er sie aufgreift,
fehlt es an Überzeugungskraft. Seine Stärke liegt in der *Wiedergabe des Stofflichen*, liegt im *stillebenhaften Detail* und im *Ornament* sowie in der Erfassung des
gesellschaftlichen Habitus und schließlich in seinen *Landschaftshintergründen*, wo er
sich von nordischer Malerei beeinflußt zeigt, so vor allem vom »*Portinarialtar*«
(1476/78) des Hugo van der Goes, der aus dem Medicikreis nach Florenz gestiftet worden war, »eine der gewaltigsten Schöpfungen der altniederländischen
Schule« (vgl. Uffizien, S. 219).
Die Bildthemen der linken Wand (Marienleben): *Unterer Streifen:* »Joachim wird
vom Priester aus dem Tempel verwiesen« (eine offene Halle, dahinter die ›Fin-
delhaus-Architektur‹ von der Piazza S. Maria Novella; vorne links die Familie
Tornabuoni, zuvorderst – mit dem Blick zum Betrachter – der 1498 wegen an-
geblichen Verrats der Republik hingerichtete Sohn des Stifters; rechts die Familie des Malers, Ghirlandaio mit Vater, Sohn und Schwager. – Daneben das
Bild mit der »Geburt Mariens« (Abb. S. 132).

Mittlerer Streifen: »Darstellung im Tempel« (ein nackter Jüngling verkörpert hier das Heidentum) und »Vermählung Mariens« (kassettierte Tonnengewölbe). *Oberer Streifen:* »Anbetung der Könige« und »Kindermord«. – *Darüber:* »Tod und Himmelfahrt Mariens«. – Die *Deckenbilder* zeigen die vier Evangelisten.

Ghirlandaio, »Geburt Mariens« (Fresko)

Das Bild mit der Geburt Mariens wurde von jeher als besonders typisch für Ghirlandaio und als ein *Höhepunkt seiner Kunst* empfunden. Meisterhaft ist die Gliederung von Raum und Handlung durch vertikale und horizontale Motive, die sich gegenseitig stützen, im breiten Bildformat räumliche Weite und Tiefe suggerieren, der Handlung Klarheit und hoheitsvolle Würde verleihen: ein vornehmer Innenraum mit kostbarer Wandvertäfelung, ornamentierten Pfeilern, tonnengewölbtem Gang und einem köstlichen Kinderfries in hellem Marmorweiß, der an Donatello und Luca della Robbia erinnert. – *Das Bild ist nicht ohne innere Tragik.* Während Geburtsszene und Puttenfries uns Mutterglück und kindlichen Übermut vor Augen führen, erinnert in der Bildmitte die junge mädchenhafte Gestalt vor den Pfeilern porträthaft an Tornabuonis einzige Tochter, die 1489, mit etwa 15 Jahren, im Kindbett starb.

Die mittlere Kapellenwand wird beherrscht von drei hohen gotischen Fenstern mit bedeutenden *Glasmalereien* nach Entwürfen *Ghirlandaios* (1490). Ihre *Thematik* bezieht sich auf die Tornabuonis (Wappen) und deren Tätigkeit in Rom (Apostel Petrus, S. Maria Maggiore), auf die Namenspatrone der Familie sowie auf die Dominikaner (als die Herren von S. Maria Novella).

Linkes Fenster: Der Hl. Dominikus, Johannes d. T., Apostel Petrus. – *Mitte:* S. Maria Maggiore in Rom, Beschneidung Jesu, Gürtelspende an den Hl. Thomas. – *Rechtes Fenster:* Thomas von Aquin, S. Lorenzo, Apostel Paulus.

Die Fresken der mittleren Kapellenwand zeigen u. a. links *Giovanni Tornabuoni*, den Auftraggeber, rechts seine 1479 in Rom verstorbene *Gattin*, eine geborene Pitti. *Links* Wunder von S. Domenico, *rechts* Martyrium eines Dominikaners.

Die rechte Kapellenwand zeigt sieben Szenen aus dem Leben von Johannes d. T. Von besonderem Interesse ist rechts das Bild »Der Engel erscheint Zacharias«. Fast alle hier dargestellten Personen konnten namentlich identifiziert werden, darunter allein acht Mitglieder der Familie Tornabuoni.

Gleich links neben dem Engel steht *Giovanni Tornabuoni*. Im Vordergrund, ebenfalls links, eine Gruppe von Humanisten, unter ihnen *Marsilio Ficino*, der Gründer der ›Platonischen Akademie‹, und *Angelo Poliziano*, der als Dichter das erste Schäferdrama (»Orfeo«) verfaßte, eine Geschichte der Pazzi-Verschwörung schrieb und als Übersetzer griechischer Werke die Textkritik in die Philologie einführte.

〈3〉 *Gondi-Kapelle* (Ausgestaltung 1508 durch *Giuliano da Sangallo*): Man findet hier das berühmte *Holzkruzifix*, mit dem *Brunelleschi* den Kruzifix Donatellos in S. Croce widersprochen haben soll. Während Donatello ausschließlich die *menschlichen* Züge betont, versucht Brunelleschi (bei allem Realismus) die *göttliche* Erscheinung Christi zur Anschauung zu bringen.

〈4〉 *Strozzi-Kapelle* (14.Jh.): Im schärfsten Gegensatz zur lebensbejahenden Kunst der Frührenaissance erlebt man hier die »düstere Monumentalität« (G.K.) eines Raumes des 14.Jh. mit den 1357 datierten Fresken des *Nardo di Cione*, darunter »Hölle« und »Jüngstes Gericht«. – Auf dem Altar in altem Rahmen ein *Holzpolyptychon* (1357) von *Andrea Orcagna*: »Christus mit Maria und Heiligen«, ein Werk von betont konservativen Zügen, »im Zwiespalt zwischen altertümlicher Idealität und neuartiger Formenwelt« (L. Marcucci), wie sie die florentinische Malerei in der Zeit nach Giotto kennzeichnet. Bei streng symmetrischem Aufbau stehen die Figuren »in statuarischer Vereinzelung« erneut vor Goldgrund. Dem widerspricht das »neue lebendige Kolorit« und der »gotische Linienfluß in den üppigen Gewändern« (sienesischer Einfluß). – Von größerer Lebendigkeit sind die Predellenbilder.

〈5〉 *Sakristei* (erbaut von *Jacopo Talenti*): Wichtigstes Werk ist hier das von *Giotto* gemalte *Kruzifix*, ein vor 1300 entstandenes *Frühwerk* des Meisters. Noch ist das Kruzifix ›geräthaft‹ im liturgischen Sinne aufgefaßt, mit Maria und Johannes an den Querarmen, den Golgathafelsen (unten) und dem ›Tempelvorhang‹ als Hintergrund Christi. Christi Erscheinung, anatomisch erfaßt als eine *körperhaft-schwere hängende Gestalt*, wird indessen künftig das altertümliche Kult-Kreuzgerät verdrängen. Die Aufgabe des Kruzifixes wird übergehen auf die *Skulptur* (Brunelleschi, Donatello); andererseits wird sich die Darstellung Christi zum figurenreichen *Kreuzigungsbild* der Maler erweitern. So gesehen bezeichnet Giottos Darstellung den Schnittpunkt zweier Epochen.

In der Sakristei ferner: ein *Wandbrunnen* (1498) von *Giovanni della Robbia*, u. a. mit Landschaftsbild in Terrakotta, ein typisches Spätwerk aus der Endphase der seit 1420/30 tätigen Robbia-Werkstatt. – *Lavabo* von 1721. – Herrliche *Wandschränke* (1693) teilweise mit *Einlegearbeiten* des 18.Jh.

Kreuzgänge und ›Spanische Kapelle‹ *(Zugang links von der Fassade)* **Nr. 28**

Die Kreuzgänge von S. Maria Novella wurden berühmt durch die Päpste Martin V. und Eugen IV., die beide zeitweilig mit der Kurie hier residierten: *Martin V.* 1419/20, *Eugen IV.* ab 1424 und während des *Konzils von Florenz* 1438–1445. Damals weilte auch der byzantinische Kaiser *Johannes VIII. Paläologos* hier. Florenz war vorübergehend »der Mittelpunkt der abendländischen Welt«.

Die ›*Spanische Kapelle*‹ *(Cappellone degli Spagnuoli)*

Erbaut (1348–1355) als *Kapitelsaal der Dominikaner*, von privater Seite finanziert (verbunden mit dem Recht der Bestattung). – 1540 von *Eleonora von Toledo* (Gattin des Großherzogs Cosimo I.) ihrem spanischen Gefolge zur Verfügung gestellt (daher »Spanische Kapelle« genannt). – *Berühmte Ausmalung* durch *Andrea da Firenze* (= *Andrea Bonaiuto*), vollendet 1365.

Es handelt sich um das größte malerische Unternehmen jener Jahrzehnte: in seiner geistigen Haltung eher ein *konservatives* und *kirchlich gebundenes* Werk, entstanden vor dem Hintergrund der *Pestkatastrophe* von 1348. Damals hatte sich die Einwohnerzahl von Florenz um etwa die Hälfte reduziert. Sie betrug statt 100.000 (um 1300) nur noch rund 45.000. Ein düsteres, von tiefem Pessimismus erfülltes Lebensgefühl war die Folge gewesen. Gegen diese Grundstimmung kämpfte in der Mitte des 14.Jh. eine religiös betonte Kunst mit ihren *hierarchisch* geordneten Bildern an. Sie steht sowohl stilgeschichtlich wie ihrer geistigen Haltung nach zwischen Giotto (gest. 1337), dessen bahnbrechende Leistungen keine Fortführung mehr finden, und Masaccio (1401–1428), der ein halbes Jahrhundert später in der florentinischen Malerei die Wende zur Frührenaissance herbeiführt.

Andrea da Firenze (= Andrea Bonaiuti)

Andrea da Firenze, seit 1343 in Florenz nachweisbar, gestorben 1377 in Pisa, war der Prototyp einer auf Glaubensfestigkeit ausgerichteten Kunst, ein Maler, dessen Bilder bei aller Feierlichkeit eine *optimistische,* fast *heitere* Grundhaltung erkennen lassen.»Seine Gebärdensprache ist klar, sein Stil manchmal wohl auch hart, aber immer *leicht verständlich,* ja fast *volkstümlich einfach*« (U. Baldini).

(a) Das *Kreuzigungsbild* (über der im 16.Jh. umgestalteten Altarnische) zeigt in eindrucksvoller Weise Christus als den von Gott»Erhöhten«, dessen Erscheinung sich über einer wogenden Menschenmenge zeichenhaft abhebt, vor dunklem Weltengrund in helles Licht getaucht. Verbunden mit der *Kreuztragung* (links) und dem *Abstieg in die Vorhölle* (rechts) ist das Bildganze ebenso reich an anschaulichen Details wie einprägsam in seinem Umriß.

(b) Im»*Triumph des Thomas*« (linke Wand) verwandelt sich die Bildstimmung zur theologischen Strenge einer symmetrisch angelegten, stufenweise geordneten, frontal gesehenen Hierarchie von Personen und Ämtern, von geistlicher und weltlicher Wissenschaft, Tugend und Erkenntnis – verkörpert in allegorischen wie in historischen Gestalten. – In der untersten Reihe von links beginnend: *Kaiser Justinian, Papst Klemens V., Pietro Lombardo, Dionysius Areopagita, Boethius, Johannes v. Damaskus, Augustinus*; weiter: *Pythagoras, Euklid, Ptolomäus, Tubalcain, Aristoteles, Cicero, Priscian.*

(c) Die»*Allegorie der Kirche*« (rechte Wand) zeigt vor einem Modell des Florentiner Domes (Symbol der Kirche) eine repräsentative Versammlung hoher Würdenträger, in ihrer Mitte der *Papst,* rechts von ihm *Kaiser Karl IV.,* daneben der französische *König*; links vom Papst ein Kardinal und zwei Bischöfe; dann die Vertreter der religiösen Orden; im Vordergrund eine Gruppe von Gläubigen, unter denen man *Cimabue* und *Giotto, Boccaccio, Petrarca* und *Dante* zu erkennen glaubt. Weiter rechts folgen einige Pilger und vier Frauengestalten (Mädchen, Verlobte, Gattin, Witwe). – Weiter rechts der Dominikanerorden. Auffallend die Hunde. Man deutet sie als ein Bild für die predigenden Mönche (Domini Canes = die Hunde des Herrn). Ganz rechts *Thomas von Aquin.*

Darüber, in einem zweiten Streifen, folgen *Laster* und *Vergnügungen* im Kontrast zur *Spende des Sakraments* und der *Absolution* als Bedingung zur Aufnahme in den Himmel. In der Bildmitte durchschreiten die erlösten Seelen die *Paradiesespforte.* Hinter der Pforte richtet sich der Blick der Versammelten auf den Weltenrichter.

Die Darstellung des Florentiner Domes (vgl. Abb. rechts)

Architekturgeschichtlich von besonderem Interesse ist die Wiedergabe des Florentiner Domes:»als baugeschichtliches Dokument aus der Zeit des Planwechsels von einzigartiger Bedeutung« (Wundram).

›Spanische Kapelle‹, Fresko von Andrea da Firenze (Ausschnitt)

Andrea da Firenzes Entwurf für die Domkuppel

Vgl. Abbildung auf der vorhergehenden Seite. – 1348, als *Andrea da Firenze* schon mit der Ausmalung der ›Spanischen Kapelle‹ begonnen hatte, wurde er aufgefordert, sich an einem *Wettbewerb für die Errichtung der Domkuppel* zu beteiligen. Sein Wandbild zeigt offenbar ein von ihm gefertigtes *Modell*, das den Dom so wiedergibt, wie ihn sich der Maler vorstellte.

Gegenüber den Plänen des *Arnolfo di Cambio* von 1294 (Baubeginn des Domes) ist *das Langhaus schon um ein Joch verlängert,* doch fehlt der Kuppel noch jener hohe, für ihre Wirkung als Stadtsymbol so entscheidende *Tambour,* den erst *Giovanni d' Ambrogio* (um 1410/13) errichtete. Erst dieser Tambour hebt die Kuppel als etwas Eigenes und Selbständiges über das Kirchendach hinaus und macht sie zu einem »freistehenden Einzelmonument« (Klotz). – Im Entwurf des Andrea da Firenze haben Kuppelumriß und Kuppellaterne noch keine spürbare Dynamik und zu wenig Eigengewicht. Diesen Fehler korrigiert zu haben, war später das Verdienst von Brunelleschi.

Klostergebäude

Verläßt man die ›Spanische Kapelle‹ nach rechts, so hat man nach wenigen Schritten Einblick in den »*Großen Klosterhof*«, den *Chiostro Grande* (nicht zugänglich). Um ihn herum gruppieren sich Gästehaus, Kapelle, Speise- und Schlafsäle, ein weitläufiger Bezirk, der es in der Tat erlaubte, hier zeitweilig die päpstliche Kurie unterzubringen. – Zwei Räume (der Kirche gegenüber) sind in der Regel zugänglich: das *Refektorium* mit den ehemals im Kreuzgang befindlichen Fresken *Uccellos* sowie ein *Vorraum.*

Vorraum: »Mannalese« (Fresko) von *Alessandro Allori.* – *Refektorium:* Eingangswand mit »Abendmahl« (1583), ebenfalls ein Fresko von *Alessandro Allori.*

Fresken von Paolo Uccello (im ehemaligen Refektorium)

Bedeutende Zeugnisse der Florentiner Frührenaissance sind vor allem die Fresken von Paolo Uccello (1397–1475): »Die Erschaffung Adams«, »Sündenfall«, »Die Sintflut« und »Noah's Trunkenheit«. – Die nur mehr fragmentarisch erhaltenen Malereien (entstanden um 1450) zeigen die »vehemente Kraft, mit der hier in realistischer Dramatik die biblischen Themen gestaltet wurden«.

Im Sintflutbild »vereinigt Uccello zwei zeitlich aufeinanderfolgende Ereignisse, nämlich die Flut und das Zurückweichen der Flut« (Wundram). Die zweimal gezeigte Arche nützt er zu einer perspektivischen Konstruktion jäh sich verkürzender Wände und schafft so ein dramatisch sich verengendes Feld, »auf welchem die dem Untergang Geweihten vergeblich um ihr Leben kämpfen« (Heydenreich). – Uccello steht mit diesen Fresken auf einem Höhepunkt seines Schaffens. »In der machtvollen, aufragenden Gestalt des Noah« und in den monumentalen Figuren seiner Söhne im Bild der »Trunkenheit« erweist er sich »als Mittler zwischen der Kunst eines Masaccio und eines Piero della Francesca« (Heydenreich).

Außenansicht des Chores von S. Maria Novella (Bahnhofsvorplatz)

Man blickt auf den *ältesten* Teil der Kirche: die um 1250 entstandene Chorpartie mit geradem Wandabschluß und unverputztem Mauerwerk. In ihrem Verzicht auf Zierformen und ihrem burgartigen Charakter bekundet sich »die Nähe zu den Zisterziensern, besonders zu den französischen« (Grote).

»Die oberen Teile des Chores und der Anschluß an das Langhaus fallen in die Zeit kurz vor 1300«. – Ein großer Teil der Kirche sowie der Kapitelsaal sind das Werk von *Jacopo Talenti* (vermutlich der Bruder des am Dombau tätigen Francesco Talenti). Jacopo starb 1362 und scheint »eine Schlüsselfigur der Florentiner Baukunst des 14. Jh.« gewesen zu sein (Grote).

29 S. Maria Maggiore *(Ecke Via Cerretani – Via de' Vecchietti)*

Daten: Die historischen Wurzeln reichen zurück bis in *frühchristliche* Zeit. – Erste schriftliche Erwähnung im 10.Jh. – Unter der Chorpartie Reste einer *romanischen* Kirche. Von diesem Bau auch Teile der durch Restaurierung von 1912/13 wiedergewonnenen *Fassade* (der basilikale Querschnitt ablesbar). *Portal mit Madonna* (um 1330/40), geschnitzte Türflügel 1686. – Rechts vom Portal deuten größere Löcher in der Wand auf eine ehemalige *Vorhalle* hin. – Wichtig der *vorromanische Glockenturm*, der »zu den ältesten Beispielen der Gattung zählt« und in der Mauertechnik den ravennatischen verwandt ist (G.K.). Am Turm ein vermutlich spätrömischer Frauenkopf.

Umbau zur *gotischen* Kirche Mitte 13.Jh.: dreischiffige Anlage im Stil der *Zisterzienser,* Kapellen mit *geradem* Schluß. An den *Pfeilern* noch *Freskoreste* vom 14.Jh. – *Sakristei* 1449. – Innere Fassadenwand (1596) von *Buontalenti.*

Linke Chorkapelle: »Madonna del Carmine« (um 1250/60)

Die Tafel gehört zu den *wichtigsten Zeugnissen florentinischer Malerei aus der Zeit vor Giotto.* Sie ist vermutlich ein Werk von *Coppo di Marcovaldo,* »der die Reihe der namentlich bekannten florentinischen Maler eröffnet« (Oertel), wahrscheinlich der Lehrer von Cimabue. – Die Darstellungsweise ist abhängig vom ältesten byzantinischen Typus der Gottesmutter, der sog. *Kathedra-Madonna,* bei der Maria in *frontaler* Haltung thront und den Gottessohn mit beiden Händen vor sich hält. Dieser Typus hatte sich im Byzanz des 6.Jh. voll entwickelt, überdauerte auch den Bilderstreit (725–843) und trat später in Italien auf.

Verbindung von Malerei und Flachrelief

Das Besondere des Florentiner Beispiels liegt in der *Verbindung von Malerei und Flachrelief,* »ein Stück von einzigartigem Rang« (G.K.). Maria ist plastisch gearbeitet, leicht nach vorne geneigt, mit ihrem Nimbus über den Rahmen hinausgreifend. Nur die Tafel selbst ist gemalt. Offensichtlich soll »die Wirkung einer Goldschmiedearbeit nachgeahmt werden, eine letzte Erinnerung an den Ursprung der kirchlichen Tafelmalerei« (Oertel).

Die *Sitzhaltung des Kindes* leitet sich ab von einem »frühen, aber seltenen« byzantinischen Typus, »bei dem das Kind auf den Himmelskreisen saß« (Renate Jacques). Diese symbolische Himmelsdarstellung, bestehend aus einer oder mehreren Ellipsen (Mandorla), setzten die Maler beim Typus der »Madonna als Kathedra« auf den Schoß der Gottesmutter. Als man dann später die Mandorla wegließ, kam es zu dem hier vorliegenden Typus einer halb sitzenden, halb schwebenden Haltung, doch läßt die Art, wie Maria hier das Kind mit der Hand ›stützt‹, schon eine gewisse »naturalistische Tendenz erkennen«, die das Schweben des Kindes »auf eine natürlichere Weise zu interpretieren sucht«.

Die *Gottesmutter* selbst ist zwar als *Himmelskönigin* gedacht, doch nicht mehr in der Form der byzantinischen Kaiserinnentracht als solche kenntlich gemacht. Sie trägt kein Prunkgewand, sondern lediglich ein mantelartiges Tuch und ein Kopftuch. Indessen erweitert sich das Marienbild durch die *gemalte Tafel*: im oberen Teil mehr *hierarchisch* durch zwei anbetende Engel (Himmelssphäre), im unteren Teil mehr *erzählerisch* durch ›Verkündigung‹ und die ›Drei Marien am Grabe Christi‹. Der Rahmen schließlich zeigt die *zwölf Apostel,* die dazu bestimmt sind (so der Bildsinn), die Botschaft vom Gottessohn in die Welt zu tragen. – Vgl. zu Giottos Madonnen-Typus (Uffizien, um 1310) die Bemerkungen auf S. 213 f.

An der rechten Kapellenwand: Teile des Grabmals von *Brunetto Latini* (1210/30–1294), Politiker, Gelehrter, Dichter, Verfasser einer Enzyklopädie. Latini hatte auch Einfluß auf Dante.

30 S. Lorenzo – Medici-Gräber – Fürstenkapelle
Biblioteca Laurenziana

Zur Lage von S. Lorenzo (Kirchengründung und Stadtbefestigung)

S. *Lorenzo* ist in seinen frühen Anfängen wohl die *älteste* Kirchengründung von Florenz. Sie lag außerhalb der römischen Stadtmauern. Als Datum wird das Jahr 380 genannt. Einer der frühen Kirchenväter, der *Hl. Ambrosius*, seit 374 Bischof von Mailand (Begründer der römisch-katholischen Kirchenmusik), soll sie geweiht haben. – Es folgte eine Kirche des 11. Jh. (ottonische Zeit), die bis zur Errichtung des heutigen Bauwerks bestand.

Erst 1172/75 wurde S. Lorenzo in das befestigte Stadtgebiet einbezogen, doch blieb es zunächst noch bei einer ausgesprochenen *Randlage*. Wie die Karte S. 11 zeigt, hatte die Stadtmauer unmittelbar hinter S. Lorenzo einen ihrer Knickpunkte, worauf noch heute das Platzgefüge und der abgewinkelte Straßenverlauf hindeuten. – Die Verhältnisse änderten sich erst mit dem letzten *Mauerring* (1284–1333), jenem gewaltigen Unternehmen, das in zeitlicher Parallele zum Neubau des Domes (beg. 1295) nach Plänen des damaligen Dombaumeisters *Arnolfo di Cambio* in Angriff genommen wurde. Diese Stadterweiterung war wohl auch für die Medici eine Veranlassung zum Grunderwerb.

Die Medici und S. Lorenzo

Für S. Lorenzo war die Nachbarschaft der Kirche zum Areal der Medici und deren späterem Palast von Bedeutung. Die Familie gehörte zur Pfarrei von S. Lorenzo und ließ hier ihre Toten begraben. Das erklärt, warum sich gerade an dieser Stelle ihre Stiftungen häuften: Alte Sakristei (1418), Kirchenbau (1419), Neue Sakristei (1519), Biblioteca Laurenziana (1524), Fürstenkapelle (1561).

Das Auftreten Brunelleschis

S. Lorenzo gehört zu den Gründungsbauten der florentinischen Frührenaissance. – Anfangs hatte man noch an eine Kirche nach dem Vorbild von S. Croce gedacht (das Querhaus mit 9 Chorkapellen). Doch dann ist plötzlich von *Brunelleschi* (1377–1446) die Rede, damals ein Mann von 41 Jahren, von dessen früher Tätigkeit wir nur wenig wissen. – 1401 (mit 24 Jahren) hatte er sich an der Konkurrenz für die zweite Baptisteriumstüre beteiligt, war aber gegen Ghiberti unterlegen. Von Hause aus *Goldschmied*, doch tätig als *Architekt, Bildhauer* und *Mathematiker*, entdeckte er als etwa 33jähriger die *Zentralperspektive* (sie findet ab 1420/30 in Italien praktische Anwendung). Jetzt (um 1418) trat Brunelleschi plötzlich mit der Kraft des Genies ins Rampenlicht. Seinen Entwurf für die *Alte*

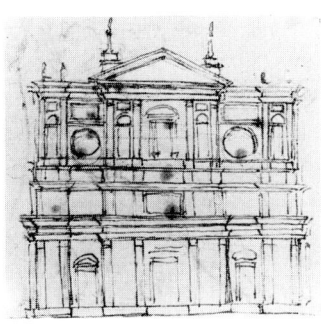

Zur Abbildung links:
Michelangelos Fassadenentwurf von 1520 zeigt einen hohen, tafelförmigen Wandaufbau, dessen Mitte durch einen vorspringenden, von einem Dreiecksgiebel bekrönten ›Risalit‹ nur leicht betont wird. Im Fassadenganzen haben horizontale und vertikale Elemente annähernd gleiches Gewicht. Der Anteil der Plastik ist gering.

Abbildung Seite 138:
S. Lorenzo, Längsschnitt

Sakristei empfand man als so bahnbrechend, daß man ihn aufforderte, auch einen Plan für die *Kirche* vorzulegen. Dies geschah in nahezu zeitlicher Parallele zu Brunelleschis Vorarbeiten für die *Domkuppel* (1420–1436) und das *Findelhaus* (beg. 1421). – Zu den späteren Bauten Brunelleschis gehören: die *Pazzi-Kapelle* (1430 ff.), *S. Maria degli Angeli* (beg. 1434) und *S. Spirito* (1434 ff.).

Der Anteil Brunelleschis an S. Lorenzo (Grundsteinlegung 1421)

Brunelleschi hat für S. Lorenzo im wesentlichen nur die *Pläne* geliefert. Er hat zwar die »Alte Sakristei« persönlich zu Ende geführt (parallel zur Errichtung der Domkuppel), dagegen kam der Kirchenbau schon bald zum Erliegen. Erst 1442, vier Jahre vor Brunelleschis Tod, wurden die Arbeiten auf Betreiben von *Cosimo d. Älteren* wieder aufgenommen, wobei es zu einer wichtigen *Planänderung* kam, denn erst jetzt entschied man sich für die *Kapellenreihen entlang der Seitenschiffe*, und der erste Entwurf noch nicht kannte. Diese Seitenkapellen zählen also noch zu Brunelleschis Werk.

Manetti und Michelangelo

Andere Teile des Bauwerks gehen zu Lasten seiner Nachfolger: Von *Manetti* z. B. stammt die nach außen nicht in Erscheinung tretende *Kuppel*. Auch die *Deckengestaltung* in Langhaus und Querschiff und gewisse Teile der *Chorlösung* können nicht für Brunelleschi in Anspruch genommen werden. – Diese Arbeiten waren erst 1469 abgeschlossen. – Aus noch späterer Zeit datiert die *Fassadeninnenseite*, die auf einen Entwurf *Michelangelos* (nach 1532) zurückgeht. Die *Empore* diente der Zurschaustellung von *Reliquien*, die *Papst Klemens VII.*, selbst ein Mediceer, S. Lorenzo geschenkt hatte. – Fußboden 19. Jh.

Brunelleschis bahnbrechende Leistung

Man hat S. Lorenzo mit Recht »*die erste Kirche der nachmittelalterlichen Architektur*« genannt. Tatsächlich entsteht hier, mitten in spätgotischer Zeit, ohne Übergang und ohne Vorbereitung, etwas prinzipiell *Neues* und zwar im *Rückgriff auf die Antike* und jene florentinischen Bauten, die man für antik hielt (wie das Baptisterium) oder die in antiker Tradition zu stehen schienen (wie SS. Apostoli und S. Miniato al Monte). Brunelleschi, der alle diese Bauten von Jugend auf kannte, fand in ihnen die *Vorbilder* für *Säulen* und *Pilaster*, für *Kapitelle* und *Gesimse*, für die *abgestuften Arkadenbögen*, das *dreigeteilte antike Gebälk* und die *antikisierenden Schmuckformen*.

Brunelleschi hat erst sehr viel später, auf seiner mit Donatello gemeinsam durchgeführten *Romreise* (1431/32) die römisch-antike Architektur aus eigener Anschauung kennengelernt (seine römische Beeinflussung zeigt S. Spirito).

Brunelleschi war im eigentlichen Sinn *der Begründer der neuzeitlichen Säulenordnungen.* Im Unterschied zur Gotik, deren Bündelpfeiler in beliebige Höhe bis zu den höchsten Gewölben aufsteigen und in dieser Bewegung alles Irdische transzendieren, reduziert sich bei Brunelleschi die Architektur gleichsam wieder auf ein »*menschlich begreifbares Maß*« (Wundram). Die nach antikem Vorbild geschaffene *Säule* (mit Basis und Kapitell) setzt den Abmessungen von vornherein gewisse Grenzen, die nicht überschritten werden können, ohne die Form zu zerstören.

Brunelleschi entwickelte seine Ideen zu einer Zeit, als man im Norden noch bedeutende *gotische Hallenkirchen* errichtete (deutsche Beispiele): in Nördlingen die Georgskirche (um 1427), in Nürnberg den Hallenchor von St. Lorenz (1445–1472), in Dinkelsbühl die Pfarrkirche St. Georg (1448–1499), in München die Frauenkirche (1468–1488). – In Italien empfand man den Gegensatz zur vorangegangenen Baukunst weniger intensiv. Hier waren die steilen Proportionen der nordischen Gotik letztlich immer abgelehnt worden. Hier erstrebte man von jeher *den räumlich weiten, offenen Durchblick gewährenden Innenraum.*

Zur architektonischen Struktur

Das Neuartige an Brunelleschis Bauten liegt somit in ihrer *architektonischen Struktur:* in einer ganz neuen *Rationalität.* Alles sollte klar und bindend definiert werden und die Proportionsverhältnisse ›ablesbar‹ sein (Brunelleschi ist nicht zufällig der Entdecker der Zentralperspektive). Vielleicht sind seine Bauten von einer gewissen intellektuellen Kühle, aber gerade Florenz war für einen derartigen ›Rationalismus‹ aufgeschlossen. Die »kritische und verstandesmäßige Geisteshaltung seiner Bewohner« (Wundram) war eine Eigenschaft, durch die sich die Stadt von allen anderen Kunstzentren der Zeit wesensmäßig unterschied.

Wie schon früher in der *romanischen* Baukunst bildet jetzt das *Quadrat* die geometrische *Grundeinheit,* auf der das proportionale System des Bauwerks beruht: Das *Querschiff* hat die Breite des *Mittelschiffs,* die *Kapellen* die Breite der *Seitenschiffe.* – Diese strengen Maßverhältnisse werden besonders auch in der *Querrichtung* spürbar: (a) die *Seitenschiffwände* wirken wie *Projektionen der Mittelschiffarkaden;* an die Stelle von *Säulen* treten bei gleichem Höhenmaß *Pilaster;* (b) den *Kämpferstücken* der Säulen entspricht im Wandbereich das *Gebälk;* und (c) die über dem Gebälk liegende, durch Okuli gekennzeichnete *Bogenreihe* hat gleiches Maß mit den *Arkadenbögen:* die Kapellenöffnungen sind gleichsam »maßstäblich verkleinerte Wiederholungen der Arkadenstellungen« (erst im 19. Jh. kamen die ornamentierten Rahmenstreifen der Kapellenrückwände hinzu).

Vor allem diese *Systematik* (Betonung der Symmetrie im Hinblick auf perspektivische Wirkungen), ferner die *antikisierende Formensprache* (Säule, Kapitell, Gebälk) und nicht zuletzt die *Helligkeit* der Räume (auch dies ein rationales Element) sind entscheidende Merkmale der neuen, von Brunelleschi geschaffenen Baukunst.

Traditionsgebundene Elemente

Zu den mehr *traditionsgebundenen* Elementen in S. Lorenzo gehört die *Chorlösung.* Die gestaffelte Anordnung von Kapellen entlang der Querarme finden wir schon in S. Croce vorgebildet (vgl. Grundriß S. 75), wenn auch noch nicht mit der hier vollzogenen Regelmäßigkeit. – Neu dagegen ist der Gedanke, den *Mönchschor hinter der mittleren Chorkapelle* einzurichten (die heutige Rückwand stammt von einer Veränderung von 1860).

Unbefriedigend wirkt *Manettis Kuppel.* Man darf annehmen, daß Brunelleschis Kuppel anders ausgesehen hätte, daß er »durch Überhöhung und Lichteinfall ein sammelndes Zentrum« (Wundram) schaffen wollte.

S. Lorenzo, Inneres

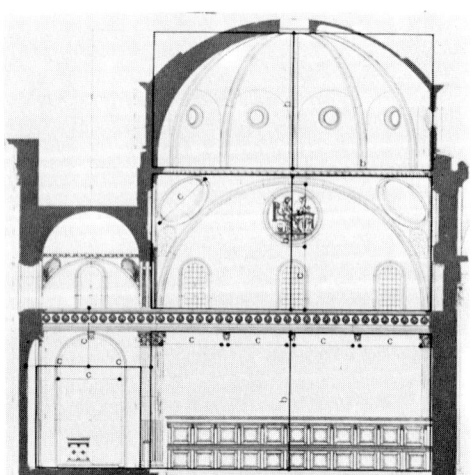

Abbildung rechts:
S. Lorenzo,
»Alte Sakristei«,
Längsschnitt
durch die Kapelle;
links der Altar-
raum.

»Alte Sakristei« *(1420–1428)* Nr. 30

Zur Lage vgl. den Grundriß S. 144. – Die Bezeichnung ›Sakristei‹ ist insofern irreführend, als es sich vom Auftrag her um die *Familienkapelle der Medici* handelt *(Auftraggeber: Giovanni di Bicci)*. Dies vor allem erklärt den ungewöhnlichen Aufwand, mit dem der *Brunelleschi* den Raum gestaltet hat.

In kühnem Zugriff schafft Brunelleschi (41 Jahre alt) hier den *ersten Zentralbau der Renaissance*. Über einem *quadratischen* Grundriß von 20 Ellen (11,6 m) Seitenlänge erhebt sich ein einfacher *Raumkubus*, überwölbt von einer *Halbkugel*, zu der eine *Zwischenzone mit Hängezwickeln* (Pendentifs) die Verbindung herstellt. – Ein wiederum quadratischer, seinerseits überkuppelter *Altarraum* schließt sich an.

Schon diese einfachen Grundformen lassen den *rationalen* Charakter der neuen, von Brunelleschi geschaffenen Architektur der Frührenaissance erkennen. Das *mathematische Grundgerüst* ist sowohl im Raumganzen wie in den Detailformen ablesbar.

Leicht zu erkennen ist der *dreiteilige* Aufbau in der *Vertikalen*. Die einzelnen *Zonen* werden mit *linearer Präzision* (aber auch farblich durch den grauen Sandstein) gegeneinander abgesetzt; sie treten als große *gerahmte Flächenkompartimente* in Erscheinung.

Jede Einzelheit der *Raumstruktur* wird genau definiert: die *Höhe der unteren Wandzone* durch die vier *Eckpilaster*; das *Kastenförmige* des Raumes durch ein kräftiges *Gebälk* mit schmückendem Fries. – Feingliedriger sind die beiden oberen Zonen behandelt. Durch *schmalere Profile* wirken sie leichter, gleichsam beweglicher, wie es ihrer wölbenden Funktion entspricht.

Im *Aufblick zur Kuppel* wird deutlich, wie die zusammenfassende und doch auch wieder ausstrahlende Wirkung der zwölfteiligen Halbkugel schon in der Zwischenzone vorbereitet wird, wo die Anordnung von acht großen Medaillons eine *kreisförmige Bewegung* suggeriert.

Der Altarraum

Auch er ist in das rationale Bezugssystem eingebunden, am konsequentesten durch die *Weiterführung des Gebälks*, das beide Raumteile zwingend aneinanderbindet. Mit dem Gebälk ist zugleich auch die *Höhe der Chorwand* festgelegt. – An den *Knickstellen* zwischen Chor und Hauptraum suggerieren *Pilasterauflagen* die Kraft von Pfeilern: Sie fungieren als Träger des sich über dem Gebälk spannenden *Bogens*. Das Wandganze ist von *fassadenhafter* Wirkung (Triumphbogenmotiv), nicht zuletzt auch durch die seitlichen *Türen*, die in *tonnengewölbte Sakristeiräume* führen. – *Altarkruzifix* 2. Hälfte 15.Jh.

Ausstattung (Arbeiten Donatellos)

Die von *Donatello* (1386–1466) entworfene, auch das *farbliche* Element betonende Ausstattung entstand 1435 ff. annähernd in zeitlicher Parallele zur Sängertribüne des Domes: *Vier Rundmedaillons* mit lesenden Evangelisten, *vier Medaillons* mit Szenen aus dem Leben des Evangelisten Johannes (Namenspatron des Stifters); dazu der *Fries* mit den *farbig gefaßten Engelmedaillons*; zwei *Tonreliefs* über den Sakristeitüren (links der Hl. Stephanus und der Hl. Laurentius; rechts die Hll. Cosmas und Damian).

Die Türen zu den Sakristeiräumen (Donatello): Man beachte zunächst die *Portalform.* Es sind »*die ältesten ›klassischen‹ Tabernakeltüren der italienischen Renaissance*« (G.K.). In maßstäblicher Hinsicht stießen sie allerdings auf Kritik: man empfand sie im Vergleich zu Brunelleschis sensibler Wandgestaltung als viel zu wuchtig. – Die *Bronzetüren* selbst waren ein *Novum* im Werk Donatellos (sie weisen auf den Altar in Padua und auf die späten Kanzelreliefs in S. Lorenzo voraus). – In quadratischen Feldern stehen sich jeweils zwei *Märtyrer, Apostel, Evangelisten* oder *Kirchenväter* im Glaubensdisput gegenüber. Ruhiges Reden wechselt mit heftiger Kontroverse. »Nie zuvor ist das in so einprägsamer und majestätischer Weise dargestellt worden. Alles Nebensächliche ist weggelassen. Nur die Gebärdensprache, die Wucht der Gesten sind hier das Wesentliche« (Planiscig).

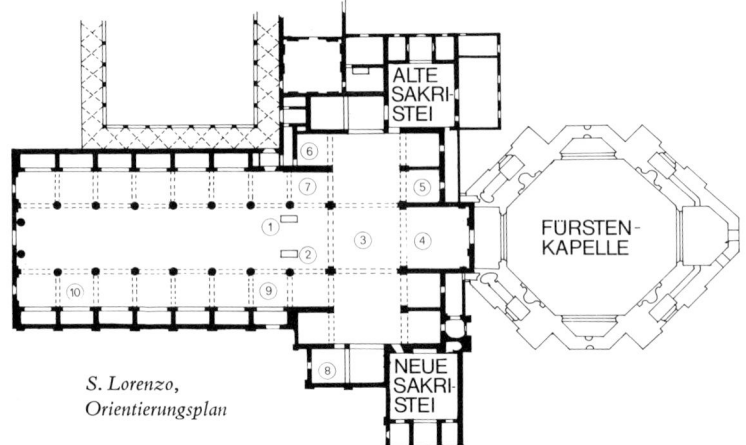

S. Lorenzo,
Orientierungsplan

Weitere Ausstattung: In der Mitte des Raumes der *Marmorsarkophag* (1433) für die *Eltern* von Cosimo d. Ä. (Giovanni d' Averardo de' Medici und seine Frau Piccarda), darüber ein liturgischen Zwecken dienender *Marmortisch.* – Die *Marmorschranken des Chorraumes* erinnern entfernt an ravennatische Arbeiten, »ein Rückgriff auf frühe christliche Formen« (G. K.) in Parallele zur Orientierung an der römisch-antiken Architektur. – *Choraltar* 1432.

Linker Sakristeiraum: Aufwendiges, reich dekoriertes *Waschbecken* mit dem Wahlspruch SEMPER, der Devise des *Pietro de' Medici* (*Verrocchio,* um 1465).

Verrocchios Grabmal für Piero und Giovanni de' Medici (1469–1472)

Andrea del Verrocchio (1436–1488) war in der zweiten Hälfte des 15.Jh. die überragende Bildhauerpersönlichkeit Italiens (Goldschmied, Bronzegießer, Marmorbildner, Maler). Innerhalb der florentinischen Frührenaissance gehört er schon zur *zweiten* Generation. Von Brunelleschi (gest. 1446), Ghiberti (gest. 1455) und Donatello (gest. 1466) trennen ihn fast 50 Jahre. Als Lehrer von Leonardo da Vinci bildet er das Bindeglied zwischen Früh- und Hochrenaissance.

Berühmt ist sein »Reiterstandbild für Bartolomeo Colleoni« in Venedig. In Florenz finden wir von ihm den »Putto mit Delphin« im Hof des Palazzo Vecchio, den »Bronze-David« im Bargello (Abb. S. 65), die »Christus-Thomas-Gruppe« an Or San Michele (Abb. S. 117). – Stilistisch ist Verrocchio gleichsam der Gegenspieler Donatellos.

Verrocchio verzichtet bei seinem Medici-Grabmal auf jede figürliche Darstellung. Statt dessen betont er mit Entschiedenheit das *dekorative* Element. Hier, »im Reichtum der ornamentalen Phantasie«, war er einzigartig.

Für die Anordnung des Grabmals in einer *Wandöffnung* (auf der Grenze zwischen Kapelle und Kirchenraum) gab es in Florenz Vorläufer aus gotischer Zeit: die Grabmäler der Bardi und Baroncelli in S. Croce. »Unvergleichlich aber ist, wie Verrocchio der Gefahr entgeht, trotz Öffnung der Wand ein ›Loch‹ entstehen zu lassen«. Mit Hilfe des Ornaments sowie des Gitters erreicht er »optisch die Einbindung in eine einzige Reliefschicht« (Wundram), das Ganze wirkt ›geschlossen‹.

Hervorzuheben ist auch die *farbliche* Behandlung des Grabmals. Verrocchio verbindet verschiedene Materialien »zu einer Farbkomposition von hoher Schönheit«: das *Rot* des Porphyrs, das *Weiß* des Marmors, das *Grün* des Serpentins (ein Mineral) stehen im Einklang mit dem *Farbton der Bronze*.

Der Sarkophag steht auf einer schweren *Marmorplatte*, die von *Schildkröten* getragen wird (einem Symbol für die Verbindung von Himmel und Erde). – Die *Sockelinschrift* nennt *Lorenzo il Magnifico* und dessen Bruder *Giuliano* als Stifter. Die *Namen der Verstorbenen* enthält das *Marmorrund* an der Vorderseite des Sarkophags. – Ein Höhepunkt handwerklichen Könnens sind die üppig wuchernden *Blätter* und *Ranken* sowie die *Füllhörner*. – Überhaupt will dieses Werk in seiner materiellen Schönheit gesehen werden: Zu seinen besonderen Qualitäten gehört der *»herrliche Kontrast zwischen Stein und Erz«*, desgleichen das *Gitterwerk der Taue*, die das Grabmal »federnd und straff in die Öffnung spannen« (G. K.).

Einzelwerke in S. Lorenzo   Nr. 30

Späte Reliefkunst Donatellos

(1/2) *Donatellos Kanzeln* (um 1460): Sie gehörten ursprünglich zu den Vierungspfeilern. Der spätere Unterbau mit den Mamorsäulen stellt eine manieristische Veränderung dar. – *Thema der Kanzelreliefs* ist das Leiden Christi und seine Auferstehung. – Zuoberst jeweils ein *Fries* mit Rossebändigern als Eckmotive, Kentauren in der Mitte, dazwischen Vasen. – Nur die *drei Reliefs* an der Vorderseite der rechten Kanzel (1) stammen von Donatello: Sie zeigen den Abstieg zur Hölle, die Auferstehung und die Himmelfahrt. Es sind Alterswerke eines bald 80jährigen Künstlers (entstanden noch nach der »Magdalena«, Abb. S. 53, und der »Judith-Holofernes-Gruppe« vor dem Palazzo Vecchio): leidenschaftlich in ihrer Aussage, über jede feste Bildtradition sich hinwegsetzend, in der Grundstimmung eher erschreckend als tröstlich: »Die Welt scheint hoffnungsloser Jammer zu beherrschen, nur Christus erhebt sich über sie« (Planiscig).

Verrocchio, Desiderio da Settignano, Rosso Fiorentino, u. a.

(3) Im Fußboden runde *Gedenkplatte für Cosimo d. Ä.* (Frühwerk *Verrocchios*). – Darunter *Sarkophag* mit den *Gebeinen Donatellos* (gest. 1466). – Das *Kuppelgemälde* (1742) von *Francesco Meucci* zeigt florentinische Heilige.

(4) *Hauptchorkapelle: Altar* und *Kruzifix* aus der Fürstenkapelle. – Der Altar mit schönen *Einlegearbeiten* (Gesamtform 18.Jh.). – (5) *Madonnenstatue aus Holz* (Mitte 14.Jh.), Bemalung modern. – (6) *Altarbild* »Verkündigung« von *Fra Filippo Lippi* (1406–1469). – (7) *Fresko* »Marter des Hl. Laurentius« (1565/69) von *Bronzino* (1503–1572). – (8) *Altarbild* »Anbetung der Könige« (um 1565) von *Girolamo Macchietti*.

(9) *Sakramentstabernakel* (1461), hervorragendes Werk von *Desiderio da Settignano* (um 1428–1464), einem von Donatello und Luca della Robbia beeinflußten Bildhauer der florentinischen Frührenaissance: eine Arbeit von ungewöhnlich zarter Durchbildung, anmutig in der Auffassung. Der *tonnengewölbte* Tabernakelraum ist zentralperspektivisch gesehen (das Ganze heute nicht mehr am ursprünglichen Platz, Sakramentstürchen verloren).

(10) *Altarbild* »Vermählung Mariens« (1523), ein Hauptwerk von *Rosso Fiorentino* (1494–1540), einem Mitbegründer des frühen Manierismus (von Michelangelo gefördert, etwa ab 1530 Hofmaler von Franz I. in Fontainebleau; dort Zusammenarbeit mit Primaticcio). – Charakteristisch: der ungewöhnliche Bildaufbau, die changierenden Farben, die raffinierte Gewandbehandlung.

Links: Marmorgrabstein des blinden Organisten von S. Lorenzo *Francesco Landino* (um 1335–1397), einem bedeutenden Meister der *Ars nova*, 1364 in Venedig mit dem Dichterlorbeer gekrönt.

»Neue Sakristei«: Michelangelos »Cappella Medicea« *(1520–1534)* **Nr. 30**

Zugang (außerhalb der Kirche) von der Piazza della Madonna aus. – Eingang an der SW-Seite der Fürstenkapelle. – Man kommt zuerst in einen *kryptenähnlichen Raum*, in dem noch im 18. Jh. die Sarkophage der Mediceer standen. Über eine Treppe geht es weiter zur *Fürstenkapelle* (Besichtigung besser zuletzt), dann durch einen Gang in die »Neue Sakristei«.

Michelangelo und die »Neue Sakristei«

Michelangelo hat 14 Jahre lang an der Kapelle und ihren Figuren gearbeitet. – *Auftraggeber war Papst Leo X.* (Giovanni de'Medici). – Michelangelo war damals 46 Jahre alt. Die Jugendwerke (vatikanische »Pietà« und florentinischer »David«) lagen rund zwanzig Jahre zurück, die Decke der Sixtinischen Kapelle (1508 bis 1512) schon ein volles Jahrzehnt. Danach hatten intensive Arbeiten am Juliusgrabmal den Meister beschäftigt (»Moses«, 1515/16).

Michelangelo war belastet vom unvollendeten Juliusgrabmal. Doch die Verhältnisse gestalteten sich bei der »Cappella Medicea« kaum weniger günstig. Der Auftraggeber wechselte, es gab Geldschwierigkeiten, ab 1524 erfolgte der Auftrag für die Biblioteca Laurenziana. – Das alles hat die Arbeit erschwert. – Hinzu kamen der *Ausbruch der Pest* und schließlich *die politischen Ereignisse von 1527/ 1530:* der Einfall eines deutsch-spanischen Heeres in die Stadt; die Rebellion gegen die Medici; Michelangelos Tätigkeit als Festungsbaumeister auf seiten der Medicigegner; die Belagerung von Florenz; Michelangelos Flucht; der Fall von Florenz; Michelangelos Rückkehr; seine Begnadigung. – Zuletzt hat dann der päpstliche Auftrag für das »Jüngste Gericht« der Sixtinischen Kapelle die Vollendung prinzipiell unmöglich gemacht (v. Einem). 1534 ging Michelangelo endgültig nach Rom zurück.

Zur Architektur der »Neuen Sakristei«

In den *Grundrißmaßen* hielt sich Michelangelo an die »Alte Sakristei« von Brunelleschi. Von dort übernahm er auch die *Pilastergliederung der unteren Wandteile*, fügte aber ein *Zwischengeschoß* ein (vermutlich in Anlehnung an die Sakristei von S. Spirito, Abb. S. 102). – Die in Florenz so beliebten *Okuli* (Rundfenster) ersetzte er durch *perspektivisch sich nach oben verjüngende* Fenster und Fensterrahmungen. Das Ergebnis ist eine Aufwärtsbewegung von ausgeprägter Dynamik (ähnliches finden wir wenig später noch einmal in der Architektur des Treppenhauses der Biblioteca Laurenziana).

Michelangelos Architektursprache ist die des Bildhauers. Er arbeitet bewußt mit starken Spannungen und Kontrasten. Dazu gehört auch der Kontrast zwischen der *dunklen Rahmenarchitektur* und den *hellen eingestellten Marmorwänden*, während die Figuren einen farblichen Mittelwert vertreten.

Die Wände *(zur Raumstruktur)*

Die mit Gräbern besetzten Wandfelder sind leicht *zurückgesetzt* und schließen nach oben (in das Zwischengeschoß eingreifend) mit einem großen Rundbogen ›triumphal‹ ab. Die Grabwand selbst ist *dreigeteilt*, die leicht vorspringende *Mitte* durch den *Sarkophag* (auf eigenem Sockel) mit den Liegefiguren stark betont. – Darüber, in einer gleichsam höheren Sphäre, ist der Ort der ›Idealgestalten‹ der Herzöge, von deren Taten eine Inschrift über der Figurennische berichten sollte. In den *seitlichen Nischen* hat man sich allegorische Figuren, z. B. »Erde« und »Himmel« (so eine Notiz von Michelangelo) vorzustellen.

Eine wichtige Zäsur schaffen die kannelierten *Doppelpilaster*. Als flächige Schraffur schaffen sie einen Kontrast zu den Figuren, deren plastisches Volumen auf diese Weise um so stärker bewußt wird. – Die Liegefiguren lenken einerseits den Blick zur (offengelassenen) Mitte, geben aber die Bewegung auch an den Raum weiter, bis hin zu den Türen.

Michelangelo, Grabmal für Giuliano de' Medici

Die *Marmorrahmungen der Eckkompartimente* sind wie die Grabwände zweistöckig konzipiert, doch ohne die trennende Horizontale eines Ornamentbandes. So wirken sie stärker in der *Vertikalen*, geben dem Raumganzen einen starken Halt, gleichsam eine Verankerung, und schaffen einen übergreifenden Rhythmus. Ihre großflächige und schlichtere Form läßt die Grabwände als den kostbareren Teil der Kapelle hervortreten: als feiner ausgearbeitet, reicher geschmückt und stärker in der Aussage. – Im ganzen handelt es sich »um ein *neues Verhältnis von Architektur und Skulptur*« (v. Einem). Die Architektur ist nicht mehr bloßer Rahmen; sie ist selbst ein Stück ›Plastik‹.

Wichtig ist aber auch zu wissen: *die Kapelle ist unvollendet geblieben.* »Erst wenn man sich vorstellt, daß für die Eingangswand die gleiche Architektur wie für die *Seitenwände* vorgesehen war, daß *weitere Figuren* in den *Nischen* neben den Herzögen, andere (nämlich *Flußgötter*) auf dem *Boden* unterhalb der Sarkophage, wieder andere in der *Attikazone* geplant waren und daß die *Lünetten* mit *figürlichen Fresken* gefüllt werden sollten – erst dann tritt der gewollte Kontrast von Rahmen und Füllung in seine volle Wirkung« (v. Einem).

Planänderungen (Wandgräber statt Freigrab)

Ursprünglich hatte Michelangelo (nach dem Vorbild seines begonnenen Juliusgrabmals in Rom) an ein figurenreiches *Freigrab* gedacht, das sich *in der Mitte des Raumes* hätte erheben sollen. – Der Gedanke an Wandgräber kam erst später auf. – Im einzelnen durchlief die Planung viele Stufen. Weder die Sitzfiguren noch die Allegorien auf den Sarkophagen waren von Anfang an vorgesehen. – Michelangelo selbst hat nur noch die Aufstellung der beiden Herzogstatuen erlebt, nicht mehr die der allegorischen Figuren.

Schicksale der Medici

Über der Grabkapelle liegt insofern eine tiefe Tragik, als das gewaltige Unternehmen dem Ruhm der zu höchsten Ämtern aufgestiegenen Familienmitglieder dienen sollte; aber gerade der frühe Tod von Giuliano und Lorenzo hatte die politischen Hoffnungen, die sich mit ihren Namen verknüpften, zunichte gemacht. Zudem war Lorenzo in geistiger Umnachtung gestorben. So sind die Medicigräber auch Zeugnisse für den sich anbahnenden Niedergang der Familie.

Die beiden Herzöge (Giuliano und Lorenzo de' Medici)

Giuliano (mit dem Kommandostab), ein *Sohn Lorenzos des Prächtigen*, war 1516 im Alter von 38 Jahren gestorben. Drei Jahre zuvor war er von Papst Leo X. zum *Generalissimus der Kirche* ernannt worden. Seine Heirat mit *Filiberta von Savoyen* machte ihn zum *Herzog von Nemours*. Leo X. hoffte, mit Hilfe Frankreichs für ihn auch das Königtum Neapel gewinnen zu können.

Lorenzo (mit Helm), ein *Enkel Lorenzos des Prächtigen*, war 1519 im Alter von 28 Jahren gestorben. Papst Leo X. hatte ihn zum *Herzog von Urbino* gemacht, *Machiavelli* ihm sein Buch »Il principe« (Das Buch vom Fürsten) gewidmet. – Man hatte erwartet, er werde künftig einer der ›Großen‹ sein. Wie schon erwähnt starb Lorenzo in geistiger Umnachtung. – Michelangelo zeigt ihn uns als eine kräftige Gestalt, ausgestattet mit Helm und Panzer, aber *in nachdenklicher Pose*, den Blick leicht gesenkt. In einer Geste des Schweigens berührt die Linke das Kinn.

Die Herzöge als Idealgestalten

Michelagelo wollte, wie er selbst sagte, mehr darstellen als nur zwei Angehörige des Hauses Medici. Die Herzöge verkörpern für ihn *menschliche Grundhaltungen*: *Giuliano* (mit Kommandostab) die *vita activa*: das zielbewußte, willensstarke, tätige Leben; *Lorenzo* (trotz Helm und Panzer) die *vita contemplativa*: das beschauliche, der Betrachtung hingegebene Dasein.

Michelangelo, »Der Morgen« (Ausschnitt)

Liegefiguren und »Madonna Buonarroti«

Noch deutlicher ist der allegorische Sinn bei den *Liegefiguren*, die jeweils *in der Blickrichtung der Sitzfiguren*, also in Richtung zur Madonna ›gelesen‹ werden müssen: Der gedankliche Bogen spannt sich auf der Seite *Giulianos* (Abb.) *von links nach rechts*, nämlich vom »Tag« zur »Nacht«; auf der Seite *Lorenzos von rechts nach links*, d. h. vom »Morgen« zum »Abend«. Beidesmal wird gleichsam die Lebenskurve des Menschen nachgezeichnet, wobei allen vier Figuren (auch den weiblichen) eine eigentümliche *Schwere*, ja *Schwermut*, anhaftet, ein Merkmal für Michelangelos Schaffen in seiner zweiten Lebenshälfte. Eine *qualvolle Spannung* zwischen Jugend und Alter, Gedanke und Ausführung, Idee und Wirklichkeit bestimmt von jetzt ab alle seine Arbeiten. Sie ist auch charakteristisch für die Wiedergabe des weiblichen Aktes, dem wir hier zum ersten Mal in seinem bildhauerischen Werk begegnen.

Aufmerksam gemacht sei noch besonders auf die »*Madonna Buonarroti*«, an der Michelangelo besonders lange gearbeitet hat und die er dennoch unvollendet zurückließ, als er 1534 nach Rom ging. Die *Bewegungsmotive* sind außerordentlich gewagt: das Kind, rittlings auf dem Oberschenkel der Mutter sitzend, wendet sich ungestüm zurück, um an der Brust der Mutter zu trinken: »für ein Kultbild befremdlich« (v. Einem). Die Gefahr großer Unruhe und Unstimmigkeiten war zweifellos gegeben. Michelangelo aber gelingt die große Gebärde: »*Hingabe der Mutter und schwermütige Todesahnung*«. – »Der Kontrastreichtum ist Geist des Manierismus, die Ruhe und die dunkle Schwermut aber sind Michelangelos persönlichste Signatur« (v. Einem).

Zu Seiten der Madonna: *links* »Hl. Cosmas«, *rechts* »Hl. Damian«, die Schutzheiligen des Hauses Medici, »Arbeiten von *Raffaele da Montelupo* nach Modellen Michelangelos« (G.K.). – In der *Chorkapelle: Altar* und *Leuchter* von *Michelangelo* (der rechte Leuchter Kopie des 18.Jh.).

Im Vergleich zu Michelangelos Mediceergräbern erweist sich die Fürstenkapelle als eine nochmalige Steigerung hinsichtlich Größe, Maßstab, Material und herrschaftlichen Anspruchs einer dem Nachruhm dienenden Grabmalskunst. *Die Grablege wird jetzt zum selbständigen Bauwerk:* geplant als ein *überkuppeltes Oktogon,* das sich nach Höhe und Volumen dem Gesamtkomplex von S. Lorenzo nicht mehr einzuordnen vermag und im Stadtbild – gewollt oder ungewollt – mit der Domkuppel in eine wenig glückliche Konkurrenz tritt. Man begann ein Unternehmen, das bis heute noch nicht zum Abschluß gebracht werden konnte, an dem aber erstaunlicherweise noch immer weitergearbeitet wird.

Der Mausoleumsgedanke war vom Großherzog der Toskana, *Cosimo I.* ausgegangen. *Vasari* hatte noch erste Entwürfe geliefert (1561–1568), die sich noch bescheiden ausnahmen. Doch in den folgenden vierzig Jahren, die bis zur Grundsteinlegung vergingen, uferten die Pläne immer mehr aus und steigerten sich schließlich ins Phantastische.

Der engültige Entwurf (1605) kam von *Don Giovanni Medici.* Er sah u. a. vor, die Chorwand von S. Lorenzo gegen das Mausoleum hin zu öffnen, was später (1787) auch tatsächlich geschah, aber schon 1860 wieder rückgängig gemacht wurde. – Die Arbeiten selbst kamen nur schleppend voran. 1613 konnte über dem Erdgeschoß ein Notdach errichtet werden, und man begann mit der Verkleidung der Wände in *pietra-dura,* dem »florentinischen Mosaik«.

Die Kuppel der Fürstenkapelle (18. Jh.)

Die *Kuppel* schuf erst das 18. Jh. – Der Gedanke, die Kuppelschale mit Edelsteinen zu besetzen, mußte allerdings fallengelassen werden. Man entschied sich für ein *Deckengemälde,* für das zunächst *Anton Raphael Mengs* (1728–1779) Entwürfe anfertigte (1772). Mengs galt zu seiner Zeit als einer der bedeutendsten Maler Europas, der die Kunst aus den Übersteigerungen des Barocks befreit und zur klassischen Reinheit Raffaels zurückgeführt hatte. Das ausgeführte Gemälde (Szenen von der Schöpfung bis zum Jüngsten Gericht) stammt aber nicht von ihm, sondern von *Pietro Benvenuti.* – Der Fußboden wurde erst im 20. Jh. vollendet.

Die Grabmäler

Ursprünglich sollten sämtliche Wandgräber durch *fürstliche Standbilder* geschmückt werden. Man dachte zunächst an *Marmorarbeiten* und hoffte *Giovanni da Bologna* dafür gewinnen zu können. – *Buontalenti,* ein Schüler Vasaris, sprach sich für *Porphyrbildnisse* aus. – Schließlich entschied man sich für *Bronzestandbilder,* von denen aber nur zwei zur Ausführung kamen *(Pietro Tacca).*

Die Wandgräber rechts der Chorapsis (von links nach rechts): *Ferdinando I.* (gest. 1609), *Cosimo II.* (gest. 1620), *Ferdinando II.* (gest. 1670).

Die Wandgräber links der Chorapsis (von rechts nach links): *Cosimo I.* (gest. 1574), *Francesco* (gest. 1587), *Cosimo III.* (gest. 1723).

In handwerklicher Hinsicht sind vor allem die *Sarkophage* hervorzuheben, ferner an der Sockelzone die 16 eingelegten *Wappen toskanischer Städte.* – Am *Hauptaltar* beachte man an der Vorderseite die *Emmausszene.*

Die Schatzkammer der Fürstenkapelle

Sie ist in *zwei Nebenräumen* untergebracht, die durch kurze Gänge (links und rechts der Chorapsis) zugänglich sind. – Der *linke Raum* enthält kostbare Reliquien des 15./16. Jh. (u. a. Reliquiar der Dornenkrone, Bergkristall, 15. Jh. und ein Reliquiar des Hl. Cosmas mit Drachenhenkeln). – Im *rechten Raum* überwiegen Barockarbeiten (u. a. Ebenholztabernakel).

Auftraggeber war *Papst Klemens VII. (Giulio de' Medici)*, der die »Laurenziana« stiftete, um den wertvollen Bücherschatz der Medici, der vorübergehend nach Rom gebracht worden war, in Florenz zeigen zu können. Er sollte künftig *öffentlich* zugänglich sein.

Daten: Die bauliche Situation vor Errichtung der Bibliothek ist gekennzeichnet durch den doppelgeschossigen *Kreuzgang* (1457), den *Antonio Manetti* noch zur Zeit der Florentiner Frührenaissance den schon bestehenden Klosterbauten des Mittelalters vorblendete. – *Michelangelo selbst stand vor der Schwierigkeit, seinen Bibliothekssaal über dem schwachen Unterbau des 13. Jh. errichten zu müssen.* – Baubeginn ca. 1524. – Langsamer Bauverlauf, ab 1534 erschwert durch Michelangelos Weggang nach Rom. – Decke des Bibliotheksaals ca. 1534 voll. – Um die Weiterführung des Ganzen bemühten sich *Tribolo* (von ihm der Fußboden des Lesesaales) und *Vasari*. – Michelangelo nahm aus Rom jeweils brieflich Stellung. 1557 schickte er ein *Tonmodell der Treppe*, die dann *Ammanati* ausführte (ca. 1560). – *Einweihung* der Bibliothek 1571. – *Treppenhaus* erst im 20. Jh. zu Ende geführt.

Vorraum mit Treppe zum Lesesaal

Man hat diesen Raum stets als »*rätselhaft*« (Hubala) empfunden, zugleich aber auch als einen »*Höhepunkt europäischer Baukunst*« (G. K.) und schließlich als »*Schlüsselwerk des toskanischen Manierismus*« (Hubala).

Tatsächlich setzt sich hier Michelangelo mit elementarer Gestaltungskraft über die von der Frührenaissance geschaffenen Regeln des »Vollkommenen« (Architekturtheorie Albertis) hinweg und setzt dagegen (wie es später die manieristische Kunsttheorie will) »die geistreiche Überraschung« (Weigert), den »Einzelfall«, die »Erfindung«.

Schon der hohe, ›unschöne‹ Raumschacht mußte jeder klassischen Ästhetik widersprechen. Gerade diese extremen Verhältnisse scheinen aber Michelangelo als Bildhauer angeregt zu haben. Durch gewaltige *Säulenpaare* erzwingt er *stärkste plastische Akzente*, die den Blick unwillkürlich an die *Mittelzone* binden, entsprechend der Höhenlage des Lesesaales, zu dem die Treppe hinaufführt. – Frei vor die Wand gestellte Säulen hätten den Raum optisch erdrückt. Daher drängt Michelangelo in die *Tiefe* der Mauer. Er zertrümmert gleichsam den Wandzusammenhang, löst ihn in schmale, von Nischen ausgehöhlte *Mauerstreifen* auf und stellt seine Säulenpaare dazwischen (wobei die Wandnischen möglicherweise auf die steinernen Nischenschränke römisch-antiker Bibliotheken anspielen). – Unterhalb der Säulen suggerieren *Konsolen* einen gewissen statischen Halt, doch sind sie gleichzeitig ein verselbständigtes bauplastisches Ornament zur Belebung der Sockelzone.

Mit der *Treppe* mußte auf kürzestem Raum eine große Höhendifferenz überwunden werden. Ein lediglich *gerader* Treppenlauf hätte aber das Raumgeviert unschön zerschnitten. So mußte es Michelangelo darauf ankommen, der Treppe eine gewisse *Zentrierung* zu geben, eine *Lagerung auch nach der Breite hin*. Daher die seitlichen Treppenläufe, die sich sockelartig an den Hauptlauf heranschieben. Durch Verzicht auf Geländer erscheinen sie niedriger als der breitere, durch Schwingung stärker rhythmisierte Mittelgang. – Im ganzen ergibt sich das Bild eines in den Raum vorgeschobenen ›Stufenthrones‹: in seiner feierlichen Würde eine *Reverenz an den Herrscher* (dem der mittlere Aufgang vorbehalten gewesen sein soll).

Lesesaal: Die Wände sind durch Pilaster, steinerne Fensterumrahmungen und Blendnischen wie *Außenfassaden* behandelt. – *Fußbodenmuster* (Terrakotta) als Widerspiegelung der Deckengliederung. – *Lesepulte* nach Entwurf Michelangelos. – In *drei rückwärtigen Räumen* Ausstellung von Bibliothekswerken.

Palazzo Medici-Riccardi
Fassadengestaltung

Von festungsartiger Wucht ist das *Sockelgeschoß*. Man steht vor einer mehr als 8 m hohen Steinwand, drohend und abweisend, eher einer römischen Stadtmauer gleichend als der Front des Wohnpalastes. Selbst die wenigen, hoch gelegenen Fenster, rahmenlos in die Mauer eingeschnitten, sind vergittert.

Links und rechts der Straßenecke waren ursprünglich die beiden Rundbogen als *Loggia de' Medici* geöffnet, ein in Florenz häufig anzutreffender, in den Baukörper einschneidender Straßenraum. Die *Schließung* der Bogenöffnungen erfolgt 1517 nach Entwürfen *Michelangelos*. Charakteristisch für dessen Architekturstil sind die manieristisch gelängten Konsolen der Fensterbänke.

Von ganz anderem Charakter ist das *Hauptgeschoß* des Palastes mit den Repräsentations- und Wohnräumen. Eingefaßt von zwei Zahnschnittgesimsen setzt es sich gegenüber dem Sockelgeschoß mit zeichnerischer Prägnanz als etwas *Eigenes* ab, *zierlicher* in den Einzelformen, *sensibel* in der Gestaltung der Oberfläche. Unterschiedlich hohe Steinlagen beleben die Wand. Das Ganze ist von vornehmer Zurückhaltung. – Die *Fenster* sind zweigeteilt, schmal und elegant proportioniert, verbunden durch eine auf schlanken Säulchen aufruhende Bogenstellung: eine *Umsetzung des gotischen Biforiums in die Formensprache der Frührenaissance.*

Das *dritte Geschoß*, von geringerer Höhe und ohne Steinschnitt, variiert die Grundform des zweiten.

Das abschließende *Kranzgesims* ist *das erste nach antikem Vorbild gearbeitete:* mit *Zahnschnitt*, mit *Kymation* (der griechischen Kunst entnommenes Blattornament) und mit *Konsolen*, deren Rhythmus auf die Gesamterscheinung des Palastes maßstäblich zurückwirkt.

Palazzo Medici-Riccardi, Fassade (Ausschnitt)

3 I   Palazzo Medici-Riccardi *(1446ff.)*

Lage: Via Cavour (die alte Via Larga) – Ecke Via dei Gori. – Bis 1659 im Besitz der *Medici,* danach im Besitz der Familie *Riccardi,* seit 1814 *staatlich* (Sitz der Präfektur). – Der Hof und Teile des Gebäudes (Museum) öffentlich zugänglich. – Baubeginn 1446 nach Plänen *Michelozzos* (im 17. Jh. erweitert).

Brunelleschis Projekt: Alten Quellen zufolge soll Brunelleschi ein Modell für den Palast entworfen haben, der nach Vasari »von allen vier Seiten isoliert« auf einem freien Platz hätte stehen sollen, genau gegenüber der Fassade von S. Lorenzo. »Wahrscheinlich plante Brunelleschi eine Anlage über quadratischem Grundriß mit neun Fenstern auf jeder Seite und mit dem Haupteingang auf derselben Achse wie das Hauptportal von S. Lorenzo« (Fanelli). Wie Vasari berichtet, habe Cosimo d. Ä. das Projekt wegen seiner Größe abgelehnt, weil er befürchtete, Neid und öffentliches Ärgernis zu erregen.

Michelozzo: Der Auftrag ging schließlich an *Michelozzo* (1396–1472), den die Medici in der Regel als Architekten bevorzugten. Michelozzo (Schüler Ghibertis und zeitweilig Mitarbeiter Donatellos) schuf mit dem Palazzo Medici das »*Musterbeispiel des toskanischen Renaissance-Palastes*« (Heydenreich), in seiner ursprünglichen *Würfelform* eine *Idealanlage* nach den Vorstellungen der Frührenaissance: Vier Flügel umschließen einen quadratischen Hof.

Zur Rustika: Braunfels hat darauf aufmerksam gemacht, daß sich mit der Verwendung der Rustika *ein politischer Geltungsanspruch* verbindet. Denn *Quaderung* und *pietra forte* werden vom *Palazzo Vecchio* übernommen, somit vom *Stadtpalast* (Rathaus) auf den *Privatpalast* übertragen. Das geschieht, »um seinen Anspruch schon durch das *Material* und seine Verarbeitung zu bezeugen«. Natürlich gilt das nicht nur für den Palast der Medici, sondern ebenso für die Privatpaläste der anderen großen Familien: der *Pitti, Pazzi, Rucellai, Antinori, Gondi* oder der *Strozzi.* Alle diese Paläste bezeichnen eine politische Zäsur zwischen dem 14. Jh. und 15. Jh. Die großen von den Zünften getragenen Gemeinschaftsaufgaben des 14. Jh. (Bargello, Or San Michele, Palazzo Vecchio, Loggia dei Lanzi und der Dom) waren im wesentlichen abgeschlossen. Jetzt regierten in Florenz zunehmend die großen Familien.

Tatsächlich bildete nun der *Palazzo Medici* das *eigentliche politische Zentrum der Stadt.* Cosimo d. Ä. und sein Enkel, Lorenzo der Prächtige, wahrten zwar den äußeren Schein und hielten sich strikt an die Gepflogenheit des republikanischen Verfassung, aber ihr tatsächliches Gewicht (politisch und finanziell) erlaubte es ihnen, in allen wesentlichen Dingen den Ton anzugeben.

Als später, unter Großherzog Cosimo I. (1540), der Palazzo Medici aufgegeben wurde (und nur noch Frauen und Kinder hier wohnten) und der Palazzo Vecchio die neue Residenz bildete, dokumentierte sich darin für Florenz das Ende seiner republikanischen Freiheit.

Erweiterung des Palastes im 17. Jh.

Wichtig: der Palast hatte ursprünglich nur 10 Fensterachsen. Der heutige Eingang bildete die *Mitte* des alten Palastes, dessen Front im Bereich des Sockelgeschosses durch eine *Dreiergliederung* (drei große Rundbogen) charakterisiert war. – Erst 1684/89 (unter den Riccardis) erfolgte eine *Verlängerung der Palastfront* nach rechts um 7 Achsen (Baunaht zwischen dem 10. und 11. Fenster gut zu sehen). Damit veränderten sich die ursprünglichen Proportionen. Erst jetzt lag die Betonung »auf der sich machtvoll entfaltenden Breite« (Büttner), vorher dagegen bestand zwischen Höhe und Breite »ein ausgewogenes Verhältnis« (vgl. Palazzo Strozzi). Doch auch der verlängerte Palast bleibt noch immer (durch einen niedrigen Torbau am rechten Ende) ›freigestellt‹.

Der *Palasthof* gilt, mit hohen Arkaden, deren Säulen Kompositkapitelle tragen, als einer der schönsten der florentinischen Frührenaissance. – Die *Fenster* waren ursprünglich wohl rechteckig mit darüber liegenden Okuli. – Die heute verglaste *Loggia* hat man sich offen zu denken. – Von besonderem Interesse sind die 12 *Marmortondi*, Arbeiten aus der Werkstatt *Donatellos*. Vier davon zeigen das *Medici-Wappen*, die anderen *mythologische Themen* nach dem Vorbild antiker Gemmen aus der Sammlung Lorenzos des Prächtigen. Der Anordnung liegt vermutlich ein *philosophisches Programm* zugrunde, das mit dem Urmenschen beginnt und mit der menschlichen Kultur endet.

In der Hofmitte »Orpheus« von *Baccio Bandinelli* (1488–1560), in Anlehnung an den Apoll von Belvedere. – Die Umwandlung des Hofes »in ein Antikenmuseum« durch Anbringung von fragmentarischen Bildwerken und Inschriften erfolgte kurz vor 1719 nach Entwurf des Bildhauers *Giuseppe Broccetti*, der die antiken Fragmente in große Rahmen aus *pietra serena* einfaßte.

Medici-Museum (Museo Mediceo)

Zugang vom Hof aus rechts. – In *vier Sälen*, die in den ursprünglichen Zustand zurückversetzt wurden, werden *Gemälde*, *Möbel*, *Skulpturen*, etc. aus dem Besitz der Familie Medici gezeigt, ferner eine große Zahl von *Porträts*.

Saal 1: u. a. wertvolle Wandteppiche. – *Saal 2:* hauptsächlich Bildnisse. – *Saal 3:* Erinnerungsstücke an Lorenzo den Prächtigen und seine Söhne. – *Saal 4:* Erinnerungsstücke an die florentinischen Großherzöge.

Die Palastkapelle *(Ausmalung 1459/60 durch Benozzo Gozzoli)* **Nr. 31**

Unbedingt sehenswert. – *Zugang* vom Hof aus rechts über die von *G.B. Foggini* 1686/89 angelegte *barocke Haupttreppe*. – Foggini kommt das Verdienst zu, nach mehreren vorausgegangenen Treppenprojekten anderer Architekten eine Lösung gefunden zu haben, bei der die Palastkapelle und ihre wertvollen Wandmalereien nahezu vollständig erhalten werden konnten. Die *Kapelle* als solche ist der letzte Zeuge für die prächtige Ausstattung des Palastes zur Zeit der Medici. – *Altarbild* »Anbetung des Kindes«, Kopie nach einem Original von *Filippo Lippi*.

Benozzo Gozzoli (1420–1497), zeitweise an Ghibertis Paradiesestür beschäftigt, später Schüler von Fra Angelico, gehört zusammen mit Ghirlandaio zu den großen *Erzählern*. In seiner Malerei »vermischen sich gotische Traditionen mit einem neuen, stark farbigen Realismus« (LdK). *Die Ausmalung der Kapelle* gilt als Gozzolis *Hauptwerk*. Der »Zug der Hl. Drei Könige«, »prachtvoll und märchenhaft«, zeigt die *toskanische Landschaft*, zeigt *Pflanzen* und *Tiere* sowie *Porträts* berühmter Persönlichkeiten.

Das Thema der »Hl. Drei Könige« war nur zum Vorwand genommen worden, um in Wahrheit *die Teilnehmer am Konzil zu Florenz* darstellen zu können, das 1439 auf Betreiben der Medici von Ferrara nach Florenz verlegt worden war. Die Wandfresken haben somit den Charakter eines *Historienbildes* und feiern den *Ruhm von Florenz* unter dem Einfluß der Medici, deren Porträts hier festgehalten sind. – Man erkennt u. a. an der linken Wand im ältesten König den *Patriarchen von Konstantinopel*; an der Schmalwand den *byzantinischen Kaiser Johannes VIII.*; an der rechten Längswand (rechts) *Lorenzo il Magnifico* als Zwölfjährigen. – Auf dem Schimmel links: *Piero de' Medici* (Piero il Gottoso).

Galleria Riccardiana (Zugang vom Hof aus über eine Treppe)

Die im 1. Stock eines rückwärtigen Flügels gelegene *barocke* Galerie steht in der Tradition französischer Vorbilder: Ausblick zum Garten, Verglasung der Fenstertüren bis auf den Boden, Ausrichtung auf die Schmalseiten hin.

Das *Fresko* (1682/83) von *Luca Giordano* (Kardinalstugenden) faßt den Raum einheitlich zusammen (Verzicht auf gemalte Rahmen oder Architektur). Die Grundstimmung ist heiter und idyllisch. Der ursprünglich leere Raum diente als *Spaziersaal* mit Wandschränken für Statuetten, Münzen, Gemmen (Ulrich Keller).

S. Giovannino degli Scolopi   Nr. 31

Im 16./18.Jh. Kirche der *Jesuiten*, die 1547 nach Florenz gekommen waren und von Cosimo I. gefördert wurden (Vertreibung der Jesuiten 1773; danach im Besitz der Piaristen). – Alterswerk von *Bartolomeo Ammanati* (1511–1592); vgl. dessen Gartenfront des Palazzo Pitti (1558–1570) – Abb. S. 183. Ammanati, in Venedig Schüler Sansovinos, arbeitete seit 1558 in Florenz. – Typisch ist hier die *Fassade* (sie wurde erst 1656, ein halbes Jahrhundert nach Ammanatis Tod, jedoch seinen Plänen entsprechend, ausgeführt und 1842 im ganzen erneuert, worauf sich die Inschrift bezieht): energische Belebung der Mauer durch Vor- und Rücksprünge, Nischen und eingestellte Säulen, »im stark räumlichen, schichtenweisen Aufbau eine selbständige Fortbildung von Ideen Michelangelos« (G. K.). *Inneres:* Veränderung des ursprünglich gotischen Bauwerks durch Hinzufügung einer neuen *Chorpartie* sowie Einbau seitlicher *Kapellen* als Teile eines zweistöckigen, durch Pilaster gegliederten *Wandaufbaus.*
Ausstattung: Fresken der *Oberwand* in stuckiertem Goldrahmen (um 1584/1590) mit Szenen aus dem Leben Jesu und der Apostel. – *1. Kapelle rechts:* »Kreuzigung« (Vasari-Schüler). – Großer *Bogen* (rechts vom Chor) mit Stuckdekoration von 1700. – Arbeiten des 18.Jh. sind die lebensgroßen *Apostelfiguren* und die geschnitzten *Beichtstühle.* – *Gewölbefresko* mit Apokalypse aus der Zeit nach 1759. – *2. Kapelle links* (Marmordekoration des 19.Jh.): *Grab Ammanatis und seiner Frau;* manieristisches Altarbild »Christus und das kanaanäische Weib« (um 1587) von *Alessandro Allori* (1535–1607); der langbärtige Alte ist ein *Porträt Ammanatis;* ganz rechts mit Buch Ammanatis Frau.

32   S. Michele in Visdomini – S. Maria degli Angeli

S. Michele in Visdomini: Fassade (16.Jh.) im Ammanati-Stil. – Bedeutend nur die *Ausstattung,* vor allem am *2. Altar rechts* die manieristische »Sacra Conversazione« (1518) von *Pontormo* (1494–1557), »eine der kompliziertesten Figurenkompositionen des Cinquecento« (V. Plagemann), von Vasari für das schönste Tafelbild Pontormos gehalten. – *1. Altar rechts:* »Geburt Christi« (1618) von *Jacopo Chimenti,* gen. *Empoli.* – Im *linken Nebenchor:* deutscher *Holzkruzifixus (›Crocifisso dei Bianchi‹)* des frühen 14.Jh.

S. Maria degli Angeli *(beg. 1434)*

Die unvollendet gebliebene Kapelle gehört zum *Spätwerk Brunelleschis* (an der Nordseite die Zahl 1437): nach außen ein *Sechzehneck,* im Inneren *achteckig,* mit *acht* begleitenden *Kapellen,* die gleichsam in die Mauermasse eingeschnitten sind. Von antiken Bauformen beeinflußt, arbeitet Brunelleschi hier mit der *Mauermasse* als einem künstlerischen Element. – *Erster Pfeilerbau der Neuzeit,* »für die Entwicklung des Zentralbaus der Renaissance von größter Bedeutung« (Heydenreich). – *Links:* Rekonstruktion von *Marchini* (1962); abweichend davon *Eugenio Battisti* (1976).

Loggia dell'Ospedale di S. Matteo: Ecke Piazza S. Marco-Via Ricasoli. – Wiederhergestellt 1934/35. – Wichtige Vorstufe zu Brunelleschis Findelhausloggia.

Galleria dell' Accademia
(Kunstakademie – Museum)

Eingang zum Museum (»Accademia«): Via Ricasoli, 52. – Gründung 1784 durch Großherzog *Pietro Leopoldo*, der hier verschiedene Zeichenschulen zu einer ›Akademie‹ vereinigte und zu Lehrzwecken eine Bildergalerie einrichtete. – 1882 errichtete man für Michelangelos »David« die sog. Tribuna.

Michelangelos »David« (1501–1504)

Daten: Marmor, 5,15 m einschließlich Standplatte, gearbeitet aus einem als verhauen liegengelassenen Block. – *Ursprünglicher Standort:* vor dem Palazzo Vecchio; dort seit 1910 durch eine Kopie ersetzt. – Als die Medici 1527 aus Florenz vertrieben wurden, wurde die Statue durch eine aus dem Fenster des Palastes geschleuderte Bank beschädigt, und der linke Arm zerbrach. *Salviati* und *Vasari*, damals noch im Knabenalter, fanden die Stücke und fügten sie später (1543) auf Veranlassung des Herzogs Cosimo I. der Statue wieder an. – Aufstellung der Figur in der Akademie seit 1873.

Michelangelos »David« fällt in die Zeit seines zweiten Florentiner Aufenthalts (1501–1505). Zuvor war Michelangelo 5 Jahre in Rom, wo der »Bacchus«, beg. 1497 (Abb. S. 59) und die berühmte »Pietà« (1498/99) entstanden waren. – Währenddessen hatte sich die Lage in Florenz grundlegend geändert. Die *Medici* waren vertrieben. Für kurze Zeit (1494/98) hatte *Savonarola* regiert. Danach hatte man 1502 *Pietro Soderini* auf Lebenszeit an die Spitze des Großen Rates der Stadt berufen.

Zur Deutung: Michelangelo war 26 Jahre alt, als er den Auftrag zum »David« erhielt, die größte Aufgabe, die ihm bis dahin gestellt worden war. Doch niemand hatte an eine ›Freifigur‹ gedacht. Die Figur sollte vielmehr auf einem Strebepfeiler des Domes aufgestellt werden; sie war als ›Bauplastik‹ konzipiert. Erst nach ihrer Fertigstellung entschied man sich für die Aufstellung vor dem Palazzo Vecchio. Es war *»die erste frei auf einen Sockel gestellte Statue seit dem Ausgang der Antike«* (v. Einem).

Die ursprüngliche Sinngebung der Figur war *religiöser* Natur gewesen. Man kannte David seit dem Mittelalter als Vorbild Christi und sah in seinem Sieg über Goliath ein alttestamentliches Gegenbild zu Christi Sieg über den Satan. Zugleich aber war David ganz allgemein ein *Sinnbild der Tapferkeit.* So war es nicht schwer, die Figur auch *politisch* zu deuten, wie es der Große Rat der Stadt tat. Man sah in Michelangelos »David« ein *Symbol der Florentiner Republik;* David als siegreicher Held, der für eine gerechte Sache kämpft.

Im Gegensatz zu früheren Darstellungen desselben Themas verzichtet Michelangelo auf die Wiedergabe des Hauptes Goliaths. David ist nicht *nach* der Tat, sondern *vor* der Tat dargestellt. So wird seine Gestalt zur Verkörperung jugendlicher Kraft, »die Erneuerung der Idealfigur eines nackten Jünglings im Sinne der Antike« (v. Einem).

Die Kenntnis *antiker* Statuen gehört zu den Voraussetzungen dieses Werkes. Es waren aber vor allem die *hellenistischen* Skulpturen, die Michelangelo in Rom kennengelernt hatte. Es war »die heroische Größe jener Plastiken, ihre *idealisierte Schönheit* und Kraft und ihre schwellenden Formen« (Janson), die Michelangelos Stil bestimmten. So hat die hellenistische Plastik weitergewirkt bis in die Kunst der Hochrenaissance und der von ihr abhängigen Schöpfungen.

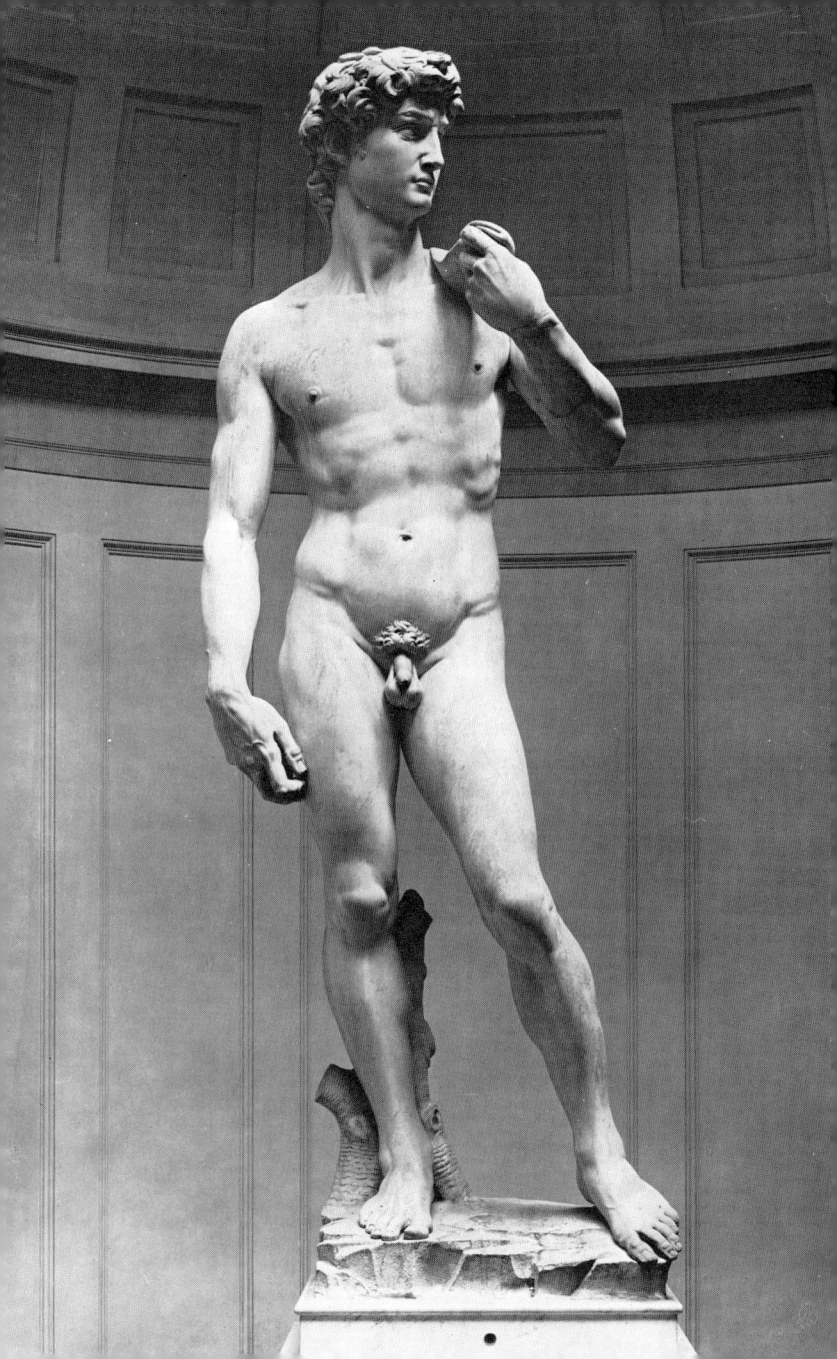

»Der *Kopf des David* bringt zum ersten Mal Michelangelos Schönheitsvorstellung in voller Reinheit zum Ausdruck« (v. Einem). Die Figur als Ganzes aber bewegt sich in einem »*Zwischenzustand von Ruhe und Bewegung*, wie er der antiken Freifigur gemäß ist« (v. Einem). Doch anders als in der Antike werden jetzt Ruhe und Bewegung zugleich zu *seelischen* Momenten. Man spürt das *Selbstbewußtsein* dieser Gestalt, die von ihrer körperlichen Kraft weiß und von jugendlichem Stolz erfüllt ist.

Michelangelos »Sklaven« (um 1519)

Daten: Vier unvollendete *Marmorfiguren* vom Julius-Grabmal. – Durchschnittliche Höhe 2,60 m bis 2,70 m. – Großherzog Cosimo I. ließ sie in einer Grotte am Eingang des Boboligartens in künstliche Tropfsteine einbauen (heute durch Gipsabgüße ersetzt). – Aufstellung in der »Accademia« seit 1906. – Sowohl die *Datierung* der Figuren wie die *Eigenhändigkeit* Michelangelos sind umstritten. Am häufigsten wird die Zeit »um 1519« genannt und der unvollendete Zustand als handwerkliche Vorarbeit von Gehilfen nach vorauszusetzenden großen Modellen des Meisters aufgefaßt. Michelangelo selbst hat wohl nur einzelne Teile der Figuren überarbeitet.

Zur Deutung: Zwei heute im Louvre befindliche »Sklaven« derselben Gruppe, von Michelangelo eigenhändig vollendet, geben eine gewisse Vorstellung des Angestrebten. Von grundlegender Bedeutung ist, daß die Figuren *gefesselt* sind (mögen sie nun die durch den Tod des Papstes ›gefesselten Künste‹ darstellen, oder, wie andere meinen, als eine ›Versinnbildlichung der vom Papst eroberten Gebiete‹ gedacht sein). Entscheidend ist, daß Michelangelo hier »*die Spannung zwischen Freiheit und Gebundenheit*« zur Anschauung bringt, ein Thema, das hier zum ersten Mal auftaucht, »später aber zum Grundthema seiner Kunst werden sollte« (v. Einem).

Michelangelo war schon als junger Mann in Florenz im Kreise des Lorenzo il Magnifico mit dem Gedankengut des *Neuplatonismus* in Berührung gekommen und von dessen Lehren für immer geprägt worden. Zu den neuplatonischen Auffassungen gehörte aber die Vorstellung »*vom Körper als dem irdischen Gefängnis der Seele*« (Janson). Genau dies ist das Thema der »Sklaven«: »Die unerfüllte Sehnsucht des Genies nach dem Unendlichen und Unerreichbaren« (Weigert). Michelangelo selbst spricht in einem Gebet zu Gott: »Du hast die göttlich hohe Seele ausgeliefert an die Zeit und in diese morsche, müde Hülle *eingekerkert* ...«.

Die »Gefangenen« (wie die Figuren auch genannt werden) sind also nicht nur in einem äußerlichen Sinne gefesselt, sie erleiden vielmehr ein *inneres* Schicksal. Und das bedeutet für die Kunst: »*Der schöne Einklang zwischen Leib und Seele*, der in antiken Skulpturen und auch in vielen der mittelalterlichen Klassik und der Renaissance beglückt, ist bei Michelangelo *zerstört*« (Weigert). Ein *tragisches* Lebensgefühl entsteht.

Der Gegensatz zum »David« des 26jährigen Michelangelo ist in der Tat fundamental. Er ergibt sich nicht nur aus einer anderen Thematik, er zeigt vielmehr, daß sich ein *tiefer Formenwechsel* vollzogen hat. Die Arbeit an der Decke der Sixtinischen Kapelle (1508/12) war beendet. Jetzt gewann langsam ein *pessimistischer* Grundzug die Oberhand. Das *Leiden an der Gebundenheit des Daseins* wird nun zunehmend zu einer Grundkomponente im Schaffen des Meisters (so auch bei den Medici-Gräbern in S. Lorenzo, 1518–1534): »Michelangelo sieht seine Gestalten nicht in natürlicher Freiheit. Immer schleppen sie die Fesseln einer Gefangenschaft mit sich, bäumen sich auf oder ergeben sich trauernd in ihr Schicksal« (v. Einem).

Michelangelos »Pietà« (um 1556): sog. *Palestrina-Pietà* (bis 1939 in Palestrina). – Authentizität umstritten. Wahrscheinlich *Spätwerk* Michelangelos: Kopf und rechter Arm Christi gelten als eigenhändig. Das Werk wurde von fremder Hand vollendet.

»DAVID«

4 2 3 »PIETÀ«

»SKLAVEN«

1

KASSE

Neuordnung des Museums
Zum Zeitpunkt der Drucklegung
dieses Führers war die Neuordnung
des Museums noch nicht abgeschlossen, einige Räume im Erdgeschoß
und das ganze Obergeschoß noch
nicht zugänglich.

Im Folgenden geben wir lediglich
eine kurze, notwendigerweise un-
vollständige *Übersicht über die Bestände*. Mit Änderungen in der Aufstellung muß gerechnet werden.

Galleria dell' Accademia
Orientierungsplan

Saal 1 (Florentiner Schule des 16. Jh.): u. a.»Kreuzabnahme« (begonnen von *Filippo Lippi*, zu Ende geführt von *Perugino*); bedeutend »Die Vision des Hl. Bernhard« (1504/07) von *Fra Bartolomeo*; ferner Werke von *Mariotto Albertinelli, Fraciabigio,* u. a.

Saal 2: »Kruzifixus« aus der *Schule Duccios.* – »Polyptychon mit Kreuzigung und Heiligen« von *Pacino di Buonaguida.* – Vom selben Meister: Allegorischer »*Kreu-zigungsbau*« (12 Äste mit der Lebensgeschichte Jesu): Zu Füßen des Kreuzes die Schöpfungsgeschichte, Sündenfall, Vertreibung aus dem Paradies; in der Baum-krone der Pelikan (Symbol der Selbstaufopferung Christi), seitlich Ezechiel und Daniel; im oberen Feld Christus und Maria als Richter, davor eine große Schar von Heiligen und Engeln. – *Russische Ikone* (16. Jh.) mit Monatsdarstellungen März bis August. – Vom ›*Meister der Magdalena*‹ (13. Jh.) hochformatige Tafel mit der Hl. M. Magdalena und acht Szenen aus ihrem Leben.

Saal 3: »Marienkrönung und Heilige« (1372/73) von *Niccolò di Pietro Gerini* und *Jacopo di Cione.* – Ferner Werke von *Puccio di Simone, Taddeo Gaddi, Schule von Bernardo Daddi, Nardo di Cione.* – »Kruzifixus« (14. Jh.).

Saal 4: »Madonna mit Kind« von *Taddeo Gaddi* (Rahmenbilder von *Niccolò di Pietro Gerini*). – »Jungfrau mit Heiligen« von *Andrea di Buonaiuti* (= *Andrea di Firenze*). – Tragbares »Tabernakel« von *Giovanni da Milano.* – 22 kleine Tafeln von *Taddeo Gaddi* (von einem Reliquienschrein in S. Croce) mit Szenen aus dem Leben Christi und dem Leben des Hl. Franziskus. – »Marienkrönung« von *Niccolò di Tommaso*, eine zweite von *Nardo di Cione.* – Bedeutend eine »Pietà« (1365) von *Giovanni da Milano*: »feierlich graue Schatten« (Marcucci).

Opificio delle Pietre Dure – Conservatorio Cherubini   Nr. 33

Opificio delle Pietre Dure (Via degli Alfani, 78): *Werkstätten und Museum für Ein-legearbeiten in Stein* (sog. Florentiner Mosaik) »*pietra-dura*« genannt. – Die 1580 durch den Großherzog *Francesco I.* begründeten Werkstätten (der Herzog hatte Mailänder Steinarbeiter angeworben), waren seit 1588 in den *Uffizien* unterge-bracht. 1796 verlegte man sie an ihre heutige Stelle, den alten *Konvent von S. Niccolò.* – Die Arbeit galt primär (auch heute noch) der Ausstattung der Fürsten-kapelle von S. Lorenzo. – Das *Museum* zeigt hervorragende Steinarbeiten aus vier Jahrhunderten.

Conservatorio Cherubini (Via degli Alfani, 80): Gründung des frühen 19. Jh. – Be-rühmtes *Museum alter Musikinstrumente* (u. a. von *Stradivari* und *Nicola Amati*). – Ägyptische und orientalische Instrumente. – Frühe Klaviere.

34 Monastero di S. Apollonia – Castagno-Museum
(Via XXVII Aprile, 1)

Das 1399 gegründete Benediktinerinnen-Kloster ist heute profanisiert. – Die Werke Andrea del Castagnos befinden sich im ehemaligen Refektorium.

Andrea del Castagno (um 1421–1457) zählt zu den führenden Malern der florentinischen Frührenaissance. Von Brunelleschi (geb. 1377), Donatello (geb. 1386) und Masaccio (geb. 1401), auf deren Erfahrungen er aufbaut, ist er durch mehr als eine Generation getrennt. Auch Fra Angelico (geb. 1387), Paolo Uccello (geb. 1397) sowie Domenico Veneziano (geb. um 1400) gehen ihm jeweils um Jahrzehnte voraus. Von ihnen allen hat er gelernt. Er beherrscht die Perspektive, gestaltet seine Figuren als diesseitige, körperlich faßbare Gestalten, findet zur Bildeinheit und zu kontraststarken Farben.

Vieles von dem, was Castagno in Florenz geschaffen hat, ging verloren. Doch war er zweifellos einer der ganz großen Maler. Heute beurteilt man seinen *Freskenzyklus in S. Apollonia* »als die vielleicht stärkste Leistung der italienischen Renaissancemalerei in der Zeit um 1440/50« (L. Berti). Man denke auch an sein »Reiterbildnis des Niccolò da Tolentino« (1456) im Florentiner Dom. »Inmitten der so überwiegend sanft gewordenen Malerei seiner Zeit tritt Castagno mit einer *erregend neuen, pathoserfüllten Sprache* auf« (Heydenreich): ein monumentaler Naturalismus mit wuchtigen Figuren, lebhafter Gebärdensprache, starker Plastizität. In Castagnos Werk gewinnt etwas Gestalt vom ›großen Menschen‹, wie ihn die Renaissance sah, etwas Heroisches, Kraftvolles, der römischen Antike Verwandtes.

Zu den Bildern: Erstaunlich ist die *innere Spannweite* im Schaffen Castagnos. Ist das »Abendmahl« erfüllt von einem fast wissenschaftlich anmutenden Realismus, so sind die Darstellungen der »Passion« in dem darüber gelegenen Wandstreifen von einem ebenso überzeugenden *visionären* Charakter. – Nicht minder packend sind die »Neun berühmten Männer und Frauen«, gemalt als Wandschmuck der Villa Pandolfini-Carducci in Legnaia. Keine »höfisch-romantischen Helden« sondern »große Gestalten der Vergangenheit« (Heydenreich), darunter drei Feldherrn und die drei Dichterfürsten: *Dante, Petrarca, Boccaccio.*

Zur Abbildung links:

Andrea del Castagnos »Abendmahl« (1445/1450) steht am Anfang einer Reihe berühmter Abendmahldarstellungen der Renaissance (vgl. Ghirlandaio, S. 193 und Leonardos Abendmahl in Mailand). Castagno gestaltet das Thema noch ganz im *Geiste der Frührenaissance* unter peinlicher Wahrung der perspektivischen Konstruktion eines Innenraumes, dessen kastenförmige Grundgestalt korrekt mit einem Ziegeldach versehen ist. Die auffallende Geometrie der Wandfelder sowie der Boden- und Deckenmuster sind Merkmale eines noch mathematisch gebundenen Gestaltungsprozesses. – Auch die Jünger Jesu sind von einem fast übertriebenen, bäuerlich-derben Realismus.

35 S. Giovanni dei Cavalieri – Palazzo Pandolfini

Gründung 1323, ursprünglich der Hl. Maria Magdalena geweiht, ab 1551 ein *Nonnenkloster* unter der Schirmherrschaft der *Malteserritter* (1808 aufgehoben). – *Fassade* 1699. – *Inneres:* Kirche des 14. Jh. mit Anklängen an S. Trinità, 1924 durch Erneuerung des offenen Dachstuhls regotisiert. – Die beiden *ersten Altäre* unter rundbogigem *Steinrahmen* (zwischen Gotik und Renaissance), dem *Piero di Giovanni Tedesco* zugeschrieben. – Der *Chor* einst mit Nebenchören. – *Links* »Marienkrönung« von *Neri di Bicci*. – *Rechts* »Geburt Christi« (1435) von *Bicci di Lorenzo*.

Palazzo Pandolfini (Via S. Gallo, 74): Der nach einem Entwurf *Raffaels* um 1520/30 erbaute Palast verkörpert »römische« Hochrenaissance – ein in Florenz singuläres Bauwerk (Ausführung durch zwei Mitglieder der Familie Sangallo). – Die *Mitte* des unvollendeten Palastes bildet das rustikale, festungsartig vorspringende *Portal* (eine formale Konzession an Florentiner Bautraditionen). – Alles andere ist *unflorentinisch.* So die *Halbsäulen* an den Fenstern, deren Rahmungen wechselweise von *Dreiecks*- bzw. *Segmentgiebeln* bekrönt sind. Diese *Monumentalisierung des Fensters* und seine Verklammerung innerhalb der Fassade durch horizontale Gebälkvorlagen sind für Florenz untypische Elemente.

36 Chiostro dello Scalzo *(Via Cavour, 69)*

Sitz einer 1376 gegründeten religiösen Bruderschaft, der *Confraternità dello Scalzo* (Barfüßer). – Berühmt sind die *Fresken* des *Andrea del Sarto* (1486–1530), eines Meisters der Hochrenaissance, beeinflußt von Leonardo (Helldunkel), Raffael (Komposition), Michelangelo (körperliche Monumentalität) und Dürer (Dramatik). Sarto nimmt in manchem den Barock vorweg. Seine *Grisaillemalereien* (1514–1526) sind hervorragende Beispiele seiner ›atmosphärischen‹ Darstellungsweise, bei der die Umrisse bewußt skizzenhaft verschleiert werden.

Casino Mediceo (Via Cavour, links vom Chiostro dello Scalzo): 1574 von *Bernardo Buontalenti* errichtet. Elfachsige Fassade. *Florentiner Manierismus:* Typus des *Gartenpalastes* mit großen geschlossenen Wandflächen.

37 Piazza und Kirche S. Marco
(Museo di San Marco)

Piazza S. Marco: Die vom Baptisterium am Palazzo Medici vorbeiführende *Via Cavour* (die alte *Via Larga*) war zur Zeit von *Lorenzo dem Prächtigen* zu einem Brennpunkt des städtischen Lebens geworden, mit dem Kloster S. Marco als Abschluß.

Links der Kirche, an der Via Cavour, die *Palazzina della Livia* (1775), ein dreiachsiger, von *Großherzog Pietro Leopoldo* erbauter Barockpalast. Im anschließenden Garten hatte 300 Jahre früher Lorenzo zum Zwecke des Studiums *antike Statuen und Reliefs* aufstellen lassen. Auch Michelangelo hat dort gelernt.

Fra Bartolomeo, »Savonarola«

Die Kirche S. Marco

Daten: 1299 gegründet, 1436 den *Dominikanern von Fiesole* übergeben und von *Cosimo d. Ä.* gefördert, der *Michelozzo* mit der Erneuerung von Kirche und Kloster (1437–1452) beauftragte. – Die *Fassade* (1777/78) erst in der Barockzeit hinzugefügt als letztes Glied einer durchgreifenden Umgestaltung der Kirche im 17./18.Jh. – Im Giebelfeld ein *Relief*»Der Hl. Antonius segnet die Stadt«. – *Links vom Portal*»Hl. Dominikus«, *rechts*»Hl. Vinzenz Ferrer«. – *Portaltüre* noch aus der Savonarolazeit. – In der Kirche die *Grabstätten* von *Brunelleschi, Poliziano, Pico della Mirandola.*

Inneres und Ausstattung

Inneres: Im Kern von *Michelozzo,* jedoch im 17./18.Jh. weitgehend barock verändert. – Der einschiffige Raum ursprünglich mit offenem bemalten Dachstuhl (noch unversehrt erhalten), heute durch eine *Flachdecke* (1679) geschlossen. *Deckenmalerei*»Madonna in der Glorie« (1725). – Ehemals sämtliche Wände mit Fresken geschmückt. – Der *Chor* ursprünglich polygonal; die jetzige *barocke Chorpartie* (1679) von *Pier Francesco Silvani* (Kuppelfresko von 1717).

Ausstattung: An der *Fassadeninnenwand* ein bedeutendes *Kruzifix* aus der Giotto-Schule mit Maria und Johannes an den Enden des Querbalkens und dem Pelikan (oberes Kreuzende): Symbol der Selbstaufopferung und der Eucharistie. Am unteren Ende der kniende Stifter mit seinem Sohn, dazwischen der Totenschädel Adams (der Sinn: Christus, der ›neue Adam‹, bringt die Erlösung). – *Links neben dem Portal:* »Verkündigung« (Fresko), Kopie des berühmten Gnadenbildes der SS. Annunziata, hier durch eine Stifterfigur ergänzt.

1. Altar rechts: Altarbild von *Santi di Tito* (1593): »Beim Meditieren gewinnt der Hl. Thomas von Aquin den Eindruck, die Figuren einer gemalten Kreuzigung träten wie Lebendige aus dem Bilde hervor« (G.K.). – *2. Altar rechts:* »Baldachinmadonna« (1509) von *Fra Bartolomeo,* der auch das oben gezeigte Porträt Savonarolas (Museum) schuf. – Vor dem Altar die *Grabplatte für Filippo Brunelleschi* (1377–1446). – *3. Altar rechts:* Römisches *Mosaik* (706) aus Alt-St. Peter (Maria in der Kleidung einer byzantinischen Kaiserin); die übrigen Figuren (1609 hinzugefügt) imitieren Mosaik.

Sakristei (Zugang rechts vom Chorbogen): 1437–1443 von *Michelozzo* im Stile Brunelleschis errichtet, doch durch das Klostergewölbe ›mittelalterlicher‹. – *Liegefigur des Hl. Antoninus* (Bronze), von *Giovanni da Bologna* entworfen.

Antoninuskapelle (links vom Chorbogen): 1578–1589 errichtet, architektonisches Hauptwerk von *Giovanni da Bologna* (Florentiner Manierismus). – *Vorraum* mit geschnitzter *Decke* (1588) und *Groteskenmalerei* an den Oberwänden sowie *Fresken* von *Passignano* (Überführung des toten Antoninus in die Kapelle). – *Hauptraum:* Fresken von *Alessandro Allori* (von ihm auch das Hochaltarbild); *Skulpturen* (6 Marmorstatuen, 6 Bronzereliefs) in der Nachfolge des Giovanni da Bologna mit Szenen aus dem Leben des Hl. Antoninus.

Linke Kirchenwand: Zwischen 2. und 3. Altar die beiden *Grabsteine* für den Gelehrten *Pico della Mirandola* (1463–1494) und den Dichter *Poliziano* (1454–1494), beides Mitglieder der ›Platonischen Akademie‹ Lorenzos des Prächtigen.

Die Klostergebäude *(Museo di San Marco)*   Nr. 37

Zur Orientierung: Das *Museum (Museo di San Marco)* befindet sich im *Erdgeschoß des 1. Kreuzganges.* Gezeigt werden hauptsächlich das malerische Werk von *Fra Angelico* (1387–1455) und seinen Schülern sowie Werke von *Fra Bartolomeo* (1472–1517). – Außerordentlich sehenswert sind die *Klosterräume im Obergeschoß des 2. Kreuzganges* (u. a. Zelle Savonarolas) und der anschließende, von *Michelozzo* erbaute *Bibliothekssaal.*

Zugang zum Museumsbereich: Rechts von der Kirche durch ein Portal (im Durchgangsraum die Kasse). – Man kommt zuerst in den stimmungsvollen *Kreuzgang des Hl. Antonius,* dem *Michelozzo* in den Jahren 1437/52 seine heutige Form gab: ein Werk des Übergangs von der Gotik zur Renaissance. – *Geradeaus* (am Ende des Ganges) ein eindrucksvolles Fresko von *Fra Angelico* »Der Hl. Dominikus zu Füßen des Kreuzes«. – Der vom Eingang aus nach *rechts* sich anschließende Klosterflügel bildete *die alte Pilgerherberge* (heute Teil des Museums). Am Ende des Ganges *Portal* mit *Fresko Fra Angelicos* über der Türe: »Christus als Pilger wird von zwei Dominikanern empfangen«.

Hinweis zum Museum: Bei Drucklegung dieses Führers war die Neuordnung des Museums noch nicht abgeschlossen. Wir können daher über den Standort der Bilder keine Angaben machen. Doch sind alle ausgestellten Werke beschriftet.

S. Marco, Klostergebäude, Orientierungsplan

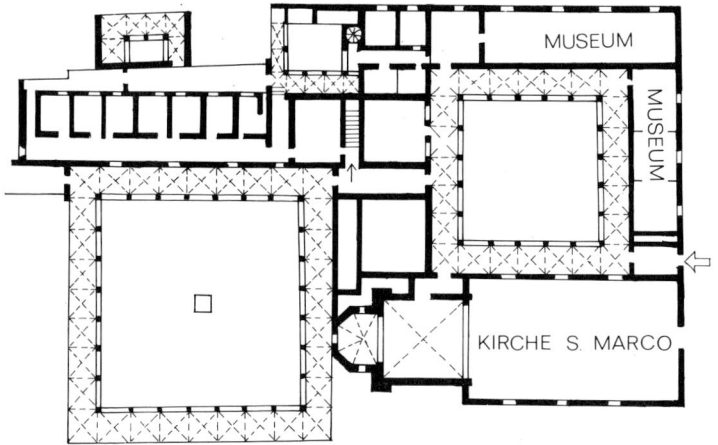

Obergeschoß des 2. Kreuzganges (S. Marco)

Der Zugang zum Obergeschoß des 2. Kreuzganges erfolgt über einen beide Kreuzgänge verbindenden Gang. – *Rechts* führt eine *tonnengewölbte Treppe* nach oben, »die älteste monumentale Anlage ihrer Art in der Renaissance« (G. K.). – Vor der Treppe führt *links* eine Tür in das *Kleine Refektorium (Piccolo Refettorio)* mit einer Abendmahldarstellung *Ghirlandaios*: Wiederholung seines Abendmahlbildes von 1480 in Ognissanti (Abb. S. 193).

Obergeschoß: Zu beiden Seiten der langen Gänge liegen kleine, *tonnengewölbte Zellen*. Das Ganze wird hallenartig durch einen offenen Dachstuhl zusammengefaßt. Jede Zelle ist bemalt. »S. Marco ist das einzige voll ausgemalte Kloster, das uns aus dieser Zeit erhalten blieb« (Braunfels). Thema ist das Leben Christi. Man verteilte es auf die verschiedenen Zellen, »die kleineren versah man statt mit dem gewohnten Kreuz mit einem Wandbild, auf dem der Hl. Dominikus zu Füßen des Kruzifixes dargestellt ist«. Die Ausführung (1436–1445) lag bei *Fra Angelico* und seiner Werkstatt. Für die Finanzierung sorgte *Cosimo der Ältere*.

Übersicht: (1) »Jesus erscheint der Magdalena«, (2) »Verkündigung«, (3) »Verklärung«: die Darstellung »läßt das Visionäre, das Übersinnliche des Geschehens mit einer seit den Zeiten der ottonischen Miniaturen kaum wieder erreichten Unmittelbarkeit anschaulich werden« (Wundram); der Zelle gegenüber: »Thronende Madonna mit Heiligen« (antike Architektur als höchste Würdeform; im Gottesstaat tritt die Madonna gleichsam an die Stelle von Statthaltern und Senatoren), (4) »Marienkrönung«.

(5) Zimmer des Priors mit angrenzender *Studierzelle Savonarolas* und einer weiteren Schlafzelle; bedeutend das lebenswahre Porträt Savonarolas von *Fra Bartolomeo*, der selbst unter dem Einfluß Savonarolas stand und »dessen von Fanatismus durchglühte Züge der Nachwelt überlieferte« (Marcucci). – Die Zelle Savonarolas ist »Sinnbild einer neuen mönchischen Lebenshaltung«, wie wir sie »in den Stadtstaaten und Reichsstädten des 14. und 15. Jh.« antreffen: »Viele Stadtmönche konnten damals einen vergleichbaren Einfluß wie Savonarola gewinnen«; sie spielten »in der Geistes- und Vorstellungswelt der städtischen Bevölkerung eine entscheidende Rolle« (Braunfels).

(6) »Verkündigung«, (7) Doppelzelle Fra Angelicos, (8) zwei Zellen, die *Cosimo der Ältere* bewohnte, wenn er sich für mehrere Tage ins Kloster zurückzog, (9) Michelozzos Bibliothekssaal (voll. um 1450).

Grundriß des Obergeschosses:

Michelozzo schuf 1433/34 einen Klosterkomplex mit *Einzelzellen* im Obergeschoß, in denen die Mönche nicht nur schliefen, sondern auch arbeiteten.

Den gemeinsamen Schlafsaal hatte man im späten 14. und im 15. Jh. »fast überall aufgegeben«. So zieht »ein privates Element« in das klösterliche Leben ein. »Die Individualität gewinnt an Bedeutung« (Braunfels). Die Einzelzelle bildet jetzt den Kern des Klosters.

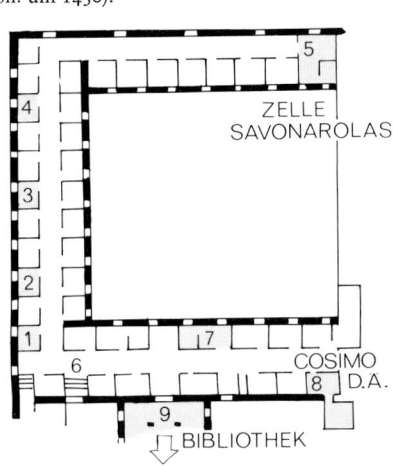

ZELLE SAVONAROLAS

COSIMO D.A.

BIBLIOTHEK

Fra Angelico, »Verkündigung«

Bibliothek von Michelozzo (unbedingt sehenswert): »Erster Bibliothekssaal der Renaissance und Prototyp zahlreicher Folgebauten« (Heydenreich). Der durch Säulenarkaden dreigeteilte Raum beeindruckt durch die Schlichtheit seiner edlen und zierlichen Formen. Michelozzo verwendet hier (wie im Kreuzgang) das gefällig wirkende *ionische* Kapitell mit der doppelten Einrollung, das wir bei Brunelleschi höchst selten finden.

Zu Savonarola

Savonarola, 1452 als Sohn eines Arztes in Ferrara geboren, später mit dem Studium der Medizin und Philosophie beschäftigt, soll erst durch die schroffe Ablehnung bei der Werbung um die Tochter Roberto Strozzis in seine antiweltliche Richtung getrieben worden sein. 1475 trat er in Bologna dem Dominikanerorden bei. 1482–1487 hält sich der Orden wegen drohender Kriegsgefahr in Florenz auf. 1490 ruft ihn Lorenzo der Prächtige nach Florenz zurück. 1491 wird er zum Prior des Klosters S. Marco ernannt. Im folgenden Jahr stirbt Lorenzo der Prächtige (den Savonarola noch zu dessen Lebzeiten befehdete). Danach regiert Lorenzos Sohn Piero. Als Piero mit Karl VIII. von Frankreich eigenmächtig Frieden schließt, wird er geächtet. Damit war der Weg für Savonarola frei.

1494 übernimmt Savonarola die Herrschaft über Florenz. Er sieht sich als Abgesandten Gottes. Die Stadt wird Christus geweiht. 1495 macht Savonarola aus Florenz eine Republik auf theokratisch-demokratischer Grundlage, ohne selbst ein Amt zu übernehmen. Als er vom Papst die Einberufung eines Konzils fordert, belegt ihn dieser mit dem Predigtverbot (1495). Savonarola aber wettert weiter gegen wollüstige Gemälde, Musik und Liebesbücher. Das beim Karneval übliche Reisigfeuer münzt er um zum »Scheiterhaufen der Eitelkeiten«. Gemälde, Zeichnungen, Bücher und Musikinstrumente werden verbrannt. Auch Künstler wie Botticelli, Lorenzo di Credi und andere verbrennen eigene Werke. 1497 erfolgt Savonarolas Exkommunizierung. Die Stimmung schlug nun um. Als eine auf den 7. April 1498 angesetzte Feuerprobe nicht stattfand, stürmte die enttäuschte Volksmenge tags darauf das Kloster. Savonarola wurde gefangengenommen und von der Signoria zum Tode verurteilt. Am 23. Mai 1498 wurde er hingerichtet, sein Leichnam verbrannt und die Asche in den Arno gestreut.

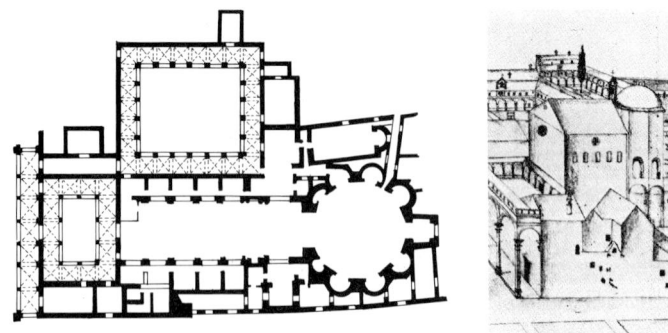

SS. Annunziata, Grundriß und ursprüngliche Außenansicht

38 SS. Annunziata *(Verkündigungskirche)*

Daten: 1250 Gründung durch sieben Eremiten des *Servitenordens vom Monte Senario.* – Zunächst bestand nur eine einfache Kapelle. Als sich aber schon zwei Jahre nach der Gründung (1252) ein Wunder ereignete, kam es in der Folgezeit zur Errichtung von Kirche und Klostergebäuden, die im Laufe eines Jahrhunderts mehrfach vergrößert und erweitert wurden.

Eine grundlegende *Neugestaltung* der gesamten Anlage *in den Formen der florentinischen Frührenaissance* kam ab 1444 durch *Cosimo den Älteren* in Gang, der mit dieser Aufgabe den von ihm als Architekten favorisierten *Michelozzo* betraute, der im selben Jahr auch mit dem Bau des Medici-Palastes in der alten Via Larga (Via Cavour) begonnen hatte. Michelozzo plante u. a. an Stelle des alten Chores eine *Rotunde* zu errichten. Nach längerer Bauunterbrechung griff auch *L.B. Alberti* in diese Planung ein und setzte den Rotundenbau gegen heftigsten Widerstand der Florentiner durch. 1477 waren die Arbeiten beendet. – Leider hat die Kirche durch Umbauten des 17. und 18.Jh. ihren Renaissance-Charakter fast völlig verloren. Das heutige Bild ist geprägt von einer üppigen Barockdekoration.

SS. Annunziata gehört *als Ort der Marienverehrung* zu den populärsten Kirchen von Florenz. Sie ist in der ganzen katholischen Welt wegen ihres Verkündigungsfreskos bekannt (ein Engel soll das Bild vollendet haben).

Kunstwerke (bedeutende Ausstattung): u. a. Gemälde von *Baldovinetti, Andrea del Sarto* und *Pontormo* (im Vorhof), von *Allori, Bronzini, Giovanni da Bologna, Perugino, Francavilla, Castagno, Bandinelli* (in der Kirche), von *Andrea del Sarto, Salimbeni, Poccetti, Rosselli* und *Mascagni* (im 1. Kreuzgang). – Ferner Werke von *Michelozzo* (Tabernakel und Täuferfigur), *Rossellino* (Grabmal), *Francesco di Giuliano da Sangallo* (Grabmal), *Santi di Tito* (in der Malerkapelle).

Vorhalle (1601/04): Die offene *Vorhalle* mit ihrer hohen siebenbogigen *Säulenkolonnade* ist ein Werk der frühen Barockzeit. Sie wurde zu Beginn des 17.Jh. dem Kirchenbaukörper vorgeblendet, um dem Platzgefüge in Anlehnung an Brunelleschis Findelhaus von 1421 einen einheitlich repräsentativen Charakter zu geben. – *Der mittlere Bogen* stammt von einem 1453 von *Manetti* errichteten Baldachinvorbau.

1447 von *Michelozzo* begonnen. – In seinem Charakter als ursprünglich offenes *Atrium* (1833 durch Glasdach geschlossen) steht er in Wahlverwandtschaft zur Antike, die indessen nicht sklavisch nachgeahmt, sondern frei variiert wird.

Man beachte die *Kapitelle.* Sie zeigen Michelozzo als einen feinsinnigen Erfinder dekorativer Formen.»Seine Kapitelle sind im Gegensatz zu Brunelleschis unveränderlichem Standardtypus *freie Kompositionen von großer Schönheit* und bezeugen die Erfahrung und Kunstfertigkeit des geschulten Bildhauers« (Heydenreich). Während Brunelleschi an den Grundformen des korinthischen Kapitells festhält, löst sich Michelozzo aus der traditionellen Bindung an den Akanthus und schafft neue, flächenhafte Blattformen, die er zügig aufwachsen läßt. Zusammen mit den ornamentalen Details bilden sie einen Formenkranz, der sich geschmeidig dem kelchförmigen Kapitellkern anlegt.

Die Wandfresken des Atriums (Renaissance und Manierismus)

Rechts vom Eingang beginnend: (1) »Himmelfahrt Mariä« (1517) von *Rosso Fiorentino,* der zusammen mit *Pontormo* (folgendes Bild) zu den Begründern des Florentiner Manierismus zählt. Kennzeichnend für *Rosso:* rationale Komposition, zart abgestimmte Farben, raffinierte Figurenstellung.

(2) »Heimsuchung Mariä« (1514/16) von *Pontormo:* sein erstes monumentales Werk, noch nicht entstanden, als er in der Werkstatt Andrea del Sartos arbeitete. *Manieristisch:* die ungewöhnliche, theatralische, zugleich rein künstlerisch empfundene Auffassung des Vorgangs. Die Begegnung spielt auf einer Freitreppe vor einer konkav zurücktretenden, durch Pilaster gegliederten Wand. So entstehen eine ›Bühne‹, auf der eine Fülle von Figuren (alle in Untersicht gegeben) effektvoll agieren.

(3) »Vermählung Mariä« (1513) von *Franciabigio,* der zusammen mit Sarto eine gemeinsame Werkstatt hatte (frühestes uns bekanntes Bild dieses Malers).

Madonnenrelief von *Michelozzo* (hier seit 1922, Rahmen modern): Der ernste Stil erinnert »ein wenig an Mantegna« (G. K.).

(4) »Geburt Mariä« (1514) von *Andrea del Sarto,* dem bedeutendsten florentinischen Maler der Hochrenaissance. Beeinflußt von Leonardos atmosphärischer Wiedergabe des Raumes findet Sarto, der zugleich ein großer Kolorist war, hier und im folgenden Bild zu einer »violett schimmernden, ungreifbaren Tonigkeit« (Marcucci). Dem Geschehen selbst wird ein vornehmer, fast gesellschaftlicher Charakter gegeben. – (5) »Zug der Hl. Drei Könige« von *Andrea del Sarto.*

(6) »Geburt Christi« (1460/62) von *Alesso Baldovinetti,* der zur zweiten Generation der florentinischen Maler der Frührenaissance gehört. Das stimmungsvolle Bild ist leider durch den schlechten Erhaltungszustand beeinträchtigt. Die Beleuchtungseffekte und die Vorliebe für helle Farben gehen auf Baldovinettis Lehrzeit bei Domenico Veneziano zurück. Die Landschaftsdarstellung erinnert an Piero della Francesca, doch gibt Baldovinetti der Landschaft »ein stärkeres Gewicht, als es in der Florentiner Malerei bis dahin üblich war«.Er greift nicht mehr »in einem allgemeinen Sinne auf Natureindrücke zurück, sondern gibt ein getreues Porträt der Arno-Ebene« (Wundram).

Es folgen Wandfresken mit Szenen aus dem Leben des Hl. Filippo Benizzi: (7) von *Cosimo Rosselli* (um 1475).

Frühe Werke des Andrea del Sarto (8–11)

Charakteristisch die kleinen Figuren vor weiten Räumen und hohen, flächenhaften Architekturen; ein noch aus der Frührenaissance abgeleiteter Versuch, der Handlung ein monumentales Gewicht zu geben.

Durch die Barockisierung des 17./18.Jh. ist die Architektur *Michelozzos* (Frührenaissance) von 1444 ff. nur noch schwer zu erkennen. Michelozzo fand eine dreischiffige gotische Kirche vor. Durch Einziehen von *Querwänden* verwandelte er sie in einen *Saalraum mit seitlichen Kapellen*, was eine Abkehr vom gotischen Denken erkennen läßt. Michelozzo schuf damit die Grundlagen für einen *Kirchentypus*, »den *Alberti* in Mantua (S. Andrea) und *Vignola* in Rom (Il Gesù) weiterentwickeln sollten« (G.K.).

Von der *Wandgliederung Michelozzos* sieht man heute nur noch oberhalb der barocken Pilaster die schlichte Form eines den Raum umziehenden *Horizontalgesimses*, getragen von schlanken *Pilastern*, die heute barock ummantelt sind.

Der Raum war zu Michelozzos Zeiten *gewölbt*. Die barocke *Flachdecke* von *Volterrano* ist eine Stiftung von 1669. Von dieser Decke hingen lange Zeit *Votivgaben* herab, die aus *Wachs* und *Pappmaschee* gefertigt waren. Es sollen »mehr als 600 lebensgroße Figuren, darunter Könige und Feldherren zu Roß gewesen sein« (G.K.).

Architektonisch am bedeutsamsten, ja geradezu revolutionierend, war Michelozzos kühner Plan, dem Langhaus eine *Rotunde* anzufügen, eine *Choranlage*, die in der Grundform »*eine getreue Wiederholung des Tempels der Minerva Medica in Rom* darstellt« (Wundram): ein Vieleck mit halbkreisförmigen, nischenartigen Kapellen (in Rom ein geschlossener Zentralbau, hier ein zum Langhaus hin geöffneter Baukörper). – Die Verwirklichung des Planes verdankte man allerdings *Alberti*, der die Unterstützung des Herzogs von Mantua genoß, unter dessen Patronat die Rotunde schließlich errichtet wurde.

»*Die unmittelbare Anlehnung an die Antike wird an keinem anderen Bau so deutlich wie hier*« (Wundram), zumal der Raum zugleich als »Memorialbau« gedacht war, nämlich »als ›Denkmal‹ des Stifters, des Markgrafen von Mantua«, Feldherr der Republik Florenz. – Das Bauvorhaben ist zweieinhalb Jahrzehnte lang »leidenschaftlich umkämpft worden, weil es alle künstlerischen und praktischen Regeln zu verletzen schien, die in Florenz für einen Sakralbau galten«. Man machte das »unschöne Aussehen und die Ungeeignetheit für Kult und Liturgie geltend« und legte ein Gegenprojekt vor. Doch der Bauherr blieb standhaft (referiert nach Heydenreich).

Ausstattung der Kirche

Gleich links vom Eingang befindet sich ein Hauptwerk der Ausstattung: das von *Michelozzo* für das wundertätige Gnadenbild geschaffene *Tabernakel* (1448), eine Stiftung von Cosimo d. Ä., ausgeführt von *Pagno di Lapo Portigiani*. Michelozzo beweist auch hier wieder »den großen Reichtum seiner architekturplastischen Phantasie, durch den er vorbildlich wurde« (Heydenreich). Man muß sich das kostbare Werk als einen herausragenden Akzent innerhalb eines strengen, fast nüchternen Raumbildes der Frührenaissance denken. Heute, im Prunk der Barockausstattung, geht seine ursprüngliche Wirkung fast ganz verloren. – Vier kannelierte Säulen mit korinthischen Kapitellen tragen einen hohen Gebälkaufbau, dessen Fries mit Medaillons und Girlanden geschmückt ist. Auch alle anderen Schmuckformen sind dem römisch-antiken Formengut entnommen.

Der obere *Aufsatz* ist eine *barocke Zutat* von 1674, gearbeitet vom selben *Volterrano*, der auch die heutige Flachdecke der Kirche mit dem Bild der Himmelfahrt Mariä (1669) schuf.

Das wundertätige Gnadenbild, eine spätgotische »Verkündigung« (1252), im 14.Jh. weitgehend erneuert, ist meist durch einen *Vorhang* bzw. durch künstlerisch gearbeitete *Metallflügel* verdeckt. – Man beachte das schöne *Gitter* (geknüpfte Taue), das *Silberrelief am Altar* (um 1600), den *Silberrahmen* um das Gnadenbild (1624). – Die meisten *Lampen* aus neuerer Zeit.

Hinter dem Tabernakel: Kleine *Kapelle*, Marmorverkleidung (1461/62), Verkleidung in Pietra dura (1670). Das in die Wand eingelassene *Silbertabernakel* (1617) mit Brustbild Christi (1515) von *Andrea del Sarto.*

Linke Kapellenreihe (links beginnen): *1. Kap.* (1690/93) mit Resten eines Altarfreskos »Christus und der Hl. Julian« (um 1455) von *Castagno. – 2. Kap.* (um 1560), ausgemalt von *A. Allori;* Fresko »Dreifaltigkeit mit dem Hl. Hieronymus« (1454/55) von *Castagno* (vgl. Masaccio, Abb. S. 129). – *3. Kap.* »Kreuzigung« (um 1569) von *Stradanus;* »Jüngstes Gericht« (1560) von *A. Allori.*

Linkes Querschiff (links Türe zum Kreuzgang): Wichtig die Tonstatue »Johannes d. T.« (1444/50) von *Michelozzo.* – Scheinarchitektur von *Chamant* (1746).

Sakristei (Zugang: Linkes Querschiff, Türe hinten rechts): Architektur der Frührenaissance von *Michelozzo* (1444). – Schöne Kapitelle. – Barocke Scheinarchitektur. – Terrakottastatuen von *Ticciati* (1766).

Rotunde

Rotunde (Choranlage). – Am Eingang zwei *Grabmäler: rechts* von *Francesco da Sangallo* (1546), *links,* im Sinne eines Gegenstücks, von *Foggini* (1702). *Hochaltar: Silbertabernakel* (Medici-Stiftung) nach Entwurf von *Foggini* (1655); *Marmortabernakel* (1822), die *Türe* nach Entwurf von *Thorwaldsen.* – Chorgestühl (Kopie des 19. Jh. nach Original des 16. Jh.).

Die Kapellen der Rotunde (links beginnend): *1. Kap.* (um 1600) von *A. Allori.* – *4. Kap.* (1741) Holzfigur »Hl. Rochus« von *Veit Stoß;* »Auferstehung Christi« (1548) von *Bronzino.* – *Scheitelkapelle (rechteckig):* Entwurf *Giovanni da Bologna;* sein *Sarkophag* hinter dem Altar (eigene Arbeit); *Bronzekruzifix* ebenso (Mitarbeit von *Francavilla*); sechs *Bronzereliefs* (Schülerarbeiten). – *7. Kap.* (1604/05) Dekoration und Altarbild von *Passignano.*

Querschiff und Kapellen

Rechtes Querschiff. – *Hauptkapelle* (1737), 1767 ergänzt. – *Linke Kapelle:* »Pietà« (1559) von *Baccio Bandinelli* (Selbstporträt: Christus stützend).

Rechte Kapellenreihe (beginnend beim Chor): *1. Kap.* (1677) mit schönem Frührenaissance-Wandgrab (links) von *B. Rossellino* (um 1455) für Orlando Medici; gegenüber *Grabmal des Admirals Tommaso Medici* (um 1590), künstlerisch schwächer; *Orgelprospekt* (1523). – *3. Kap.* (1643) Hauptwerk von *Matteo Nigetti.* – *4. Kap.* Altarbild von *Empoli* (um 1590). – *5. Kap.* (1627) mit *Fresken* von *Matteo Rosselli* und *Altarbild* »Maria mit Heiligen« von *Jacopo da Empoli.*

Kreuzgang und »Malerkapelle«

Zugang: Von außen durch die Vorhalle; von der Kirche aus durch eine Türe links im linken Querschiff. – In den *Bogenfeldern* Malereien der toskanischen Schule (frühes 17. Jh.). – Sehenswert die »Madonna del Sacco« (1525) von *Andrea del Sarto* (über der Türe zur Kirche, am Ende des Kreuzgangs).

»Malerkapelle« (Zugang am Ende des Kreuzgangs links): Ehemaliger Kapitelsaal, ab 1565 Versammlungs- und Begräbnisstätte von Mitgliedern der 1563 gegründeten Kunstakademie. Begraben sind hier u.a. *Benvenuto Cellini, Pontormo* und *Franciabigio.* – *Vorhalle* mit Deckengemälde »Vision des Hl. Bernhard« (um 1650) von *Luca Giordano.* – Im *Hauptraum* (Eingang ehemals an der Breitseite) bezeichnet das von *Pontormo* geschaffene *Trinitätsbild* (1571) die ursprüngliche Stelle des Altars. An den Schmalseiten von *Vasari* das Bild »Der Hl. Lukas malt die Madonna«, von *Santi di Tito* »Salomons Tempelbau« (mit *Porträts* von *Vasari, Sansovino, Michelangelo, Santi di Tito*). – *Pontormos* »Maria mit Heiligen« heute an der Stelle des ehemaligen Eingangs. – Von den *Nischenfiguren* stammen »Moses« und »Paulus« *(Montorsoli)* aus der Zeit um 1535, die übrigen 1570 bis 1575.

Daten: Begonnen 1421 (gleichzeitig mit dem Bau der Domkuppel 1420–36). – *Erster Profanbau der Frührenaissance* nach Plänen Brunelleschis; architekturgeschichtlich von hoher Bedeutung. – Stiftung der Seidenmacherzunft (1419), die Brunelleschi mit dem Entwurf der Gesamtanlage (Hospitalbau, Kirche, Loggia) beauftragte. – Die Bezeichnung *Innocenti* (die »Unschuldigen«) leitet sich von den Kindern des Bethlehemitischen Kindermordes ab, die als Patrone der Findelkinder galten. – Am Ende der Arkaden bezeichnet ein kleines *vergittertes Fenster* den Raum, wo Mütter, die unerkannt bleiben wollten, ihre Kinder in einen drehbaren Holzzylinder legten.

Bauzeiten (Brunelleschi hat die Vollendung des Findelhauses nicht mehr erlebt): *Vorhalle* (ohne Obergeschoß) 1424 im Rohbau fertig (nur bis zu diesem Zeitpunkt hatte Brunelleschi die Bauleitung). – 1426 errichtete man über der Bogenhalle ein Notdach. – 1430 erfolgte *rechts* ein die Symmetrie des Bauwerks störender *Anbau*, dem erst 1843 am linken Ende des Gebäudes ein die Symmetrie wiederherstellendes Gegenstück folgte. – *Obergeschoß* 1439 vollendet (die Bauleitung hatte seit 1435 *Francesco della Luna*). – Brunelleschis Biograph *Manetti* kritisiert das Fehlen von Pilastern zwischen den Fenstern. Strittig ist, ob damit nur die beiden äußeren Fenster gemeint sind, deren Pilaster dann die Fassade ›gerahmt‹ hätten (so Klotz). – Die *Hospitalbauten* im wesentlichen 1447/49 vollendet; Weihe der *Kirche* 1451 (Brunelleschi war 1446 gestorben). – *Terrakotta-Medaillons* mit Wickelkindern (um 1463): Frühwerke von *Andrea della Robbia*.

Architektur als ›Fassade‹

Brunelleschi konnte das Hospital auf nahezu unbebautem Gelände errichten. So hatte er »Raum zur freien Disposition« (Klotz). Als Bezugspunkt wählte er die alte Fassade von SS. Annunziata. Offenbar dachte er von Anfang an an eine symmetrische Platzgestaltung: begrenzt »von zwei gegenüberliegenden Loggien« (Klotz).

Die Loggia des Findelhauses hat den Charakter einer echten *Fassade*: sie bildet eine Schauwand, die keinerlei Rückschlüsse auf die dahinter liegenden Gebäudeteile zuläßt. Insofern gehört die Loggia in den Bereich von *Idee und Utopie*. Ein neuer *Begriff von Schönheit* gewinnt Gestalt, wie ihn später *L.B. Alberti* in seinen kunsttheoretischen Schriften formuliert hat. Dazu gehört auch das Bedürfnis, »das Bauwerk über einem Sockel *denkmalhaft* zu erheben« (Klotz), eine Auffassung, die sich letztlich vom Podiumsbau des römischen Tempels und dessen Freitreppe ableitet (Horster).

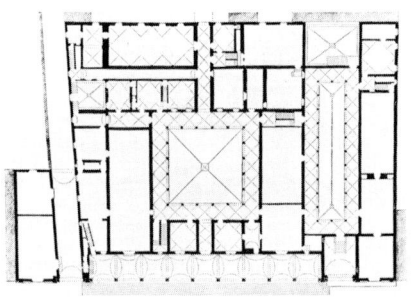

Abbildung links:

Findelhaus von Brunelleschi Rekonstruierter Grundriß Die Grundrißlösung ist von ›beispielloser Modernität‹. Ein völlig neues Element ist die *Erschließung des gesamten Komplexes durch große Achsen.* Erst durch den Bau eines zweiten Hofes mit angrenzendem Südtrakt geriet der Grundriß aus dem Gleichgewicht.

»Findelhaus«, Fassadenausschnitt

Der Bezug zur Antike

Noch deutlicher wird der *Bezug zur Antike* in den *Einzelformen* des Findelhauses und in der *Bauornamentik*. Das absolut *Neue* ist die *Wiederentdeckung der antiken Säule*. Zum ersten Mal verdrängt sie den gotischen Bündelpfeiler und die in Florenz beliebte achtkantige Pfeilerstütze (dasselbe gilt für Brunelleschis gleichzeitig begonnenen Kirchenbau von S. Lorenzo; vgl. S. 139 ff.). Damit verbunden ist eine *Abkehr vom gotischen Kreuzgrat- bzw. Kreuzrippengewölbe* (Formen, die das Gewölbe zerteilt erscheinen lassen). Brunelleschi entscheidet sich für *Hängekuppeln*, die keine Zäsur kennen. So entstehen größere Gewölbeeinheiten; das Gesamtbild ist ruhiger.

Allgemein ist Brunelleschis Formenapparat durch ein »Streben nach antikisierender Ordnung« gekennzeichnet. »Die schlichten, jedoch schönen Schmuckformen betonen die Logik der Konstruktion und verleihen dem Gebäude Anmut und Würde« (Heydenreich). Zum neuen Schönheitsideal gehört die *Betonung der Symmetrie*, im Ganzen wie im Detail. Unter diesem Aspekt muß auch die Vorliebe Brunelleschis für das korinthische *Acht-Voluten-Kapitell* gesehen werden, ebenso die Neigung zum *Rundmedaillon*. Hinzu kommt das Bemühen, die *Struktur* des Bauwerks (vor allem die ihm zugrundeliegenden *Proportionsverhältnisse*) zur Anschauung zu bringen. Daher die hell verputzten Wandflächen, vor denen sich die gliedernden Teile (Säulen, Pilaster, Bogen, Gesimse, Fensterrahmungen) in dunkler *pietra serena* kontrastierend (oft mit linearer Schärfe) abheben.

Portale: Rahmung des Mittelportals 16. Jh. – Die barocken *Gewölbefresken* (1610/1611) von *Poccetti*. – Über den Türen *Büsten* von Großherzögen. – Schon Brunelleschi hatte an gleicher Stelle wie heute drei große Portale ausführen lassen. Das *mittlere Portal* führt über einen kurzen Stichgang in den zentral gelegenen quadratischen Säulenhof (den Mittelpunkt der ganzen Anlage). Das *linke* Portal führt in die Kirche, das *rechte* in das Hospital.

Gemäldesammlung im Findelhaus (Museo dell'Ospedale degli Innocenti)

Piazza SS. Annunziata, 12. – Zugang durch das Mittelportal (Eintritt). – In einem *Faltblatt* sind sämtliche Werke, nach Sälen geordnet, genannt. – Die Sammlung ist in den Räumen oberhalb der Loggia untergebracht, teilweise auch im Obergeschoß des Kreuzgangs. Ein kurzer Besuch lohnt sich, nicht zuletzt wegen der besonderen Atmosphäre des alten Gebäudes.

Wir nennen: Neun *Freskenreste* (1575), vermutlich aus S. Maria Nuova, Zuschreibung an Alessandro Allori (manieristische Michelangelo-Nachfolge). – *Vorzeichnungen für Fresken* (u. a. Matteo Rosselli »Abendmahl«, 1631). – Hauptsehenswürdigkeit (letzter Raum): »Anbetung der Könige« (1488) von *Domenico Ghirlandaio* (stimmungsvolles Bild; im Hintergrund eine Flußlandschaft).

Piazza SS. Annunziata – Palazzo Grifoni (Riccardi-Manelli)   Nr. 39

Auf der rechten Seite das *Findelhaus* (beg. 1421) von *Brunelleschi*. – Ihm gegenüber, in formaler Entsprechung, das *Gebäude des Servitenordens* von *Antonio Sangallo* (1516/25) in Zusammenarbeit mit *Baccio d'Agnolo*. – An der Schmalseite des Platzes der *Portikus von SS. Annunziata* (1601/04).

In der Mittelachse des Platzes (mit Richtung zum Dom) das von *Giovanni da Bologna* entworfene *Reiterstandbild des Großherzogs Ferdinando I.*, ausgeführt 1608 von *Pietro Tacca* (am Bauchgurt ein Vermerk, das Metall stamme aus einer Türkenbeute). *Sockelverzierung* von 1640. – Die beiden Brunnen von *Pietro Tacca*.

Palazzo Grifoni, jetzt *Riccardi-Manelli* (links, an der Ecke zur Via dei Servi): erbaut zwischen 1557 und 1575 von *Bartolomeo Ammanati*, einem Hauptmeister des Florentiner Manierismus (vgl. S. 86 u. 184). – 1890 wurde der Palast umgebaut. – Charakteristisch für *Ammanati* sind verschiedene Einzelformen, so die *Stützkonsolen* der unteren Fenster und vor allem die *Portale*.

40 Archäologisches Museum *(Museo Archeologico)*

Lage: Piazza SS. Annunziata, 9. – Das 1880 hier eingerichtete *Museum* ist eines der bedeutendsten seiner Art in Italien. Es umfaßt eine *Ägyptische Sammlung* von beachtlicher Qualität, verfügt über reiche Bestände *etruskischer* Kunst (Bronzen, Vasen, Terrakotten) und besitzt eine Reihe herausragender Werke aus *griechischer* und *römischer* Zeit, darunter den »Apollino Milani« und den »Apoll Milani« oder so bekannte Stücke wie den römischen »Redner«, die »Minerva von Arezzo«, die »Chimäre«, u. a.

Wir empfehlen nachdrücklich den Kauf des sorgfältig gearbeiteten Führers von *Alfredo d' Agostino* »Das archäologische Museum von Florenz« (1969). Dieses handliche, reichbebilderte Büchlein, von *Jan Middeldorf* gewissenhaft ins Deutsche übertragen, ermöglicht durch seine kurzen, sachkundigen Erläuterungen eine sinnvolle, auf das Verständnis der Werke gerichtete Betrachtung der ausgestellten Objekte.

41 Palazzo Scala-Gherardesca *(Borgo Pinti, 97)*

Heute Sitz der *Società Metallurgica Italiana* (öffentlich nicht zugänglich). Besuchsmöglichkeit nach Anmeldung. – *Renaissancepalast* (um 1473 ff.) von *Giuliano da Sangallo* für *Bartolomeo della Scala,* der 1468 Kanzler der Republik Florenz und 1468 Gonfaloniere war. – Sehenswert der *Hof,* dessen Bogengänge kassettierte Tonnengewölbe haben. – Das oberste Geschoß ehemals offen. – Zwölf Stuckreliefs mit »moralisierenden Tendenzen in allegorisierter Form« (G. K.).

42 S. Maria Maddalena dei Pazzi *(Borgo Pinti, 58)*

Daten: Gründung 1257 (Kernbau aus dieser Zeit). – *Seitenkapellen* 1480/1500 von *Giuliano da Sangallo* hinzugefügt, wodurch das Langhaus Züge der späten Florentiner Frührenaissance annahm. – Von Sangallo auch der atriumsähnliche *Kreuzgang* (Vorhof) mit ionischen Kapitellen. – *Sakristei* 1526 (mit Rokokodekoration). – Im Vorraum die *Cappella del Giglio* (Lilienkapelle): erbaut 1505, *Fresken* von *Poccetti* (1598), *Altarbild* von *Passignano.*

Zum Patrozinium: 1582 trat *Maria Maddalena dei Pazzi* als 16jährige in den Konvent ein. Ihre 1669 erfolgte *Heiligsprechung* führte dazu, die Kirche ihr zu weihen. Eine *Erweiterung der Chorkapelle* (1685 voll.) und deren barocke Ausgestaltung waren die Folge.

Inneres

Das ursprünglich einschiffige Innere erfuhr durch die von *Giuliano da Sangallo* (1445–1516) geschaffenen *Seitenkapellen* eine räumliche Erweiterung. Man beachte die schönen *Kapitellbildungen* an den Einfassungsbögen (vgl. die Kapitelle in der Sakristei von S. Spirito, Abb. S. 102). – Die barocke *Decke* hat *Chiavistelli* ausgemalt, die *oberen Wandabschnitte Ulivelli* freskiert. – *1. Kap. links:* »Marienkrönung« (1505) von *Cosimo Rosselli.* – *2. Kap. links:* »Ölberg« (1591) von *Santi di Tito.* – *3. Kap. links:* Holzstatue »Hl. Sebastian« von *Leone del Tasso.* – *5. Kap. rechts:* sehenswerter, von *Botticelli* gearbeiteter *Rahmen* für ein heute im Louvre befindliches Verkündigungsbild.

Chorkapelle (1685): Sie stellt ein in Florenz selten anzutreffendes *Beispiel barocker Raumgestaltung* dar. – Architektur von *Ciro Ferri* und *Pier Francesco Silvani.* – Fresken von *Pietro Bandini.* – Gemälde mit Szenen aus dem Leben der Hl. Maria Magdalena (1685) von *Luca Giordano* (1634–1705), einem aus Neapel stammenden Maler mit »prunkvollen, warmen Farben«.

Die barocke Choranlage wird unterschiedlich beurteilt. *Harald Keller* meint, »die Ausmalung soll opulent wirken, ist aber im Grunde nur derb«, und betont, daß Plastik und Malerei in der Zeit nach 1600 (als sich der italienische Barock entfaltete) in Florenz stagnieren. Er betont die »*Zurückhaltung,* ja *Trockenheit*« der Bauten Silvanis, der damals in Florenz doch wohl der bedeutendste Architekt war. »Es bleibt bei *einfachen kastenförmigen Räumen*«. Das eigentlich ›Barocke‹ in der Raumgestaltung fehlt.»Zentralbauten über einem kreisförmigen, ovalen oder elliptischen Grundriß oder gar Schiffe, in denen sich einzelne Raumformen durchdringen, sind Florenz ganz fremd geblieben. Auch werden die Außenmauern niemals kurvenförmig geführt« (Keller).

Der Kapitelsaal – Wandfresko von Perugino (1493–1496)
Zugang: Via Colonna, 7 oder 11. – Das wandbeherrschende *Fresko* aus *Peruginos* bester Schaffenszeit»vermittelt dem Besucher einen der glücklichsten Eindrücke, welche man in Florenz gewinnen kann« (G. K.). – Das durch eine gemalte Bogenarkade *dreigeteilte* Bild wird durch eine für Perugino charakteristische *Ideallandschaft von lieblichem Charakter* zusammengefaßt. In milden, aufgehellten Farben stehen die Figuren vor niedrigem Horizont, »eingefügt in den melodischen Fluß« einer poetischen Bildkomposition, »die alle Zeichen des Unendlichen« trägt (L. Berti). Selbst über dem Gekreuzigten liegt eine »verträumte Melancholie« (links der Hl. Bernhard von Clairvaux und Maria, rechts der Evangelist Johannes und der Hl. Benedikt, in der Mitte die Hl. Magdalena). – *Perugino* (um 1450–1523) galt in jenen Jahren als»der berühmteste Maler in ganz Italien«; bekanntlich war er der Lehrer Raffaels.

Tempio Israelitico *(Synagoge – Via Farini, 6)*   **Nr. 42**

Bauzeit 1874–1882. – Am Entwurf waren drei Architekten beteiligt: *Mariano Falcini, Marco Treves* und *Vincenzo Micheli.* – Der Bau erfolgte aufgrund eines Vermächtnisses. – Vom Typus her ein *überkuppelter Zentralbau,* die Eingangsseite durch überkuppelte Türmchen hervorgehoben; ihr gegenüber im Inneren die halbrunde Apsis. – Gewisse Anklänge an das Formengut der florentinischen Frührenaissance sind unverkennbar, auch spielt Venezianisches mit herein; beide Formkomponenten werden aber umgesetzt in ein *orientalisch* wirkendes Gesamtbild, zu dem auch die isolierte Stellung innerhalb eines umfriedeten Bezirks und die axiale Beziehung zum Haupteingang gehören (die ursprüngliche Wirkung heute durch moderne Bauten stark beeinträchtigt).

43   S. Ambrogio *(Piazza S. Ambrogio)*

Grabstätte von Mino da Fiesole, Andrea del Verrocchio, Cronaca (Simone del Pollaiuolo) und Francesco Granacci. – Die Kirche zählt zu den ältesten der Stadt. Sie ist für das Jahr 990 dokumentarisch belegt (Gründung vermutlich im 6. Jh., dem Patrozinium zufolge zu Ehren des Hl. Ambrosius, Bischof von Mailand). – Der heutige Bau im Kern 13. Jh. – Erneuerungen erfolgten im 17. Jh. und zuletzt 1716 durch *Foggini.* – Das 19. Jh. erstrebte die Wiederherstellung des mittelalterlichen Raumbildes (der offene Dachstuhl ehemals wohl bemalt). – Fassade in ihrer heutigen Form von 1888.

Inneres (Ausstattung): An den Längsseiten je vier *Altartabernakel* (spätes 15. Jh.). – In der *linken Seitenkapelle (Cappella del Miracolo)* ein sehenswertes *Marmortabernakel* (1481/83) von *Mino da Fiesole* mit Leuchterengeln aus Terrakotta (1513), im Stile della Robbias gearbeitet. *Links* der Hl. Benedikt, *rechts* der Hl. Ambrosius (dargestellt ist das Wunder von 1230: ein Priester findet Reste des Meßweines in Blut verwandelt vor). – An der Nordwand der Kapelle zeigt ein *Prozessionsfresko* (1486) von *Cosimo Rosselli* die alte *gotische Kirchenfassade* (im Fußboden die Grabplatte des Mino da Fiesole).

44 Museum Andrea del Sartos *(Cenacolo di S. Salvi)*

Lage: Etwa 2,5 km östlich vom Stadtzentrum. – *Zufahrt: Porta alla Croce, Via Vincenzo Gioberti, Piazza L.B. Alberti,* dann links in die *Viale Edmondo de Amicis;* nach der Eisenbahnbrücke zweite Querstraße rechts: *Via Tito Speri, Piazza di S. Salvi.* – Ehemalige Vallombrosaner-Abtei von S. Salvi (1048 gegr.). – (a) *Galerie:* Werke von *Lorenzo Bartolini* (Gipsmodelle), *Vasari, Rosselli, Empoli.* – (b) *Klosterrefektorium:* »Abendmahl« (1519) von *Andrea del Sarto.* Eindrucksvolles wandfüllendes Fresko. Weiterentwicklung der Abendmahlsbilder von *Castagno* (S. 160) und *Ghirlandaio* (S. 193).

45 S. Giuseppe

Die 1519 von *Baccio d' Agnolo* erbaute Kirche, ein tonnengewölbter Saalbau mit seitlichen Kapellen, steht in der Nachfolge von *Cronacas* S. Salvatore al Monte (beg. 1487). – Ein geplantes Querschiff kam nicht zur Ausführung. – *Barockfassade* von 1759, *Portal* (16.Jh.) von Baccio d' Agnolo. – *Inneres* teilweise barockisiert. – *3. Kap. rechts:* »Geburt Christi« (1564) von *Santi di Tito* (Manierismus).

46 Südliches Arno-Ufer *(das Gebiet um den Ponte alle Grazie)*

Palazzo Torrigiani (Piazza de' Mozzi, 4 und 5): Die *Torrigiani* waren im 15./ 16.Jh. eines der bedeutendsten handeltreibenden Geschlechter in Florenz. »Ihre Bankniederlassungen sind in Süddeutschland bezeugt, so in Nürnberg am ›Alten Markt‹; dort werden sie ›Torrisan‹ genannt« (Grote). – *Der rechte Palast* (um 1540), ein hoher Gebäudeblock, stammt von *Baccio d' Agnolo.* – *Der linke Palast* (17.Jh.) darf als Beispiel für den *Florentiner Spätmanierismus* gelten (reicher plastischer Schmuck in Verbindung mit Sgraffiti).

Museo Bardini (Piazza de' Mozzi, 1): Sammlung des Kunsthändlers *Stefano Bardini* (gest. 1923), untergebracht in seinem ehemaligen *Wohnpalast* (19.Jh.): Werke der *Bildhauerkunst* (auch Antiken), *Gemälde, Möbel, Teppiche, Kleinbronzen, Waffen, Fayencen.* – Schöne, hierher übertragene *Holzdecken.* – *Galleria Corsi* (2. Stock): Umfangreiche *Gemäldesammlung* verschiedener Epochen.

Palazzo Serristori (östliche Schmalseite der Piazza Lungarno): Kernbau 1346 nach Plänen *Taddeo Gaddis.* Zunächst Landsitz der Medici, im 16.Jh. von den *Serristori* vergrößert, 1873 umgebaut. – Auf dem Platz ein von *Lorenzo Bartolini* gearbeitetes *Denkmal* (1870) für den russischen Fürsten *Nikolai Demidoff,* dessen Geschlecht sich durch Förderung von Kunst und Wissenschaft sowie Gründung von Wohltätigkeitsanstalten einen Namen machte. – Nikolai Demidoff unterstützte vor allem das Stadtviertel von S. Niccolò.

S. Niccolò sopr' Arno (Via S. Niccolò): Spätgotischer Saalbau aus der Zeit nach 1400, im 16.Jh. umgestaltet und erhöht. – *1. Altar links:* »Opferung Isaaks«, Spätwerk von *A. Allori.* – In der *Sakristei* eine schöne *Ädikula* im Stile Michelozzos; im Bogenfeld ein *Fresko* »Gürtelspende Mariens« von *Piero del Pollaiuolo* (Bruder des bekannteren *Antonio del Pollaiuolo*), bemerkenswert nicht zuletzt durch die *Flußlandschaft* im Hintergrund.

Porta di S. Niccolò (Piazza G. Poggi): In der Platzmitte ein hoher *Wehrturm,* der 1324 nach Entwürfen *Andrea Orcagnas* als Teil der Stadtmauer errichtet worden war (Reste der Mauer entlang des Hügels).

Der *Platz* selbst ist nach dem Architekten *Giuseppe Poggi* benannt, dem man die *Stadtplanung von 1864* mit der südlichen Umgehungsstraße (Viale dei Colli) und der Anlage der *Piazzale Michelangelo* (S. 176) verdankt. – Ausstellung der Pläne im Museum »Firenze com' era« (Planziffer 4).

47 **Piazzale Michelangelo** *(Zur Stadtplanung von 1864/1870)*

Florenz war bis zur Mitte des 19.Jh. kaum über seinen alten Stadtkern hinausgewachsen. Die Grenzen bezeichneten noch immer die letzte mittelalterliche Befestigungsmauer, die 1284 vom Dombaumeister *Arnolfo di Cambio* begonnen und nach einem halben Jahrhundert (1333) vollendet worden war. Die im 16.Jh. errichteten Befestigungswerke, die *Fortezza da Basso* im Norden und die *Fortezza del Belvedere* im Süden, waren in diesen Mauerring einbezogen.

Eine Änderung der Verhältnisse trat erst ein, »als mit dem Vertrag zwischen Frankreich und Italien im Jahre 1864 sich für das neue *Königreich Italien* die Notwendigkeit ergab, eine andere *Hauptstadt* als Rom zu finden, welches noch zwei weitere Jahre von den Franzosen besetzt gehalten werden sollte« (Grote). Nachdem die Wahl auf *Florenz* gefallen war, kam es zur Aufstellung eines *Bebauungsplanes*, »dessen Autor, der Architekt *Giuseppe Poggi*, zum Leiter der gesamten Arbeiten ernannt wurde« (Pläne im Museum »Firenze com' era«, Planziffer 4). Auf Poggi geht die Idee jener *südlichen Umgehungsstraße (Viale dei Colli)* zurück, die noch heute zwischen *Arno* und der *Porta Romana* eine lebensnotwendige Funktion erfüllt (als *Viale Michelangelo, Viale Galileo, Viale Machiavelli*). – Poggi fand auch die günstigste Stelle für den *Piazzale Michelangelo* mit seiner berühmten Aussicht auf Florenz und die umliegenden Berge.

Piazzale Michelangelo (1875): Auslösender Faktor für die Schaffung eines Platzes zu Ehren *Michelangelos* (1475–1564) war die bevorstehende vierhundertjährige Wiederkehr seines Geburtstages. Aus diesem Anlaß hatte der italienische Staat der Gemeinde Florenz einen *Bronzeabguß* des »David« geschenkt. In Ergänzung dazu ließ Poggi auch von Michelangelos »Tageszeiten« (Mediceergräber in S. Lorenzo) Bronzeabgüsse anfertigen und bildete so das heutige *Denkmal*. – Die im Hintergrund befindliche *Loggia* (jetzt ein renommiertes Restaurant) war von Poggi als *Museumsgebäude* errichtet worden; doch der Plan, hier ein Museum mit Originalwerken Michelangelos einzurichten, kam nicht zur Ausführung.

48 **S. Salvatore al Monte** *(S. Francesco al Monte)*

Daten: 1415 erste Niederlassung von *Franziskanern aus Fiesole.* – Die heutige Kirche (ein später Bau der florentinischen Frührenaissance) verdankt ihre Größe der tatkräftigen Förderung durch *Lorenzo den Prächtigen.* – Der Bau wurde 1487 nach Plänen *Cronacas* begonnen. – Schwierigkeiten bereitete der unsichere Baugrund: 1500 Einsturz des Ostteiles, 1529 Abstützung des Erdreiches durch Michelozzo, 1555 Verstärkung der Fundamente, 1562 Reduzierung des Glockenturms. – 1504 erfolgte die Weihe, 1561 (wegen Einsturzgefahr) die Übersiedlung der Mönche nach Ognissanti, ab 1705 eine Neubelegung mit Franziskanern.

Inneres: Harmonisches Raumbild einer *Saalkirche mit offenem Dachstuhl.* Die seitlichen, von Pilastern eingefaßten *Kapellen* sind tonnengewölbt, die durch einen Triumphbogen geöffnete *Choranlage* im Grundriß rechteckig.

Im einzelnen beobachtet man ein *Nachwirken der Formen Brunelleschis*; auch zu Michelozzos SS. Annunziata besteht Verwandtschaft. – Michelangelo nannte die Kirche »la bella villanella« (das hübsche Landmädchen).

Der an den Fenstern des Obergadens zu beobachtende *Wechsel zwischen Segment- und Dreieckgiebeln* (übernommen vom Baptisterium) hat später in der Palastarchitektur der Hochrenaissance eine große Rolle gespielt (so schon bei Raffaels Palästen). – Möglicherweise haben wir hier das erste Beispiel aus neuerer Zeit vor uns. – Die Ausstattung ist von geringer Bedeutung.

49 S. Miniato al Monte

Daten: Die Kirche bezeichnet die Stelle eines *frühchristlichen Martyriums* aus der Zeit um 250, als im Zuge einer Christenverfolgung unter Kaiser *Decius* in Florenz ein gewisser *Minias* enthauptet wurde. »Über dem Grab entstand das möglicherweise älteste Florentiner Heiligtum« (G.K.). – Die *Heiligsprechung des Minias* und die 1013 erfolgte *Gründung einer cluniazensischen Benediktinerabtei* führten zum Bau einer eindrucksvollen siebenschiffigen *Hallenkrypta* (11.Jh.). – Die darüber errichtete *Kirche* gilt als »Schmuckstück romanisch-toskanischer Architektur«. – Die Datierungen schwanken. Neuerdings wird als *Bauzeit* 1013–1063 angegeben. – Vgl. die davon abweichenden, im laufenden Text gegebenen Daten.

Fassade

S. Miniato al Monte gehört zusammen mit dem Baptisterium zu den florentinischen Bauten des 11.Jh., in denen wir zum ersten Mal dem *Inkrustationsstil* begegnen, jenem Verkleiden der Backsteinmauern mit dünnen Marmorplatten, mit dem man »zweifellos den Anschluß an die antike Baukunst suchte« (Keller).

Diese Bauten (in der Regel nach 1059 begonnen) stehen »plötzlich vor uns«. Nirgendwo in Italien lassen sich dafür mittelalterliche Vorbilder finden. Erkennbar dagegen sind die *Auftraggeber:* es sind »Männer der *kirchlichen Reformbewegung* und der *antikaiserlichen Politik,* die sich um den Legaten *Hildebrand* (den späteren Gregor VII.) und um Papst Nikolaus II. scharen« (Keller). Gerade auch für S. Miniato ist die Wirksamkeit Bischof Hildebrands dokumentarisch belegt. Anschluß an die Antike und Wiederbelebung der Inkrustationstechnik wurden also verstanden als ein *Bekenntnis zur eigenen historischen Vergangenheit* und gleichzeitig als eine *Entscheidung für das Papsttum* (beides in Abwehr des deutschen Kaisertums und seines auf Italien ausgedehnten Herrschaftsanspruchs; Gregor VII. war es bekanntlich, der König Heinrich IV. mit dem Bann belegte, was zu den Ereignissen von Canossa führte).

Die florentinische Inkrustationstechnik bedient sich einer betont einfachen Ornamentik *aus geometrischen Formen,* mit Rechtecken, Quadraten, Rauten, Dreiecken, Gitternetzen und Zickzackbändern; sie verwendet den Halbkreis nur als Abschluß rechteckiger Felder. Pflanzenformen kommen nicht vor.

S. Miniato al Monte, Fassadenausschnitt und Inneres

Auch in *farblicher* Hinsicht begnügt man sich mit dem Kontrast zwischen dem »schneeigen *Weiß* des Marmors aus Carrara und den *grünen* Rahmungen in *verdi di Prato*«. Dieser Farbklang gehört zu den »ersten gültigen Äußerungen eines typisch florentinischen Farbsinns«; er bildet in der florentinischen Architektur über Jahrhunderte hinweg eine Konstante – im Unterschied z. B. zu Pisa, wo man eine lebhaftere Inkrustation mit »Gewebe-Charakter« und reichsten Abstufungen durch verschiedene Marmorarten pflegte (Keller).

Fassadenabschnitte: Die Fassade ist nicht in einem Zug hochgeführt worden. Man erkennt vielmehr eine von unten nach oben zunehmende Verfeinerung der Dekoration. – *Der untere Wandabschnitt* (um 1075) steht der antiken Auffassung am nächsten. Das beherrschende Motiv ist eine *fünfteilige Bogenarkade*, die auf *Halbsäulen* aufruht, folienartig hinterlegt durch eine leicht zurückgesetzte Wandschicht mit eigenem Inkrustationsmuster (größte Ähnlichkeit zum mittleren Geschoß des Baptisteriums).

Das folgende Geschoß wirkt unruhiger und ist weniger überzeugend (Planänderungen?): Die Pilaster sind überlängt, die seitlichen Rautenmuster werden von den Dachschrägen ungünstig überschnitten; das tief sitzende Ädikulafenster dämpft den Höhenzug; auch kann die Übereinanderordnung von Fenster und Mosaik (Christus zwischen Maria und dem Hl. Minias) in dieser Form wenig befriedigen; die Kreismuster der Seitenfelder sollen offenbar gewisse Unstimmigkeiten ›harmonisieren‹. – Einheitlicher wirkt der *Fassadengiebel*. In seiner Kleinteiligkeit und seiner Schmuckfreude repräsentiert er stilistisch eine ›Spätphase‹ der Inkrustationstechnik.

Architekturgeschichtliche Bedeutung: Baptisterium und S. Miniato al Monte können in ihrer Wirkung auf die florentinische Architektur der folgenden Jahrhunderte kaum überschätzt werden. Vor allem *Brunelleschi* und *Alberti* haben sich von diesen beiden Bauwerken, die man zu ihrer Zeit für ›antik‹ hielt, beeinflussen lassen. Brunelleschi glaubte, S. Miniato und SS. Apostoli seien unter Karl dem Großen errichtet worden, und noch Alberti hielt das Baptisterium für einen originalen römischen Bau. Alberti ließ sich von S. Miniato al Monte vor allem bei seiner Fassadengestaltung von S. Maria Novella beeinflussen. Wir stehen vor dem merkwürdigen Phänomen, daß »Kunstwerke einer seit mehr als zweihundert Jahren versunkenen Epoche als wahlverwandt empfunden werden« (Keller).

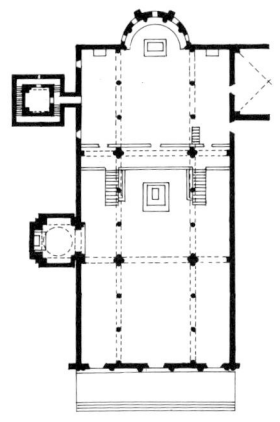

Zum Bischofspalast
von S. Miniato al Monte

Die Errichtung des Bischofspalastes (1295–1320) erfolgte parallel zum Bau von S. Croce (beg. 1295) und den Arbeiten am Palazzo Vecchio (beg. 1299), zugleich auch in Parallele zur Errichtung der Dritten Stadtmauer (1284–1333).

Zur Zeit von Cosimo I., Großherzog von Toskana, waren hier (seit 1533) spanische Soldaten kaserniert, die auf der nahe gelegenen Fortezza del Belvedere Dienst taten. – Im 17.Jh. nützte man die Räumlichkeiten zur Unterbringung von Pestkranken. – Umfassende Restaurierungsarbeiten 1922.

Inneres von S. Miniato al Monte   Nr. 49

Datierungen (nach Keller): *Ostpartie* von 1070 bis ca. 1093 (nur Apsis und Triumphbogen sind mit Marmorplatten belegt). – »*Arkaden und Obergaden des Langhauses* wurden erst zwischen 1128 und 1150 hochgeführt. – Der *Obergaden* ist sowohl im Langhaus wie im Chor nur bemalt. Wahrscheinlich unterblieb die Inkrustation aus Geldmangel«. – *Stuckverkleidung der Säulen* 1858/61.

Zur architektonischen Struktur

Zum Raumbild: Gegenüber älteren florentinischen Kirchen beobachten wir in S. Miniato als neues Element eine starke *Rhythmisierung* des Raumes durch die eingestellten *Schwibbögen* und einen damit verbundenen *Stützenwechsel.* Die Kirche erschließt sich gleichsam in drei großen Schritten: (a) Eintritt in die Kirche, (b) Verlangsamung der Bewegung und Trennung der Wege: nämlich nach unten zur Krypta, nach oben über seitliche Treppen zum hoch gelegenen Mönchschor, (c) der Mönchschor über der Krypta.

Im Gegensatz zur gleichzeitigen nordischen Architektur (Dome in Speyer und Mainz) werden die vertikalen Kräfte nicht zur Anschauung gebracht. Es erfolgt *keine Veranschaulichung von Stütze und Last.* Die inkrustierten Wände wirken vielmehr *schwerelos* und *bildhaft,* ja die Kirche ist als solche bildhaft angelegt: man trat ein und hatte vom ersten Moment an vollen Einblick in die (von Kerzen erhellte) Krypta – heute beeinträchtigt durch Michelozzos Tabernakel – man sah aber gleichzeitig auch über der Krypta den Chor, also den *Versammlungsort der Mönche unmittelbar über dem Grab des Minias* – ein Faktum von starker Symbolkraft.

Kapitelle und Fußboden: Von den *Kapitellen* sind sieben original *römisch,* eines *byzantinisch*; die restlichen sind *romanisch,* davon sind drei nach römischem Vorbild gearbeitet. – Der *Fußboden* (1207) gab dem Mittelschiff den Charakter, »als sei es mit einem kostbaren Marmorteppich ausgelegt« (G.K.).

Zur kunstgeschichtlichen Einordnung

Ernst Adam schreibt zu S. Miniato al Monte: »Im Typus folgt die Kirche alter, *frühchristlich-italienischer* Tradition als dreischiffige Säulenbasilika ohne Querhaus.« Der offene, mit Ornamenten bemalte *Dachstuhl* ist zwar gotisch erneuert, »entspricht aber wohl weitgehend dem alten romanischen Vorbild«. Dagegen bringen die eingestellten *Schwibbögen* eine der frühchristlichen Basilika unbekannte *Rhythmisierung* des Raumes. Der frühchristliche Typus wird übersetzt »ins *Hochromanische*«.

Krypta, Sakristei und Apsis

Krypta (sehenswert): Es handelt sich um eine *Hallenkrypta* (11.Jh.) von erstaunlicher Größe, fünf Joche tief, sieben Joche breit, von zierlichen Säulen mit teilweise antiken Kapitellen gegliedert (Kreuzgratgewölbe zwischen nur schwach hervortretenden Gurtbögen). Die mittleren drei Joche schließen mit einer leicht eingezogenen durchfensterten *Apsis*. – Nicht unwichtig der Blick aus der Krypta zurück in die Kirche, denn er schlüsselt den Sinn der Anlage auf: *die optische Transparenz zwischen Kirche und Märtyrergrab.* Der Altar der Krypta, in dem seit 1013 die Gebeine des *Hl. Minias* ruhen, war von der Kirche aus sichtbar.

Sakristei (vom Chor aus zugänglich): Die 1385/87 errichtete Sakristei wurde von *Spinello Aretino* (um 1346–1410), einem der letzten Nachfolger Giottos, mit 16 Szenen aus dem Leben des Hl. Benedikt *(Fresken)* geschmückt. – Trotz scharf beobachteter Einzelheiten gelingt dem Maler keine wirklich neue Sicht der Dinge (1840 restauriert). – *Wandschränke* (1472), neugotisch ergänzt.

Apsis: halbkreisförmig, mit schöner *Inkrustation* und *klassischer Säulenstellung* (das Gebälk sorgfältig mit Perlstab und Kymation gearbeitet), die *Fenster* nach frühchristlicher Art mit dünnen, diaphanen Marmorplatten geschlossen. – *Apsismosaik* (1860) nach Original von 1297.

Marmorkanzel (1209): Zusammen mit den *Chorschranken* ein prachtvolles Beispiel dekorativer Skulptur und Einlegearbeit.

Arbeiten der Frührenaissance

Tabernakel (vor der Treppe zur Krypta): Dekoratives Meisterwerk des *Michelozzo* (neben Brunelleschi der für die Entwicklung der Renaissance-Architektur bedeutendste Meister, Schüler Ghibertis, Mitarbeiter Donatellos). Das 1448 für *Piero de' Medici* gearbeitete Werk hat *denkmalhaften Charakter*, steht frei im Raume und will ganz für sich gesehen werden. Es wirkt leicht und gefällig, hat aber dennoch sakrales Gewicht und schließt mit einer kassettierten Tonne, deren Architrav nach vorne auf zwei Säulen aufruht. Im ganzen also ein bewußt kunstvolles, fast widersprüchliches Gebilde, bei dem Michelozzo bis an die Grenzen des formal Vertretbaren geht. Jede einzelne Form leitet sich letztlich aus der Antike her, und doch ist das Ganze etwas *Neues*, entworfen in schöpferischer Freiheit. – Ältere Stücke werden mitverwendet: so der im Kern noch *romanische Altar* (der lediglich gedreht und teilweise überkleidet wurde) oder das alte, von *Agnolo Gaddi* (um 1350–1396) geschaffene *Altarbild*, das man für die neuen Verhältnisse zurechtschnitt und dann neu zusammensetzte. – Hervorzuheben sind noch die *glasierten Kassetten* und die *buntfarbigen Ziegel* des Tonnengewölbes, Arbeiten von *Luca della Robbia*. Erwähnt sei ferner die *Medici-Devise* SEMPER.

Kapelle des Kardinals von Portugal (1461/66): – Linkes Seitenschiff. – Erbaut von *Antonio Manetti*, einem Brunelleschi-Schüler, der hier die Grundform der »Alten Sakristei« von S. Lorenzo (1419–28) gemäß der späteren Stilstufe in kräftigeren Formen variiert. – Auftraggeber des aufwendigen Unternehmens war *König Alfons V. von Portugal*, der die Kapelle für seinen 1459 in Florenz gestorbenen Neffen, *Kardinal Jacopo von Lusitanien*, errichten ließ. – Schon der pilastergerahmte Eingangsbogen mit Rosetten in quadratischen Feldern zeugt von der hohen Würde. Die Form wiederholt sich noch einmal in der Grabmalnische. – Das *Grabmal* selbst wird sichtbar hinter einem gerafften Marmorvorhang. Der Blick trifft diagonal auf den *Sarkophag* mit der *Liegefigur* des Toten (bildhauerische Arbeiten von *Antonio Rossellino* unter Mitwirkung seines Bruders). – Der Sarkophag selbst variiert ein römisches, aus dem Pantheon stammendes Vorbild; er bildet zugleich die Vorstufe zu den Sarkophagen Michelangelos (1520/1534) in der Medici-Kapelle in S. Lorenzo. – Auf die Antike bezieht sich auch die Darstellung eines *Mithrasopfers* am Grabmalsockel; ebenso orientiert sich der *Marmorfußboden* an römisch-antiken Mustern.

Die tonnengewölbte *Decke* zieren fünf große *Terrakottatondi* von *Luca della Robbia*: im Mittelfeld der Hl. Geist, außen die vier Kardinalstugenden. – Dem Grabmal gegenüber der)leere Thron((Anspielung auf das Jüngste Gericht), darüber ein *Verkündigungsbild* von *Baldovinetti*.

Ehemaliger Bischofspalast (rechts der Kirche): Erbaut 1295–1320. – Lange Zeit *Sommerresidenz* der florentinischen Bischöfe (erst 1594 mit dem Kloster verbunden). Im 16./17.Jh. stark verändert, 1922 restauriert. – *Glockenturm* (1518–1528), unvollendet. – *Friedhof* (1854), angelegt von *Niccolò Matas*.

50 S. Leonardo in Arcetri *(Via di S. Leonardo)*

Gründung im 11. Jh. – Stark restauriert, meistens geschlossen. – Sehenswert nur die *romanische Kanzel*, die 1782 aus der Kirche S. Pier Scheraggio (heute Teil der Uffizien) hierher übertragen wurde. Die Kanzel hat Ähnlichkeit mit derjenigen von S. Miniato al Monte. Schöne Reliefs. – *Hochaltar* mit *Triptychon* von *Lorenzo Gerini*. – Die enge Straße (Via di S. Leonardo) gehört zu den begehrtesten Wohngegenden von Florenz.

51 Fortezza del Belvedere
(In der Fortezza Ausstellung von Fresken)

Hinweis: Obwohl die Fortezza unmittelbar an den Boboli-Garten anschließt, besteht zwischen beiden Arealen keine Durchgangsmöglichkeit.

Zugänge: (a) Mit Bus Nr. 13 bis *Ponte alle Grazie* (Planziffer 46). Von dort in Verlängerung der Brücke über die *Piazza dei Mozzi*, dann einen geschlängelten Pfad hinauf zur Straße *Costa di S. Giorgio*, diese nach links, zuletzt rechts durch die *Via del Forte di S. Giorgio* zur Festung. – (b) In etwa 20 Minuten von der *Piazzale Michelangelo* hinunter zur *Via di Belvedere*, diese nach links zur *Costa di S. Giorgio*, dort ein kurzes Stück abwärts, dann links zur Festung. – (c) In etwa 30 Minuten von *S. Miniato al Monte* die große Verkehrsstraße *(Viale Galileo)* aufwärts bis zur *Via di S. Leonardo*, diese nach rechts bis zur Festung (eventuell Bus *S. Miniato-Piazzale Galileo*; dann zurück zur *Via di S. Leonardo*).

Die Festung geht auf den dritten Großherzog von Florenz, *Ferdinando I.*, zurück. Sie entstand 1590/95, rund 60 Jahre nach der »Fortezza da Basso«, die Florenz vom Norden her beherrschte. *Beide Fortifikationen signalisieren das Ende der Florentinischen Republik.* Sie richten sich weniger gegen einen äußeren Feind als vielmehr gegen mögliche Volkserhebungen. Ihre Kanonen waren nicht nach außen, sondern *auf die Stadt* gerichtet.

Den geschichtlichen Hintergrund bildet die 1527 erfolgte *Vertreibung der Medici.* Die vom Papst 1529 zu Hilfe gerufenen Truppen Kaiser Karls V. scheiterten an den von *Michelangelo* bei S. Miniato al Monte errichteten Bastionen. Erst eine Belagerung von mehreren Monaten zwang die Stadt im August 1530 zur Kapitulation. Im Juli des folgenden Jahres hielt dann *Alessandro de' Medici* Einzug in die Stadt.

Die Medici übernahmen erneut die Herrschaft über Florenz, fühlten sich aber begreiflicherweise bedroht. »Eine neue innere Ordnung des Stadtkörpers war die Folge« (Braunfels). So verließ *Cosimo I.* 1540 den angestammten Familienpalast (Palazzo Medici), um sich im *Palazzo Vecchio* eine *neue Residenz* auszubauen. Zu ihrem Schutz, aber auch zum Schutz des Palazzo Pitti, errichtete schließlich Ferdinando I. die Fortezza del Belvedere.

Zum Typus: Die von *Giovanni Medici* entworfene Festung erhielt ihre künstlerische Komponente durch *Bernardo Buontalenti* (1536–1608). – Das *Hauptgebäude* zeigt »in großer Schlichtheit die typischen Merkmale der toskanischen Landvilla« (Grote), einen Typus, den Buontalenti mehrfach variiert hat.

52   Palazzo Pitti *(zur Gemäldesammlung siehe S. 200ff.)*

Daten: Die erste Bauzeit (1458–1466) unter *Luca Pitti* umfaßte nur die sieben mittleren Achsen. Es handelte sich um einen freistehenden Palast der Florentiner Frührenaissance, dessen blockhafte Erscheinung dem Palazzo Medici (beg. 1444) und dem späteren Palazzo Strozzi (beg. 1489) ähnelte. – Ein Besitzwechsel erfolgte 1550. *Großherzog Cosimo I.* erwarb damals den Palast für seine Gattin, *Eleonora von Toledo*, und beauftragte 1560 *Bartolomeo Ammanati* mit dem Umbau und der Erweiterung des Gebäudes. Ammanati schuf vor allem die zum Garten gerichtete *Hoffront* (Abb.) mit den beiden Seitenflügeln.

Erweiterungsbauten der Barockzeit

Die Dehnung des Palastes zu seiner heutigen Breite war erst das Werk der *Barockzeit*. Sie erfolgte in zwei Schritten: 1620 durch Anstückung von je drei Fensterachsen auf beiden Seiten (heutiger Mittelteil), 1640 durch weitere fünf Achsen nach rechts und links (zweistöckig). – 1764 und 1784 errichtete man die beiden äußeren Terrassenflügel, die nach französischem Geschmack einen »Ehrenhof« *(Cour d' honneur)* schufen. – 1819 erfolgte auf der Gartenseite ein Anbau nach Art eines kleinen Sommerpalastes.

Der Kernbau (1458–1466)

Bauherr war *Luca Pitti,* dessen Familie seit dem 14.Jh. als Bankiers und Makler einen einzigartigen Aufstieg erlebt hatte. Sie waren »die Rothschilds ihrer Zeit« (Cleugh), »teils Partner, teils Gegenspieler der Medici« (Heydenreich). Ihr Palast entstand in offener *Konkurrenz zu Michelozzos Palazzo Medici* (beg. 1444), der in jeder Hinsicht übertroffen werden sollte. »Tatsächlich ist im Palazzo Pitti jedes Element des Palazzo Medici ins *Kolossale* gesteigert: Die Bossen haben ungeheure Ausmaße, ebenso die drei gleich hohen Geschosse. Die Fenster sind so groß wie die Portale« (Heydenreich). – Ein neues Element waren lediglich die *Balustraden,* die sich unterhalb der Fenster über die Fassade hinwegziehen und so eine horizontale Schichtung nach Geschossen suggerieren, was erforderlich erscheint, nachdem die Rustika (anders als beim Palazzo Medici) die ganze Front gleichmäßig überzieht.

Die »*Idee des Kolossalbaus*« war also von Anfang an vorhanden. Aber gerade dies hat man von jeher als *unflorentinisch* empfunden, als den »Ausnahmefall«. Zur Erklärung hat man auf den möglichen Einfluß römischer Paläste verwiesen. H. Willich spricht »vom Vorbild römischer Aquädukte«, Wundram vom »Ausstrahlungsbereich Albertis«. – Die *Architektenfrage* ist bis heute umstritten. Georg Kauffmann nennt *Luca Fancelli,* andere halten an der Autorschaft *Brunelleschis* fest (so neuerdings wieder G. Fanelli). Francini-Ciaranfi (1956): »Die *von Brunelleschi zum erstenmal verwandten Rustikaquadern* mit geglätteten Rändern, sonst rauh und kräftig vorspringend, geben der Architektur einen strengen, abweisenden, auch herausfordernden Zug«.

Unbestritten ist, daß kein anderer florentinischer Palast der Frührenaissance einen ähnlich *monumentalen* Charakter besitzt. Doch hat Heydenreich darauf aufmerksam gemacht, daß hier auch das Kolossale »ausschließlich mit den Elementen der florentinischen Bautradition« verwirklicht wurde. Heydenreich unterstreicht die *handwerkliche Sorgfalt*: »die variationsreiche Modellierung der gewaltigen Bossenquadern« und die »feine Bearbeitung der Fenster- und Portallaibungen, deren Profile aus den Bossen herausgemeißelt sind«. – Wundram meint, daß die Fenster ursprünglich zweigeteilt waren und einen Querbalken besaßen wie am Palazzo Rucellai (beg. 1446). Fanelli sieht in der Fenstergröße eine Parallele zu den Fenstern Brunelleschis am Palazzo della Parte Guelfa. – Die beiden *ehemaligen Portale* links und rechts der Mitte hat erst *Ammanati* (um 1560) mit vergitterten, manieristisch gerahmten *Fenstern* geschlossen.

Der Hof des Palazzo Pitti – (Hauptwerk des Florentiner Manierismus)

Die 1560–1570 errichtete *Gartenfront* gilt als das architektonische Hauptwerk von *Bartolomeo Ammanati* (1511–1592). – Ammanati, Schüler von Bandinelli und Sansovino, war ab 1560 in Florenz als Architekt und Bildhauer tätig. Seine Vorliebe galt der *Rustika* und einer *energischen Belebung der Wand*. Hinzu kommen Veränderungen im Bautypus. So wird beim Palazzo Pitti »der geschlossene Palast alter Gattung umgedeutet zur frühbarocken Dreiflügelanlage« (LdK).

Zur manieristischen Struktur

Ammanati gehört zu den Hauptvertretern des *Florentiner Manierismus*. Als solcher steht er im Gegensatz zur ›klassischen‹ Architektur der Frührenaissance, wie sie Brunelleschi begründet hatte. An die Stelle klarer Definitionen tritt ›Vieldeutigkeit‹. Gestaltetes und Ungestaltetes stehen urtümlich nebeneinander. – Einerseits wählt Ammanati nach römischem Vorbild die Übereinanderstellung der drei Ordnungen (dorisch, ionisch, korinthisch), andererseits treten diese Ordnungen nicht uneingeschränkt in Erscheinung. Im *Erdgeschoß* verschwinden die Säulenschäfte hinter einem kräftigen Rustika-Mantel, im *mittleren Geschoß* sind sie unterbrochen von roh belassenen Quadern, die gleichsam noch nicht abgearbeitet sind; im *dritten* Geschoß (ähnlich schon im zweiten) erscheint die Wand wie ausgebrochen, so daß die Fenster keinen wirklichen Halt haben. – Das alles sind manieristische ›Effekte‹, nicht Willkür sondern »System« (G.K.). Der Palast soll als etwas *Unfertig-Schillerndes* erscheinen. Der überlieferte Formenapparat wird *relativiert* und umgemünzt in ein *kalkuliertes ›Spiel‹ mit überkommenen Formen*.

Boboli-Garten   Nr. 52

Objekte im Eingangsbereich: Bacchus-Brunnen (der nackte Hofzwerg Cosimos I. reitet auf einer Schildkröte). – »*Dakische Gefangene*« (römische Originale). – *Buontalenti-Grotte* (1556–1592): In Anlehnung an »Schilderungen an ›satirischen‹ Bühnenszene in Serlios Architekturtheorie« erhebt sich aus felsiger Landschaft »nach der Sintflut ein neues Menschengeschlecht« (G.K.).

Zum Garten: »Bogoli« oder »Bogolini« war der Familienname des ursprünglichen Grundeigentümers. – *Vom Garten der Frührenaissance aus der Zeit von Luca Pitti hat sich nichts erhalten.* Doch wissen wir, daß die Gärten jener Zeit nicht angelegt waren, um mit ihnen zu prunken. – Ganz anders der Garten der Hochrenaissance und des Manierismus. Hier steht der Gedanke der *Repräsentation* im Vordergrund, wobei der *Römer* stärker die *Architektur* betont, der *Florentiner* dagegen der *landschaftlichen Lage* und der *Bepflanzung* den Vorrang gibt. So nützt der Boboli-Garten eine *natürliche Geländebeschaffenheit* aus, doch die »architektonische Behandlung großen Stils« (Masson) unterbleibt. Am Anfang (vor 1550) bestand überhaupt nur ein quadratischer Rasen mit einem Brunnen in der Mitte. Das *Amphitheater* von *Ammanati* erstrebt dann den Eindruck einer *antiken Platzanlage*, vor allem durch die *Statuen*. – *Granitschale* aus den Caracallathermen. – *Ägyptischer Obelisk* (erst im 18.Jh. aufgestellt). – Im oberen Gartenteil *Neptun-Brunnen* (1565). Von dort führt nach Süden eine steil abfallende *Allee* zum sog. *Isolotto* (1618) mit *Ozean-Brunnen* von Giovanni da Bologna (Hauptfigur Kopie, Original im Bargello).

53   S. Felice in Piazza *(Piazza S. Felice)*

Daten: Erste Erwähnung 1066. – Für das 14.Jh. sind drei Chorkapellen überliefert. – Um 1450 errichtete man eine *Frührenaissance-Fassade im Stile Brunelleschis* (gelegentlich Zuschreibung an Michelozzo). – 1557 ziehen Dominikanerinnen ein (damals Einbau einer Nonnenempore). – Nach Veränderungen in der Barockzeit erfolgte 1897 die Wiederherstellung des ursprünglichen Zustandes.

Abbildung links:
S. Felice in Piazza, Fassade
Sie gehört zu den wenigen Kirchenfassaden der Florentiner Frührenaissance, die zur Ausführung kamen.
Hauptmotiv: Die Kirchenfassade wird nach dem Vorbild einer römischen *Tempelfront* gebildet. Daher der hohe, auf Konsolen aufruhende *Dreiecksgiebel.* Ebenso anspruchsvoll ist das reichgeschmückte *Portal* mit rechteckiger Türe, Pilasterrahmung und halbkreisförmigem Bogenfeld. Zwischen Giebel und Portal eine von geometrischen Formen bestimmte, die Mittelachse betonende *Fenstergruppe.*

Inneres: Langgestreckte, einschiffige *Saalkirche,* die ersten drei Joche kreuzgratgewölbt (mit Nonnenempore), restliches Langhaus mit offenem Dachstuhl. – *Fassadeninnenwand* mit Fresken des 15.Jh. und barocken Grabmälern.
Ausstattung: Bedeutend an der Nonnenempore ein monumentaler *Kruzifixus der Giotto-Nachfolge.* – *Linke Altäre:* (1) Triptychon (vor 1500), Nachfolge Filippinos, (2) »Errettung Petri« (nach 1645) von *Salvator Rosa,* (3) »Berufung des Evangelisten Matthäus« (1619) von *Matteo Rosselli,* (4) »Maria mit Heiligen« (1595) von *Jacopo da Empoli,* (5) »Maria zwischen Heiligen« (um 1520) von *Ridolfo Ghirlandaio,* (6) Tabernakel und Fresko »Der Hl. Felix erquickt den Hl. Maximus von Nola« (um 1635/39) von *Giovanni da San Giovanni.*

54 Porta Romana – Villa Poggio Imperiale Hildebrand-Haus

Porta Romana (1326): Teil der 1284 vom Dombaumeister Arnolfo di Cambio begonnenen, 1333 nach fünfzigjähriger Bauzeit vollendeten ›Dritten Stadtmauer‹. Während man 1865 auf dem nördlichen Arno-Ufer die mittelalterliche Mauer geschleift hat, blieb sie auf dem südlichen Uferteil fast vollständig erhalten. – An der Porta »Madonna mit Kind und vier Heiligen« von *Neri di Bicci.*
Villa Poggio Imperiale (öffentlich nicht zugänglich): am Ende der von der Porta Romana ausgehenden Viale del Poggio Imperiale gelegen. – Kernbau aus dem 16.Jh., rückwärtige Fassade 18.Jh., heutige Frontseite 19.Jh.

Hildebrand-Haus (Piazza S. Francesco di Paola, 3)
Die Villa, im Kern ein Bau des 16.Jh., war nach 1872 Zentrum eines von *Adolf Hildebrand* (1847–1921) begründeten *deutsch-italienischen Künstlerkreises,* zu dem u.a. die Maler *Arnold Böcklin* und *Hans von Marées* sowie der Kunsttheoretiker *Konrad Fiedler* gehörten. Hildebrand lebte von 1872 bis 1892 in Florenz, später in München. »Entgegen seiner Zeit, die dem Neobarock und einem weichen Naturalismus verbunden war, suchte er die *Rückbesinnung auf eine klassische Statuarik* und auf die einfache Form. Seine Italienaufenthalte hatten ihn mit der Antike und der Renaissance bekannt gemacht, die nachhaltigen Einfluß auf sein Schaffen ausübten« (LdK). – Die Villa befindet sich in Privatbesitz (Besichtigung nur nach vorheriger Anfrage): Mehrere Reliefs von Adolf Hildebrand sowie Gemälde seiner Tochter sind zu sehen.

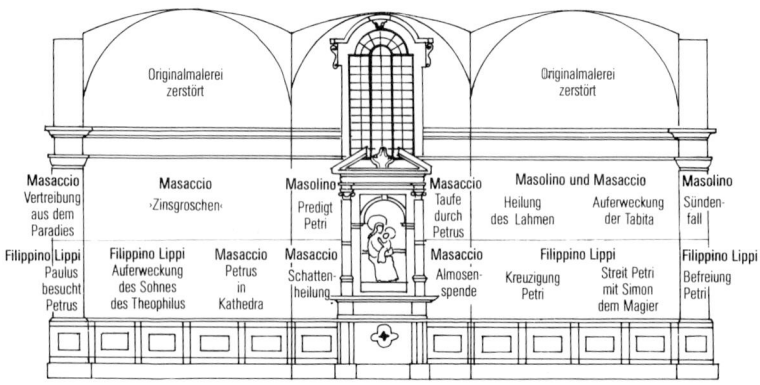

Masaccio Vertreibung aus dem Paradies	Masaccio ›Zinsgroschen‹	Masolino Predigt Petri	Masaccio Taufe durch Petrus	Masolino und Masaccio Heilung	Auferweckung	Masolino Sünden· fall
				des Lahmen	der Tabita	
Filippino|Lippi Paulus besucht Petrus	Filippino Lippi Auferweckung des Sohnes des Theophilus	Masaccio Petrus in Kathedra	Masaccio ›Schatten· heilung‹	Masaccio Almosen· spende	Filippino Lippi Kreuzigung Petri	Filippino Lippi Befreiung Petri
					Streit Petri mit Simon dem Magier	

Brancacci-Kapelle, Bildschema

55 S. Maria del Carmine *(Piazza del Carmine)*

Lage und Bedeutung: Auf der *Südseite* des Arno an einem weiten Platz gelegen, erkennt man die Kirche sofort an ihrer hohen, im Rohzustand steckengebliebenen *Fassadenwand,* hinter der sich ein spätbarocker Neubau von 1775 verbirgt. – Die alte, 1268 begonnene gotische Kirche (1771 durch Brand zerstört) war eine jener fünf Großkirchen, die im 13. Jh. das Bild von Florenz veränderten: *S. Maria Novella* (beg. 1246), *SS. Annuziata* (beg. 1248), *S. Maria del Carmine* (beg. 1268), *S. Spirito* (beg. 1269) und *S. Croce* (beg. 1295). Sie alle dienten in der zahlenmäßig gewaltig angewachsenen Stadt der *Volksseelsorge* und erhielten *Vorplätze* (Predigträume, Märkte) von einer Größe, wie es sie bisher in Florenz nicht gegeben hatte (Braunfels).

Zur Barockkirche

Tonnengewölbter Saalbau mit Querhaus und Vierungskuppel. *Deckengemälde* mit »Himmelfahrt Christi« (1782) und Kuppelausmalung (1780) von *Giuseppe Romei.* – *Altarbilder* überwiegend 16. Jh. – Im linken Seitenschiff: 4. Altar von Bernardo Poccetti (1601).

Im linken Querschiff: Corsini-Kapelle (1675–1683). – Die *Corsini* waren eine alte florentinische Patrizierfamilie. *Andrea Corsini* (1301–1373), dem die Kapelle geweiht ist, war im 14. Jh. Bischof von Fiesole und wurde 1629 von Papst Urban VIII. heiliggesprochen.

Das *Kuppelfresko* (1682) zeigt die »Apotheose des Andrea Corsini«, ein Werk von *Luca Giordano* (1634–1705) aus Neapel (Schüler von Pietro da Cortona). Giordano war später von großem Einfluß auf die Malerei des 18. Jh., die er mit seinem lockeren atmosphärischen Stil gewissermaßen vorwegnimmt. – Über dem Altar, von Rotmarmorsäulen gerahmt, der *Sarkophag* des Heiligen mit einem *Silberrelief;* darüber in *Marmor* die Aufnahme des Heiligen in den Himmel; beide Arbeiten (1677–1683) von *Giovanni Battista Foggini* (1652–1725), dem *bedeutendsten Florentiner Barockbildhauer.* Von ihm auch *rechts* die »Anghiarischlacht« (1685/87) und *links* die »Messe des Hl. Andrea Corsini« (1685/91) mit überlebensgroßen Figuren (Daten nach Lankheit).

186

Daten: Ausmalung 1424–1428 durch *Masolino* und *Masaccio*; Vollendung der un-
fertigen Teile etwa 1481/82 durch *Filippino Lippi*. – Die Kapelle blieb beim
Brand von 1771 weitgehend verschont, war aber schon vorher verändert worden: Barocker Eingangsbogen (1748), barocke Gewölbemalerei (1765), Erneuerung des Fensters und Errichtung des heutigen Altares (Mitte 18.Jh.).

Der *Auftrag* zur Ausmalung der Familienkapelle erging 1423 durch den Groß-
kaufmann *Felice Brancacci* nach dessen Rückkehr aus Ägypten. Auffallend ist,
daß die Ausmalung nicht die von den Karmelitern verehrte Madonna zum Gegenstand hat, sondern das Leben des Apostelfürsten *Petrus*. Kurt Steinbart (1948)
sieht darin ein persönliches Bekenntnis des Auftraggebers zum neu sich kon-
solidierenden Papsttum als einem Ordnungsfaktor, der auch die machtvoll in
Gang gekommene Wirtschaftsexpansion der Florentiner Republik begünstigen
würde.

Kunstgeschichtlich handelt es sich (im Hinblick auf Masaccio) um das *bedeutendste*
Zeugnis Florentiner Malerei seit Giotto, *ein epochemachendes Werk der Frührenaissance* mit größter Wirkung auf Andrea del Castagno, auf Botticelli, Leonardo da Vinci und Michelangelo. Vasari bezeugt, daß alle berühmten florentinischen Maler und Bildhauer der Folgezeit vor diesen Bildern gelernt haben.

Der Auftrag von 1423 erging zunächst nur an *Masolino* (geb. 1383), einen fein-
fühligen, der internationalen Gotik verhafteten Maler, der einen mehr lyrisch
gestimmten Erzählstil pflegte (als Gehilfe Ghibertis hatte er an dessen zweiter
Baptisteriumstüre mitgewirkt). Gegen Ende des Jahres 1424 muß sich dann eine
Verbindung zwischen Masolino und dem völlig anders gearteten, 18 Jahre jüngeren *Masaccio* (geb. 1401) angebahnt haben, mit der Folge, daß der ältere Maler
zunehmend unter den Einfluß des Jüngeren geriet. Als Masolino schließlich 1425
für zwei Jahre nach Ungarn ging, konnte Masaccio das Werk allein fortführen,
allerdings ohne es zu vollenden; denn 1428 folgte er Masolino nach Rom, wo
er noch im selben Jahr starb.

Masaccio, »Adam und Eva«, Fresko (Ausschnitt)

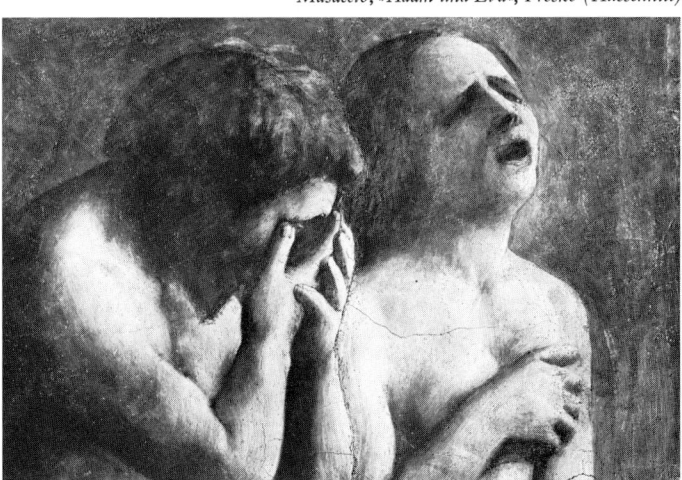

Die Malerei Masaccios

Masaccios Malerei war in revolutionierender Weise auf die *Erfassung der Wirklichkeit* gerichtet. Sie war Ausdruck eines *neuen, kraftvollen Lebensgefühls*, dem ein *neuer Begriff vom Menschen* als einem selbstverantwortlichen Wesen zugrunde lag. Die neue Wirklichkeitsnähe fand ihren künstlerischen Niederschlag in der Anwendung der von Brunelleschi entdeckten *Linearperspektive*, verbunden mit einem neuen Verhältnis zur Körperlichkeit und zum Raum, die durch *Licht* und *Schatten* lebensnah modelliert wurden. Zu dieser Lebensnähe gehören nicht zuletzt auch *die seelischen Regungen des Menschen*, die nun unverhüllt, mit großem Ernst und innerer Dramatik zutage treten.

Masolino und Masaccio (vergleichende Betrachtung)

(a) Die Unterschiede zwischen der Auffassung Masolinos und derjenigen Masaccios macht man sich am besten klar durch den Vergleich von »Sündenfall« und »Vertreibung aus dem Paradies«. – Das zuerst genannte Bild (am rechten Pfeiler oben), das noch *Masolino* malte, zeigt Adam und Eva als »weiche, verschwommene Gestalten, die wie träumend in einer noch ganz der Spätgotik verhafteten Welt wandeln« (noch weit entfernt vom Realismus des 1432 vollendeten »Genter Altares« der Brüder van Eyck).

Etwas völlig anderes sind die Gestalten von Adam und Eva in der von *Masaccio* gemalten »Vertreibung aus dem Paradies« (gegenüber, am linken Pfeiler oben). In lebhafter Bewegung und eindrucksvoller Gestik »durchleiden diese Menschen die Qualen der Verzweiflung« (L. Berti): Ein dramatisches Geschehen nimmt seinen Lauf, in dessen packender Unmittelbarkeit die *Tragik des menschlichen Lebens* aufleuchtet (hier zum ersten Mal gesehen als ein *seelisches* Phänomen).

(b) *Einen weiteren Vergleich* ermöglicht *das obere Bild der rechten Kapellenwand* mit der »Heilung des Lahmen durch Petrus« (links) und der »Auferweckung der Tabita« (rechts). Von *Masolino* stammen die *Vordergrund-Architekturen*, die in perspektivischer Verzeichnung wie beliebig versetzbare Kulissen den Ort der Handlung charakterisieren helfen. Auch die *Figuren* wirken »altertümlich« in ihrem »Parallelismus von Kontur und Binnenzeichnung der Gewänder« (Wundram). Die beiden eleganten Herren in der Bildmitte bestätigen Masolinos Neigung zur gotisch-eleganten Linie, wobei der Bewegung etwas Puppenhaft-Steifes anhaftet.

Masaccios Anteil erkennt man nach allgemeiner Auffassung in der *Stadtkulisse*: eine »lebendige Widerspiegelung gebauter Architektur um 1400« (Wundram), aufbauend auf einer *perspektivisch richtigen Konstruktion des Bildraumes* mit farblich feinsten Nuancierungen.

Der »Zinsgroschen« (Masaccio)

Zu voller Meisterschaft gelangt Masaccio im *oberen Bild der linken Kapellenwand*, dem berühmten »Zinsgroschen«. – Der *Inhalt*: Jesus und seine Jünger werden aufgefordert, die Tempelabgabe zu entrichten (eine dem Staat zukommende Steuer). *Petrus*, der zunächst zögert, erhält von Jesus den Befehl, die Abgabe zu leisten: er soll einen Fisch fangen, in dessen Maul werde er eine Münze finden (dargestellt ganz links). – Der *Sinn*: Die Kinder Gottes sind zwar frei, sollen aber, um Ärgernis zu vermeiden, die Gebote der Welt achten.

Zum Stil

Das ganze Gewicht liegt bei den *handelnden Personen* und ihren sparsamen *Gesten*. Die individuell gezeichneten *Köpfe* verkörpern Geist, Wille, Energie. Kraftvoll und lebensnah sind die Physiognomien. *Seelische Momente* spiegeln sich wider: aufmerksames Beobachten, abwartendes Fragen, nachdenkliches Zuhören, ungeduldiges Fordern, inneres Sich-Empören.

Masaccio, »Almosenspende« (Fresko)

Masaccios »Zinsgroschen« (Fortsetzung)

Noch handelt es sich bei Masaccios Köpfen nicht um wirkliche Porträts, aber man spürt das künftige *Interesse an der einmaligen Erscheinung des Individuums*: die Gestalt des Menschen beginnt sich aus der Anonymität des Typenhaften zu lösen. Sie gewinnt an Subjektivität.

Architektur und *Landschaft* treten gegenüber den Personen zurück. Zwar wird die Architektur perspektivisch genauer erfaßt als noch bei Giotto und seinen Nachfolgern; auch steht sie maßstäblich in einem realistischeren Verhältnis zur Bildfigur. Aber in ihrer radikalen Vereinfachung wird sie zur bloßen *Hinterlegung von Handlung*. – Über die komplizierten und kleinteiligen Bildarchitekturen der Zeit nach Giotto setzt sich Masaccio souverän hinweg.

Farbe und Zeichnung

Reduzierung der Farbe: Architektur und Landschaft, Bodenfläche und Himmel büßen ihre farblichen Eigenwerte ein. Sie bilden ein auf *Braun* und *Grautöne* abgestimmtes Ganzes, vor dem sich die Bildfiguren in betont kräftigeren Farben deutlich abheben. – Die von der Frührenaissance geforderte ›*Zeichnung*‹ (disegno) bildet bei Masaccio nur die *Basis* der Bildkomposition, während das *Bildganze* sehr viel mehr ›*Wahrheit*‹ enthält: gerade durch jene *atmosphärische Ungenauigkeit*, die dem augenblickhaften Sehen des Menschen entspricht. *Licht* und *Schatten* huschen über die Gegenstände hinweg, entschärfen die Konturen, verschleiern einzelne Bildteile, rücken andere in hellstes Licht.

Christus und seine Jünger

Meisterhaft ist die Komposition der Mittelgruppe mit Christus und seinen Jüngern. – An den *Rändern* je *vier* Jünger, der *äußerste* als rahmende *Ganzfigur* mit dem Blick zur Mitte, der *vierte* jeweils mit Rückwendung zum ersten. – *Christus* und *Petrus* weisen mit paralleler Armhaltung nach links: Christus befehlend, Petrus mehr zögernd und nur gehorchend.

Eine deutliche *Spannungslinie* verläuft zwischen dem *Zöllner* und dem jugendlichen *Johannes*, der erwartungsvoll auf Jesus schaut. Jesus durchbricht mit seiner Weisung an Petrus (ausgestreckter Arm) eine optisch spürbare Grenze. Sein *Blick* und sein *tiefblauer Mantel* machen ihn inhaltlich und farblich zur ›Mitte‹ des Bildes, während der Zöllner (als Rückenfigur mit leise angehobenem Fuß eher labil wirkend) zur ›Randerscheinung‹ wird.

Die Darstellung Petri

Durch Architektur und Landschaft entsteht deutlich ein *Bildgefälle nach links*, wo am äußersten Ende *Petrus* in der Einsamkeit seines Tuns (kniend den Fisch fangend) zu beobachten ist. – Im Kontrast dazu sehen wir Petrus am *rechten Bildrand*, hochaufgerichtet, in eindrucksvoller Selbstsicherheit als den künftigen ›Felsen‹, auf den die Kirche gebaut werden soll.

Fresken der Fensterseite (Masaccio)

Die Fresken zu beiden Seiten des Altares, *links* die sog. »Schattenheilung« (stark nachgedunkelt), *rechts* die »Almosenspende« (Abb.) bilden den absoluten Höhepunkt im Werk Masaccios. »Die strenge Statuarik der Figuren« und der kraftvolle Ausdruck in Mimik und Gestik gehen im einzelnen noch über die Stufe des »Zinsgroschens« hinaus. Petrus wird zur heroischen Gestalt, während im Krüppel und im Bettler »das Realistische gleichsam eine neue Dimension gewinnt«: es leuchtet etwas auf von menschlicher Tragik. Auch die junge Mutter (rechtes Bild) ist »durch Schlichtheit geadelt«, während die Vorgänge als solche von »feierlicher Würde« sind (Heydenreich). – An diese Kunst haben später Piero della Francesca und Leonardo da Vinci angeknüpft.

Die Fresken Filippino Lippis (1483)
Rechte untere Wandhälfte und Teile der linken unteren Wandhälfte. – Erst 55 Jahre nach Masaccios Tod malte *Filippino Lippi* (1457–1504) den Freskenzyklus zu Ende: in bewußter Anpassung an das Werk seiner Vorgänger, doch in einer anderen Bildstimmung, *nicht mehr heroisch-monumental sondern erzählerisch.* – In der »Befreiung Petri durch den Engel« (ganz rechts) bringt die Figur des schlafenden Wächters einen genrehaft-anekdotischen Zug in die Darstellung. Auch in der Architektur werden Einzelheiten stärker betont als bei Masaccio. Vor allem aber ist die Hinwendung des Engels zu Petrus so persönlich gesehen, als handle es sich nicht um eine dramatische Flucht, sondern um das vertraute Gespräch zweier Freunde, die in Ruhe ihre Gedanken austauschen. – Filippinos Kunst ist »höfisch-elegant«.

Sakristei – Kreuzgang – Refektorium
Sakristei (Zugang links von der Brancacci-Kapelle): Heutige Form von 1771. – Die *Fresken im Altarraum* von *Bicci di Lorenzo* (nach 1394) behandeln Szenen aus dem Leben der Hl. Cäcilie. – *Kruzifix der Cimabue-Nachfolge.* – *Altartafel* (um 1440) mit *Anghiari-Schlacht* in der Predella. *Kreuzgang:* Heutige Form 1600/1612 mit *Fresken* des 14.Jh. – Im *Refektorium* »Abendmahl« (1581/82) von *Alessandro Allori* (1535–1607): das manieristische Bild verarbeitet im Figürlichen Vorbilder Michelangelos und Andrea del Sartos. – Vgl. zu der Bildarchitektur und der Gesamtauffassung auch die Abendmahlsdarstellungen von Ghirlandaio (Abb. S. 193) und Castagno (Abb. S. 160).

Porta S. Frediano – S. Frediano in Cestello   Nr. 55

Porta S. Frediano (1332): Der in seiner heutigen Form schmucklose, nicht mehr in voller Höhe erhaltene Torbau gehört zu jener berühmten *Stadtummauerung*, mit der das aufstrebende Florenz noch in gotischer Zeit, weit über seine alten Grenzen hinausgreifend, sich um das *Sechsfache* vergrößerte. Das 1284 begonnene Befestigungswerk zählte zuletzt über 70 Türme.

S. Frediano in Cestello (1680–1698): Die zum Arno hin ausgerichtete *spätbarocke Kuppelkirche* verwirklicht in gewissem Sinne eine Idee Brunelleschis, der schon 1436 den Neubau von S. Spirito aus städtebaulichen Gründen auf den Fluß hin, also nach *Norden*, orientieren wollte, was aber die Augustiner nicht zuließen. Die *Fassade* von S. Frediano blieb unausgeführt. – Das *Innere* stellt sich als Saalbau mit begleitenden Kapellen, Querhaus, überkuppelter Vierung und Chorpartie dar, im ganzen ein barockes Ensemble von vornehmer Zurückhaltung, ohne großes Pathos, ja etwas kraftlos.
Altarbilder und Fresken der Seitenkapellen überwiegend 17.Jh. – Hervorzuheben das *Kuppelfresko* (1701/18) »Magdalena in der Glorie« von *Antonio Domenico Gabbiani.* – Die *Klosteranlage* ist öffentlich nicht zugänglich.

56   S. Salvatore d'Ognissanti *(›Allerheiligen‹-Kirche)*

Daten: Bedeutende, von den Medici gestiftete *Barockfassade* von 1637 (Buontalenti-Nachfolge), 1871/72 durch Kopie ersetzt; *Terrakotta-Tympanon* (um 1515) wohl von Giovanni della Robbia. – Im Hintergrund der *Campanile* des gotischen Ursprungsbaus (13.Jh.), Vorläufer des Turms der Badia (Abb. S. 56).
Gründung der Kirche 1252/57 durch die *Humiliaten*, einen oberitalienischen Orden, dem Florenz die Einführung der *Tuchfabrikation* verdankt. – Ehemals umfangreiche Werkstätten der Tuchmacher in Arnonähe. – Die Kirche selbst ursprünglich ein Saalbau mit offenem Dachstuhl, Querhaus und Chorkapellen. – 1561 Übernahme durch die Franziskaner. – 1582 Errichtung einer neuen *Chorkapelle* hinter dem gotischen Chor; dieser 1593 neu gewölbt und bis 1615 mit Pietra-dura-Schmuck, Statuen und Malereien ausgestattet.

Im *Langhaus: Untere Wandgliederung* von 1627, *obere Gliederung* mit Fenstern und Halbfigurenbildern von Ordensheiligen 1687/91. – *Stuckierung der Chorkapellen* um 1700. – *Chorkuppel* 1737. – *Flachdecke im Langhaus* 1769 mit »Apotheose des Hl. Franziskus« (1770).

Ausstattung (u. a.): Zweiter Altar rechts mit *Tabernakel* von 1472 (Vorbild für alle anderen, diese 16./17. Jh.); *Fresken* von *Domenico Ghirlandaio*; *Grabplatte der Vespucci* (Amerigo Vespucci, Entdecker Amerikas). – *Kanzel* um 1565. – *Hauptchorkapelle* (1593/1615) mit *Bronzekruzifix* von 1669/74. –

Sakristei (Zugang vom linken Querhaus): Im Vorraum *Kruzifix* der Veit-Stoß-Schule, im Hauptraum *Monumentalkruzifix* der Giotto-Nachfolge.

Ghirlandaios »Abendmahl« (1480)

Zugang von außen: Man tritt *links* von der Kirchenfassade durch ein *Portal* in den *Kreuzgang* ein. – Hinten links der *Eingang ins Refektorium.*

Das »Abendmahl« *Ghirlandaios* hat seinen Vorläufer in einem wichtigen Werk der Frührenaissance, dem 30 Jahre früher entstandenen Abendmahlbild des Andrea del Castagno (1445/50) in S. Apollonia (Abb. S. 160). Ghirlandaio seinerseits weist voraus auf das berühmte Abendmahl des Leonardo da Vinci (1495/98) in Mailand, das aber stilistisch schon zur Hochrenaissance gehört.

Castagno, der für die Malerei der Florentiner Frührenaissance von grundlegender Bedeutung war, zeigt in S. Apollonia die Jünger Jesu in einem *perspektivisch exakt konstruierten, kastenförmigen Innenraum* von linearer Härte: die Wände marmorverkleidet und ohne Fenster, die Jünger selbst als derbe bäuerliche Gestalten gesehen (vgl. Abb. S. 160).

Ghirlandaios Bild ist von ganz anderer Wesensart: es ist milder, lebensnaher und freundlicher, wobei die Bildstimmung nicht zuletzt beeinflußt wird durch den *Ausblick ins Freie* auf einen üppig sprießenden Garten mit Bäumen, Früchten und Vögeln. Indem die Gewölbe des Saales sich in das Bild hinein fortsetzen, »vollzieht sich ein weiterer Schritt zur Verschleifung der Grenze zwischen *realem* und *gemalten* Raum« (Wundram).

Von Bedeutung ist ferner, daß die *Jünger* bei Ghirlandaio *paarweise* zusammenrücken, so daß sich der *dialogische* Charakter des Bildes erhöht. – Wenige Jahre später steigert Leonardo dieses Motiv zu *Dreiergruppen* von höchster Dramatik. – Auch Ghirlandaio geht in *Gestik* und *Mimik* schon über Castagno hinaus; er vermeidet aber dessen Übersteigerung; die leidenschaftliche Erregtheit eines Leonardo ist ihm allerdings fremd.

Ein wichtiges Detail, nämlich *die isolierte Stellung des Judas,* der als einziger Jünger *vor* dem Tisch (und damit auf der Seite des Betrachters) sitzt, ist ebenfalls von Castagno übernommen. Ghirlandaio bereichert aber den Bildgedanken durch einen *Dialog zwischen Judas und Petrus* (im Kontrast zur innigen Beziehung zwischen Christus und Johannes).

Die *Grundstimmung* des Bildes bleibt indessen *anekdotisch.* Ghirlandaios Schilderung ist »reizvoll im Beiwerk«, jedoch »verschwommen in der Aussage über den Seelenzustand der Gestalten« (L. Berti). – Ghirlandaios Stärke liegt im Dekorativen. Sein Abendmahlbild ist im weitesten Sinne des Wortes ›*schön*‹; es wirkt *kultiviert,* erfüllt von *zarter Sensibilität.* Diese gepflegte, vornehme Malweise fand im Florenz jener Jahre breiteste Zustimmung. Ghirlandaios Bild war so erfolgreich, daß er es schon bald für das *Refektorium von S. Marco* wiederholen mußte.

Botticelli und Ghirlandaio

Zu erwähnen sind noch *zwei Fresken* vom ehemaligen Mönchschor: (a) von *Botticelli* das Fresko »Der Hl. Augustinus in der Studierstube« (1480), eine Stiftung der Vespucci, (b) als Gegenstück (gegenüber): »Hl. Hieronymus« von *Ghirlandaio.*

Ghirlandaio, »Abendmahl« (Fresko)

57 S. Onofrio di Fuligno – Museum Ferroni
(Kirche und Museum: Via Faenza, 40–48)

Zugang: Haus Nr. 42. – Ehemaliger Klosterkomplex der Franziskanerinnen, in neuerer Zeit verbaut. – *Sehenswert:* Das »Abendmahl« (um 1490) von *Perugino* (um 1450–1523), dem Lehrer Raffaels. – Der von Castagno um 1445/50 geschaffene *Abendmahlstypus* (vgl. S. 160) mit geschlossenem, kastenförmigem Innenraum, den 30 Jahre später (um 1480) Ghirlandaio durch die illusionistische Öffnung der Wand mit Ausblick auf einen Garten veränderte (Abb. oben), erfährt hier durch eine *Hintergrundlandschaft mit Ölbergszene* eine die religiöse Empfindung noch stärker belebende ›Poetisierung‹.

Museum Ferroni (im selben Gebäudekomplex): eine in den Besitz der Stadt Florenz übergegangene, *ehemalige Privatsammlung* mit Bildern des 15./18.Jh.

58 Fortezza da Basso *(nördlich des Hauptbahnhofes)*

Erbaut 1532, Architekt: Sangallo der Jüngere. – Das gewaltige Bauwerk, das 1532 unter *Alessandro*, dem ersten Herzog von Florenz, begonnen wurde, signalisiert eine politische und eine städtebauliche Wende im Leben der Stadt. Alessandro ließ die Festung anlegen, »um eine gesicherte Wohnung für die Ehe mit der Kaisertochter Margareta«, der späteren Herzogin von Parma, zu erhalten, eine von Karl V. gestellte Bedingung. Die mit der Stadtmauer von 1284 verbundene Festung schob sich bastionsartig in die damals noch freie Ebene vor, ein weithin sichtbares Bollwerk am Nordrand der Stadt.

Das politische Klima jener Tage beleuchten folgende Ereignisse: *Alessandro* wird 1537 ermordet, sein Nachfolger, *Cosimo I.*, verläßt 1540 den Palazzo Medici und schafft sich im Palazzo Vecchio eine neue Residenz. 1549 erwirbt der Herzog den Palazzo Pitti, zu dessen Schutz man oberhalb des Boboli-Gartens die »Fortezza del Belvedere« anlegt. Beide Befestigungswerke sind richtungweisende fortifikatorische Anlagen, die Florenz mit eiserner Klammer umschließen: Ausdruck des kommenden Absolutismus (1560 Ausbau des Palazzo Pitti durch Ammanati und Baubeginn der Uffizien durch Vasari).

Fiesole mit Villa Medici (unten rechts)

59 Fiesole *(nördlich von Florenz)*

Anreise: Entfernung von Florenz 7 km. – *Autobus* ab Stazione di S. Maria Novella, Hauptbahnhof (*Fahrzeit* etwa 45 Minuten). – Landschaftlich schöne Anfahrt, vorbei an den Villen des florentinischen Adels. – Auf halber Strecke liegt *S. Domenico* (Badia Fiesolana). – Von dort steil ansteigende *Panoramastraße* bis zur *Piazza Mino,* dem Zentrum von Fiesole, mit Dom, bischöflichem Seminar, Palazzo Comunale und ›Archäologischer Zone‹.

Geschichte: Fiesole, in römischer Zeit *Faesulae* genannt, ist eine *etruskische* Gründung des 9./8.Jh. v.Chr. und hatte lange Zeit weit größere Bedeutung als das im Tal gelegene, erst von Caesar gegründete »Florentia«. Während das *Arnotal* zur Zeit der Etrusker noch ein weites Sumpfgebiet mit nur kargem Ackerland war, bot Fiesole die Vorteile eines vor Überschwemmungen sicheren *strategischen Punktes.* Es wurde *Militärstation,* befestigt durch eine 3 km lange *Mauer* aus sorgfältig behauenen Quadern.

In *römischer* Zeit wurde Fiesole beim Aufstand des Bundes der Italiker, dem sich die Stadt angeschlossen hatte, im Jahre 90 v.Chr. völlig zerstört. Bald darauf steht es an der Seite *Catilinas* im Kampf gegen *Sulla.* Auch diese Aktion endete mit einem Fehlschlag. Sulla entzog der Stadt die staatsbürgerlichen Rechte und beschlagnahmte zwei Drittel des Gemeindegebietes, um es an seine Soldaten zu verteilen. Die damals entstandene *Militärkolonie* hatte ihren Mittelpunkt im Umkreis von *San Domenico.* Später berichtete *Cicero,* das unverhoffte Glück habe die Männer übermütig und stolz gemacht und sie zu verschwenderischer Lebensweise verleitet.

Eine ernst zu nehmende Konkurrenz erwuchs Fiesole erst unter *Caesar* durch dessen planmäßige Gründung von »Florentia«, einer Kolonie mit gemischter Bevölkerung aus Fiesolanern und ›besten‹ Römern. Doch Fiesole behauptete sich noch lange als der strategisch wichtigere Punkt. Im Jahre 405 kämpfte hier *Stilicho* erfolgreich gegen die eindringenden *Germanen,* die er in der Schlacht von Montereggi vernichtend schlug. Im 6.Jh. allerdings wendet sich das Blatt, und Fiesole wird 539 das Opfer eines Angriffs der *Byzantiner,* die unter Belisar kämpfen. Die Stadt wird zerstört, ihre Bewohner suchen jetzt Zuflucht in Florenz. Fiesole hatte jetzt nur noch den Rang eines ›Kastells‹.

Indessen wuchs zwischen dem 5. und dem 10. Jh. durch Gründung von Kirchen und Klöstern die geistige Bedeutung des Ortes, eine Entwicklung, die auch nach dem *Ungarneinfall* von 924 weiter anhielt. 1028 erfolgte durch die Benediktiner die Erneuerung der alten Kathedrale (Badia Fiesolana). Im selben Jahr begann man den Bau einer neuen Kathedrale oben auf der Piazza Mino.

Dieser *geistige Aufstieg* Fiesoles führte in der Folgezeit zu einer verhängnisvollen Rivalität zu Florenz, das seinen Führungsanspruch gefährdet sah. 1123 eröffnete man aus nichtigem Anlaß einen Krieg gegen Fiesole, doch erst im dritten Anlauf (1125) gelang Florenz die *Niederwerfung der Stadt*, die künftig von Florenz abhängig war.

Fiesole blieb aber weiterhin Bischofssitz und erlebte eine *neue Blüte* seines religiösen Lebens. Um 1300 kamen Augustinermönche nach Fiesole und machten aus den Resten der ehemaligen Burg ein bescheidenes Kloster, das bald darauf die Franziskaner übernahmen (S. Francesco). – Im 15. Jh. erfolgte die Gründung des Klosters S. Domenico nahe der alten Badia.

Fiesole zur Zeit der Medici

Unter den Medici erlebte Fiesole eine glückliche Entwicklung. Florenz gewährte der Stadt die *kommunale Selbstverwaltung* (Statuten von 1450), und Cosimo d. Ä. veranlaßte 1459 die *Erweiterung der Badia Fiesolana*, deren Kirche im Renaissancestil neu erstand. – Von besonderer Bedeutung war schließlich die Errichtung der hoch am Hang gelegenen *Villa Medici* (1458) durch *Michelozzo* für Cosimo d. Ä. Unter Lorenzo dem Prächtigen wurde sie der Sitz der berühmten ›*Platonischen Akademie*‹, an der Männer wie *Pico della Mirandola*, *Poliziano* und *Marsilio Ficino* ihre literarischen und wissenschaftlichen Studien betrieben.

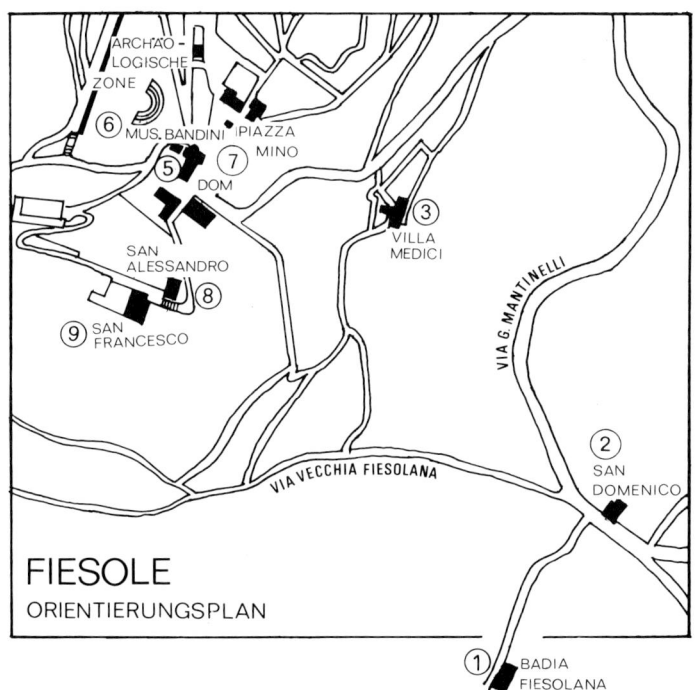

⟨1⟩ *Badia Fiesolana:* Bis 1208 *Kathedrale* von Fiesole, danach Benediktinerkloster. Die schöne *Marmorfassade* (13.Jh.) gehört noch zum Ursprungsbau und steht in der Nachfolge des Florentiner Baptisteriums (beg. 1060). – 1442 übernehmen Kanoniker aus Lucca die Kirche. Gefördert von *Cosimo d. Ä.* erfolgt ab 1459 eine Erneuerung im Stil von Brunelleschis Frührenaissancebauten. *Brunelleschi* war aber schon 1446 gestorben. So hat man den Entwurf u. a. mit *Alberti* in Verbindung zu bringen versucht. Vieles spricht indessen für *Michelozzo,* den die Medici als Architekten bevorzugten: die schlichte, jeden Dekor vermeidende Monumentalität und der sensible Charakter des Ganzen erinnern an Michelozzos Bibliothek in S. Marco (1437–1452).

Für Michelozzo sprechen auch die Kreuzgänge der Badia und das Refektorium. – *Die Kirche hat kreuzförmigen Grundriß;* Langhaus, Querhaus und Chor sind tonnengewölbt, die Seitenkapellen des Langhauses durch Klostergewölbe geschlossen. – Die schmuckreichen *Querschiffportale* (1463) werden *Simone Ferrucci* zugeschrieben. – *Hauptaltar* (um 1600) von *Pietro Tacca.*

Die *Badia* war stets eine Stätte geistiger Begegnung und ein vom Adel bevorzugter Ort. Schon unter Cosimo d. Ä. befand sich hier eine reiche Sammlung juristischer Werke und schöngeistiger Literatur. Bei Auflösung des Klosters (1778) kamen die Bestände in die Biblioteca Laurenziana. – 1876–1973 Internat. – Seit 1973 Sitz der Europäischen Universität *(Centro Studi Badia Fiesolana Istituto Universitario Europeo).*

⟨2⟩ *S. Domenico:* 1406–1435. – *Campanile* 1611, *Vorhalle* 1632 (M. Nigetti). – *Inneres: 1. Kapelle links:* »Madonna mit Heiligen« (um 1420) von *Fra Angelico* (1387–1455), der 1418–1436 hier lebte (Lorenzo di Credi ersetzte den ursprünglichen Goldgrund des Bildes durch Architekturmalerei). – *1. Kapelle rechts:* »Kreuzigung« aus der Schule Botticellis. – *2. Kapelle rechts:* »Taufe Christi« von *Lorenzo di Credi* (1459–1537). – *Chorpartie* 1603–1615 mit vergoldetem Holztabernakel (1613). – *Oratorium des Hl. Donatus* (1792) mit *Holzkruzifix* des 13.Jh. – *Kapitelsaal: Fresko* (der Gekreuzigte) von *Fra Angelico* (um 1430).

Villa Medici (erste Villa der Neuzeit)

⟨3⟩ *Villa Medici* (Privatbesitz, öffentlich nicht zugänglich): 1458–1461 von *Michelozzo* für *Cosimo d. Ä.* (gest. 1464) errichtet. – *Epochemachendes Bauwerk,* »die erste echte Villa der Neuzeit, eine bauliche Schöpfung, die nach Idee und Gestalt bis in die römische Hochrenaissance weiterwirken sollte« (Frommel).

Das Neuartige lag vor allem in der Wahl des *Bauplatzes:* dieser bestimmt sich nicht mehr nach den Gesichtspunkten der Sicherheit, ausschlaggebend ist vielmehr die sich bietende *Aussicht,* die »Öffnung zur Außenwelt« (Clifford). »Merkmale, die auf die Herkunft von der Burg hinweisen, werden abgestreift.« Künftig erwartet der Florentiner von seiner Villa »*den Ausblick auf die toskanische Landschaft*«, und so entsteht ein emotionales Spannungsverhältnis zwischen dem Blick in die Ferne »längs der Alleen« und den kleineren, eingefriedeten Teilen des Gartens (dem Hain, der Laube, der Grotte), die einen intimeren Bereich markieren.

196

»Der erste Schritt, einen Garten zu ›öffnen‹, bestand darin, ihn auf einem schrägen *Hang* anzulegen, so daß es möglich wurde, über die umgebende Mauer hinauszublicken« (Clifford). Hinzu kam, daß man die aus dem Mittelalter überkommenen Laubengänge durch *offene Wege* ersetzte. Das Auge gewöhnte sich daran, »mehr nach außen als in das Garteninnere zu blicken«, was zur Folge hatte, daß sich später die Gärten mehr und mehr veränderten und der bis dahin übliche viereckige Grundriß ›aufgebrochen‹ wurde. »Die Wege, die zu Ausblicken führten, dehnten sich aus, während jene ins Innere kürzer wurden.«

Dem Renaissancegarten liegt *eine veränderte Lebens- und Geisteshaltung* zugrunde. Der Garten war jetzt nicht mehr etwas Zufälliges und Beiläufiges, er war »das Ergebnis von Überlegung und Berechnung«; er sollte jene *Atmosphäre* schaffen, »die ein kultivierter Mensch für sein Heim anstrebt« (Clifford). – Die neuen Auffassungen hatten durchaus einen *literarischen* Kern. So beruft sich *Alberti* (1404 bis 1472) in seinen architekturtheoretischen Schriften ausdrücklich auf die *Antike* und nimmt sich *die Gärten des jüngeren Plinius* (1. Jh. n. Chr.) zum Vorbild, dessen Briefe umfangreiche Schilderungen römischer Villen enthalten.

Die »Villa Medici« in ihrer Lage am Hang und in Sichtweite von Florenz erfüllte in idealer Weise eine *wichtige Forderung Albertis*: daß nämlich eine Villa mit ihrem Garten eine Stadt oder eine Ebene überragen solle, »die von vertrauten Bergen begrenzt« wird, und daß im Vordergrund »der liebliche Anblick von Gärten« zu wünschen sei.

Cosimo d. Ä. hatte die Villa weniger für sich selbst als für seinen zweiten Sohn *Giovanni* erbauen lassen, der schon 1463, zwei Jahre nach der Fertigstellung dieses bevorzugten Wohnsitzes, verstarb. Der italienische Kunsttheoretiker *Filarete* (1400–1469) schildert Giovanni als einen feinen, gebildeten Dilettanten, dessen Vorliebe besonders schönen Bauten und Sammlungen wertvoller Bücher, Manuskripte, antiker Skulpturen und Musikinstrumente galt. – Unter Lorenzo dem Prächtigen wurde die Villa der Sitz der berühmten ›Platonischen Akademie‹, an der Männer wie *Pico della Mirandola*, *Poliziano* und *Marsilio Ficino* ihre literarischen und wissenschaftlichen Studien betrieben.

Heutiger Zustand: Die mehrmals umgebaute Villa ist sowohl innen wie außen verändert; sie wurde vermutlich auch aufgestockt. – Erhalten geblieben sind die *Grundlinien* der Gesamtanlage, vor allem die *Terrassen*, deren Substruktionen für überwölbte Keller, Ställe und Dienerschaftsräume ausgenutzt sind. – Interessanterweise kannte man um 1460 noch keine in die künstlerische Konzeption einbezogenen Treppen. Dieses Gestaltungselement findet sich erst 40 Jahre später (um 1500) bei Bramantes Belvedere in Rom. Auch das Wasser spielte noch keine Rolle. Wasserspiele lernte erst Lorenzo der Prächtige durch einen Besuch bei Ferdinand I. in Neapel (1479) kennen, dessen Geschmack seinerseits (die aragonische Herkunft seines Geschlechts erklärt es) von der islamischen Kunst Spaniens beeinflußt war.

Fiesole *(Stadt)*   **Nr. 59**

⟨4⟩ *Piazza Mino* (295 m über Meeresspiegel): benannt nach dem Bildhauer *Mino da Fiesole*, der u. a. 1453 die erste Porträtbüste der florentinischen Frührenaissance schuf, ein Bildnis des Piero de' Medici (heute im Bargello).

Die *Piazza* (das alte römische Forum) ist Endpunkt der 1840 fertiggestellten Panoramastraße. In der Mittelachse ein bronzenes *Reiterstandbild* (1906) von *Oreste Calzolari*. Das ursprünglich mit einem Obelisken verbundene Denkmal zeigt die Begegnung zwischen Viktor Emanuel II. und Garibaldi. – Dahinter die doppelstöckige Loggia des *Palazzo Comunale* (14./15.Jh.) mit zahlreichen Bürgermeisterwappen. – Rechts davon die Kirche *S. Maria Primerana*, deren Ursprünge bis ins 1. Jahrtausend zurückreichen. Im Inneren ein Kruzifix des 14.Jh. und Freskenreste derselben Zeit.

Auf der gegenüberliegenden Platzseite das große Gebäude des *Priesterseminars* (Gründung im 15. Jh.). – Rechts davon der *Bischofspalast* mit vorgelagerter Terrasse (in seiner heutigen Erscheinung ein Bau aus der 1. Hälfte des 17. Jh.). – Zwischen Seminar und Bischofspalast beginnt der Aufstieg zum Kloster S. Francesco.

⟨5⟩ *Museo Bandini:* Das 1913 eingerichtete Museum ist nach seinem Begründer, dem kunstverständigen Kanoniker *Angelo Maria Bandini,* benannt. – Man erhält für jeden Raum eine mehrsprachige Objektliste. – Es seien genannt: *Erdgeschoß, Raum 1:* Zwei *Marmorkonsolen* (14. Jh.) vom Florentiner Baptisterium. – *Raum 2: Madonna* von *Niccolò Pisano* – Arbeiten von *Luca della Robbia* – zehn *Apostelbüsten* (bronzefarben gefaßte Terrakotta) von *Francesco Rustici* (1. H. 16. Jh.). – *Obergeschoß, Raum 1: Tafelbilder* der Florentiner Schule (meist 14. Jh.). – *Raum 2: Gemälde* des 14./16. Jh., u. a. »Trionfo dell'Amore« und »Triumphzug der Zeit« (beide 15. Jh.), ferner acht Tafeln mit Heiligen.

Archäologische Zone (Fiesole)

⟨6⟩ *Archäologische Zone* (Überreste etruskischer und römischer Bauten): Erste Ausgrabungen erfolgten 1792, dann 1809, systematisch ab 1873.

Das römische Theater, erbaut im 1. Jh. v. Chr., gehört zu den ältesten, die wir kennen. Eingefügt in den nach Norden gerichteten Hang, bot es etwa 2500 Personen Platz. Ein Teil der heutigen Sitzreihen wurde rekonstruiert. Darüber hat man sich noch einen dritten, heute verlorenen Zuschauerrang vorzustellen. Die Bühne maß in der Länge 26 m und lag etwa 1,30 m über Bodenniveau.

Die Thermen liegen hangabwärts auf der östlichen Seite (rechts vom Theater). Sie stammen vermutlich aus der Zeit Sullas (um 80 v. Chr.) und wurden unter Hadrian (117–138) erweitert. – Man erkennt ein offenes Schwimmbecken, Wannenbäder, Heizungsanlagen, Warmluftschächte, Reste von Bleirohren.

Zur Talseite hin wird der gesamte Ausgrabungsbezirk begrenzt von der alten *Stadtmauer,* deren *etruskische* Teile (3. Jh. v. Chr.) man an den großen, ohne Mörtel versetzten *Quaderblöcken* erkennt, während das römische Mauerwerk aus kleineren Steinen gefügt ist. – Im Zuge dieser Mauer gelangt man nach Westen (links vom Theater) zu einem *im Kern etruskischen Tempel,* der im 1. Jh. v. Chr. von den Römern übernommen und ausgebaut wurde.

Archäologisches Museum (Museo Civico): klassizistischer Bau von 1912/14. – Geöffnet: Mai bis September 10–12 und 15–19 Uhr. – *Etruskische und römische Fundstücke aus Fiesole.* – *Raum 1:* Grabstelen, Aschenurnen, Münzen, Statuetten. – *Raum 2:* Keramik, Stuckfragmente. – *Raum 3:* Skulpturen, Reliefs, Reste von Sarkophagen; u. a. Fragment einer Bronzelöwin.

Dom von Fiesole

⟨7⟩ *Der Dom von Fiesole (Kathderale):* Der 1028 begonnene Kirchenbau, dessen Erneuerung im 13. Jh. Baudaten an Kapitell (1201), Pfeiler (1213) und Säule (1256) belegen, erinnert an SS. Apostoli (dreischiffige Säulenbasilika mit offenem Dachstuhl, 11. Jh.), zeigt aber auch Verwandtschaft zu S. Miniato al Monte (1018–1207): erhöhter Chor mit halbrunder Apsis über älterer Krypta. – *Bemerkenswert hier:* die Wiederverwendung antiker Säulenkapitelle und gewisse Unregelmäßigkeiten in der Bogenfolge.

Sehenswert ist die Säulenkrypta: dreischiffig, in der Tiefe von fünf Jochen, kreuzgratgewölbt, ohne Gurtbogen. Urtümliche *Kapitelle:* blockartig, mit schlichten Reliefzeichen (Rad, Vogel, Sechseck, Spirale); Basis, Säulenschaft und Kapitell z. T. aus einem Stück gearbeitet. – Stützpfeiler des 13. Jh. durchstoßen die Wölbung. – *Gitter* von 1349. – *Fresken* 15. Jh. – *Taufbecken* aus Granit (1569). – Vor der Krypta (rechts) *Holzkruzifix* (15. Jh.).

Salutati-Kapelle (im Chor rechts): Grabstätte des Bischofs *Salutati* (1464); rechts das *Grabmal*; links das *Altarretabel* (kostbare Frührenaissance-Arbeit) beides von *Mino da Fiesole* (um 1431–1484). – *Hochaltar* mit *Marientriptychon* (um 1450) von *Bicci di Lorenzo.* – *Chorfresken* (Hl. Romulus) 1. Hälfte 17.Jh. – Links vom Chor eine Kapelle mit qualitätvollem *Marmoraltar* (1493), bedeutende Arbeit von *Andrea Ferrucci* in der kräftigeren Sprache der beginnenden Hochrenaissance: Triumphbogenarchitektur mit Vollsäulen, tiefen Nischen, kassettiertem Tonnengewölbe, ausdrucksstarken Figuren, guten Reliefs.

⟨8⟩ *S. Alessandro:* Hinter dem äußerlich unscheinbaren Bauwerk (Restaurierung des 19.Jh. in Formen der Renaissance) verbirgt sich *eine der ältesten Kirchen der Toskana,* eine im 6.Jh. zur Zeit des Gotenkönigs Theoderich entstandene, ursprünglich *San Pietro in Gerusalemme* genannte *Säulenbasilika,* die vermutlich einen heidnischen, dem Bacchus geweihten Tempel ablöste. Auf eine noch ältere Schicht verweisen zwei etruskische Zisternen. – Das heutige Patrozinium erinnert an das Martyrium des Fiesolaner Bischofs Alessandro vom Jahre 589.

Wertvollster Bestandteil der Kirche sind die beiden das Mittelschiff eingrenzenden *Bogenarkaden* mit je acht *Säulen* aus griechischem, von der Insel Euböa stammendem Marmor. Von hervorragender Qualität sind besonders die ionischen *Kapitelle* mit ihren weichen elastischen Polstern und den vorzüglich gearbeiteten Voluten, Stücke, die in wunderbarer Weise ihre ursprüngliche Frische bewahrt haben (vielleicht griechische Originale).

Von der *Sakristei* aus führen Metalltreppen zu zwei tiefer gelegenen *Apsiden* eines Vorgängerbaus. – Im *Saal der Compagnia Fresken* des 16.Jh.

S. Francesco (Fiesole)

⟨9⟩ *S. Francesco* (Kloster und Kirche): Höchster Punkt von Fiesole, 345 m über dem Meeresspiegel, schon von den Etruskern zum Heiligtum ausgebaut, später zentraler Punkt der römischen Befestigung, nach im Mittelalter von Wehranlagen umgeben, heute ein stimmungsvoller Bezirk im Umkreis alter Gebäude.

Der Name S. Francesco war offiziell erst seit 1516 gebräuchlich. – Religiöse Urzelle bildete ein Oratorium des 3.Jh. – Im 14.Jh. lebte hier eine Gebetsgemeinschaft florentinischer Frauen unter der Ordensregel der Augustiner. – 1399 übernahmen Franziskaner die alten Baulichkeiten. Sie erweiterten das Kloster und gaben der Kirche eine neue Fassade. – Das gegenwärtige Erscheinungsbild der Gesamtanlage beruht auf einer umfassenden Restaurierung von 1905/07, bei der versucht wurde, dem durch zahlreiche Umbauten veränderten Komplex sein gotisches Aussehen wiederzugeben.

Die einschiffige Kirche, überwölbt von einer gotischen Spitztonne, rhythmisiert durch Pilaster und Gurtbogen, schließt mit einem in den Formen der Frührenaissance veränderten Chor, vielleicht ein Werk des Bildhauers und Architekten *Benedetto da Maiano* (1442–1497).

Ausstattung (Tafelgemälde): »Verkündigung« von *Raffaellino del Garbo,* »Anbetung der Weisen« von *Cosimo Rosselli,* »Kreuzigung« von *Neri di Bicci,* »Madonna mit Heiligen« aus der Schule *Peruginos.*

Sakristei: »Geburt Christi« *Terrakottarelief* aus der Schule della Robbia. – Sieben Tafelbilder »Werke der Barmherzigkeit« (1933) von *Baccio Maria Baccio.* – Vom selben Maler eine Reihe von *Fresken* im sog. kleinen Kreuzgang der Sakristei.

Klostergarten und Museum: An die Kirche schließt sich nach Süden ein kleiner stimmungsvoller *Klostergarten* an, in dem in der Erinnerung an Franz von Assisi eine größere Zahl bunter Vögel in einem Käfig gehalten wird. – Eine steile Treppe führt hinunter zu einem 1906/10 eingerichteten *Museum* mit etruskisch-römischen Fundstücken sowie einer ägyptischen und einer chinesischen Abteilung. Die überaus zahlreichen Gegenstände wurden von franziskanischen Missionaren zusammengetragen.

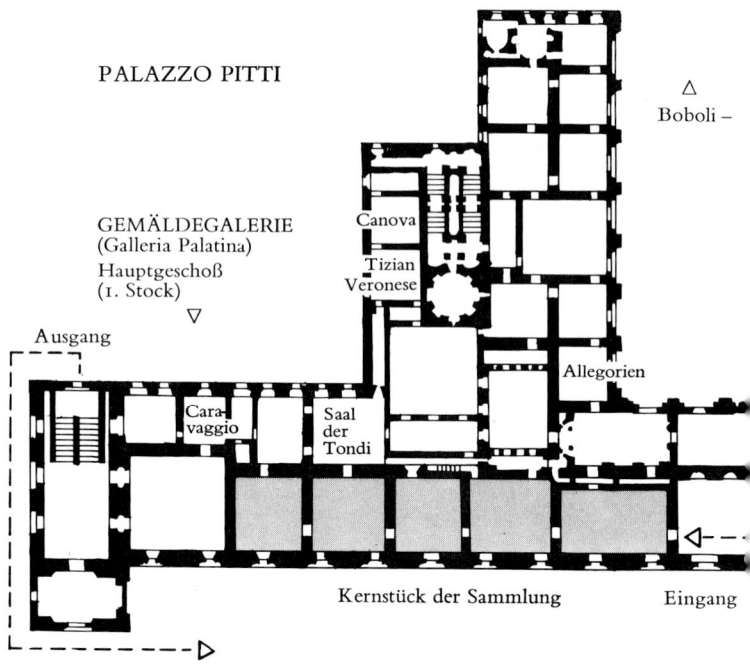

PALAZZO PITTI

△
Boboli –

GEMÄLDEGALERIE
(Galleria Palatina)
Hauptgeschoß
(1. Stock)

▽

Ausgang

Canova

Tizian
Veronese

Allegorien

Cara-
vaggio

Saal
der
Tondi

◁ – –

Kernstück der Sammlung

Eingang

▷

D. MUSEEN UND SAMMLUNGEN *(Uffizien vgl. S. 210ff.)*

Übersicht über die einzelnen Museumsabteilungen im Palazzo Pitti

Die im 1. Stockwerk gelegene Gemäldegalerie umfaßt sechs Prunkräume sowie auf derselben Stockwerkshöhe den ganzen linken Teil des Palastes. Der Zugang erfolgt über die von Ammanati geschaffene Prachttreppe.

Bei den ›Appartamenti ex Reali‹ handelt es sich um die ehemals königlichen Prunkräume. Sie nehmen den ganzen rechten Teil des 1. Stockwerks ein.

Der Begriff ›Moderne Kunst‹ bezieht sich hier ausschließlich auf das späte 18. sowie das 19. Jh. – Werke des 20. Jh. sind nicht ausgestellt.

Sammlung kunstgewerblicher Gegenstände allererster Qualität. – Empfehlenswert: der von Kirsten-Aschengreen-Piacenti herausgegebene Katalog »Capolavori del Museo degli Argenti« (1969) mit über 50 ganzseitigen, zum großen Teil farbigen Abbildungen.

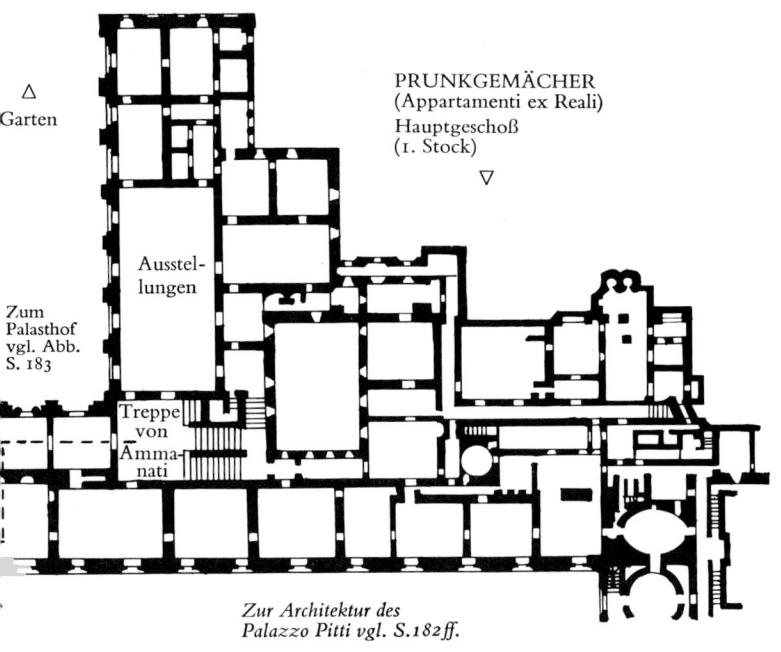

PRUNKGEMÄCHER
(Appartamenti ex Reali)
Hauptgeschoß
(1. Stock)

△
Garten

▽

Ausstel-
lungen

Zum
Palasthof
vgl. Abb.
S. 183

Treppe
von
Amma-
nati

*Zur Architektur des
Palazzo Pitti vgl. S.182ff.*

Die Galleria Palatina (Name und Charakter der Sammlung)

Die Bezeichnung ›Galleria Palatina‹ (=›Pfälzische Galerie‹) erinnert an die letzte
Erbin der Medici, an *Anna Maria Ludovica*, Kurfürstin von der Pfalz, die 1737
die Sammlung der Stadt Florenz übergab.

Die heutige Hängung der Bilder entspricht nicht in allen Teilen dem ursprünglichen Zustand. Einzelne Werke kamen in die Uffizien, andere wurden von den
Uffizien hierhergebracht. Trotzdem kann man von einer originalen Barock-
sammlung sprechen, bei der Bilder und Räume zusammengehören. Beide waren
voll in das Leben bei Hof einbezogen, wobei der Geschmack des 17./18.Jh. die
Auswahl der Gemälde bestimmte: *Raffael, Tizian, Tintoretto, Andrea del Sarto*
und *Rubens* stehen oben an. – Die Wände sind mit roter Seide bespannt. Die Gemälde hängen in mehreren Reihen übereinander, sind nicht nach Schulen,
Kunstgattungen oder Epochen geordnet, sondern nach dekorativen Gesichtspunkten zusammengestellt.

Zu einer Gemäldegalerie im strengeren Wortsinn wurden die Prunkräume erst
unter *Ferdinando II.* (1610–1670). Dessen Heirat mit Vittoria della Rovere be-
reicherte zugleich die Sammlung um ein halbes Hundert bedeutender Stücke,
meist *venezianischer* Herkunft. 1737 hat dann Anna Maria Ludovica die Sammlung der Stadt Florenz zu einem »immerwährenden Geschenk« gemacht. Dem
allgemeinen Publikum blieb sie allerdings noch lange verschlossen. Ab 1828,
unter Großherzog Leopold II., wurde der Besuch wenigstens an Feiertagen ge-
stattet. 1911 erfolgte die Übergabe der Bilderschätze an den Staat; 1919 ging
der Palast als solcher in Staatsbesitz über.

Die Galleria Palatina *(Gemäldesammlung)*

Gemäldebestand: Als 1828 die Sammlung durch *Leopold II. von Lothringen* dem Publikum zugänglich gemacht wurde, lag das Schwergewicht auf Bildern *Raffaels, Andrea del Sartos* und *Tizians,* zu denen noch Franzosen und Niederländer kamen. Heute umfaßt die Galerie auch Werke aus dem Besitz der Uffizien, u. a. von *Fra Bartolomeo, Jacopo Bassano, Bronzino, Caravaggio, van Dyck, Ghirlandaio, Fra Filippo Lippi, Filippino Lippi, Murillo, Perugino, Pollaiuolo, Pontormo, Rubens, Godfried Schalcken, Luca Signorelli, Joos Sustermans, Velázquez und Veronese.*

Zugang: Die Galerie liegt im 1. Stock. Man erreicht sie heute über die von *Ammanati* errichtete *Treppe,* kommt zuerst in ein *Vestibül* (1), durchschreitet dann den *Saal der Reitknechte* (2) und die *Galerie der Statuen* (3), kommt nach links in den sog. *Nischensaal* (er gehört schon zu den Prunkgemächern, den *Appartamenti ex Reali,* die den östlichen Teil des Palastes ausmachen) und gelangt dann in die eigentliche *Galerie,* die mit dem *Venus-Saal* (5) beginnt. Die Räume 5 bis 9 sind ausstattungsmäßig die schönsten; sie bilden zugleich den wertvollsten Teil der Gemäldesammlung, die sich weiter in den Räumen 10 bis 28 fortsetzt.

Der Deckenschmuck der Räume 5 bis 9 (Pietro da Cortona)

Unabhängig von der Betrachtung der ausgestellten Gemälde sollte man dem Deckenschmuck der Räume 5 bis 9 seine besondere Aufmerksamkeit schenken. Es handelt sich um eines der frühesten und zugleich bedeutendsten Beispiele fürstlich-barocker Dekorationskunst in Europa. Mit dem ursprünglichen Aussehen dieser Räume zur Zeit der Frührenaissance hat die jetzt vorhandene Ausschmückung natürlich nichts zu tun. Sie ist vielmehr nach Inhalt und Form typisch für den sich anbahnenden fürstlichen Absolutismus – künstlerisch das Werk von *Pietro da Cortona.*

Pietro da Cortona (1596–1669), Architekt und Maler, arbeitete seit 1632 in Rom im Palazzo Barberini (römischer Hochbarock) und schuf ab 1637, vor allem in den Jahren 1640–1647, den Deckenschmuck im Palazzo Pitti. Cortona war in Rom der bevorzugte Maler von Papst Urban VIII., einem gebürtigen Florentiner (!). Es ist die Zeit, als man unter Lorenzo Bernini die Peterskirche vollendet (1626) und der römische Hochbarock seinen Zenit erreicht. Pietro hat damals jenen *barocken Illusionismus* geschaffen, von dem noch hundert Jahre später die Schloß- und Kirchendekorationen Österreichs und Süddeutschlands beeinflußt worden sind. In Cortonas Stil triumphieren Bewegung und Verkürzung. *Opernhaft,* als handle es sich um Theaterdekorationen, werden die Themen vorgetragen. Die gebaute Architektur wird durch Wand- und Deckengemälde illusionistisch erweitert; Baukunst, Malerei und Skulptur wirken zusammen; Gestalten der Historie und der Mythologie ordnen sich zu pathetischen Kompositionen.

Auch hier, in den Räumen des *Palazzo Pitti,* kann man beobachten, wie sich das Rahmenwerk der Deckenbilder vom Gesims über die Hohlkehle bis in die eigentliche Malfläche hineinzieht, verlebendigt durch plastisch ausgearbeitete Figuren, deren weißer Stuck, zusammen mit dem vergoldeten Rahmenwerk, einen festlichen Farbklang ergeben. Dieses System hat weitergewirkt bis nach Versailles. Aus ihm entwickelte Le Brun den Stil Ludwigs XIV., und dort wie hier sind die »Grands Appartements« den Gestirnen gewidmet (Venus, Mars, Jupiter, Saturn). Es entstehen sog. ›Planetensäle‹, die, ähnlich wie der Apollo-Saal, auf die Tugenden des Herrschers anspielen. – Man wird bemerken, daß die Kompositionen von Saal zu Saal variieren, gemäß den dargestellten Themen und der jeweiligen Bestimmung des Raumes.

Besprechung von Einzelwerken

Wir besprechen hier kurz einige Hauptwerke aus den ersten sechs Räumen der Galerie. Die Auswahl ist notgedrungen subjektiv, wobei erschwerend hinzukommt, daß die Hängung der Bilder (anders als in den Uffizien) weder deren Chronologie noch Schulzusammenhänge berücksichtigt.

Deckenmalerei: Das Fresko gemahnt den *Fürsten* an seine Pflichten als Herrscher. *Pallas Athene* (mit Helm) entreißt ihn den Armen der *Venus* (rechts), zu der er sehnsüchtig (in der Haltung des Gekreuzigten) zurückschaut. Links erwartet ihn *Herkules* mit ausgestrecktem Arm: eine motivische Variante nach Michelangelos Bild von der Erschaffung Adams an der Decke der Sixtinischen Kapelle in Rom (man sieht, wie eng sich die barocke Herrscher-Allegorie an die christliche Vorstellungswelt anschließt). – Besonders reich gefaßt ist die *Stuckdekoration* des Raumes: Vergoldete *Karyatiden* stützen das Gewölbe; *Medaillons* zeigen Mitglieder der Familie Medici im Range von Herzögen, beginnend mit *Cosimo I.*, darunter auch die Medici-Päpste *Leo X.* und *Klemens VII.*

Gemälde

Gleich rechts vom Eingang stoßen wir auf das bekannte Gemälde»Das Konzert«, ein Bild, das lange Zeit *Giorgione,* neuerdings jedoch *Tizian* zugeschrieben wird: Das Gemälde ist geistig im Giorgionekreis beheimatet, in dem Tizian seine ersten starken Eindrücke empfing. Wir befinden uns in einer Phase der Malerei, die nun zunehmend den profanen Bildgegenstand zum ›Tafelbild‹ verselbständigt. Die ›Idylle‹, der ›weibliche Akt‹, das ›Musikstück‹ – das sind Themen von Bildern, die sich bewußt an einen Kreis von Kunstkennern und Genießern wenden: Werke, die für das Kabinett von Mäzenen bestimmt sind. – Ein verwandtes Bild »Die drei Lebensalter«, der Malweise Giorgiones näherstehend, findet der Besucher im Raum 8. Ein Vergleich ist aufschlußreich, denn er zeigt, daß sich *Tizian* rasch vom ›Lyrismus‹ Giorgiones entfernt hat. Tizian, in seiner männlich-vitalen Art, ist herber, sein Bildaufbau ist spannungsreicher, seine Psychologie schärfer und augenblickshafter (vgl. den Augustinermönch am Spinett). – Entwicklungsgeschichtlich bedeutsam ist der Umstand, daß hier ›Halbfigurenporträts‹ zur ›Gruppe‹ zusammengefügt werden und die Köpfe in Schrägansicht erscheinen, nicht, wie bis dahin üblich, ›en face‹ oder im Profil (Weigert).

Tizian (1477–1576) war einer der größten Porträtmaler seiner Zeit. Zwei hervorragende Beispiele aus seiner Hand finden wir an der gegenüberliegenden Wandseite:

»La Bella« (1536): Tizian malte das Bild mit 59 Jahren auf dem Höhepunkt seines künstlerischen Schaffens. Vor allem das Zusammenspiel zwischen Farbe und Licht in der Behandlung des Kostüms bezeugt sein ungewöhnliches Können. Die Formen beginnen sich langsam in Lichteffekte aufzulösen, die Konturen verlieren an Schärfe, die Farbe nimmt stellenweise etwas Flackerndes an (Merkmale, die den späten Tizian charakterisieren werden). Hier allerdings dient die Farbe noch dem Eindruck des Kostbaren. Sie tritt aber in den stofflichen Partien zugleich zurück zugunsten der porträtierten Gesichtszüge und der körperlichen Erscheinung, die in warmen Tönen vor dunklem Grund aufleuchten. – Raffael hatte solche Kontrastwirkungen noch vermieden; vorbereitet finden sie sich bei Giorgione. Der andere große Porträtist des Jahrhunderts, Hans Holbein d.J. (1498–1543), bleibt indessen ganz der Sehweise des Zeichners verhaftet und gibt uns scharf umrissene, »objektivierte« Persönlichkeitsbilder.

»Pietro Aretino« (1545): Das Bild entstand im fünften Jahrzehnt von Tizians Schaffen. Er ist nun bald schon ein 70jähriger. Die Komposition wird vernachlässigt, auch das rein Gegenständliche (Kleidung, Umgebung, Attribute) wird ihm nebensächlich. Sein Interesse konzentriert sich auf die Erfassung des seelischen Habitus: Tizian zeigt uns den berühmten Literaten als eine kraftvolle, geistesgewaltige Erscheinung, die sich wie ein Fürst unter Fürsten bewegt. – Das ist nicht mehr die Welt Raffaels, der 1520 gestorben war. Die seelische Grundhaltung in den Jahrzehnten danach ist aufgewühlter, das Wesen der Dargestellten erscheint herrischer, ihr Anspruch auf Geltung wird unbedenklicher vorgetragen: es sind Menschen, die als geschichtliche Größe gewertet werden wollen.

Zur Person des Dargestellten: Aretino war Sohn einer Kurtisane. Schon mit neun Jahren entflieht er dem Zuhause, macht Dienst in vornehmen Palästen, wird vorübergehend Mönch, ist nacheinander in Rom (dort am päpstlichen Hof), in Pisa, Mailand, Ferrara und Mantua zu finden, verfaßt Heiligenlegenden, aber auch Komödien und entwickelt einen unverwüstlich-derben Briefstil. »Aretino war eine Natur ohne Rücksicht und ohne Hemmung, kühn, verwildert, auch gutmütig, überschäumend von Laune, Witz und musischer Begabung, dem Augenblick lebend und den Augenblick ausschöpfend ... ein Mensch, der sich in das Abenteuer des Lebens stürzte und sich behauptete« (Christoffel). – Aretino ist in all dem der Prototyp des manieristischen Menschen. Manierismus aber bedeutet Krise, bedeutet im Künstlerischen *die der Klassik entgegengesetzte Tendenz.* Tizian hat an dieser Strömung insofern Anteil, als er die Menschen porträtiert, »ohne nach ihrer Beziehung zu Gesellschaft und Sitte zu fragen«.

Mit dem Landschaftsbild »Heimkehr der Landleute« (um 1635/37) von *Peter Paul Rubens* (1577–1640) ist uns ein Sprung in die Barockzeit. Landschaften entstanden zuerst im 15.Jh., »zum Ruhme Gottes« als Teile des religiösen Bildes (Brüder van Eyck, Genter Altar, 1425/1432). Erst im 16.Jh. verselbständigt sich das Landschaftsbild zur eigenen Gattung, zur vollen Blüte gelangt es im 17.Jh. mit Rubens, van Ruisdael, Claude Lorrain und Rembrandt.

Rubens selbst fand relativ spät zu dieser Bildgattung. Als er die »Heimkehr der Landleute« malte, war er etwa 60 Jahre alt. Er lebte damals auf seinem Landschloß Steen bei Antwerpen. Fünf Jahre zuvor hatte er in zweiter Ehe die sechzehnjährige Helene Fourment geheiratet. Ein neuer Lebensabschnitt also, der offenbar den Impuls zur Landschaftsmalerei ausgelöst hat. Rubens zielt auch hier auf das Große und Elementare, gestaltet die Abhängigkeit vom Wetter, schafft weite, subjektiv erlebte Räume, nicht zuletzt mit Hilfe des barocken Kunstmittels der Diagonalen. Die geschlossene Bildform wird gleichsam aufgebrochen, die Farbskala kraftvoll belebt, das Licht zu einem unentbehrlichen Instrument »poetischer Verklärung«. Ein fast berauschendes Grundgefühl unendlicher Weite, etwas Kosmisches gewinnt Gestalt (philosophische Parallele: Kepler, Spinoza, Newton und Leibniz, die sich alle mit dem Unendlichen befassen).

Ein anderer Landschaftsmaler, *Salvator Rosa* (1615–1673), in Florenz tätig ab 1640, erweist sich als Vorläufer romantischer Strömungen. Seine hier gezeigten Bilder stehen in Abhängigkeit zu Claude Lorrain (1600–1682). In ihrer »erhabenen Ruhe« stellen sie eher Ausnahmen im Werk von Rosa dar, der in erster Linie als *Schlachtenmaler* berühmt war. Friedländer spricht von einer »willkürlichen Räuberromantik«. Im Aufgreifen extremer Themen und makabrer Sujets war Rosa letztlich ein Sonderling (die meisten seiner Bilder in Saal 27).

Raum 6 (Apollo-Saal)   *(Palazzo Pitti)*

Das Deckenfresko (Pietro da Cortona und Ciro Ferri) zeigt den jungen Fürsten in Gegenwart von Apollo, dem Schutzgott der Künste und Wissenschaften.

Gleich links vom Eingang hängt das von *van Dyck* (1599–1641) gemalte »Doppelbildnis König Karls I. von England und seiner Gattin Marie-Henriette«, einer Tochter Heinrichs IV. von Frankreich. – Mit van Dyck vollzieht sich im *Porträt* die Abkehr von den kräftigen Formen des frühen Barock zugunsten einer stilleren und persönlicheren Auffassung des Dargestellten. Die Betonung liegt mehr auf dem Psychologischen. Van Dyck ist empfindsamer als Rubens. Als königlicher Maler in – englischen Diensten (ab 1632) versteht er es, »die Menschen als Standespersonen« zu erfassen. – Berühmt ist das im Louvre befindliche Porträt des Königs, das ihn auf der Jagd zeigt, das »vornehmste und lauterste Fürstenbildnis aller Zeiten« (Gerson). – In dem hier gezeigten Doppelporträt unterstreicht van Dyck die romantisch-melancholischen Züge des Königs, während die Königin undurchsichtiger, gleichsam gefährlicher erscheint. Tatsächlich hatte der König von Anfang an die öffentliche Meinung gegen sich, weil er mit Marie-Henriette eine Katholikin geheiratet hatte. 1642 kam es zum Bürgerkrieg. Im April 1646 floh der König zum schottischen Heer, das ihn im Januar 1647 für 400.000 Pfund dem englischen Parlament verkaufte. Sein Leben endete mit seiner Hinrichtung.

Gegenüber der Fensterseite ein bedeutendes Bild von *Rosso Fiorentino* (1494–1540), dem Begründer des florentinischen Manierismus: »Thronende Madonna mit Heiligen« (1522). Das Bild stammt aus der Kirche S. Spirito und wurde im 17.Jh., beim Ankauf für die mediceische Sammlung, angestückt. – Die eigenartig changierenden, transparent wirkenden Farben, »die eine seltsame, fast irreale Atmosphäre erzeugen« (Berti), sind ein typisch manieristisches Stilmittel.

Beim Durchgang zu Raum 7 links die »Maria Magdalena« (um 1531) von *Tizian*. Man vergleiche das Bild mit der ergreifenden Plastik Donatellos (Abb. S. 53), um zu sehen, wie sich das religiöse Thema im Zuge der Frührenaissance zu einem Frauenakt wandelt, bei dem gerade das Licht- und Farbenspiel zwischen den freiliegenden Hautpartien und dem langen, wallenden Haar den sinnlichen Reiz ausmacht. Das religiöse Motiv ist jetzt nur noch ein Vorwand.

Raum 7 (Mars-Saal)   *(Palazzo Pitti)*

Deckenfresko (Pietro da Cortona): Im Wölbungsscheitel das Wappen der Familie Medici, darüber die großherzogliche Krone. Die Inschrift nennt *Ferdinando II.*, unter dessen Regentschaft die Ausschmückung der Prunkräume erfolgte. – Thema der Deckenmalerei ist der Krieg; Herkules verkörpert dabei den Fürsten.

An der rechten Eingangswand von *van Dyck* (1599–1641) das »Porträt des Kardinals Bentivoglio« (um 1623). Bentivoglio war päpstlicher Botschafter in Flandern und Frankreich. – »Im Unterschied zu Rubens betont van Dyck in seinen Bildnissen stets die soziale Stellung des Dargestellten und sein öffentliches Ansehen« (Chiarini). Höfische Eleganz und Sensibilität der Erscheinung – das sind Wesenszüge, die wir bei Rubens nicht in gleicher Weise dargestellt finden.

Der Fensterseite gegenüber ein spätes *Rubensbild* »Die Folgen des Krieges« (1638), gemalt zwei Jahre vor seinem Tod. – Zur Deutung (R. Linnenkamp): Links der römische *Janustempel*, dessen Tore während eines Krieges stets offenstanden. *Mars* ist an der wehklagenden *Europa* vorbeigestürmt, *Venus* versucht ihn vergebens aufzuhalten. Die Folgen: *Kunst und Wissenschaft* (durch Buch und Laute symbolisiert) liegen darnieder, während umgekehrt die *Rachegöttinnen* das Land mit *Pest* und *Hunger* überziehen. Rechts liegt zu Boden gestürzt die *Architektur* (Zirkel). – Für Rubens verkörpern Venus Frieden, Lebensbejahung und Lebensgenuß in der hell aufleuchtenden Erscheinung von Venus. Doch der größere Teil des Bildes liegt im Dunkel. Ein von Schrecken erfüllter Wirbel mit unheilvoll aufflackernden Lichtern tut sich auf, in dem alles Schöne wie in einem Abgrund versinkt. Die nach rechts unten gerichtete *Bilddiagonale* unterstreicht das Zwangsläufige des Geschehens.

Etwa 26 Jahre früher entstand das *Rubensbild* »Justus Lipsius und seine Schüler« (um 1611/12) – folgende Wandseite, obere Reihe – auch »Die vier Philosophen« genannt. Rubens malte es mit 34 Jahren. Er hatte seine Italienreise hinter sich, er kannte Venedig, Rom und Florenz, war zwei Jahre in Mantua gewesen, lebte seit 1608 wieder in Antwerpen, ist seit etwa drei Jahren mit Isabella Brant verheiratet, ist berühmt und arbeitet für Fürsten und Könige.

Rubens malte das Bild im Gedenken an seinen 1611 verstorbenen Bruder *Philipp* (zweiter von links). – Vielschichtig sind die gedanklich-kompositionellen Bezüge: Rubens stellt sich links an den Rand des Bildes; ein roter Vorhang verleiht ihm und seinem Bruder ein dominierendes Gewicht. Philipp ist zugleich einer der drei Sitzenden, die sich als philosophischer Kreis gemeinsam auf *Seneca* beziehen, den eine Porträtbüste zeigt. *Lipsius*, der Lehrer, ist indessen hervorgehoben: durch seinen Pelzkragen, durch seine Anordnung vor einer Marmorsäule und durch die Diagonale, die ihn kompositionell mit Seneca und den gelehrten Büchern verbindet.

In anderer Weise teilt die *Landschaft* das Bild. Rubens und sein Bruder erscheinen als zusammengehörig, während rechts die beiden älteren Männer den Gegenpol bilden. – Ein weiterer Bezug liegt in der räumlichen Spannung zwischen größter *Vordergrundnähe* (Tisch, Teppich, Bücher, Federkiel) und größter *Tiefe* im Ausblick auf das ferne Land. In diesem Spannungsbogen zwischen Gelehrtenstube und Welt trifft der Blick direkt auf Philipp (mit Halskrause), dessen liebevoll gezeichnetes *Porträt* sich innerhalb des Bildganzen gleichsam verselbständigt. Sehr schön, wie sich die Hände von Meister und Schüler überschneiden und so die Beziehung zwischen beiden andeuten.

Rechts vom Durchgang zu Raum 8 hängt von *Murillo* (1618–1682) das Bild »Madonna mit Kind« (um 1650/60): Man hat diesen spanischen Barockmaler gelegentlich den »Raffael von Sevilla« genannt, um auf das Sanfte, Heitere und Liebenswürdige seiner Malweise hinzuweisen. Doch trennen die beiden Künstler mehr als 130 Jahre. Die Kunstgeschichte hat inzwischen die Krise des Manierismus durchlaufen und mit Tizian, Rubens und van Dyck wieder zu einem Realismus zurückgefunden, der sich vor allem des Lichtes und großer Bewegungsimpulse zu bedienen weiß. In ihrer Abhängigkeit steht auch Murillo, dessen Madonnenbild eine schöne Balance zwischen realistischer Beobachtung und religiös-verwurzelter Empfindung hält.

Raum 8 (Jupiter-Saal)   *(Palazzo Pitti)*

Man befindet sich hier im einstigen *Thron- und Audienzsaal des Großherzogs*. Hervorzuheben ist die Deckenmalerei *Pietro da Cortonas* als ein frühes Beispiel *barocker Raumillusion*: Jupiter empfängt im Olymp den jungen Großherzog. Die Verwandtschaft zur christlichen Himmelsglorie ist unverkennbar.

Gleich rechts vom Eingang hängt von *Raffael* (1483–1520) die sog. »La Velata« (um 1516), das Bildnis einer vornehmen Dame, auch »Dame mit dem Schleier« genannt. Das in Rom entstandene Porträt zeigt Raffael auf dem Höhepunkt seines Könnens. Mit seinen 34 Jahren ist er ein anerkannter Meister, er hat die Stanzen im Vatikan ausgemalt (»Schule von Athen«), man stellt ihn gleichwertig neben Michelangelo, man überhäuft ihn mit Aufträgen, und er genießt einen fürstlichen Lebensstil. – Diese kulturvolle Welt spiegelt sich auch in dem hier gezeigten Bildnis wider, das wahrscheinlich eine römische Freundin des Malers zeigt. Kostbar sind die Stoffe, die in ihrer Bewegtheit barockes Lebensgefühl vorwegzunehmen scheinen, doch geht es Raffael nicht mehr um die scharfe Erfassung von Einzelheiten, sondern um einen wirkungsvollen ›Rahmen‹ für den fast zierlichen Kopf, dessen ›klassische‹, ebenmäßige Züge die Maler bis ins 19. Jh., bis zu Ingres (1780–1867), im Sinne eines Idealbildes beeinflußt haben.

Rechts das Bild »Die drei Menschenalter« (um 1508) von *Giorgione* (1478–1510). Hier interessiert vor allem der Vergleich mit dem schon erwähnten Tizianbild »Das Konzert« (Raum 5). – Vgl. zu Giorgione auch die Uffizien, S. 225. – Unverkennbar ist der ›Lyrismus‹ Giorgiones, jenes dichterisch inspirierte Element seiner oft hintergründigen und schwer deutbaren Bilder, für deren Ausdruck sich Giorgione die *tonige Malweise* geschaffen hatte. Vor allem die venezianische Malerei des 16. Jh. wäre ohne den Einfluß Giorgiones nicht denkbar gewesen.

Beachtung verdient die »Beweinung Christi« (1516) von *Fra Bartolomeo* (1472–1517) – gegenüberliegende Wandseite. Generationsmäßig steht der Maler zwischen Leonardo und Raffael, und er gehört zu jenen, die sich unter dem Einfluß Savonarolas am »Scheiterhaufen der Eitelkeit« (1496) beteiligen, ihre weltlichen Bilder verbrennen und sich nur mehr religiösen Themen zuwenden. Geschult am Farbensinn flämischer und venezianischer Meister (Venedigreise 1508), vertraut auch mit Leonardos Sfumato-Technik (Schatten im Kontrast zur Farbe), schließlich geprägt durch Michelangelo (Romaufenthalt 1514), gewinnt Fra Bartolomeo eine *eindrucksvolle Monumentalität voll tiefer seelischer Empfindung*. – Er selbst ist kein Manierist, aber er wird zum Lehrer der Manieristen: Rosso Fiorentino, Pontormo und Beccafumi sind seine ›Schüler‹.

Andrea del Sarto (1486–1530): »Johannes der Täufer« – rechts vom Durchgang zu Raum 9. – Das Bild befand sich im Besitz Cosimos I. und hing in der Tribuna der Uffizien (vgl. S. 222). Es ist ein Beispiel dafür, wie weit die antikisierende Verfremdung einer neutestamentlichen Gestalt getrieben werden konnte. Man glaubt, in der Körperlichkeit des Dargestellten Teile eines antiken Torsos vor sich zu haben. Hinzu kommt die große bedeutende Geste. Im Hintergrund steht selbstverständlich Michelangelos »David« (1501–1504) und damit die *Idee einer Versöhnung von klassischer Antike und Christentum.* Doch Michelangelo und seine Zeit sind an dieser Idee letztlich gescheitert. Der Abstand zur mittelalterlichen Frömmigkeit ist prinzipieller Art und unüberbrückbar.

Raum 9 (Saturn-Saal) *(Palazzo Pitti)*

Eine ganze Reihe von Bildern *Raffaels* (1483–1520) führt noch einmal zurück zu jenem kurzen Moment der ›Klassik‹ (1500–1520), auf den sich die Malerei der Frührenaissance seit etwa 1420 mit logischer Konsequenz zubewegt hatte, um sich nach 1520 ebenso schnell und konsequent mit den Ausdrucksformen von Manierismus und Barock wieder von ihr zu entfernen.

Gleich das erste Bild rechts, *Raffaels* »Madonna della Sedia« (um 1515), gibt in seiner vollkommenen Ausgewogenheit, in seiner inneren Stille, einen Begriff von ›Klassik‹. Die malerischen Mittel werden vollkommen beherrscht und in den Dienst einer Komposition gestellt, die sowohl dem religiösen Motiv wie der natürlichen Anmut zu idealem Ausdruck verhelfen. – Raffael rückt den Jesusknaben bildbeherrschend in die Mitte des Tondo und wird so der Bedeutung des Gottessohnes voll gerecht (und damit auch der Bestimmung solcher, für die Hausandacht geschaffener Bilder, die einen betenden Betrachter voraussetzen). Und doch ist die Grenze zwischen Religiosität und profanem Bilderlebnis sehr schmal geworden. Der Blick der ›Gottesmutter‹ lenkt unwillkürlich die Aufmerksamkeit auf ihre Gesichtszüge, die an eine vornehme junge Frau denken lassen. Das sorgfältig gescheitelte Haar, ebenso Kopf- und Schultertuch (römischer Mode folgend), ferner Stoffmuster, Fransen und Ärmelbesatz sind Bildelemente von erlesenem Geschmack. Hinzu kommt die behutsam wiedergegebene Beziehung von Mutter und Kind mit einer Reihe sehr schöner ›Motive‹ in der Verschlungenheit von Armen, Händen und Beinen. Das alles zeugt von tiefer menschlicher Empfindung und ist im Sinne der Klassik ebenso wahr wie schön.

An der folgenden Wand: *Raffael*, »Porträt des Kardinals Inghirami« (um 1516). – Raffael, der 1520 im Alter von 37 Jahren verstarb, hat sich in seiner letzten Schaffensphase selbst von der ›Klassik‹ entfernt, was sich bei ihm je nach Bildgattung verschieden deutlich niederschlägt. Am längsten hält sich der klassische Typus im Madonnenbild, während im Porträt schon früh überraschend kraftvolle realistische Züge bemerkbar machen (vgl. auch Uffizien, Bildnis Leo X., 1518/19, S. 228). Das »Bildnis des Kardinals Inghirami« steht zwar der klassischen Auffassung noch relativ nahe und mildert bewußt den Sehfehler des Dargestellten; aber andererseits wird die Behäbigkeit des Porträtierten und sein auffallendes Schielen eben doch als Faktum wiedergegeben und künstlerisch akzeptiert (vergessen wir nicht, daß gerade Raffael zum Lehrer bedeutender Manieristen wie Fiorentino, Pontormo und Beccafumi werden konnte).

An derselben Wand links von *Raffael* die »Porträts von Agnolo und Maddalena Doni« (1505/06). Raffael malte die Bilder mit 23 Jahren. Erstaunlich ist seine scharfe Beobachtungsgabe. Im Verhältnis von Figur und Landschaft folgt er noch seinem Lehrer Perugino, während die Dreivierteilfigur der Maddalena in deutlicher Abhängigkeit zu Leonardos Mona Lisa (um 1503) steht. – Raffael hatte von Leonardos Bild eine Zeichnung angefertigt, doch was er selbst gibt, ist etwas völlig anderes: ein Bild ohne großes Geheimnis und ohne Leonardos ›Weltlandschaft‹. Raffael ist sehr genau im Gegenständlichen: Sein Doppelporträt ist ein Beispiel für die humanistische Selbsteinschätzung des Menschen in einer Zeit, die noch frei ist von Skepsis und Zweifel.

Beim Durchgang zu Raum 10 (rechts): von *Raffael* die sog. »Granduca-Madonna«(1505/06), die er mit 24 Jahren malte. Unvergleichlich schön ist die leicht melancholische Bildstimmung. Die heiligen Gestalten verharren ganz in einer eigenen Sphäre, ein zarter Schleier nimmt den Umrissen die Härte (ein Hinweis auf Leonardo, dessen Helldunkel-Technik Raffael genau studierte).
Über der Türe von *Sebastiano del Piombo* (1485–1547) »Martyrium der Hl. Agatha« (1520). Beeinflußt von Raffael und Michelangelo steht Sebastiano del Piombo zwischen Klassik und Manierismus. – Friedrich Schlegel hat in seinen »Ansichten und Ideen von der christlichen Kunst« das Bild beschrieben (1802/04) als »eines der lehrreichsten, die man sehen kann«. In ihm seien »die Würde und der große Sinn des klassischen Altertums« enthalten, denn trotz des grausamen Gegenstandes, sei »alles Unedle« vermieden – eine Auffassung, wie sie die Kunsttheorie der Hegelzeit charakterisiert, die an eine Erneuerung der mittelalterlichen Kunst aus dem Geiste der Klassik glaubte. – Vgl. die sog. Nazarener (Wien 1809, ab 1810 in Rom), die in Raffael, Perugino und Dürer ihre Vorbilder sahen. – Ein Beispiel für den italienischen Klassizismus derselben Zeit findet der Besucher in den Wand- und Deckenmalereien des folgenden Saales, die 1819–1825 von *Luigi Sabatelli* ausgeführt wurden.

Raum 10 (Ilias-Saal)   (Palazzo Pitti)

Gleich rechts vom Durchgang von *Joos Sustermans* (1597–1681) das »Bildnis Waldemar Christians, Prinz von Dänemark«. Sustermans, ein Porträtist von hoher Qualität, steht in der Tradition von van Dyck und Velázquez. Seit 1619 war er für die Medici tätig, die trotz ihres fortschreitenden Machtverlustes weiterhin ihr Mäzenatentum pflegten. – Das menschlich ansprechende Porträt läßt in der Genauigkeit seiner Wiedergabe flämischen Einfluß erkennen. – Kulturgeschichtlich interessant ist der Spitzkragen; er ersetzt die seit 1623 in Spanien verbotene Halskrause.
Weiter an der rechten Eingangswand von *Artemisia Gentileschi* (1593–1652) das Bild »Judith und Holofernes«, ein meisterhafter Versuch, »die Härte Caravaggios mit toskanischer Anmut zu verschmelzen«. Eine merkwürdige Vorliebe für Gewalttat und Blutvergießen (als Erbstück des Manierismus) verbindet sich mit einem delikaten Sinn für gegenständliche Schönheit.

Andrea del Sarto, Raffael, Velázquez

An der gegenüberliegenden Wand von *Andrea del Sarto* (1486–1530) die »Himmelfahrt Mariä« (um 1527), ein bedeutendes Bild in Abhängigkeit zu Tizians »Assunta« (1518) in Venedig. – Andrea del Sarto schöpft die Möglichkeiten der italienischen Renaissancemalerei voll aus. In der Wiedergabe des Atmosphärischen geht er über Leonardo hinaus; er verwischt die Grenzen zwischen Figur und Raum durch kräftige Helldunkel-Zonen und bedient sich der bekannten Kompositionsfiguren (Pyramide, Dreieck, Trapez, Oval). Sein an Michelangelo geschulter Sinn für Monumentalität wird gemildert durch eine von Raffael beeinflußte Weichheit. – Hinzu kommt eine tiefe Religiosität. Sartos Werk hat ausschließlich religiösen Charakter. Seine Darstellungen sind frei von Zweifel oder Skeptizismus. Wie bei Tizian, so ist auch hier das ›Wunder‹ wieder ein Thema der Malerei geworden. Auch in dieser Hinsicht wirken die Bilder Sartos wie ein Vorgriff auf die barocke Kunst.
An derselben Wand links das Bild »Die Schwangere« (um 1504/08) von *Raffael*. Der realistische Bildcharakter hebt sich ab von den lyrisch gestimmten Madonnenbildern der Jahre 1504/05. Raffael verzichtet hier auf einen Landschaftshintergrund, was auf die späteren römischen Porträts vorausweist. Neuartig ist auch das Anklingen eines ›sfumato‹, eine weiche, leicht verschwimmende Umrißgestaltung, wie sie wenige Jahre zuvor Leonardo in seinen Bildern entwickelte.
Das Bild »Philipp IV. zu Pferde« von *Velázquez* (1599–1660) ist eine schwächere Wiederholung des in Madrid befindlichen Königsporträts gleichen Inhalts.

Raum 11: Caravaggio (1573–1610) »Schlafender Cupido«, *Cristofano Allori* (1577–1621) »Judith mit dem Haupt des Holofernes«, *Francesco Salviati* (1510–1563) »Grablegung Christi«. – *Raum 12:* Wandfresken (1637–1641) von *Pietro da Cortona* mit Darstellung der vier Weltzeitalter. – *Raffael* (1483–1520) »Die Madonna dell' Impannata«, *Filippino Lippi* (1457–1504) »Der Tod der Lucrezia«. – *Raum 15:* Zahlreiche Tondi, darunter von *Filippo Lippi* (1406–1469) »Madonna mit Kind«, andere von *Francesco Botticini* (1446–1497) und *Luca Signorelli* (1441–1523); von *Botticelli* (1445–1510) »Bildnis eines Jünglings« und »Porträt einer jungen Frau« (die schöne Simonetta), *Guido Reni* (1575–1642) »Bacchusknabe«, *Pontormo* (1494–1557) »Martyrium der Thebanischen Legion«. – *Raum 16: Cornelis van Poelenburgh* (1586/95–1667) »Landschaft mit römischen Ruinen«. – *Raum 17: Tizian* (1477–1576) »Der Auferstandene« und »Porträt des Vincenzo Mosti«, *Veronese* (1528–1588) »Taufe Christi«, *Giovanni Battista Moroni* (um 1530–1578) »Bildnis einer vornehmen Dame«. – *Raum 18: Antonio Canova* (1757–1822) sog. »Italienische Venus« (1810 im Auftrag von Napoleon als Ersatz für die Medici-Venus geschaffen). – *Raum: 19: Godfried Schalcken* (1643–1706) »Mädchen mit Kerze«, *Rubens* (1577–1640) »Die drei Grazien«. – Hier und in den folgenden Räumen u. a. Stilleben, Landschaften, Seestücke, Genresszenen.

Appartamenti ex Reali *(die ehemals königlichen Prunkräume im Palazzo Pitti)*

Öffnungszeiten unregelmäßig. – Der größte Teil dieser Räume liegt im *1. Stock* auf der Höhe der Gemäldesammlung (Galleria Palatina) und nimmt den *westlichen* Teil des Stockwerks ein. Die Ausstattung reicht vom 16.Jh. (Ammanati-Treppe und Vestibül) über das frühe 17.Jh. und das Empire (Hofseite) bis zum Biedermeier und zum frühen 19.Jh. (Mitteltrakt und Straßenseite). In der Verschiedenheit der Stile spiegelt sich der Wandel von den ehemals mediceischen Wohnräumen durch vier Jahrhunderte hindurch bis hin zu König Viktor Emanuel III. wider. U.a. findet man hier von *Sustermans* (1597–1681) Porträts der mediceischen Prinzen, dann Deckenbilder von *Luca Giordano* (1634–1705) sowie zahlreiche Gobelins im französischen Geschmack des 17.Jh.

Galleria d'Arte Moderna *(Galerie moderner Kunst)*   (2. Stock)

Diese Sammlung italienischer Kunst des späten 18. sowie des 19.Jh. war 1860 begründet worden. Sie befindet sich heute im 2. Stock des Palazzo Pitti und umfaßt mehr als 40 Räume, deren Neueinrichtung noch im Gange ist. – Bei Drucklegung (Frühjahr 1979) waren nur 15 Räume zugänglich. – Ein von der Museumsleitung herausgegebenes, illustriertes Faltblatt unterrichtet über die ausgestellten Werke. Es handelt sich im wesentlichen um Porträts, Landschaften, Historienbilder und Genreszenen, ferner um Skulpturen und vereinzelt auch um kunstgewerbliche Stücke. – Wir erwähnen darüber hinaus noch die überlebensgroße Napoleon-Büste (Raum 7) von *Antonio Canova* (1757–1822), dessen Lebensdaten weitgehend mit denen Goethes übereinstimmen. Canova ist neben Thorwaldsen der bedeutendste Klassizist jener Epoche, wobei gelegentlich barocke Elemente weiterwirken, aber das Studium nach der Natur dominiert.

Museo degli Argenti *(sog. Silbermuseum)*   (Erdgeschoß)

Öffnungszeiten unregelmäßig. – Die Sammlung befindet sich in jenen Räumen des Erdgeschosses, die anläßlich der Hochzeit Ferdinandos II. mit Vittoria della Rovere (1634) neu dekoriert wurden. In Wand- und Deckenmalereien von *Giovanni da San Giovanni* (1636) findet man außer der Darstellung des Hochzeitsgeschehens auch die Verherrlichung Lorenzo il Magnificos; andere Räume wurden von *Bologneser* Malern mit Architekturphantasien (1636–1641) versehen.

Die Sammlung umfaßt kunstgewerbliche Gegenstände allererster Qualität, vorwiegend 16./17.Jh., aus dem Besitz der Medici und der Lothringer. U.a. Kelche, Pokale, Trinkhörner, Amphoren, Vasen, Schalen, Kannen, Reliquiare, Kameen, Siegel und eine Reihe von Skulpturen.

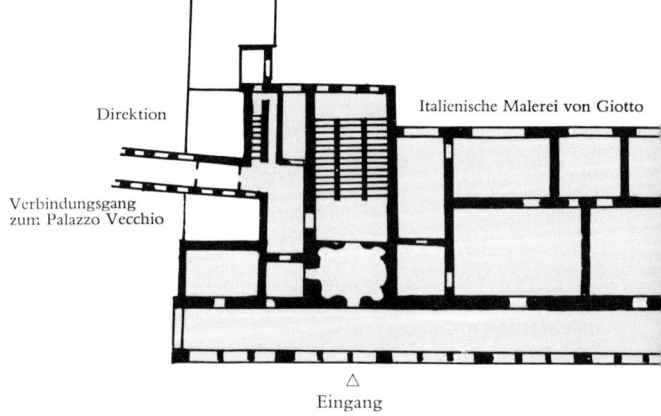

Direktion

Italienische Malerei von Giotto

Verbindungsgang
zum: Palazzo Vecchio

△
Eingang

UFFIZIEN

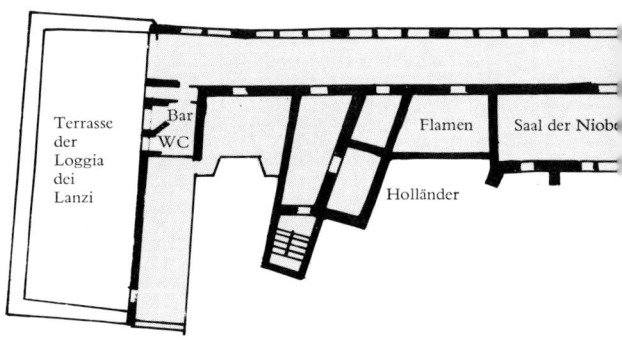

Terrasse
der
Loggia
dei
Lanzi

Bar

WC

Flamen

Saal der Niobe

Holländer

Uffizien *(Gemäldegalerie) – Zur Architektur vgl. S. 94f.*

Die Einrichtung der Galerie erfolgte im späten 16.Jh. zur Zeit der Großherzöge von Toskana. – *Francesco I.*, Nachfolger des Großherzogs Cosimo, war der erste, der den oberen Bogengang der Uffizien (vielleicht in Nachahmung französischer ›Galerien‹) ab 1581 für museale Zwecke nutzte. Francesco I. machte die umfangreiche Sammlung der Medici »zum festen Bestandteil der Stadt und zum Symbol ihrer kulturellen Bedeutung«. – Im heutigen Eingangstrakt befand sich ursprünglich ein Theater (1586), dann folgte die ›Galerie‹ mit der prunkvollen *Tribuna* als Mittelpunkt: Beispiel einer noch in den Anfängen befindlichen Museumsarchitektur. – Auf der gegenüberliegenden Seite der Uffizien (Westflügel) waren Werkstätten eingerichtet. Hier arbeiteten Goldschmiede, Uhrmacher, Steinschneider; hier wurden Parfüme hergestellt und ›wundertätige‹ Medizinen sowie »Gift und Gegengift« (L. Berti).

bis Botticelli

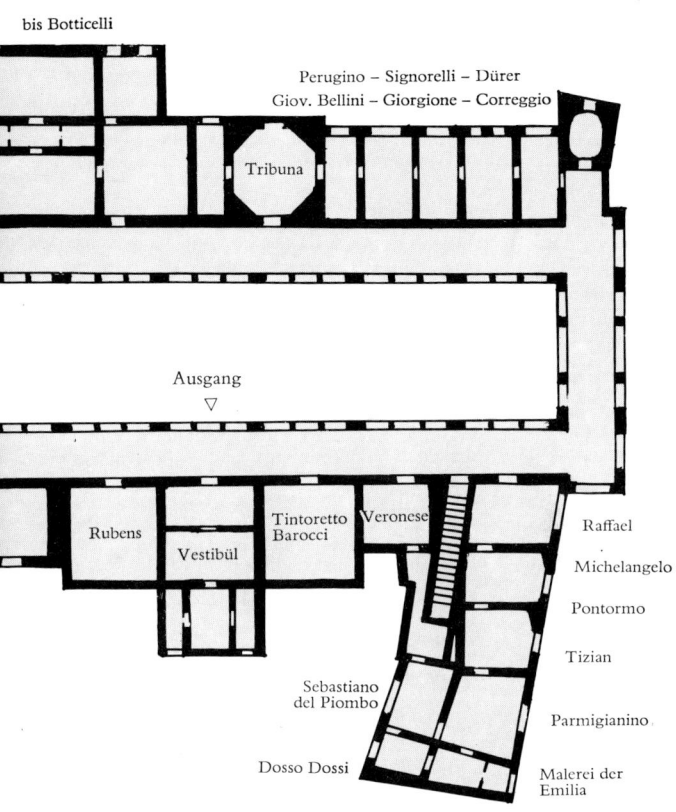

Perugino – Signorelli – Dürer
Giov. Bellini – Giorgione – Correggio

Tribuna

Ausgang
▽

Rubens

Vestibül

Tintoretto
Barocci

Veronese

Raffael

Michelangelo

Pontormo

Tizian

Sebastiano
del Piombo

Parmigianino

Dosso Dossi

Malerei der
Emilia

Schon 1581 entstand die heute noch vorhandene *Groteskendekoration* von *Bernardo Buontalenti* und seiner Werkstatt. – Die Sammlung selbst wurde bereichert durch Kunstschätze aus Rom und Urbino und durch die Hinterlassenschaft des Kardinals Leopoldo im 18. Jh. – Obwohl die Medici 1737 ausgestorben waren und die Toskana an Franz von Lothringen (Gemahl der Kaiserin Maria Theresia) fiel, blieb die Sammlung als Ganzes erhalten. Die letzte Erbin des Hauses Medici, die *Kurfürstin Anna Maria Lodovica von der Pfalz*, hatte bestimmt, daß die Werke »ohne Ausnahme immer und ewig in Florenz verbleiben müssen« (L. Berti).

Raum 2 (erster Raum der Gemäldesammlung)   *(Uffizien)*

Als Hauptwerke sind hier die drei großformatigen *Madonnentafeln* von *Cimabue* (1275), *Duccio* (1285) und *Giotto* (um 1310) zu nennen, deren vergleichende Betrachtung uns die Neuorientierung der italienischen Malerei an der Wende vom 13. zum 14. Jh. (Abkehr vom Byzantinismus) verfolgen läßt.

211

Daß Maria als Gottesmutter überhaupt selbständig dargestellt werden konnte, ist ohne theologische Voraussetzung nicht denkbar. Ihre offizielle Anerkennung als THEOTOKOS, d. h. als »Gottesgebärerin«, erfolgte aber schon 431 auf dem Konzil von Ephesos. Schon ein Jahrhundert später erklärt man sie zur »Königin der Welt« oder zur »Herrin des Himmels« und sieht in ihr die höchste Vertreterin der irdischen Kirche, eine Auffassung, die 680 in Konstantinopel vom 6. Ökumenischen Konzil bestätigt wird. Indessen hat die *bildhafte* Darstellung der Gottesmutter ihren Anfang nicht in Byzanz, sie entsteht vielmehr auf italienischem Boden, und zwar zuerst in Ravenna.

In Florenz finden wir das früheste Bild dieser Art in S. Maria Maggiore. Maria verharrt dort in strenger Frontalität, vor ihr das Kind, nur scheinbar sitzend, in Wahrheit eher schwebend, eine Haltung, die sich von einem älteren Typus ableitet, bei dem der Gottessohn auf ellipsenförmigen Himmelskreisen thronend gezeigt wurde.

In gotischer Zeit vollzieht sich dann durch die *Abkehr von der Frontalität* eine grundsätzliche und folgenreiche Veränderung, die darauf hinausläuft, die Gottesmutter in ihrer *menschlichen* Erscheinung darzustellen, sie nicht mehr abstrakt, sondern körperhaft zu sehen und ihr schrittweise jene Züge zu verleihen, die ihre Mütterlichkeit betonen, ein Vorgang, der zwangsläufig auch die Darstellung des Kindes verändert und die Beziehung zwischen beiden zu einem neuen Thema religiöser Kunst werden läßt. – In Florenz finden wir dies erstmals in der Zeit um 1225 in den Mosaiken des Baptisteriums. Ganz sicher beeinflußten sie auch Giotto.

(1) *Madonnentafel des Cimabue* (1275), rechte Wandseite. – Cimabue war ein Hauptmeister der florentinischen Malerei des ausgehenden 13. Jh., berühmt genug, um von Dante in seiner »Göttlichen Komödie« eigens genannt zu werden. Außer dem hier gezeigten Madonnenbild besitzt Florenz noch sein überlebensgroßes Kruzifix in S. Croce (S. 80), in dessen beschädigtem Zustand die Florentiner heute ein Symbol der Überschwemmungskatastrophe von 1966 sehen.

Cimabues Madonnentafel (sie stammt aus der Kirche S. Trinità in Florenz), zeigt noch deutlich die Abhängigkeit von der *maniera greca*, jener Stilrichtung der italienischen Kunst des 13. Jh., bei der die *byzantinischen Traditionen* weitgehend übernommen wurden. Cimabue hat es allerdings verstanden, dieses Traditionsgut mit einer *verinnerlichten Ausdruckskraft* zu erfüllen. Dazu gehört z. B. die starke Neigung des Kopfes der Maria und die eindrucksvolle Gebärde, mit der sie auf den Gottessohn hinweist. »Sie ist mit uns verbunden durch den bezwingenden, ernsten und innigen Blick, der aus ihren groß geöffneten Augen zu uns dringt« (Oertel). Ganz ähnlich verhält es sich mit den Engeln, die den Thron nicht nur stützen, sondern ihn gleichsam ›vorzeigen‹, und so zur andächtigen Betrachtung einladen.

Eine andere wichtige Neuerung ist der perspektivisch gesehene Thron mit den vier Propheten unter den Bogenstellungen. Indessen bleibt dieser Thron eine »farbige Erscheinung ohne jede Schwere«, und »die abstrakte Hoheit mittelalterlicher Bildvorstellungen« bleibt erhalten. Cimabues Werk eröffnet keine neue, diesseitig orientierte Bildwelt; seine Kunst wirkt viel eher als Rückblick und Abschied von einer Sehweise, »die zum Untergang bestimmt war« (Oertel).

(2) *Madonnentafel von Duccio* (1285), linke Wandseite, sog. »Madonna Rucellai«, benannt nach der gleichnamigen Kapelle in S. Maria Novella. – Duccio war der erste große Meister der *sienesischen Malerei*, deren Gestaltungsprinzipien er mitbegründete. Dazu gehört eine besondere *Zartheit der Empfindung* und eine *delikate Farbwahl*, wie sie die gleichzeitige Florentiner Malerei noch nicht kennt. Man betrachte daraufhin vor allem die *Engel* mit ihren Gewändern in »Blaßblau und Lila«, ja »zartem Karminrosa und durchsichtigem Meergrün«.

Auch der *Thron* und seine Schmuckformen zeugen von einem verfeinerten Formgefühl. Sie zeigen uns, »daß der junge sienesische Meister von der *gotischen Stilbewegung* nicht unberührt geblieben ist, die nun mehr und mehr auch nach Italien herüberzuwirken begann« und »gerade in Siena mit Leidenschaft aufgegriffen wurde« (Oertel), vor allem von Duccios Schüler Simone Martini, dessen »Verkündigung« man im nächsten Raum kennenlernt.

Noch auf ein weiteres Moment sei hingewiesen: daß nämlich »*Christus* hier zum ersten Mal durch die Art der Gewandung als *Kind* charakterisiert ist«. Damit entsteht gleichzeitig eine engere Beziehung zwischen Mutter und Kind. Eine neue Art von Religiosität kündigt sich an, deren literarische Parallele wir in der Mystik Franz von Assisis und Bonaventuras finden (R. Jacques).

(3) *Madonnentafel von Giotto* (um 1310), Mittelwand, sog. »Maestà«. – Giotto (1266–1337) gilt als Begründer der nachbyzantinischen Malerei und ist in seiner entwicklungsgeschichtlichen Bedeutung kaum zu überschätzen. Durch Überwindung der byzantinischen Traditionszwänge eröffnete er der Malerei ganz neue Möglichkeiten des seelischen Ausdrucks. Den biblischen Vorgängen gibt er vielfach einen neuen Sinn, dem Menschen als solchem ein neues Gewicht. Nicht zuletzt durch ihn rückt nun europäisch gesehen die *Malerei* an die erste Stelle der Kunsttätigkeit, während die Skulptur, die noch im 13. Jh. absolut dominierte (Kathedralplastik), an Bedeutung verliert. Giotto ist auch der erste, der die Komposition eines Bildes zur Rechteckform des Rahmens in Beziehung setzt und damit das ›autonome‹ Bild schafft.

Giotto war nicht nur Maler, sondern auch Baumeister. Zu seinen berühmtesten Werken gehören die Fresken in der Oberkirche in Assisi (um 1290/1300) sowie die Ausmalung der Arena-Kapelle in Padua (um 1305). In Florenz finden wir ihn u. a. in S. Croce tätig, wo er die Peruzzi-Kapelle mit Fresken ausstattete, aber auch am Dom (untere Geschosse des Campanile).

Betrachten wir nun Giottos Madonnentafel, so stellen wir fest: An die Stelle der byzantinisch-mittelalterlichen Glaubensvorstellung tritt jetzt die *Pracht irdischer Schönheit*. Die Distanz zwischen Bild und Betrachter hat sich verringert. Wir sind der Madonna ganz nahe, als seien wir in die Gruppe der Engel mit einbezogen. Doch Giottos Fähigkeit, dem Bildgeschehen räumliche Tiefe zu geben, schafft zugleich jenen hoheitsvollen Abstand, den die Verehrung des Göttlichen verlangt.

Grundlegend verändert hat sich indessen *die geistige Atmosphäre*, in der sich der Vorgang abspielt. Eine überraschende *Helligkeit* tut sich auf, und die *Leuchtkraft der Farben* erzeugt den Eindruck von Glanz und Festlichkeit. Das religiöse Bild gewinnt eine neue Dimension: »*Die Schönheit der Kunst wird zum eigentlichen Träger des geistigen Gehalts*« (Oertel). In der Wahrnehmung von Farbe und Form wird die Gegenwart des Göttlichen erfahren.

Die neuen Gestaltungsmöglichkeiten deuten sich besonders in einzelnen ›Motiven‹ an: im demutsvollen Knien der Engel (auswertbar in den Verkündigungsbildern), im hoheitsvollen Stehen um einen Thron (übertragbar auf Gruppen von Heiligen), im Aufblicken zur Madonna (wie es später die Stifterbildnisse zeigen), im Farbenspiel der Flügel (man denke an Leonardos »Verkündigung«), in der Architektur des Thrones mit seinen farbigen Ornamenten (später umgesetzt in die Formen der Frührenaissance).

Zwangsläufig werden in der Nachfolge Giottos die Ausdrucksformen reicher und subjektiver, ihre Überzeugungskraft zugleich relativer und kurzlebiger. Man kümmert sich nun intensiv um die genaue Erfassung der körperlichen Erscheinung, studiert Bewegungsabläufe, gestaltet seelische Beziehungen und präzisiert den Handlungsraum durch Architektur und Landschaft. Und je nach Zeitstil, Kunstlandschaft, Temperament und Können wird das eine oder andere Bildelement dominieren (etwa die Perspektive), anderes wieder zurücktreten. – Beispiele dafür findet man in den Gemälden der nachfolgenden Räume.

Giotto war nur ein Anfang gewesen, gewissermaßen ein Fanal. Keineswegs hat sich die Malerei in der Zeit nach ihm gesetzmäßig fortentwickelt. Wohl gab es Schüler, die in seinem Sinne weiterarbeiteten, aber auch Gegenströmungen, die den Eindruck erweckten, als habe man Giotto zeitweise vergessen gehabt. Charakteristisch für diese »Krise der Florentiner Malerei in der Zeit nach Giotto« ist der Einfluß, den die so andersgeartete, gotisch orientierte Malerei *Sienas* in Florenz gewinnen konnte.

(1) *Simone Martini* »Verkündigung mit den Hl. Ansanus und Margarete« (signiert und datiert 1333) – dem Eingang gegenüber. – Von Giotto und seiner Definition des Bildraumes spürt man in diesem Spätwerk des berühmten sienesischen Malers nichts. Hier bestimmt reine Poesie die Wiedergabe des Geschehens, *Poesie spätgotischer Idealität*. Doch darf man nicht übersehen, daß auch in dieser scheinbar rein religiösen Malerei ein weltlicher Kern steckt: Die zarten, feingliedrigen Gestalten spiegeln die *höfische Eleganz* jener Kulturschicht wider, in deren Auftrag solche Bilder geschaffen wurden, sei es in Florenz, in Siena oder am päpstlichen Hof in Avignon, wo Simone Martini 1344(?) verstarb.

(2) *Die Brüder Lorenzetti*. – *Ambrogio Lorenzetti* (gest. 1348) »Szenen aus dem Leben des Hl. Nikolaus«. – *Pietro Lorenzetti* (gest. 1348?) »Szenen aus dem Leben der sel. Umiltà«. – Die Brüder Lorenzetti bilden innerhalb der sienesischen Malerei eine Art Gegenströmung zur gotisierenden Richtung. Beide Maler zeigen sich aufgeschlossen für perspektivische Probleme und stehen damit den Errungenschaften Giottos und der Florentiner Kunst relativ nahe. Dementsprechend urteilte später auch Ghiberti, einer der führenden Männer der florentinischen Frührenaissance, in seinen »Commentarii« (um 1450/55): »Die Maler halten Simone Martini für den besten; mir jedoch scheint Ambrogio Lorenzetti noch tüchtiger zu sein.«

Bei Pietro beobachten wir eine »naive Fabulierlust«, gepaart mit einem wachen Intellekt im Aufgreifen von Raum- und Figurenproblemen«; Ambrogio ist »lyrischer« und zweifellos der größere Erzähler der beiden. Berühmt ist seine Darstellung des »Guten und Bösen Regiment« im Palazzo Pubblico in Siena aus der Zeit um 1430, ein Werk, »das weit über das Trecento hinausweist« (Wundram).

Gleich rechts vom Durchgang zeigt die Tafel des »*Meisters der Hl. Cäcilie*« sehr deutlich den Einfluß Giottos, vor allem in den perspektivisch gesehenen Architekturen der Nebenszenen.

Bei *Bernardo Daddi* (gest. 1348) und *Taddeo Gaddi* (gest. 1366) handelt es sich um bedeutende Giotto-Schüler. Ihre Madonnentafeln stehen denn auch in deutlicher Abhängigkeit zu Giottos »Maestà«. – Bei *Bernardo Daddi* beobachtet man daneben auch Einwirkungen der sienesischen Malerei, einen Hang zu weichem und anmutigem Rhythmus, zu Eleganz und Grazie. Sehr hübsch die Formulierung von Marcucci, Bernardo Daddi habe »eine weltlich angenehme Vorstellung von Religiosität erzeugt«. Der Maler erfreute sich großer Beliebtheit.

Gleich rechts vom Eingang trifft man auf eine typisch spätmittelalterliche *Phantasielandschaft*, mit der wahrscheinlich das Gebiet um das oberägyptische Theben gemeint ist, wo sich zu Beginn des 4. Jh. (um 320) zum ersten Male Mönche zu *gemeinsamem* Leben zusammenfanden (sog. *Coenobitentum*). – Der Reiz des Bildes liegt in einer Fülle liebevoll beobachteter Details, die sich zu einer ›naiven‹ Erzählung zusammenfügen: ein phantastischer ›Realismus‹, der eine beachtliche Naturbeobachtung erkennen läßt und dabei byzantinisches Traditionsgut (so die Felspartien) einer gotischen Erzählweise dienstbar macht.

An der nach *links* anschließenden Wand die »Krönung Mariae« (1413) von *Lorenzo Monaco*, einem sienesischen Maler, der in Florenz zwischen 1388 und 1422 nachweisbar ist. Lorenzo Monaco war ähnlich wie später Fra Angelico zugleich Mönch und Maler. Er gehört zu jenen Künstlern, die sich zunächst von Giotto beeinflußt zeigen (Spuren davon in den Predellenbildern), die sich von Giotto aber wieder abwenden, ihn gleichsam vergessen zugunsten einer *lyrischen empfindungsstarken Religiosität*. In Bildern von hohem dekorativen Reiz erreicht Lorenzo einen ganz persönlichen Stil. Er »vereint die Plastizität der Körper mit der Kalligraphie der Umrisse und verbindet naturalistisches Detail mit ornamentaler Abstraktion« (Vertova). Als Sienese liebt er die weichen fließenden Linien, aber auch seine fein abgestufte Farbskala ist sienesisches Erbe. Beide Komponenten haben in Florenz weitergewirkt und Jahrzehnte später Fra Filippo Lippi, Botticelli und Filippino Lippi beeinflußt.

Ein anderes wichtiges Bild findet man an der folgenden Schmalwand: die »Anbetung der Könige« von *Gentile da Fabriano* (signiert und datiert 1423). Gentile war zwischen 1419 und 1425 in Florenz tätig, in denselben Jahren, in denen der junge Masaccio seine berühmten Fresken in der Brancacci-Kapelle der Carminekirche schuf (vgl. S. 187 ff.). Aber welch ein Unterschied, wenn man beide miteinander vergleicht. Während Masaccio der Malerei ganz neue, in die Zukunft weisende Wege eröffnet, bleibt Gentile bei aller Meisterschaft der *höfisch orientierte Spätgotiker*. »Er war weder revolutionär noch konservativ, er war nicht exzentrisch, sondern *geistig empfindsam und auf Ausgleich bedacht*« (Vertova). Auch bei Gentile beobachten wir eine sienesische Zartheit. Daneben aber sind es französische und flämische Miniaturen, die ihn beeinflußten. Manche Bildteile wirken wie eine *festlich vergrößerte Kleinmalerei*, und die burgundisch beeinflußte Prachtentfaltung läßt an das kurz zuvor entstandene »Stundenbuch des Herzogs von Berry« (beg. 1413) denken. Gentiles Auftraggeber entstammen der höchsten Gesellschaftsschicht. Seine »Anbetung der Könige« schuf er für die Kapelle der Familie *Strozzi* in der Sakristei von S. Trinità. Als Begräbnisstätte der Strozzi war sie seit 1418 im Bau, und zwar als Konkurrenzunternehmen zur der von Brunelleschi geplanten »Alten Sakristei« der Medici (vgl. S. 142 f.). So ist Gentiles Bild zugleich auch ein Zeugnis für das Mäzenatentum der großen florentinischen Familien, die sich in konkurrierendem Wetteifer der besten Künstler bedienten.

Gentiles ausdrucksstarke Phantasie traf offenbar den Geschmack der Zeit. Er liebte das Elegante und Höfische, war im Grundcharakter heiter und unproblematisch, ja er schuf eine die Menschen bezaubernde, märchenhafte Atmosphäre – die Stimmung einer Epoche, »die sich von der Strenge des Mittelalters erholt« (Vertova). – *Wir nennen an Einzelheiten*: die herrlichen Predellenbilder mit der stimmungsvollen »Geburtsszene«, die breit angelegte Landschaft bei der »Flucht nach Ägypten« sowie das Architekturbild der »Darstellung im Tempel«. Darüber die lebendige Wiedergabe der Pferde; den Reitknecht, dessen nackte Beine in hohen Stiefeln stecken; links davon das Abnehmen der Sporen und schließlich im oberen Bildteil den Zug nach Bethlehem.

Raum 7 (Florentiner Malerei der Frührenaissance)   *(Uffizien)*

Zum ersten Mal trifft man hier auf Bilder, die nicht mehr in der religiösen Welt des Spätmittelalters beheimatet sind, sondern hinsichtlich Thematik, Form und Geist unverwechselbar der Frührenaissance angehören.

(1) An der linken Wand, groß und beherrschend, von *Paolo Uccello* (1397–1475) »Die Schlacht von San Romano« (um 1456/57), eines von drei verwandten Bildern, in denen der Sieg der Florentiner (1432) über Siena und die Mailänder Truppen gefeiert wird. Der Auftrag dazu erging von den Medici, und es ist überliefert, daß die Bilder zuerst im Schlafzimmer von Piero, später in dem von Lorenzo de' Medici hingen, vermutlich so, daß sie oberhalb einer Vertäfelung den Raum bis zur Decke einnahmen.

Uccello malt kein Schlachtenbild der üblichen Art. Er vermeidet alles Abstoßende, neutralisiert den Vorgang, erzielt seine Dynamik mit Beleuchtungseffekten und operiert mit aufgefächerten oder sich überkreuzenden Schrägen von fast graphischer Wirkung. Immer wieder treten objektivierte Details überraschend in ein grelles Licht, doch die eigentliche Realität des Krieges bleibt verborgen. Es fließt kein Blut. Das Ganze ist ein Stück vollkommener Stilisierung, wobei vor allem der Perspektive ungewöhnliche Wirkungen abgewonnen werden.

Die Grundlagen zu einer wissenschaftlich begründeten Zentralperspektive hatte zwanzig Jahre zuvor (1436) *Leone Battista Alberti* mit seinem Traktat über die Malerei gelegt. Uccello griff diese Probleme auf, aber schon zu seinen Lebzeiten lächelte man über die Grenzenlosigkeit seiner Perspektivleidenschaft. So kommt beides zusammen: die wissenschaftliche Erkenntnis (Alberti) und ihre artistische Ausnützung für besondere Bildwirkungen, bis hin zum Bizarren.

(2) Ein anderes wichtiges Dokument ist das Doppelporträt des Herzogpaares von Urbino (Fensterseite) von *Piero della Francesca* (1410/20–1492): Die Gemälde zeigen»Battista Sforza«und»Federigo da Montefeltro«(um 1465), jeweils mit allegorischen Triumphzügen auf der Rückseite der Bildnisse.

Beide Tafeln stehen am Anfang einer neuen Bildniskunst. Doch während die gleichzeitigen Niederländer (Jan van Eyck und seine Nachfolger) den Menschen von seiner lebendigen Erscheinung her zu fassen suchen und ihn aus dem Bilde herausschauen lassen, wählen die Maler der italienischen Frührenaissance bewußt die *reine Seitenansicht*. Das ist archäologisch gedacht. Man nimmt Bezug auf die römisch-antike Medaille und versucht, deren»denkmalhaften Charakter«auch im gemalten Porträt zu verwirklichen. Zugleich begünstigt die *Profilansicht* die von der Kunsttheorie der Frührenaissance geforderte *Betonung der Linie* (erst Ghirlandaio, Leonardo da Vinci, Perugino und Raffael werden sich die natürlichere Sehweise der Niederländer aneignen).

Als Schüler Paolo Uccellos wußte *Piero della Francesca* die Gesetze der Perspektive für eine *tiefenräumliche Darstellung der Landschaft* zu nutzen, wobei der Bezug zwischen Landschaft und Figur zugleich einen Herrschaftsanspruch meint. Mit Hügel und Fluß, Stadtmauer und Kastell wird ein ›Territorium‹ gezeigt. Hier vor allem bewährt sich Pieros ausgeprägter, sienesisch beeinflußter Farbensinn und ebenso seine Fähigkeit zur atmosphärischen Gestaltung, an die später Leonardo da Vinci anknüpft.

(3) *Masolino und Masaccio* »Hl. Anna Selbdritt« (um 1424). – Von Masolino stammen die Komposition, die Engel und die Hl. Anna, von Masaccio die Madonna und das Kind. *Masolino* (1383 – um 1440), der um 18 Jahre ältere Maler, bleibt dem Geschmack der Spätgotik verhaftet, während *Masaccio* (1401–1428) in seinem *Streben nach Monumentalität* auf Anmut und Lieblichkeit verzichtet. Seine Madonna ist streng aufgerichtet, das Kind robust, ja körperlich überbetont. – Vgl. zu Masaccio sein Hauptwerk in der Carminekirche (S. 187ff.).

(4) *Domenico Veneziano* (um 1400–1461) »Madonna mit dem Kinde und den Hll. Franz von Assisi, Johannes d. T., Zanobius und Lucia« (um 1445). – Über die Lebensumstände des Künstlers wissen wir wenig, doch gehört er zu den bedeutendsten Malern der florentinischen Frührenaissance, und Piero della Francesca war sein Schüler. Was Domenico auszeichnet, sind akkurate *Perspektive* und eine hellfarbige *Lichtmalerei*. Lichtgesättigte Farben hatte man bis dahin in Florenz so gut wie nicht gekannt; sie sind ein venezianisches Erbe (schon der Name des Malers deutet daraufhin). Domenico konnte sich denn auch den Medici mit dem Versprechen empfehlen, »*wunderbare Dinge zu zeigen*«. – Domenicos Bilder sind zart und zurückhaltend, auch die Architektur ist von feinstem, linear betontem Zuschnitt, und die ungewöhnliche Farbskala aus Lindgrün, Altrosa und Hellblau schafft eine Bildstimmung des Unwirklich-Schwerelosen. Vergleicht man damit den ›Realismus‹ seiner Perspektive, so wird eine Spannung zwi-

schen *realistischer* und *idealistischer* Ausdruckskunst deutlich, die so manches Werk jener Zeit kennzeichnet.

Was eine religiös-idealistische Kunst zu leisten vermag, zeigt noch einmal die »Krönung Mariae« (um 1435) von *Fra Angelico* (1387–1455). Man wird hier kaum an Masaccio denken wollen, und doch war Fra Angelico von ihm beeinflußt und eignete sich als einer der ersten die Kenntnis der Perspektive und die körperlich-plastische Malweise an. Dennoch blieb er »der mystischen Tradition des 14. Jh. tief verbunden« (Berti). Nach dem Urteil Vasaris sah er in seiner Malerei »eine Eingebung Gottes«.

Raum 8 (Filippo Lippi u. a.) provisorische Hängung   (Uffizien)

Bei *Filippo Lippi* (1406–1469) haben wir es noch einmal mit einem jener Maler zu tun, die zunächst ein tiefes Verständnis für die Kunst des Masaccio zeigen, sich dann aber entschieden von dieser ›modernen‹ Auffassung abwenden, um zu sanften und stillen Bildern zurückzukehren, in denen etwas vom Geist der Spätgotik weiterlebt.

Die »Madonna mit dem Kind und zwei Engeln« (um 1465) gehört schon zu den Spätwerken Filippo Lippis. Von unvergleichlicher Schönheit ist hier der sorgfältig durchgezeichnete Kopf der Madonna mit ihrem modischen Kopfschmuck. Unabhängig von der religiösen Thematik entstand hier das Bildnis einer jungen Florentinerin mit wunderbar zarten, mädchenhaften Zügen (das Bild war im Besitz der Medici). Hinzu kommt ein ungewöhnliches Element kindlicher Heiterkeit. Mit sichtbarem Vergnügen heben zwei Engel den Jesusknaben zur Mutter empor. Doch der Blick des Gottessohnes ist merkwürdig ernst. Mit großen fragenden Augen scheint er im Gesicht der Mutter zu lesen, während die Hände sie tastend berühren, als solle ihr ein Geheimnis entlockt werden. Was damit gemeint ist, zeigt uns der Hintergrund des Bildes, wo in der Ferne *Jerusalem*, »die hochgebaute Stadt«, zu sehen ist, offensichtlich eine Anspielung auf den späteren Kreuzestod Jesu.

Die Neuordnung der Räume 9 bis 17 war bei Drucklegung dieses Buches (Frühjahr 1979) noch nicht abgeschlossen. Mit Abweichungen muß daher gerechnet werden.

Raum 9 (Jugendwerke Botticellis)   (Uffizien)

Sandro Botticelli (1445–1510): Die frühen *Madonnenbilder* zeigen in ihrer zarten Empfindsamkeit deutlich die Abhängigkeit von seinem Lehrer Filippo Lippi. – Die »Tapferkeit« (1470) war Botticellis erster öffentlicher Auftrag nach dem Tode seines Lehrers. – In der »Rückkehr der Judith« und der »Entdeckung des toten Holofernes« wird deutlich, wie Botticelli selbst grausame Themen in einer zurückhaltenden, den Vorgang verklärenden Art behandelt. – Das »Bildnis eines Unbekannten mit der Medaille von Cosimo dem Alten« (um 1470) ist möglicherweise ein Selbstporträt des Künstlers, mit dem zugleich die enge Beziehung zur Familie Medici unterstrichen werden sollte.

Raum 10 (Werke von Botticelli)   (Uffizien)

Sandro Botticelli (1445–1510), ein typischer Florentiner, der sich schon früh den humanistischen Kreisen der Stadt zugehörig fühlt, repräsentiert in besonderer Weise die ästhetische Kultur seiner Zeit. Ungemein empfindsam und von scharfer Geistigkeit, erzeugt er in schöpferischer Phantasie eine Welt des Kunstschönen, in sich der Mensch gleichsam vollendet. Von Masaccio trennen ihn fast zwei Generationen, und wie Leonardo da Vinci gehört er strenggenommen schon nicht mehr zur Frührenaissance.

(1) *Sandro Botticelli* »Anbetung der Könige« (um 1475): Schon in diesem relativ frühen Bild des damals 30jährigen Malers treten die humanistischen Züge klar zutage. Das Gewicht der Darstellung liegt weniger auf der Verehrung der Madonna als vielmehr auf dem Erscheinungsbild der Florentiner Oberschicht, repräsentiert durch eine Reihe *porträthaft gezeichneter Mitglieder des Hauses Medici.*

Mit sicherer Beherrschung der Perspektive schafft sich Botticelli eine Raumbühne, die eine günstige Placierung der figurenreichen Gruppe erlaubt. Obschon das Bild weiträumig wirkt, sind wir doch als Betrachter dem Vorgang ganz nahe und gleichsam einbezogen in eine festliche Versammlung bedeutender, wohlhabender und einflußreicher Männer. Das geschieht nicht ohne Poesie, denn die Bühne umfaßt sowohl Holz- wie Steinarchitektur, nackten Fels und streng gefügte Bogenfolgen. Eine ausgewogene Komposition gibt dem Ganzen Klarheit und innere Ruhe, und was ebenso typisch ist: jedes Detail erscheint ›bedeutend‹, hat stillebenhaften Charakter, besitzt Eigenwert und will als Form und Farbe wahrgenommen werden.

Erst recht gilt dies natürlich von den *Porträts*: Vor der Madonna kniend sieht man die hagere Greisengestalt von *Cosimo il Vecchio* (»Pater Patriae«). Im Vordergrund, ganz in Rot, sein Sohn *Piero*, bedeutend als Mäzen. Rechts daneben *Giovanni*, Pieros jüngerer Bruder. Weiter rechts, in dunkler Kleidung, *Giuliano*, Pieros Sohn. Links im Vordergrund, ein Schwert haltend, *Lorenzo*, den man später »il Magnifico« nannte, auch er ein Sohn Pieros und Enkel von Cosimo il Vecchio. Über Lorenzo, aus dem Bild herausschauend, der Auftraggeber, *Giovanni del Lama*. Rechts außen ein *Selbstporträt Botticellis*.

Sandro Botticelli »Allegorie des Frühlings« (1478)
Sandro Botticelli »Geburt der Venus« (1486)

Bilder solcher Art haben ihre geistige Wurzel im Umkreis einer literarisch und humanistisch interessierten Gesellschaft. »Sie spiegeln die Gedanken und Ideale der (unter den Medici entstandenen) ›Platonischen Akademie‹ wider, die unter Führung Marcilio Ficinos eine beherrschende Rolle im geistigen Leben Italiens gespielt hat« (Lauts). Zu diesem Kreis gehörte auch der Humanist und Dichter Angelo Poliziano (1454–1495), der mit Lorenzo il Magnifico befreundet war und dessen Sohn Piero erzog. Poliziano übersetzte griechische Werke ins Lateinische, schuf 1471 das erste italienische Schäferdrama »Orfeo« und behandelte u. a. in einer seiner Stanzen auch die »Geburt der Venus«.

Botticelli, der diese Gedanken in Bilder umsetzte, knüpfte unmittelbar an die Antike an. Als Vorbild dienten ihm Tänzerinnen oder Bacchantinnen, wie man sie auf römischen Reliefs und Sarkophagen abgebildet fand, und ›die drei Grazien‹ in der »Allegorie des Frühlings« sind geradezu ein »Zitat« (Wundram), thematisch zurückgehend auf Ovid.

Die *Deutung solcher Bilder* bleibt indessen immer schwierig, weil wir die in ihnen enthaltenen gedanklichen Anspielungen (nicht zuletzt auch solche astrologischer Natur) nicht mehr kennen. Wir sehen in der »Allegorie des Frühlings« zwar (links beginnend) *Merkur, die drei Grazien*, den Gott *Amor*, die *Allegorie der Liebe* (?), ferner *Flora* und eine *Nymphe*, die von einem *Windgott* verfolgt wird, aber der eigentliche Bildsinn ist uns verschlossen.

Sandro Botticelli »Geburt der Venus« (1486): Das acht Jahre nach der »Allegorie des Frühlings« entstandene Bild zeigt in stilistischer Hinsicht deutliche Fortschritte. Die Komposition hat an Klarheit gewonnen, die einzelnen Bildteile kommen zu schöner selbständiger Wirkung, und trotz starker innerer Dynamik gelingt Botticelli der klassische Ausgleich zwischen Ruhe und Bewegung. Zu seinen schönsten Erfindungen gehört das Standmotiv der Venus in Verbindung mit der Muschel, ebenso die leichte Verschiebung nach rechts, aus der Bildmitte heraus: eine Bewegung, die das goldgetönte Haar lebhaft unterstreicht.

Auf die *Beziehungen des Bildes zur Gedankenwelt der ›Platonischen Akademie‹* hat *Lauts* aufmerksam gemacht. Man hat damals in Florenz versucht, in einer philosophischen Synthese Christus mit Plato zu verbinden, und entwickelte dabei auch eine neue Vorstellung von *Venus* als *himmlischer und irdischer Liebe*. Eros, so sagte man, erzeuge in den Körpern der Welt die Schönheit, das Erlebnis des Schönen aber erzeuge seinerseits eine Sehnsucht, »zum ersten Schöpfer zurückzukehren«.

Diese »dichterische Theologie« (Lauts) fand indessen bald ihr Ende. Schon sechs Jahre nach Botticellis Bild starb Lorenzo il Magnifico (1492). Mit seinem Tod schlug die Stimmung in Florenz um, und auf dem Hintergrund sozialer und religiöser Erschütterungen wurde der Dominikanermönch *Savonarola* zur neuen Leitfigur, der man die allzu weit getriebene › Verweltlichung‹ opferte. Auch Botticelli nahm Abschied vom Traum seiner poetischen Weltsicht und verbrannte einige seiner Bilder auf dem »Scheiterhaufen der Eitelkeit«, den Savonarola 1496 errichtet hatte.

Raum 11 (Botticelli) – Raum 12 (Rogier van der Weyden) (Uffizien)

Im Raum 12 stoßen wir mit *Rogier van der Weyden* (um 1400–1464) zum ersten Mal auf das Problem der flämischen Malerei und ihres Einflusses auf die italienische Kunst der Frührenaissance. Rogier malte die »Grablegung Christi« kurz nach 1450 wohl im Zusammenhang mit seiner Italienreise (Rom, Ferrara, Mailand), die ihn auch nach Florenz geführt hatte. Seine »Grablegung«, die im 17. Jh. als im Besitz der Medici befindlich erwähnt wird, darf als ein erster wichtiger Berührungspunkt zwischen Nord und Süd angesehen werden.

Das Nordische an der Kunst van der Weydens ist die *Tiefe der seelischen Empfindung*, die Versenkung in den religiösen Vorgang und das Bestreben, das innere Erleben im Bilde sichtbar zu machen. – Das Geschehen auf Golgatha ist vorüber, die Richtstätte gespenstisch leer, über Stadt und Land liegt Schweigen. – Den Vordergrund dagegen beherrscht in kompromißloser Realistik das eigentliche Faktum, *der tote Christus*. Damit müssen die Menschen nun fertig werden.

Der bärtige Alte, der ernst und nachdenklich auf Christi Haupt blickt, ist *Joseph von Arimathias*, der als Mitglied des Hohen Rates mit der Verurteilung Jesu nicht einverstanden war und sich von Pilatus den Leichnam Jesu zur Bestattung erbeten hatte. Neben ihm *Nikodemus* (auch er ein Mitglied des Hohen Rates), der Jesus heimlich in der Nacht mit der Frage besucht hatte, ob er Gottes Sohn sei. Jetzt scheint sich diese Frage an den Betrachter zu richten. – Auch in den Gestalten von Maria, Johannes und Magdalena spiegeln sich bestimmte seelische Haltungen wider. *Johannes*, der Lieblingsjünger Jesu, sucht noch einmal die Nähe seines Meisters. Dabei ist es von tiefer Aussagekraft, wie der tote Körper Christi ihn mit *Maria* verbindet, eine Auslegung von Jesu Wort am Kreuz: »Siehe, das ist deine Mutter, siehe das ist dein Sohn«. Von tiefem Sinn auch die Haltung der *Maria Magdalena*. Sie ist als »Sünderin« isoliert, doch ihre anbetend erhobenen Arme sind wie eine Antwort auf die Arme Christi, die im Tod kraftlos herabhängen.

Raum 14 (Hugo van der Goes) (Uffizien)

Der berühmte »Portinari-Altar« (um 1476/78) des aus Gent stammenden *Hugo van der Goes* (um 1440–1482) war von ungeheurer Wirkung auf die Florentiner Kunst. *Tommaso Portinari*, ein für die Medici tätiger Agent, hatte ihn in Brügge bestellt. Von dort kam er per Schiff nach Florenz, wo er in *S. Egidio*, der Kapelle des Hospitals von S. Maria Nuova (vgl. S. 55), Aufstellung fand.

Der Portinari-Altar ist hinsichtlich Größe und künstlerischer Qualität eine der gewaltigsten Schöpfungen der altniederländischen Schule. Bei einem Rundgang durch die Uffizien kann man sich wohl die Frage stellen, ob irgendein anderes Bild jener Epoche »*die Eroberung der sichtbaren Welt*« in auch nur annähernd vergleichbarer Vielfalt dokumentiert. Die Skala der Gestaltungsmöglichkeiten ist in der Tat von einem ungewöhnlichen Reichtum. – Neben *Landschaftsmalerei* und *Genreszenen* finden wir *Stilleben* und *Kostümstudien*; wir stoßen auf *Stifterporträts* und *Kinderbildnisse* und erleben neben der größten Naturnähe eine mystisch-naive Vorstellung vom Wunderbaren. Statuarisch-strenge *Monumentalität* verbindet sich mit unbefangener *Erzählfreude*, ein scharf beobachtender *Realismus* mit einem *Licht* von belebender Kraft, das sich in vielfacher Abstufung als verbindendes und ausgleichendes Element erweist.

Hugo van der Goes war erfüllt von einer tiefen Religiosität. Um so mehr muß er die Spannung zwischen realistischem Erkennen und gläubiger Idealität empfunden haben, ja er ging an dieser Spannung zugrunde. Kurz nach Vollendung des Portinari-Altares verdüsterte sich sein Gemütszustand. Als Laienbruder trat er in ein Augustinerkloster ein, verfolgt von Melancholie und Depressionen. »Er durfte mancherlei Vergnügungen nachgehen, empfing den Besuch vornehmer Herren, darunter den späteren Kaiser Maximilian, und unternahm auch mehrere Reisen. In einem Anfall von Schwermut versuchte er, sich das Leben zu nehmen. Der Prior bemühte sich, den Meister von seinem Wahn, ein Sohn der Verdammnis zu sein, durch die Klänge der Musik zu befreien« (Malkon).

Raum 15 (Leonardo da Vinci) (Uffizien)

Leonardo da Vinci (1452–1519) »Anbetung der Könige«: Das 1481 in Auftrag gegebene Bild blieb unvollendet, gehört aber zu den eindrucksvollsten Selbstbezeugungen eines ganz und gar ungewöhnlichen, seiner Zeit weit vorauseilenden Geistes. Alle Versuche, den besonderen *Bildsinn* zu deuten, sind letztlich gescheitert. Sein Gehalt läßt sich nur andeutend skizzieren.

Leonardo entfernt sich entschieden von allen volkstümlichen Vorstellungen der Weihnachtsgeschichte. Was bislang ins Märchenhaft-Poetische verklärt wurde, wird von ihm zurückgeholt in die *Dimension der Welterlösung.* Das Erscheinen des Gottessohnes auf dieser Erde ist ein so unerhörter Vorgang, daß man ihm nur mit Schrecken und Zweifel oder mit staunender Verwunderung begegnen kann. Daher das *Ekstatische* in Leonardos Bild.

Hinzu kommt, daß der Vorgang bei Leonardo etwas Zeitloses gewinnt. Das Interesse am Gegenständlichen tritt völlig zurück. Weder die Könige noch ihre Begleiter lassen sich exakt lokalisieren. Statt dessen tauchen aus einem unergründlichen Dunkel einzelne Köpfe und Hände auf. Kaum, daß irgendwo fester Boden zu erkennen wäre. Das ungeklärte Beieinander der Figuren gleicht vielmehr einem *Strudel*, gleicht einem *Abgrund*: Gestalt gewordene Verkörperung einer leidenschaftlichen *Erlösungssehnsucht* vor einem unbestimmten Welthintergrund. Das Ruinöse der Hintergrundarchitektur mit der unheimlichen Symbolik einer im Nichts endenden Treppe tut ein übriges, um anzudeuten, daß sich der Traum vom vollendeten Menschentum als *Utopie* erweisen wird. Das Zwielichtige der gesamten Bildszenerie meint den *inneren Zwiespalt einer nicht mehr geglaubten Religion.* Leonardos grübelnder Geist nimmt hier schon voraus, was sich später in der folgenden Generation im schwermütigen Skeptizismus eines Michelangelos niederschlagen wird.

Raum 15 (Verrocchio, Perugino, Signorelli) (Uffizien)

(1) Verrocchio (unter Mitarbeit von Leonardo da Vinci) »Taufe Christi« (um 1470). – *Andrea del Verrocchio* (1436–1488) ist vor allem als Bildhauer bekannt geworden. Er schuf die bedeutenden Bronzegrabmäler (1469/72) für Piero und Giovanni de' Medici in S. Lorenzo und später (um 1480/90) das berühmte Reiterstandbild für den Condottiere Bartolomeo Colleoni in Venedig. – Als Maler trat er weniger hervor, war aber der Lehrer von Leonardo da Vinci. Leonardos Anteil an der »Taufe Christi« betrifft nach allgemeiner Auffassung den linken Engel und die Hintergrundlandschaft.

Verrocchios Bild ist vielleicht besonders geeignet, die Frage nach »Gewinn und Verlust« der neuzeitlichen Malerei im Hinblick auf ihren religiösen Gehalt zu stellen. Gewonnen ist zweifellos »die Richtigkeit, die empirische Wahrheit«, z. B. »das Stehen Christi im seichten Wasser des Jordans« (Weigert) oder die anatomisch genaue Behandlung des nackten Körpers. Aber gerade diese Genauigkeit im Äußerlichen nimmt der Darstellung ihren spezifisch religiösen Charakter. Der Eindruck eines übernatürlichen Geschehens geht verloren, eine Beobachtung, die ganz allgemein für die religiöse Kunst der Frührenaissance gilt. Aus dieser Zwangslage führt erst die *Helldunkel-Technik* und das von Leonardo entwickelte ›sfumato‹ wieder heraus, jene Malweise, bei der ein leichter atmosphärischer Schleier die Umrisse verwischt. Wenn Tintoretto hundert Jahre später (1577 ff.) in der Scuola di S. Rocco in Venedig die »Taufe Christi« malt, so rückt er die Gestalt Christi weiter von uns weg, zeigt sie tief gebeugt auf der Erde kniend und verhüllt sein Antlitz durch einen Schleier aus Dunkelheit. – Leonardos ›sfumato‹ hatte zu einer solchen Malweise die Grundlagen gelegt.

(2) *Pietro Perugino* (um 1450–1523): Auch Perugino hat bei Verrocchio gelernt; aber anders als Leonardo, der, seiner Zeit vorauseilend, völlig eigene Wege ging, stellt sich Perugino als das Bindeglied zur Klassik der Hochrenaissance dar: Raffael war sein Schüler.

In den Uffizien zeigt eine Reihe von *Porträts* (teilweise auch in Raum 19), daß Perugino durchaus scharf und realistisch beobachtete und die Fähigkeit zur psychologischen Differenzierung besaß. Damit wird aber auch deutlich, daß er in seinen religiösen Darstellungen offenbar bewußt stilisierte. Durch ideale Raumbildungen und sorgfältige Figurendispositionen sollten religiöse Empfindungen geweckt und die dargestellten Vorgänge in eine höhere Sphäre gehoben werden. Seine Tätigkeit in Florenz (1493–1500) fällt im wesentlichen in die Zeit, als Savonarola in seinen Bußpredigten die Rückkehr zur Religion predigte und die philosophischen Überzeugungen der Frührenaissance in Mißkredit gerieten.

(3) *Luca Signorelli* (1441–1523) »Madonna mit dem Kinde« (um 1490). – Auf Signorelli sei hingewiesen, weil ihn sein auffallendes Interesse an der nackten menschlichen Gestalt zu einem Vorläufer Michelangelos werden ließ. Signorelli war ein sehr eigenwilliger Künstler, und seine Bilder enthalten gelegentlich heidnisch wirkende Elemente. Auch Einseitigkeiten und Übertreibungen, wie sie später im Manierismus üblich waren, machen sich bei ihm bemerkbar. So ist Signorellis Kunst ein weiteres Beispiel für die Krise des religiösen Bildes in der Zeit um 1490/1500. In den Fresken des Domes von Orvieto, seinem Hauptwerk, beschäftigt er sich u. a. auch mit den »Taten des Antichrist«.

Raum 16 (Leonardo da Vinci)   *(Uffizien)*

Noch einmal ist es *Leonardo da Vinci* (1452–1519), der mit einem frühen Werk die Aufmerksamkeit auf sich zieht. Seine »Verkündigung« (um 1472/75), im Alter von kaum mehr als 20 Jahren gemalt, läßt unzweifelhaft eine *außerordentliche Begabung* erkennen. Allein schon das *Naturgefühl*, das sich hier, einige Jahre *vor* dem Portinari-Altar, in einer die Bildatmosphäre bestimmenden Weise äußert, war für die damalige Zeit ungewöhnlich.

Eine großartige Erfindung ist sodann der *Engel*, den Gewänder und Flügel zu einer majestätischen Erscheinung machen (als Bewegungsstudie, rund zehn Jahre *vor* Botticellis »Geburt der Venus«, eine erstaunliche Leistung).

Noch fehlt dem Bildganzen das berühmte ›sfumato‹, jener leichte atmosphärische Schleier, der den Gegenständen ihre Härte nimmt und die Figuren im Raum verankert. Doch der Sinn für die Handhabung von *Helldunkel-Werten* ist schon gut entwickelt. Sie werden eingesetzt, um das Bildgeschehen zu gliedern und die Aufmerksamkeit des Betrachters auf einzelne, malerisch besonders schöne Partien zu lenken. Zugleich aber ist die Komposition von erstaunlicher Ausgewogenheit und innerer Logik: Die Teilung des Bildes in eine linke und eine rechte Hälfte wird ausgenützt für eine Bewegung, die vom Engel zur Maria verläuft, aber ebenso für eine Blickbahn, die die Gegenstandsnähe des Vordergrundes mit der größten räumlichen Tiefe verbindet. Wir sind dem Vorgang ganz nahe und erleben zugleich eine befreiende räumliche Weite.

Raum 17 (Umbrische Schule)   *(Uffizien)*

Werke von *Luca Signorelli, Melozzo da Forlì, Antoniazzo da Romano, Bartolomeo Caporali, Giovanni Boccati, Palmezzano, Girolamo Genga.*

Die bisher behandelten Räume 1 bis 17 dienten ursprünglich nicht als Bildergalerie, sondern waren Bestandteil des 1586 begründeten Medici-Theaters, dessen prachtvolle Aufführungen berühmt waren. *Den Korridor nützte man damals zur Aufstellung von Marmorstatuen. An den Korridorwänden hingen die Porträts der Medici sowie Bildnisse von berühmten Persönlichkeiten und solche von Künstlern.* Die eigentliche Bildgalerie begann erst mit der »Tribuna«. – Das Medici-Theater hat man erst 1890 zugunsten der Galerieerweiterung geopfert.

Raum 18 »Tribuna« *(Florentiner Manieristen)* (Uffizien)

(Wiederherstellung 1970): Bei der »Tribuna« handelt es sich um einen achteckigen Raum, den *Buontalenti* (ein Schüler Vasaris) 1581 fertiggestellt hatte: eine typisch manieristische Kunstschöpfung, bei der sowohl der Form wie der Farbe eine symbolische, auf das Herrscherhaus bezogene Bedeutung zukommt.

Wie die Galerie als solche eine Schöpfung der Medici war, so sollte auch dieser erste Raum vor allem den *Ruhm des Herrschers* unterstreichen, was nach der Vorstellungswelt jener Zeit nicht besser geschehen konnte als durch die Versinnbildlichung der *vier Elemente* (Erde, Feuer, Wasser, Luft), die den Herrscher in eine *kosmische Beziehung zur ›Weltordnung‹* brachten. In der »Tribuna« wird die *Luft* durch eine Wetterfahne symbolisiert, deren Zeiger sich im Inneren über einer *Windrose* bewegt. Die Symbolisierung des *Wassers* erfolgt durch die Auslegung der Kuppel mit *Perlmutt.* Das *Feuer* wiederum erkennt man in der *roten Wandbespannung,* die *Erde* im *Grün* des Fußbodenmusters aus »pietra dura«, dem sog. Florentiner Mosaik, einer Einlegetechnik aus kostbaren Steinen (vgl. Museum ›Opificio delle Pietre Dure‹, S. 159).

Die ursprüngliche Einrichtung des Raumes war anders als heute. Hier hingen dicht gedrängt, in mehreren Reihen übereinander, die wertvollsten Bilder der damals noch kleinen Sammlung, darunter fünf Raffaels und sechs Gemälde von Andrea del Sarto. Ein umlaufendes Gesims aus vergoldetem Holz enthielt 120 Schubfächer zur Aufbewahrung von Medaillen; gleichzeitig diente dieses Gesims zur Aufstellung von Büsten und Statuetten. In der Mitte des Raumes stand an der Stelle des jetzigen Tisches (1633/49) ein achteckiger, tempelartiger ›Schrank‹, *studiolo* genannt.

In der Geschichte der frühen Museumsarchitektur hat die »Tribuna« eine nicht unbedeutende Rolle gespielt. Lange Zeit wurde die hier gefundene Lösung als vorbildlich empfunden. Vor allem das Bestreben, der Galerie einen repräsentativen Mittelpunkt zu geben, die Galerieräume indirekt von oben zu beleuchten und sie gegen die Außenwelt abzuschirmen und dabei die Wände im ganzen für die Hängung der Bilder auszunutzen – das alles waren bahnbrechende, in die Zukunft weisende Gedanken.

Zum Gemäldebestand der »Tribuna« *(Florentiner Manieristen)* (Uffizien)

Der heutige Gemäldebestand der »Tribuna« umfaßt vor allem *manieristische* Porträts, die uns Mitglieder der Familie Medici zeigen, sowie eine Reihe religiöser Bilder derselben Stilrichtung.

Betrachtet man die hier gezeigten Gemälde, so spürt man sofort die ›antiklassische‹ Stimmung der Zeit. Die *Porträts,* zumeist aus der Zeit um 1540/60 stammend, sind eigentümlich *ernst* und *hintergründig,* vielfach kalt und intellektuell, wohl auch unfroh. Die harmonische Ausgeglichenheit Raffaels oder die vitale Lebensfülle Tizians sucht man vergebens. Statt dessen beobachten wir etwas merkwürdig *Angespanntes,* ja *Starres,* die Kinderbildnisse nicht ausgenommen. Aus den Porträts spricht *innerer Zweifel* und Distanz. Diese Haltung mag hier florentinisch gefärbt sein, trifft aber im Kern die unruhige, krisenhafte Stimmung Europas in der Zeit zwischen 1520/1525 und 1580/1600, eine Krise, deren Überwindung sich erst mit der Barockkunst vollziehen sollte.

Für das manieristische Porträt nennen wir als Beispiel das von *Bronzino* (1503 bis 1572) geschaffene Bildnis der »Eleonora von Toledo mit ihrem Sohn Giovanni« (rechts vom Durchgang in Raum 19). Eleonora war die erste Gattin des Herzogs Cosimo I. – Ihr Bildnis wirkt ebenso streng, ja steif wie die Etikette, die die Spanierin aus ihrer Heimat nach Florenz brachte. Der Verlust an Freiheit wirkt sich aus bis in die Kleidung: man trägt ein Korsett, man ist zur Repräsentation verpflichtet. Schon wenig später kommt die bekannte Halskrause auf, die sich wie ein Mühlrad über die Schultern legt. Manieristisch ist auch das effektheischende Mauresken-Ornament. In seiner großgemusterten Form beeinträchtigt es die individuelle Erscheinung und betont dafür eine vom Kostüm ausgehende ›Vornehmheit‹. Eine bewußt würdevolle Haltung ist gefordert: der Kopf stolz erhoben, die linke Hand wie leblos zur Schau gestellt, jegliche Bewegung zurückgedrängt.

Plastische Werke

Zu erwähnen ist vor allem die *Venus Medici*, ein hellenistisches, in der Nähe von Rom gefundenes Werk, das sich an der sog. »Aphrodite von Knidos« (um 340 v. Chr.) des Praxiteles orientiert; doch sind die Bewegungsmotive hier reicher gefaßt, die Erscheinung ›römischer‹ (der rechte Arm und Teile des linken sind ergänzt).

Weitere Arbeiten: »Apollino« (geringfügig restauriert), »Messer wetzender Skythe« (pergamenisch, 3. Jh. v. Chr.), die »Ringer« (Kopie nach einer pergamenischen Bronzeplastik; die Köpfe nicht zugehörig), der »Faun« (nach einem hellenistischen Werk, ursprünglich wohl mit Flöten zu denken).

Zu den Räumen 19 bis 44   *(Uffizien)*

Die bisher eingehaltene chronologische Hängung der Bilder (von Giotto bis zu den Florentiner Manieristen) endet mit der »Tribuna«. – In den folgenden Räumen hängen die Bilder meist nach *Schulen* geordnet, wobei sich in zeitlicher Hinsicht ein ständig wechselndes Vor und Zurück ergibt.

Es folgen nacheinander: Oberitalienische Maler der Renaissancezeit, Deutsche und Niederländer der Spätgotik und der frühen Renaissance, Venezianer des 15. und 16. Jh., dann Raffael, Michelangelo, Andrea del Sarto und Tizian, dann wieder Manieristen der verschiedensten Schulen, danach Veronese, Tintoretto, Caravaggio, dann Rembrandt, Ruisdael und Rubens, zuletzt Maler des 18. Jh.

Raum 19 (Mantegna, Perugino, Signorelli, Costa)   *(Uffizien)*

Andrea Mantegna (1431–1506) ist mit drei bedeutenden Bildern vertreten: einem Triptychon in kostbarem alten Rahmen (1466) mit »Himmelfahrt«, »Anbetung der Könige« und »Beschneidung«; des weiteren mit dem »Porträt eines Kardinals« (1466) und schließlich mit der sog. »Felsengrottenmadonna« (1489).

Mantegna war kein Florentiner Künstler. Er hat sich aber von 1466 bis 1468 in Florenz aufgehalten, wo er sich vor allem von der Perspektive Paolo Uccellos und vom neuzeitlichen Menschenbild Donatellos beeindruckt zeigte. Von beiden Künstlern trennen ihn altersmäßig 30 bis 40 Jahre. So gehört Mantegna schon zur *zweiten Generation* der Frührenaissance, deren Florentiner Errungenschaften er an Oberitalien weitergibt: an *Padua* und *Mantua*, wo er hauptsächlich tätig war.

Mantegna war von den Idealen des Humanismus durchdrungen, er war leidenschaftlich der Antike zugewandt, besaß eine eigene Sammlung von Altertümern, lernte 1488 auch Rom kennen und schuf in seinen späten Jahren den »Triumph Cäsars« (1486–1492), eine berühmt gewordene Bildfolge, in der er seinen »Traum vom Altertum« mit archäologischer Exaktheit verwirklichte. Seine Kunst hat stark auf Dürer eingewirkt, der ihn auf seiner zweiten Italienreise (1505–1507) in Mantua noch anzutreffen hoffte; Mantegna war indessen schon gestorben.

Aus Mantegnas Werk spricht noch der *ungebrochene Optimismus der Frührenais-sance*, die Entdeckerfreude, ja die Aufbruchsstimmung einer humanistisch geprägten Zeit, die von dem Glauben erfüllt war, Christus und die Antike miteinander verbinden zu können. Die innere Spannung zwischen der neuen *Wirklichkeitsdarstellung* und einer die religiösen Vorgänge gläubig berichtenden *Idealität* führte bei ihm noch nicht zum Bruch. Das unterscheidet ihn von Malern wie Botticelli oder Hugo van der Goes, die an diesem Gegensatz innerlich zerbrechen, in Schwermut versinken und ihre weltlichen Werke verdammen (Mantegnas Triptychon entstand rund zehn Jahre *vor* dem Portinari-Altar des Hugo van der Goes und rund zwanzig Jahre *vor* Botticellis »Geburt der Venus«).

Raum 20 (Dürer, Cranach d. Ä., Burgkmair)   *(Uffizien)*

Von *Albrecht Dürer* (1471–1528) erwähnen wir zwei seiner Bilder (beide links vom Durchgang in Raum 21): Das »Bildnis des Vaters« (1490), das Dürer im Alter von 19 Jahren unmittelbar vor seiner Reise an den Oberrhein malte. Es zeigt den Vater im Sonntagsstaat, die Physiognomie wird gut erfaßt, aber dem Bildganzen fehlt es noch an innerer Spannung und an Räumlichkeit.

Aufschlußreich für Dürers Kunst ist »Die Anbetung der Könige« (1504), ein bedeutendes Bild, das noch vor dem Antritt der zweiten Italienreise entstanden ist. Es zeigt Dürer auf der Höhe seines Könnens, in der Auseinandersetzung zwischen nordischer Spätgotik und italienischer Frührenaissance.

Dürer hatte schon 1494 aus Venedig *Kopien nach Kupferstichen Mantegnas* mitgebracht und bemühte sich seither um *Rationalität* im Bildaufbau. Unverkennbar ist sein Interesse an der *Perspektive*. Noch ein Jahr zuvor, im Münchner »Paumgartner-Altar«, wirkt sie übertrieben und gewollt. Jetzt ist alles freier und natürlicher. Die architektonischen Elemente, das Podium, die Stufen, Mauerstücke und Bogen tragen zur *Ordnung des Bildganzen* bei, machen es überschaubar und stützen zugleich die einzelne Figur. »Eine Gestalt wie der lässig und frei dastehende Mohrenkönig hat alle gotische Befangenheit abgestreift« (Winzinger).

Für Dürer ist *die menschliche Gestalt* das zentrale Problem. Er sieht sie als Einzelfigur, als große individuelle Erscheinung, und so verzichtet er auch, anders als Mantegna (1466), Botticelli (1475) oder Ghirlandaio (1487) auf die Darstellung eines großen Gefolges. Allein die Madonna und die drei Könige sind ihm wichtig.

Hinzu kommt dann noch die Landschaft. Schon auf Dürers erster Italienreise (1494/95) war jene berühmte *Serie von Aquarellen* entstanden, die erstmals *Landschaftseindrücke* als etwas *Selbständiges* bildhaft festhielten. In den Gemälden wird daraus ein lyrisch-romantischer Zug, der dem Bildganzen eine besondere Wärme und Weite gibt. Die Figuren indessen bleiben isoliert, sie verbinden sich nicht mit der Landschaft, sie stehen vielmehr vor ihr, wie vor einem Prospekt – ein prinzipieller Unterschied zu den gleichzeitigen Bildern von Giorgione und sicher ein Mangel, den Dürer nicht zu überwinden vermochte. – Ähnliches gilt für die Farben. Auch sie bleiben letztlich noch der Gotik verhaftet, wenn auch bereichert durch ein venezianisch beeinflußtes Kolorit.

Dürer war in religiöser Hinsicht kein Neuerer. Er stand fest in der Tradition seiner Kirche, wie gerade auch die Madonnendarstellungen oder das »Rosenkranzfestbild« (heute in Prag) zeigen. Was Dürer mit seiner Kunst anstrebte, war eine geistige Vertiefung des religiösen Empfindens, eine Klärung und Sublimierung der Bildvorstellungen, vor dem Hintergrund eines neu erwachten *Humanismus*, dessen Probleme er mit seinem Freund Pirkheimer diskutierte. Dürer war der erste deutsche Künstler, der sich um eine *Theorie* zur bildenden Kunst bemühte.

Daß auch die deutsche Kunst jener Tage in *die europäische Krise des Manierismus* einmündete und sich in der Zeit nach Dürer von dessen ›Klassik‹ rasch entfernte, zeigen Bilder wie »Adam und Eva« von *Lucas Cranach d. Ä.* (1472–1553), der

Dürer um 25 Jahre überlebte. »Adam und Eva«, ein Thema, »das Dürer zu tiefen Überlegungen über die auf *Gesetzen der Harmonie* beruhende *Schönheit des menschlichen Körpers* angeregt hatte, artet bei Cranach zu einer leicht lasziven Erotik aus« (Berti), mit überfeinerten Gestalten in betont ungewöhnlicher Stellung. – Anders verhält es sich mit dem *Porträt*. Cranach, der mit Luther befreundet war, hat uns den Reformator, dessen Frau und die Männer des deutschen Humanismus in zahlreichen guten Bildnissen überliefert.

Raum 21 (Giovanni Bellini, Giorgione)   (Uffizien)

Links vom Durchgang in Raum 22 stoßen wir auf die »Christliche Allegorie« (um 1485) von *Giovanni Bellini* (um 1430–1516), ein geheimnisvolles Bild, das auch »Allegorie der Seelen im Fegefeuer« genannt wird, dessen Aufschlüsselung aber bis heute nicht gelungen ist.

Sehen wir einmal von seinem Inhalt ab, so haben wir es mit einem besonders schönen, *poetisch* anmutenden, von *warmen Farben* getragenen Bild zu tun. Wir stehen am Beginn dessen, was man »*venezianische Malerei*« nennt. *Giovanni Bellini* war ihr ›Begründer‹, Giorgione hat sie in einzigartiger Weise fortgeführt, Tizian wurde ihr großer Erbe und Vollender.

Dürer hat auf seiner ersten Italienreise (1494/95) Giovanni Bellini noch persönlich kennengelernt und war von dessen Werk tief beeindruckt. Der Vergleich der »Allegorie« Bellinis (um 1485) mit Dürers zwanzig Jahre später entstandener »Anbetung der Könige« (1504) ist aufschlußreich. Wir erkennen einerseits den zeitlichen und qualitativen Vorsprung der italienischen Malerei, andererseits die zwischen Nord und Süd bestehenden prinzipiellen Unterschiede in der Bildgestaltung.

Giorgione

Von *Giorgione* (1478–1510) finden wir an der gegenüberliegenden Wand drei Bilder, von denen besonders »Die Feuerprobe des jungen Mose vor dem Pharao« und »Das Urteil Salomos« genannt seien (beide vor 1505 gemalt).

Das ›Venezianische‹ dieser Bilder erkennt man am *Vorrang der Farbe vor der Zeichnung*. Daß Licht und Schatten auch als *Farbe* gesehen werden können, entdeckte man in Venedig. – In den hier gezeigten Bildern Giorgiones sind diese Merkmale allerdings erst im Ansatz zu erkennen. Die Figuren wirken noch etwas steif und sie agieren (ähnlich wie bei Dürer) *vor* der Landschaft.

Die Landschaft selbst ist aber schon offen und frei und von Licht durchflutet. Auch ist die Farbgebung Giorgiones tiefer und sonorer als die seines Lehrers Giovanni Bellini. Entscheidender jedoch ist, daß *die Natur als solche* einen bis dahin nicht gekannten Eigenwert erlangt, die sie in Konkurrenz zu den religiösen Bildinhalten treten läßt.

Es ist sicher kein Zufall, daß wir von Giorgione nur ein einziges Altarbild besitzen. Seine anderen Bilder zu deuten fällt oft recht schwer. Sie wenden sich offenbar an einen kleinen Kreis von ›Eingeweihten‹, die allein die Thematik verstehen. In diesen verschlüsselten Bildern findet aber ein *neues Lebensgefühl* seinen Ausdruck. *Mensch und Natur* werden als *harmonische Einheit* empfunden; die Schönheit der Dinge wird neu erkannt und dargestellt. So war Giorgione auch der erste Maler, der es wagte, in einer »Ruhenden Venus« (Dresden) den *nackten weiblichen Körper* zum Bildthema zu machen. Als poetische Bestandteile einer dichterisch empfundenen Weltschau finden wir nackte Frauen auch in seinem »Gewitter« (Venedig) und im »Ländlichen Konzert« (Paris).

Raum 22 (Deutsche, Niederländer, Flamen)   (Uffizien)

Werke von *Albrecht Altdorfer, Hans Holbein d. J., Georg Pencz, Gerard David, Joos van Cleve, Meister von Hoogstraeten, Lucas van der Leyden*.

Correggio (um 1489–1534), so benannt nach seinem Geburtsort (er hieß eigentlich Antonio Allegri) war in der Zeit der Hochrenaissance die herausragende Maler-persönlichkeit der Emilia. Er gehörte zu den glücklichen Naturen, die unange-fochten von der heraufziehenden Krise des europäischen Manierismus ihrer ma-lerischen Phantasie lebten, hingegeben an die Schönheiten dieser Welt in Form, Farbe und Landschaft.

Correggio schulte sich ebenso an Lorenzo Costa und Andrea Mantegna wie an Leonardo da Vinci und Raffael (mit dem ihn die Nachwelt mit wechselndem Urteil gerne verglich). Seine lyrische Sensibilität, seine »feminine Anmut« stehen außer Zweifel. Im Grunde war er aber ein klassischer Geist. Doch seine Unbe-fangenheit und seine Entdeckerfreude führten ihn zu ganz neuen Erfindungen: Neu ist die *diagonale Bildkomposition*, neuartig sind seine *Lichteffekte*, ungewöhn-lich die Art seiner räumlichen *Tiefenperspektiven*. – Das alles macht Correggio zu einem *Vorläufer der Barockmalerei*, und in der Tat hat sein Kuppelgemälde im Dom zu Parma (1526–1530) das 17.Jh. nachhaltig beeinflußt.

In den Uffizien zeigen drei Bilder Correggio als einen *religiösen* Maler: »Ruhe auf der Flucht« (1516/17?) »Madonna in der Glorie« und »Madonna, das Kind anbetend« (alle drei Bilder links vom Eingang in Raum 23). Vor allem die zuletzt genannte Anbetung gewann durch seine gefühlsbetonte Innigkeit große Popu-larität. Doch hat Correggio mit derselben malerischen Hingabe auch *mythische* Themen aufgegriffen und z.B. in den»Liebschaften des Zeus« (gemalt für Kaiser Karl V.) eine geradezu *heidnische Sinnlichkeit* entwickelt. Vielleicht äußert sich in dieser doppelten Neigung doch auch eine *manieristische* Komponente. Seine ero-tisch gefärbten Bilder fanden jedenfalls die»leidenschaftliche Bewunderung der Freigeister« (Quintavalle).

Raum 24 (Miniaturenkabinett)

Raum 25 (Michelangelo, Fiorentino, Granacci, Fra Bartolomeo) (*Uffizien*)

(1) An der Hauptwand, dem Eingang gegenüber, von *Michelangelo* (1475–1564) die»Heilige Familie« (1504/05), auch»Tondo Doni« genannt. Michelangelo malte das Bild mit 29 Jahren. Aus Rom zurückgekehrt (1501), hat er inzwischen den »David« geschaffen (1501–1504) und wird nun zum ersten Mal als Maler in An-spruch genommen. Er soll neben Leonardo da Vinci für den großen Saal im Palazzo Vecchio ein Fresko mit der »Schlacht von Cascina« schaffen, was dann aber nicht zur Ausführung kommt. In diese Zeit (1504/05) fällt auch der Auftrag zum Tondo für *Agnolo Doni* und *Maddalena Strozzi* aus Anlaß ihrer Hochzeit (Raffael hat fünf Jahre später das Ehepaar Doni porträtiert; vgl. Palazzo Pitti, S. 207).

Schon ein flüchtiger Blick auf die »Heilige Familie« läßt erkennen, daß hier ein Bildhauer am Werke war. Michelangelo, der erst am Anfang seiner malerischen Tätigkeit steht, versucht in einer äußerst komplizierten Figurenkomposition seine Fähigkeiten unter Beweis zu stellen. Mit der Anatomie des menschlichen Körpers ist er vertraut, denn er hat schon früh (1492–1494) im Hospital von S. Spirito Leichen seziert. Doch anders als Leonardo setzt er sich zugunsten seiner künstlerischen Absichten über die anatomischen Gesetzmäßigkeiten hinweg.

Die *Deutung* des Bildes stößt auf Schwierigkeiten. In den nackten Jünglingen sieht man neuerdings eine Anspielung auf die *Taufakt*, denn die jungen Männer gruppieren sich rund um ein tiefes Becken, in dem sich rechts auch (als Kind) *Johannes der Täufer* befindet. Im Hintergrund deutet eine *Bucht* auf den ›Hafen des Heils‹ hin, wie eine mythische, auf Maria bezogene Bezeichnung lautete. Links vor Johannes erinnert eine vereinzelte *Blume* an die Prophezeiung *Jesajas*, wonach der Messias »als zarte Pflanze, als Wurzel aus trockenem Boden« er-wachse (Angaben nach F. Hartt).

Michelangelos Tondo läßt in der *Kompliziertheit seines Bildaufbaus* schon den kommenden *Manierismus* ahnen. Nicht die natürliche Empfindung, sondern der Erfindungsreichtum eines starken *Intellekts* bestimmt hier die Form. Alles ist irgendwie *ungewöhnlich*: die Betonung des Heroischen, das komplizierte Ineinandergreifen der Figuren, die perspektivische Untersicht, die Männlichkeit des Weiblichen (Kopf der Maria), die starken Farbkontraste innerhalb der Hauptgruppe, die nackten Jünglinge und schließlich die Spannung zwischen der vorderen Bildschicht und dem Mittelgrund. – Erstaunlicherweise gelingt es aber Michelangelo, alle diese Elemente in einem überzeugenden *Gleichgewicht* zu halten. Erst die *Manieristen* werden diese Bildeinheit sprengen und dem *Einzelmoment* einen übersteigerten Wert einräumen.

(2) Ein Beispiel dafür ist *Rosso Fiorentino* (1494–1540) mit seinem Bild »Moses verteidigt die Töchter Jethos« (1523). – Rosso Fiorentino gehört mit dem gleichaltrigen Pontormo zu den Begründern des *Florentiner Manierismus*. Das Grundgefühl dieser neuen Strömung ist nicht mehr die »glückhafte Vollendung der Klassik«, sondern das Streben nach »Erfindung«: Man sucht den besonderen, den nicht alltäglichen Einfall und honoriert das Ungewöhnliche, das Außerordentliche, das Gewagte.

So kann auch Rossos Bild im traditionellen Sinn nicht mehr als religiös bezeichnet werden. Es handelt sich viel eher um eine titanenhafte, geradezu extreme *Studie nackter Körper*. Als künstlerischer Einfall, als artistisches Experiment kann ein solches Bild den Betrachter durchaus in seinen Bann ziehen, ja es zwingt ihn unter dem Gesichtspunkt des technischen Könnens zur Bewunderung. Auf der anderen Seite aber wird deutlich, wie radikal sich die *Abkehr von den klassischen Idealen* in der Zeit nach Raffaels Tod (1520) vollzogen hat. An die Stelle einer in sich harmonisch geglaubten Welt tritt eine Welt phantastischer Irrealität.

Raum 26 (*Raffael*, *Andrea del Sarto*, *Pontormo*)   (*Uffizien*)

Mit bedeutenden Bildern von *Raffael* (1483–1520) kehren wir noch einmal in die Zeit der frühen Klassik und der Hochrenaissance zurück.

(1) Die »Madonna mit dem Stieglitz« (um 1506) hat *Raffael* noch in Florenz gemalt, wo er seit 1504 tätig war. Sie gehört zu jenen stillen, liebenswürdigen Darstellungen der Muttergottes, die das Raffaelbild manchmal etwas zu einseitig geprägt haben. Richtig ist, daß Raffael die gedankliche Spannweite eines Leonardo ebenso fern lag wie das tragische Lebensgefühl eines Michelangelo. Raffael war unproblematischer. Er liebte das Schöne, das Harmonische, das Anmutige. Er verband es aber mit einer durchaus wirklichkeitsnahen Erfassung von Mensch und Landschaft, die er allerdings beide idealisiert. *Seine Bildstimmung ist kontemplativ*. Gebirge und Stadt, Brücke und Fluß sind gleichsam nur flüchtige Gedanken, die schemenhaft auftauchen, um dem Bild räumliche Weite und Lebendigkeit zu geben. Die Figuren selbst verharren indessen wie unberührt in einer eigenen Sphäre. Auch ihr Tun ist nicht wirkliche Aktivität, sondern eher eine zur Ruhe hinstrebende Bewegung.

(2) Das bedeutende Papstbildnis »Papst Julius II.« (1511) entstand in *Rom*, wo Raffael seit 1508/09 für den päpstlichen Hof arbeitete. Julius II. war einer der großen Mäzene des Renaissancezeitalters. 1506 hatte er den Grundstein zur neuen, von Bramante entworfenen *Peterskirche* gelegt, ein Jahr zuvor Michelangelo berufen und diesen 1508 mit der Ausmalung der *Sixtinischen Decke* betraut, während gleichzeitig (seit Anfang 1509) Raffael mit den Wand- und Deckengemälden der päpstlichen Gemächer, der *Stanza della Segnatura*, beschäftigt wurde.

Raffael zeichnet das Bildnis dieses Papstes ebenso schlicht wie eindrucksvoll. Als Requisit genügt ihm ein Stuhl, dessen Rückenteile er geschickt für die Rahmung des Kopfes ausnützt, während die Arme auf den Lehnen so aufliegen, daß der Blick unwillkürlich das feinnervige Spiel der Hände wahrnimmt: Eine große, in sich selbst ruhende Persönlichkeit, aus deren Haltung und Blick die Tiefe der

Gedanken spricht. Jacob Burckhardt nannte ihn den »Retter des Papsttums«. »Er konnte rücksichtslos, unbeherrscht und derb sein«, er war aber ebenso bekannt für seine »große Hilfsbereitschaft gegenüber Armen und Flüchtlingen« (Kühner).

(3) Etwa sechs Jahre später (1517/18) entstand das Bildnis »Papst Leo X.« (mit den Kardinälen Giulio de'Medici und Luigi de'Rossi). – Leo X. war *Florentiner*, ein Sohn Lorenzos des Prächtigen und gleichaltrig mit Michelangelo. Auf den Stuhl Petri kam er durch Ämterkauf (Priester- und Bischofsweihe erfolgten erst *nach* seiner Wahl zum Papst). In seine Amtszeit (1513–1521) fällt das Ereignis der lutherischen Reformation.

Vom Typus her war Leo X. ein »Genießer und Ästhet«, von heiterer Wesensart und durch Freigebigkeit beliebt, erfüllt vom humanistischen Geist, mit starken Neigungen zu Literatur und Kunst. Sein Hofstaat umfaßte mehr als 600 Personen und verschlang riesige Summen. Er liebte das Theater und beschäftigte Peruzzi und Raffael als Bühnenbildner, er musizierte und komponierte, unterhielt ein eigenes Orchester und war Sammler kostbarer Instrumente.

Politisch galt Leo X. als Friedensstifter, doch war er der schwierigen Situation der Kirche nicht gewachsen. Er verhinderte die Durchführung der Reformbeschlüsse, wie sie das Lateranskonzil 1517 gefaßt hatte, und beantwortete die lutherische Reformation desselben Jahres mit dem Bannstrahl gegen Luther (1521). – Leo X. starb im Alter von nur 46 Jahren ein Jahr nach Raffael.

Raffael zeichnet ein *kraftvolles*, weithin *realistisches* Bild dieses Papstes, dessen von Natur aus ›häßliche‹ Erscheinung er keineswegs verschweigt. Er verleiht ihm indessen jene Würde, die ihn nach Amt und geistiger Persönlichkeit zu Recht auszeichnet. Eine gewisse *humanistische Idealisierung* ist dabei unverkennbar. Dazu gehört auch die starke Betonung der künstlerischen Interessen des Papstes, der sich hier gerade mit einer kostbaren Miniaturmalerei beschäftigt und nur vorübergehend aufblickt. Die Bildstimmung ist dabei keineswegs schwärmerisch, eher kühl und distanziert, die Selbstsicherheit des großen und bedeutenden Renaissancemenschen betonend.

Raffael steht auf dem Höhepunkt seiner Kunst. Sie ist im Laufe der römischen Jahre herber und männlicher geworden, aber noch immer gelingt ihr der *harmonisierende Ausgleich zwischen Idee und Wirklichkeit*, und eben darin ist sie ›klassische Kunst‹. Raffael ist noch frei von Unruhe und manieristischem Zweifel, wie sie schon wenige Jahre danach (er starb 1520) die Kunst verändern sollten. (Vgl. hier und im folgenden Raum die Bilder Pontormos; vgl. auch Fiorentino, Vasari, u. a. – Zu Andrea del Sarto siehe Palazzo Pitti, S. 207 f.).

Raum 27 (Florentiner Manieristen)

Raum 28 (Tizian, Palma il Vecchio) (Uffizien)

Von den zahlreichen Bildern *Tizians* (1477–1576) erwähnen wir hier die berühmte »Venus von Urbino« (1538), die Tizian als etwa 60jähriger für den Herzog von Urbino malte. – Giorgione, Tizians Lehrer, hatte als erster (um 1510) in einer »Ruhenden Venus« gewagt, den nackten weiblichen Körper zum Bildgegenstand zu erheben. Als Giorgione dann unverhofft starb, hat Tizian das Bild seines Lehrers selbst zu Ende geführt. Später, als 38jähriger, malte er die »Irdische und himmlische Liebe«, als 43jähriger das »Bacchanal«. Jetzt, in seinem vierten Schaffensjahrzehnt, ist das Thema voll ausgereift, der romantische Charakter Giorgiones überwunden und eine ›klassische‹ Lösung gefunden, bei der ein weiträumiges Interieur den Rahmen abgibt, um den liegenden Frauenkörper, vom Licht getroffen, wie ein Juwel zwischen zwei intensiven Rots aufleuchten zu lassen.

Das Bildganze ist geprägt durch eine *Grundstimmung vollkommener Harmonie* und innerer *Logik*. So erscheint der Kopf *porträthaft* vor dunklem Grund, nah und direkt, mit dem Blick auf den Betrachter gerichtet. Gleich daneben schließen sich Kissen und Arm, Hand und Blütenzweig *stillebenartig* zusammen. Beide

228

Bildteile werden von einem leuchtenden *Rot* unterstützt. Nach rechts setzt sich in weichem Fluß der sanfte Kontrast zwischen Körper und Laken fort. Er mündet aus in die Lässigkeit der übereinandergeschlagenen Beine, zu der die Unbefangenheit des schlafenden Hundes in Parallele steht. Über beide hinweg gleitet der Blick in die *Tiefe des Raumes*, dem ein intensives *Rot* ein eigenes Gewicht gibt. Dieses Rot verbindet sich zugleich mit dem des Vordergrundes (links) zu einem farbdiagonalen Spannungsbogen, der wesentlich zur *Bildeinheit*, zur Verklammerung aller Bildteile, beiträgt.

Raum 41 (Rubens, van Dyck) (Uffizien)

Von Rubens: zwei großformatige Gemälde »Einzug Heinrichs IV. in Paris« und »Heinrich IV. in der Schlacht von Ivry«, ferner »Herkules zwischen dem Laster und der Tugend«, »Bacchusfest«, »Bildnis Philipps IV. von Spanien« und »Bildnis der Isabella Brant«. – *Von van Dyck:* »Bildnis des Kaisers Karl V.«, »Bildnis der Margherita di Lorena« und »Bildnis des Jean de Montfort« sowie »Bildnis der Mutter Sustermans«.

Raum 42 (Saal der Niobiden) (Uffizien)

Der 1780 im *klassizistischen* Stil geschaffene Raum war dazu bestimmt, der berühmten *Niobidengruppe* einen würdigen Rahmen zu geben. Die kostbaren Antiken waren 1583 in Rom entdeckt worden. Es handelt sich vermutlich um römische Kopien nach griechischen Originalen des 5.Jh. v. Chr. (*Thema*: Die Töchter der Niobe werden von Apollo getötet, weil Niobe Leto beleidigt hatte). – In der Raummitte die eindrucksvolle *Vase der Medici*, wohl ein neuattisches Werk des 1.Jh. v. Chr.

Raum 43 (Landschafts- und Genremalerei des 17.Jh.) (Uffizien)

Werke nordischer Meister: u.a. *Seghers, Cornelis van Poelenburgh, Jakob van Ruisdael, Jan Molenaer, Jan Steen, Johannes Lingelbach, Gottfried Schalcken, Caspar Netscher, Gabriel Metsù, Frans van Mieris d.Ä., Rachel Ruysch*. – Ferner ein Bild von *Claude Lorrain* und eines von *Herri met de Bles* (16.Jh.).

Raum 44 (Caravaggio, Rembrandt) (Uffizien)

Von Caravaggio: »Medusenhaupt«, »Jugendlicher Bacchus«, »Opfer Isaaks«. – Von *Rembrandt:* »Jugendliches Selbstbildnis«, »Selbstbildnis im Alter« und »Bildnis eines alten Rabbiners«. – Ferner Werke von *Francesco Albani, Guercino, Annibale Carracci, Salvator Rosa, Crespi* sowie *Simon Vouet*.

Am Ende des Korridors von *Bandinelli* eine Marmorkopie des »Laokoon«. – Links der *Erfrischungsraum*. – *Zutritt zum Dach der Loggia dei Lanzi.*

Räume 29 bis 34 (Malerei von Ferrara und der Emilia) (Uffizien)

Werke von *Parmigianino, Niccolò Pisano, Scarsellino, Dosso Dossi, Girolamo da Carpi, Mazzolino, Amico Aspertini* und *Niccolò dell' Abate*.

Raum 32 (Venezianische Meister) (Uffizien)

Sebastiano del Piombo, Lorenzo Lotto, Paris Bordone, Alessandro Oliverio, Domenico Brusasorci, Bernadino Lidinico, Girolamo Romanino.

Raum 33 (Korridor) (Uffizien)

Vorwiegend manieristische Maler: u.a. *Vasari, Alessandro Allori, Jacopo Ligozzi* und *Bronzino*. – Ferner: *François Clouet, Anthonis Mor, Luis de Morales*.

Raum 34 (Venezianische Meister) (Uffizien)

Werke von *Paolo Veronese, Giovanni Battista Moroni, Giulio Campi, Giovanni Girolamo Savoldo, Girolamo Romanino*.

Sog. Korridor Vasaris (Sammlung von Selbstbildnissen) *(Uffizien)*
Verläßt man den Raum 34, so führt rechter Hand eine Treppe zum sog. Korridor Vasaris. Er verbindet die Uffizien mit dem Palazzo Pitti und enthält eine Sammlung von nahezu 800 Selbstbildnissen, die sog. *»Galleria degli Autoritrati«*.

Raum 35 (Vorwiegend venezianische Meister) *(Uffizien)*
Mehrere Werke von *Tintoretto*, ferner solche von *Jacopo* und *Leandro Bassano, Palma il Giovane, Federico Barocci, Andrea Boscoli* und *Joachim Benckelaer.*

Räume 36 und 37 (bei Drucklegung geschlossen) *(Uffizien)*
Werke von *Gerhard van Honthorst, Bernardo Strozzi, Domenico Feti, Michelangelo Merisi, Bernardo Cavallino, Guido Reni, Guercino, Francesco Albani.* – Ferner holländische Meister: *Frans Hals, Herkules Seghers, Jakob van Ruisdael, Jan Miens Molenaer* sowie Bilder von *Jan Lys* (Johann Liss).

Räume 38 bis 40 (bei Drucklegung geschlossen) *(Uffizien)*
Vorwiegend italienische Meister des 18. Jh. – Werke von *Sebastiano Ricci, Piazetta* und *Tiepolo, Canaletto, Pietro Longhi, Guardi* und *Bellotto.* – Ferner Pastellbilder (Porträts) von *Rosalba Carriera* sowie französische Bildnisse von *Nicolas Largillière* und *Hyacinthe Rigaud.*

E. ÖFFNUNGSZEITEN DER MUSEEN UND GALERIEN

Als Museen gelten z. T. auch ehemalige Klöster, Kreuzgänge, Refektorien, Kapellen und Bibliotheken. – Einlaß wird nur bis etwa eine halbe Stunde vor Schließung gewährt. – In staatlichen und städtischen Museen ist sonntags der Eintritt frei. – Unsere Angaben beruhen auf dem Stand von 1979; mit Änderungen muß gerechnet werden; auch sind gelegentlich, vor allem in den Ferienmonaten (meist wegen Personalmangel), Teile der Sammlungen vorübergehend nicht zugänglich. – Kirchen sind in der Regel von 12–15 Uhr, manchmal auch bis 16 Uhr geschlossen.

Accademia siehe *Galleria dell' Accademia*

Archäologisches Museum siehe *Museo Archeologico.*

Bargello (Nationalmuseum) siehe *Museo Nazionale.*

Biblioteca Mediceo Laurenziana (Plan: 30, Text S. 151): Piazza S. Lorenzo, 3, Eingang links der Kirche S. Lorenzo. – *Geöffnet:* Di–Sa 10–13 Uhr, Mo sowie an Sonn- und Feiertagen geschlossen.

Boboli-Garten siehe *Giardino di Boboli.*

Cappelle Medicee, Michelangelos Mediceergräber in S. Lorenzo (Plan: 30, Text S. 146 ff.): Piazza Madonna degli Aldobrandini (Eingang: Fürstenkapelle). – *Geöffnet:* Di–Sa 9–19 Uhr, an Sonn- und Feiertagen 9–13 Uhr, Mo geschlossen.

Casa Buonarroti (Plan: 9, Text S. 68 ff.): Via Ghibellina, 70. – *Geöffnet:* Mo, Mi–Sa 9–14 Uhr, an Sonn- und Feiertagen 9–13 Uhr, Di geschlossen. – *Frühwerke Michelangelos,* u. a. das 1963 wieder aufgefundene Holzkruzifix von 1494.

Chiostri Monumentali di Santa Maria Novella (Plan: 28, Text S. 133 ff.): Piazza S. Maria Novella, 19. – *Geöffnet:* Mo–Do, Sa 9–19 Uhr, an Sonn- und Feiertagen 9–13 Uhr, Fr geschlossen. – *Spanische Kapelle und Kreuzgänge.*

Chiostro dello Scalzo (Plan: 36, Text S. 161): Via Cavour, 69. – *Geöffnet:* täglich 9–17 Uhr, an Sonn- und Feiertagen 9–13 Uhr (bitte läuten). – *Fresken von Andrea del Sarto.*

Crocifissione del Perugino (Plan: 42, Text S. 174): Via della Colonna, 7. – *Geöffnet:* täglich 10–16 Uhr, wenn geschlossen bitte läuten. – *»Kreuzigung« von Perugino im Convento di S. Maria Maddalena dei Pazzi.*

Dom-Museum siehe *Museo dell' Opera di Santa Maria del Fiore.*

»Firenze com' era« – Museo Storico Topografico (Plan: 4, Text S. 55): Via dell' Oriuolo, 24. – *Geöffnet:* Mo–Mi, Fr–Sa 9–14 Uhr, an Sonn- und Feiertagen 9–13 Uhr, Do geschlossen. – *Pläne, Ansichten und Gemälde vom alten Florenz.*

Fondazione Romano nel Cenacolo di Santo Spirito (Plan: 18, Text S. 104): Piazza S. Spirito, 29, Eingang links neben der Kirche. – *Geöffnet:* Di–Sa 9–14 Uhr, an Sonn- und Feiertagen 9–13 Uhr, Mo geschlossen.

Galleria dell' Accademia (Plan: 33, Text S. 156 ff.): Via Ricasoli, 52. – *Geöffnet:* Di–Sa 9–14 Uhr, an Sonn- und Feiertagen 9–13 Uhr, Mo geschlossen. – *Werke Michelangelos u. a. der »David« und die unvollendeten »Sklaven«, ferner Gemälde und Skulpturen anderer Künstler.*

Galleria d'Arte Moderna siehe *Palazzo Pitti.*

Galleria dell' Ospedale degli Innocenti (Plan: 39, Text S. 172): Piazza SS. Annunziata, 12. – *Geöffnet:* Di–Sa 9–13 Uhr, an Sonn- und Feiertagen 9–12 Uhr, Mo geschlossen. – *Gemäldesammlung im Findelhaus von Brunelleschi.*

Galleria Palatina siehe *Palazzo Pitti.*

Galleria degli Uffizi siehe *Uffizien.*

Giardino di Boboli (Plan: 52, Text S. 184): zum Palazzo Pitti gehörend. – *Geöffnet:* täglich 9–16³⁰ Uhr, Mai–August bis 18³⁰ Uhr (Eintritt frei).

Horne-Museum siehe *Museo della Fondazione Horne.*

Laurenziana siehe *Biblioteca Medicea Laurenziana.*

Medici-Kapelle siehe *Cappelle Medicee.*

Museo Archeologico (Plan: 40, Text S. 173): Piazza SS. Annunziata, 9. – *Geöffnet:* Di–Sa 9–14 Uhr, an Sonn- und Feiertagen 9–13 Uhr, Mo geschlossen. – *Ägyptische, etruskische und griechisch-römische Abteilung.*

Museo degli Argenti siehe *Palazzo Pitti.*

Museo Bardini e Galleria Corsi (Plan: 46, Text S. 175): Piazza de' Mozzi, 1. – *Geöffnet:* Mo–Di, Do–Sa 9–14 Uhr, an Sonn- und Feiertagen 9–12 Uhr, Mi geschlossen. – *Sammlung des Kunsthändlers Stefano Bardini.*

Museo del Bigallo (Plan: 1): Piazza S. Giovanni, 1, dem Baptisterium gegenüber, Ecke Via de' Calzaioli. – *Geöffnet:* Mo–Sa 14–19 Uhr, So sowie an Festtagen geschlossen.

Museo delle Carrozze siehe *Palazzo Pitti.*

Museo della Casa Fiorentina Antica siehe *Museo Davanzati.*

Museo Davanzati (Plan: 22, Text S. 110): Palazzo Davanzati, Piazza Davanzati/Via di Porta Rossa, 9. – *Geöffnet:* Di–Sa, Führung um 9, 10, 11, 12 und 13 Uhr, Mo geschlossen. – *Florentinische Wohnkultur des 14. bis 16. Jahrhunderts.*

Museo della Fondazione Horne (Plan: 11, Text S. 84): Via dei Benci, 6. – *Geöffnet:* Mo, Mi, Fr 9–13 Uhr. – *Sammlung des englischen Kunstkenners Percy Horne.*

Museo Nazionale, Bargello (Plan: 8, Text S. 58 ff.): Via del Proconsolo, 4. – *Geöffnet:* Di–Sa 9–14 Uhr, an Sonn- und Feiertagen 9–13 Uhr, Mo geschlossen. – *Bedeutendste florentinische Skulpturensammlung u. a. Werke von Donatello, Michelangelo, Giovanni da Bologna; Konkurrenzreliefs von Ghiberti und Brunelleschi.*

Museo dell' Opera di Santa Croce (Plan: 10, Text S. 80ff.): Piazza S. Croce, 16 (Eingang rechts von der Kirche S. Croce). – *Geöffnet:* im Sommer 9–12, 15–18 Uhr; im Winter 9–12, 15–17 Uhr, an Sonn- und Feiertagen 9–12 Uhr. – *Pazzi-Kapelle und Museum u. a. berühmtes Kruzifix von Cimabue.*

Museo dell' Opera di Santa Maria del Fiore, Dom-Museum (Plan: 3, Text S. 50ff.): Piazza del Duomo, 9. – *Geöffnet:* Mo–Sa 9^{30}–16 Uhr, an Sonn- und Feiertagen 10–13 Uhr. – *U. a. Werke von Giotto, Donatello, Nanni di Banco, Luca della Robbia.*

Museo di San Marco (Plan: 37, Text S. 163ff.): Piazza S. Marco (Eingang rechts von der Kirche S. Marco). – *Geöffnet:* Di–Sa 9–14 Uhr, an Sonn- und Feiertagen 9–13 Uhr, Mo geschlossen. – *Museum mit Werken von Fra Angelico und seiner Schüler. – Kloster und Kreuzgang, Zelle Savonarolas und Bibliothekssaal von Michelozzo.*

Museo Stibbert: Via Stibbert, 26, Villa Montughi, am nördlichen Stadtrand von Florenz gelegen. – *Geöffnet:* Mo–Mi, Fr–Sa 9–14 Uhr, So 9–12 Uhr, Do geschlossen. – *Sammlung des schottischen Offizier Frederik Stibbert.*

Museo Storico Topografico siehe »*Firenze com' era*«.

Nationalmuseum (Bargello) siehe *Museo Nazionale.*

Opificio delle Pietre Dure (Plan: 33, Text S. 159): Via degli Alfani, 78 (rechts neben der ›Accademia‹). – *Geöffnet:* Mo–Sa 9–13 Uhr, So geschlossen. – *Werkstatt und Museum für Einlegearbeiten aus kostbaren Steinen.*

Or San Michele (Plan: 23, Text S. 112ff.): Eingang Via de' Calzaiuoli. – *Geöffnet:* täglich auch am Sonntag 7–12, 13^{30}–19 Uhr. – *Am Außenbau bedeutende Frührenaissanceplastiken, Inneres mit berühmtem Tabernakel von Orcagna.*

Palazzo Davanzati siehe *Museo Davanzati.*

Palazzo Medici-Riccardi (Plan: 31, Text S. 153f.): Via Cavour, 1. – *Geöffnet:* Mo–Di, Do–Sa 9–13, 15–17 Uhr, an Sonn- und Feiertagen 9–12 Uhr, Mi geschlossen. – *Originalräume mit Kunstwerken aus dem Besitz der Medici u. a. zahlreiche Porträts; ferner die von Gozzoli ausgemalte* »*Cappella di Benozzo Gozzoli*«.

Palazzo Pitti (Plan: 52, Museumstext S. 200ff.): Piazza Pitti. – *Geöffnet:* Di–Sa 9–14 Uhr, an Sonn- und Feiertagen 9–13 Uhr, Mo geschlossen. – (a) *Appartamenti Monumentali.* – (b) *Galleria d' Arte Moderna.* – (c) *Galleria Palatina (Gemäldegalerie).* – (d) *Museo degli Argenti e Museo Porcellane.*

Palazzo Vecchio (Plan: 13, Text S. 87ff.): Piazza della Signoria. – *Geöffnet:* Mo–Fr 9–19 Uhr, So 8–13 Uhr, Sa geschlossen. – *Prunkräume der florentinischen Großherzöge, u. a. das berühmte Studiolo di Francesco I.*

Pazzi-Kapelle siehe *Museo dell' Opera di Santa Croce.*

Raccolta Arte Moderna »A. della Ragione« (Plan: 13): Piazza della Signoria, 5. – *Geöffnet:* Mo, Mi–Sa 9–19 Uhr, an Sonn- und Feiertagen 9–12 Uhr, Di geschlossen. – *Gegenwartskunst.*

S. Reparata (Plan: 2, Text S. 39): *Ausgrabungen von S. Reparata, dem Vorgängerbau des heutigen Domes.* Zugang im Mittelschiff des Domes. – *Geöffnet:* im Sommer 9–12, 14^{30}–18 Uhr; im Winter 9–12, 14^{30}–17 Uhr.

Spanische Kapelle siehe *Chiostri Monumentali di Santa Maria Novella.*

Uffizien, Galleria degli Uffizi (Plan: 14, Text S. 210ff.): Eingang Loggiato degli Uffizi, 6. – *Geöffnet:* Di–Sa 9–19 Uhr, an Sonn- und Feiertagen 9–13 Uhr, Mo geschlossen. – *Weltberühmte Gemäldegalerie.*

F. VORSCHLÄGE FÜR BESICHTIGUNGSRUNDGÄNGE

Eine Reihe wichtiger Objekte (meist Paläste oder Museen) sind nur vormittags zu besichtigen, andere Sehenswürdigkeiten haben abends bis 19 Uhr geöffnet. Kirchen sind in der Regel zwischen 12 und 15 Uhr, teilweise auch bis 16 Uhr geschlossen. – Auf diese Besonderheiten nehmen die folgenden Besichtigungsvorschläge ausdrücklich Bezug.

Baptisterium – Dom – Piazza della Repubblica – Or San Michele

Vormittags: Baptisterium (Nr. 1): Ursprungsbau des Florentiner Inkrustationsstils (beg. 1059); berühmt die drei Bronzetüren des Andrea Pisano (1330/36) und Lorenzo Ghibertis (1403/24, 1425/52); im Inneren antikisierende Wandgliederung und Kuppelmosaiken (13. Jh.). – *Dom* (Nr. 2) mit Vorgängerbau (Ausgrabungen von Santa Reparata) und Campanile. Dominneres mit wertvoller Ausstattung (Glasmalerei, Wandfresken, Skulpturen). – Aufstieg zur Domkuppel: beschwerlich, doch wegen der einzigartigen Aussicht unbedingt lohnend (Zeitaufwand mindestens $^1/_2$ Stunde). – *Dom-Museum* (Nr. 3): Hochbedeutende Skulpturen vom Dom und vom Campanile (14./16. Jh.). – *Ergänzung: S. Maria Maggiore* (Nr. 29) mit »Madonna del Carmine« (um 1250/60): wichtiges Zeugnis Florentiner Tafelmalerei aus der Zeit vor Giotto.

Nachmittags: Piazza della Repubblica (Nr. 24). – *Or San Michele* (Nr. 23): Am Außenbau berühmte Skulpturen der Frührenaissance (Nanni di Banco, Ghiberti, Donatello, Verrocchio). Inneres mit Marmortabernakel (1359) von Andrea Orcagna. – *Ergänzungen: Mercato nuovo* (Nr. 22), *Pal. della Parte Guelfa* (Nr. 22).

Badia – Bargello – Palazzo Vecchio – Loggia dei Lanzi

Vormittags: Zuerst kurz in die *Badia* (Nr. 7) wegen des Bildes »Vision des Hl. Bernhard« (1486) von Filippino Lippi. – Die restliche Vormittagszeit (9–14 Uhr) benötigt man für den *Bargello* (Nr. 8): bedeutende Skulpturensammlung. – Erdgeschoß mit Werken von Michelangelo, Benvenuto Cellini, Giovanni da Bologna, u.a. – Im Obergeschoß u.a. die Konkurrenzreliefs (1401) von Ghiberti und Brunelleschi sowie hervorragende Werke von Donatello, Andrea Verrocchio, Giovanni da Bologna, u.a. – Ferner eine umfangreiche Sammlung mittelalterlicher Gold- und Elfenbeinarbeiten (9. bis 15. Jh.) sowie toskanischer Goldschmiedearbeiten (13. bis 16. Jh.); Keramiksammlung. – *Ergänzungen* (auf dem Wege zum Palazzo Vecchio gelegen): *S. Firenze* (Nr. 12): Prunkvoller Barock. – *Palazzo Gondi* (Nr. 12): Florentiner Hochrenaissance.

Nachmittags: Piazza della Signoria (Nr. 13) mit dem frühesten absolutistischen Reiterstandbild der europäischen Kunst: dem Bronzestandbild »Cosimo I.« (1594) von Giovanni da Bologna. – *Palazzo Vecchio* (Nr. 13): Sehenswerte Prunkräume aus der Zeit der Großherzöge, darunter von Vasari der »Saal der Fünfhundert« (1560/65) und das sog. Studierzimmer Francescos I. (1570ff.), kurz ›Studiolo‹ genannt, beides Hauptwerke des Florentiner Manierismus. – Auch die oberen Stockwerke mit den Räumen der Eleonora von Toledo sind sehenswert. – Auf Höhe des Zinnenkranzes genießt man einen lohnenden Ausblick auf Florenz (Turmbesteigung untersagt). – *Loggia dei Lanzi* (Nr. 13): Erste Stadtloggia Italiens, u.a. mit Skulpturen von Benvenuto Cellini und Giovanni da Bologna. – *Ergänzungen: Außenbau der Uffizien* (Nr. 14). – *S. Stefano* (Nr. 15) mit frühbarocker Choranlage (1574) und einer von S. Trinità hierher übertragenen Chortreppe (Meisterwerk Buontalentis).

Der Bezirk um S. Lorenzo – Piazzale Michelangelo – S. Miniato al Monte

Vormittags: S. Lorenzo mit »Alter Sakristei« (Nr. 30): Florentiner Frührenaissance, »erste Kirche der nachmittelalterlichen Architektur« (von Brunelleschi) u.a. mit Werken von Donatello, Verrocchio, Desiderio da Settignano, ferner von Bronzino und Rosso Fiorentino. – *Biblioteca Laurenziana* (Nr. 30): Manieristische Architektur Michelangelos. – *Medici-Gräber in der »Neuen Sakristei«* (Nr. 30):

Weltberühmte Grabfiguren Michelangelos. – *Palazzo Medici-Riccardi* (Nr. 31): Exemplarischer Palastbau der Florentiner Frührenaissance (von Michelozzo) mit herrlicher Fassade und schönem Innenhof. – Unbedingt sehenswert die von *Gozzoli* (1459/60) ausgemalte Kapelle. – Weitere museale Räume. – Die von *Luca Giordano* (1682/83) ausgemalte »Galleria Riccardiana« bildet den Höhepunkt Florentiner Barockkunst.

Nachmittags: Vom Dom mit Bus Nr. 13 zur *Piazzale Michelangelo* (Nr. 47) mit schönem Ausblick auf die Stadt. – Hauptsehenswürdigkeit ist *S. Miniato al Monte* (Nr. 49): Inkrustationsarchitektur, Inneres mit offenem Dachstuhl, bedeutende Krypta, wertvolle Ausstattung, u.a. Tabernakel von Michelozzo. – *Ergänzung:* S. *Salvatore* (Nr. 48): Später Bau der Frührenaissance (Cronaca).

Palazzo Pitti (Gemäldegalerie) – Boboli-Garten – Gebiet um S. Trinità

Vormittags: Zuerst kurz nach *S. Felicità* (Nr. 17): »Kreuzabnahme Christi« (1528), Gemälde von Jacopo Pontormo (Hauptwerk des Florentiner Manierismus). – Die restliche Vormittagszeit (9–14 Uhr) benötigt man für die »*Galleria Palatina*« im *Palazzo Pitti* (Nr. 52): Weltberühmte Gemäldesammlung in den alten Palasträumen. – Bis 16.30 Uhr die Möglichkeit, sich im *Boboli-Garten* aufzuhalten. – *Ergänzung:* S. *Felice* (Nr. 53): Frührenaissance-Fassade.

Nachmittags: Ponte Vecchio (Nr. 16). – *SS. Apostoli* (Nr. 21), ein der frühchristlichen Säulenbasilika verwandter Bau des 11.Jh. – *S. Trinità* (Nr. 20): Sehenswert die von Ghirlandaio (1479/86) ausgemalte Sassetti-Kapelle. – Architekturgeschichtlich bedeutsam die Sakristei (1418/21) als Familienkapelle und Grablege der Strozzi (mit eigener Außenfassade). – *Palazzo Rucellai* (Nr. 26): Hochbedeutende Fassadengestaltung (um 1460) nach Plänen L.B. Albertis (in Florenz ohne Nachfolge). – S. *Pancrazio* (Nr. 26): Rucellai-Kapelle mit »Hl. Grab« nach Plänen Albertis (Wiederherstellung 1978 begonnen). – *Palazzo Strozzi* (Nr. 25): Spätwerk der florentinischen Palastarchitektur der Frührenaissance.

Casa Buonarroti – S. Croce – Pazzi-Kapelle – Uffizien (Gemäldesammlung)

Vormittags: Zuerst kurz in die *Casa Buonarroti* (Nr. 9): Wichtige Frühwerke Michelangelos, u.a. das 1963 wiederaufgefundene Holzkruzifix von 1494. – Die restliche Vormittagszeit (bis 12 Uhr) benötigt man für *S. Croce* (Nr. 10) mit *Pazzi-Kapelle* (hochbedeutender Frührenaissancebau Brunelleschis) und *Museum von S. Croce* (Cimabue-Kruzifix). – S. Croce ist die größte aller bekannten Franziskanerkirchen (beg. 1295), ein Höhepunkt italienischer Gotik. – Wertvolle Ausstattung: Ausmalung von Kapellen durch Giotto und seine Schüler; Chor mit spätgotischen Glasgemälden; Verkündigungsrelief von Donatello; zahlreiche Grabmäler; Holzkruzifix von Donatello (um 1420).

Nachmittags (bis 19 Uhr): *Uffizien* (Gemäldesammlung), vgl. S. 210ff.

S. Maria del Carmine – S. Spirito – Ognissanti – S. Maria Novella

Vormittags: Mit Taxi zur *Carminekirche* (Nr. 55): Hauptsehenswürdigkeit ist die von Masaccio ausgemalte Brancacci-Kapelle, ein epochemachendes Werk der Frührenaissance. – Anschließend zu Fuß nach *S. Spirito* (Nr. 18): Zweiter großer Kirchenbau Brunelleschis (aus der Zeit nach seiner Romreise); Spätstil. – Bedeutende Sakristei (1489/93) von Giuliano da Sangallo.

Ergänzungen (auf dem Wege nach Ognissanti): Der barocke *Palazzo Frescobaldi* (Nr. 19) und der *Ponte S. Trinità* (1567/70) von Ammanati.

Nachmittags: Ognissanti (Nr. 56): Im ehemaligen Refektorium ein wandfüllendes Abendmahlfresko (1480) von Ghirlandaio. – S. *Maria Novella* (Nr. 28) und ›Spanische Kapelle‹ (bis 19 Uhr geöffnet): Erster kirchlicher Großbau von Florenz (beg. 1246). – Berühmte Frührenaissance-Fassade nach Entwurf von L.B. Alberti. – Wertvolle Ausstattung: U.a. Werke von Giotto (Kruzifix), Brunel-

234

leschi (Kanzel), Masaccio (Trinitätsfresko), Ghirlandaio und Filippino Lippi (Ausmalung von Chorkapellen). – Unbedingt sehenswert die von Andrea da Firenze vollständig ausgemalte ›Spanische Kapelle‹ (voll. 1365). – Im Refektorium bedeutende Frührenaissance-Fresken (um 1450) von Paolo Uccello.

Zwischen Findelhaus und S. Marco – S. Apollonia – Medici-Gräber

Vormittags: Zuerst zu Brunelleschis epochemachendem »*Findelhaus*« (Nr. 39): erster Profanbau der Frührenaissance. – *SS. Annunziata* (Nr. 38): Bedeutende Ausstattung. – *S. Marco* (Nr. 37): Sehenswert vor allem die Klostergebäude (Museum) mit Hauptwerken von Fra Angelico, Zelle Savonarolas und Bibliothekssaal von Michelozzo. – »*Accademia*« (Nr. 33): bis 14 Uhr geöffnet. – U.a. Michelangelos »David« und seine unvollendeten »Sklaven«.

Nachmittags: S. Apollonia (Nr. 34): Wichtige Werke von Andrea del Castagno, u.a. sein »Abendmahl« (1445/1450). – *Medici-Gräber in der* »*Neuen Sakristei*« *von S. Lorenzo* (Nr. 30): bis 19 Uhr geöffnet. – Michelangelos berühmte Grabmalsarchitektur mit Skulpturen aus Michelangelos mittlerer Schaffensperiode.

Objekte, die nur vormittags besichtigt werden können

9–13 Uhr *Palazzo Davanzati* (Planziffer 22)
Besichtigungen jeweils stündlich. – Montags geschlossen.

9–13 Uhr *Opificio delle Pietre Dure* (Planziffer 33)
Sonntags geschlossen.

10–13 Uhr *Biblioteca Laurenziana* (Planziffer 30)
Sonntags und montags geschlossen.

9–14 Uhr *Accademia* (Planziffer 33)
Sonntags 9–13 Uhr. – Montags geschlossen.

9–14 Uhr *Archäologisches Museum* (Planziffer 40)
Sonntags 9–13 Uhr. – Montags geschlossen.

9–14 Uhr *Bargello, Nationalmuseum* (Planziffer 8)
Sonntags 9–13 Uhr. – Montags geschlossen.

9–14 Uhr *Casa Buonarroti* (Planziffer 9)
Sonntags 9–13 Uhr. – Dienstags geschlossen.

9–14 Uhr *»Firenze com' era«* (Planziffer 4)
Sonntags 9–13 Uhr. – Donnerstags geschlossen.

9–14 Uhr *Palazzo Pitti, Gemäldesammlung* (Planziffer 52)
Sonntags 9–13 Uhr. – Montags geschlossen.

9–14 Uhr *S. Marco, Museumsteil* (Planziffer 37)
Sonntags 9–13 Uhr. – Montags geschlossen.

9³⁰–16 Uhr *Dom-Museum, Museo dell' Opera del Duomo* (Planziffer 3)
Sonntags 10–13 Uhr.

Sehenswürdigkeiten, die bis 19 Uhr geöffnet sind

9–19 Uhr *Medici-Gräber Michelangelos*, S. Lorenzo (Planziffer 30)
Sonntags 9–13 Uhr. – Montags geschlossen.

13³⁰–19 Uhr *Or San Michele* (Planziffer 23)
Vormittags 7–12 Uhr. – Täglich, auch sonntags, geöffnet.

9–19 Uhr *Palazzo Vecchio* (Planziffer 13)
Sonntags 8–13 Uhr. – Samstags geschlossen.

9–19 Uhr *Spanische Kapelle, Kreuzgang von S. Maria Novella* (Plan: 28)
Sonntags 9–13 Uhr. – Freitags geschlossen.

9–19 Uhr *Uffizien, Gemäldesammlung* (Planziffer 14)
Sonntags 9–13 Uhr. – Montags geschlossen.

G. INFORMATIONSTEIL

Allgemeine Reisehinweise

Reisezeit: Das Klima von Florenz ist angenehm mild. Im Frühjahr und im Herbst liegen die Durchschnittstemperaturen bei 13–17°C (sie können von Dezember bis Februar bis zu 5°C absinken). In den Monaten März und April muß mit häufigen Niederschlägen gerechnet werden. Die Sommermonate sind heiß, die Durchschnittstemperaturen liegen häufig über 26°C.

Uhrzeit: *Mitteleuropäische Zeit (MEZ)*. Abweichend davon die *italienische Sommerzeit* von Ende Mai bis Anfang September (die genauen Daten variieren): Die Uhr wird um eine Stunde vorgestellt.

Informationsmöglichkeit vor Antritt der Reise *(Staatliches Italienisches Fremdenverkehrsamt – E.N.I.T.):* In der Bundesrepublik Deutschland: 4000 Düsseldorf, Berliner Allee 26; 6000 Frankfurt, Kaiserstraße 65; 8000 München 2, Goethestraße 20. – In Österreich: 1010 Wien, Kärntnerring 4. – In der Schweiz: 8001 Zürich, Uraniastraße 32; 1206 Genève, Rue du Marché, 3. – Auskünfte erteilen ferner die Automobilclubs der betreffenden Länder.

Informationen über Routen und Straßenzustände: *A.C.I. (Automobile Club d' Italia):* Hauptgeschäftsstelle: 00185 Roma, Via Marsala, 8; Zweigniederlassung in Florenz: 50123 Firenze, Viale Amendola, 36; sowie bei *C.I.T. (Amtliches Italienisches Reisebüro):* 6000 Frankfurt, Am Hauptbahnhof 18; 5000 Köln, Am Hof 28; 8000 München 5, Rumfordstraße 5. – ADAC, 8000 München 2, Sendlinger-Tor-Platz 9.

Freier Eintritt in die Staatlichen Museen *(sowie Ausgrabungsstätten):* Namentlich ausgestellte Ausweiskarte *(Tessera personale di libero ingresso . . .),* Gültigkeit 1 Jahr. *Erhältlich in der Bundesrepublik Deutschland:* Bei den Filialen der Dresdner Bank; in Frankfurt bei der DER-Direktion und in West-Berlin bei der Bank für Handel und Industrie. – *In Österreich:* Bei den Filialen der Österreichischen Länderbank und der Creditanstalt-Bankverein sowie bei den Automobilclubs ÖAMTC und ARBÖ. – *In der Schweiz:* Beim Schweizerischen Bankverein und der Schweizer Kreditanstalt.
Staatliche Museen in Florenz: Uffizien, Palazzo Pitti, Galleria Accademia, Nationalmuseum (Bargello), Archäologisches Museum, Museo di San Marco, Museo della Casa Fiorentina Antica, Opificio delle Pietre Dure, Cappelle Medicee (Medicigräber in S. Lorenzo), Museum Horne (Öffnungszeiten vgl. S. 230ff.).

Sammelbillett für die Städtischen Museen in Florenz *(Biglietto Cumultativo per l' ingresso ai Musei Comunali),* Gültigkeit 7 Tage, erhältlich in den unten genannten Museen.
Städtische Museen in Florenz: Palazzo Vecchio, Museo Bardini, »Firenze com' era« (topographisches Museum), Chiostri Monumentali di S. Maria Novella (Kreuzgänge und ›Spanische Kapelle‹), Cenacolo di S. Spirito, Raccolta ›Arte Moderna della Ragione‹ (Öffnungszeiten vgl. S. 230ff).

Ankunft in Florenz mit dem Flugzeug: Internationale Linienflüge bis *Mailand* oder *Bologna,* dann Weiterflug mit inneritalienischer Linie (Alitalia) zum Flughafen *Peretola (Aeroporto Civile di Peretola),* Via del Termine, etwa 6 km nordwestlich von Florenz. – *Autobus-Zubringerdienst* vom Flughafen nach Florenz bis *Piazza Adua* (beim Hauptbahnhof, Stazione di S. Maria Novella).

Ankunft in Florenz mit der Eisenbahn: *Stazione di S. Maria Novella* (Hauptbahnhof), Piazza della Stazione. – Durchgangsbahnhof der internationalen Züge Brenner–Bologna–Rom (Gepäckträger: *facchino).*

Amtliche Bestimmungen und praktische Hinweise

Personaldokumente: Verlangt werden *Reisepaß* oder *Personalausweis*. Bei Kindern unter 16 Jahren ist ein *Kinderausweis* vorzulegen oder die Eintragung im Familienpaß nachzuweisen.

Kraftfahrzeuge: Benötigt werden der *Führerschein* und der *Fahrzeugschein*, das *Nationalitätenzeichen* und ein *Warndreieck*. Die *Internationale Grüne Versicherungskarte* ist unbedingt anzuraten. – *Zu empfehlen* ist der Erwerb der *Carta Carburante Turistica:* Sie wird auf das Fahrzeug ausgestellt und berechtigt zum Bezug von verbilligtem Benzin sowie zur kostenlosen Pannenhilfe (auch Abschleppen) durch den Straßenhilfsdienst des A.C.I. (erhältlich bei den Automobilclubs, bei Banken, Sparkassen und an den Grenzbüros des A.C.I.). *Pannenhilfe:* in ganz Italien Telefon 116. Weitere Hinweise für Autofahrer S. 240.

Mitführen von Tieren *(Hund, Katze):* Erforderlich ist ein amtliches tierärztliches *Gesundheitszeugnis* mit einer Bestätigung der erfolgten Tollwutimpfung. *Impfung:* mindestens 1 Monat vor der Einreise, aber nicht länger zurückliegend als 12 Monate beim Hund und 6 Monate bei der Katze. – Maulkorb und Leine mitführen.

Zollbestimmungen: Über die jeweils gültigen Zollbestimmungen für Ein- und Ausreise geben die Automobilclubs (ADAC) auf besonderen Merkblättern (für ihre Mitglieder kostenlos) Auskunft.

Währung: Währungseinheit ist die *Lira*. Folgende *Münzen* sind im Umlauf: 5, 10, 20, 50, 100 und 500 Lire; *Banknoten* zu: 500, 1000, 5000, 10000, 50000 und 100000 Lire.

Devisen: Fremdwährungen unterliegen im allgemeinen keiner Beschränkung. Auskünfte über die jeweils gültigen Bestimmungen erteilen die Banken und die Automobilclubs (ADAC). Zu empfehlen sind *Reiseschecks:* American Travellercheques oder Eurocheques.

Geldwechsel: Öffnungszeiten der Banken im allgemeinen: Mo–Fr 8²⁰–13²⁰ Uhr. – Eurocheques werden meist nur in größeren Banken eingelöst (z.B. Banca Nazionale del Lavoro, Piazza della Repubblica/Via Strozzi, 1); empfehlenswerter sind American Travellercheques. In jedem Fall aber ist der Paß oder die Kennkarte vorzulegen.

Wechselstuben *(Uffici Cambio): Englischsprachig und zentral gelegen: American Express/Ventana*, Via Panzani, 20r (Hauptverkehrsstraße zwischen Hauptbahnhof und Dom), Mo–Fr 8³⁰–12³⁰, 15–18 Uhr, Sa 8³⁰–12 Uhr. – *C.I.T.* (Compagnia Italiana Turismo), Via Cerretani, 57r (Eckgebäude am Knick der Via Panzani), Mo–Fr 8³⁰–12³⁰, 15–18³⁰ Uhr, Sa 8³⁰–12 Uhr. – *F.S. Ufficio Informazioni*, Stazione S. Maria Novella (Bahnhofshalle), täglich 8–19 Uhr.

Telefonieren: Postämter (Mo–Fr 8³⁰–14 Uhr), Hauptpost (0–24 Uhr). – In öffentlichen Telefonzellen *(Gettoni Telefono/Teleselezione)* benötigt man *Telefonmünzen (gettoni)*. Man erhält sie entweder in den Telefonzellen selbst (sofern die Beschriftung *Gettoni x Telefono* lautet: Einwurf von 50 und 100 Lire) oder an *Zeitungskiosken* bzw. in *Tabakläden* (Kennzeichen: *T »Sale e Tabacchi«* – weiße Schrift auf blauem Grund); ferner erhält man *gettoni* in den mit einer *Wählscheibe* bezeichneten Lokalen.

Briefmarken *(francobolli):* Außer in Postämtern auch erhältlich in Tabakläden (Kennzeichen: *T »Sale e Tabacchi«* – weiße Schrift auf blauem Grund).

Wichtige Anschriften

Allgemeine touristische Informationen (Auswahl): *Azienda Autonoma di Turismo* (Informationsbüro des städtischen Fremdenverkehrsamtes): Via Tornabuoni, 15; 1. Etage (2 Min. von der Piazza della Repubblica entfernt, gegenüber dem Palazzo Corsi-Tornabuoni; Planziffer 25), werktags 9–13 Uhr (deutschsprachige Auskünfte, Hotelführer, Prospekte, Stadtpläne, Veranstaltungsprogramme, etc.). – Zweigstellen: (a) Einfahrt »Firenze-Nord«, Stazione 20 der Autostrada del Sole; (b) Piazza Rucellai (Planziffer 26). – *E. P. T.* (*Ente Provinciale per il Turismo*, Fremdenverkehrsamt der Stadt und Provinz Florenz): Via A. Manzoni, 16 (östlich Planziffer 43), Mo–Fr 8–14, 16–18³⁰ Uhr, Sa 8–14 Uhr, (deutschsprachige Auskünfte, Hotelführer, Hotelreservierungen, Prospekte, Veranstaltungsprogramme »firenze oggi«, Stadtpläne, etc.). – *F. S. Ufficio Informazioni*: Stazione S. Maria Novella: Informationsbüro in der Bahnhofshalle (*Zugauskünfte*: 8–19⁴⁵ Uhr). – *I. T. A. (Informazioni Turistiche Alberghiere)*: *Stazione S. Maria Novella* (Informationsstand in der Bahnhofshalle), täglich, auch an Sonn- und Feiertagen, 10–22 Uhr, deutschsprechend (*Hotelreservierungen*, Stadtpläne, Prospekte, etc.).

Reisebüros (Auswahl): *American Express/Ventana:* Via Panzani, 20r (Hauptverkehrsstraße zwischen Hauptbahnhof und Dom), Mo–Fr 8³⁰–13, 15–18 Uhr, Sa 8³⁰–12 Uhr. – *C. I. T. (Compagnia Italiana Turismo):* (a) Via Cerretani, 57r (Eckgebäude am Knick der Via Panzani), Mo–Fr 8³⁰–12³⁰, 15–18³⁰ Uhr, Sa 8³⁰–12 Uhr (Platzkartenreservierung für Züge); (b) Piazza Stazione, 51r. – *Globus Travel Service:* Piazza S. Trinità, 2r (Planziffer 20). – *Universalturismo:* Via degli Speziali, 7r (Planziffer 24). – *Wagons-Lits/Cook:* Piazza degli Strozzi, 4.

Fluggesellschaften (Auswahl): *Air France*, Via Tornabuoni, 15. – *Alitalia*, Lungarno degli Acciaiuoli, 10/14r (Uferstraße nördlich Ponte Vecchio). – *British Airways*, Piazza Antinori, 5/7r. – *Lufthansa/Linee Aeree Germaniche*, Via del Parione, 1; 4. Etage (nördlich S. Trinità, Planziffer 20), kein Publikumsverkehr. – *Swissair/Linee Aeree Svizzero*, Via del Parione, 1; 1. Etage (Planziffer 20).

Post – Telegramme *(Poste e Telegrafi): Hauptpost (Posta Centrale)* und *Telegraphenamt:* Via Pellicceria (südlich der Piazza della Repubblica, Planziffer 24). *Postlagernde Sendungen* nur dort: Schalter »fermo in posta«, Mo–Fr 8–20 Uhr, Sa 8–13 Uhr. *Telegramme* Tag und Nacht am Schalter »Ufficio Principale Telegrafico Centrale«. *Briefmarken*, Mo–Sa 8–20 Uhr.

Telefonamt *(Ufficio telefonico):* Via Pellicceria (im Gebäude der Hauptpost, südlich der Piazza della Repubblica, Planziffer 24); *Auslandsgespräche:* 0–24 Uhr. Vorwahlnummern: Bundesrepublik Deutschland 0049, Österreich 0043, Schweiz 0041.

Polizei *(Polizia): Polizeipräsidium (Questura Centrale):* Via Zara, 2 (beim Palazzo Pandolfini, Planziffer 35), Tel. 4977. Zuständig für *Überfallkommando* (Pronto intervento), *Wagendiebstahl* (Servicio auto rubate), *Ausländeramt* (Ufficio Stranieri). – *Carabinieri – sofortige Hilfe (Pronto intervento):* Borgo Ognissanti, 48, Tel. 21 444 4. – *Polizeihilfe-Notruf* (in ganz Italien): Tel. 113 (Soccorso Pubblico).

Deutsche bzw. internationale Einrichtungen: *ACIT Deutsch-Italienische Kulturgesellschaft (Associazione Culturale Italo-Tedesca):* Via delle Belle Donne, 30. – *Deutsches Kunsthistorisches Institut (Istituto Germanico di Storia dell'Arte):* Via G. Giusti, 44; Bibliothek: 9–19 Uhr, Sa geschlossen. – Goethe-Institut: Via Giusti, 27 (nur deutsche Sprachkurse). – *Schweizer Schule (Scuola Svizzera):* Via Passavanti, 2. – *Università Europea (Europäisches Hochschulinstitut):* Badia Fiesolana, S. Domenico di Fiesole (S. 196, Nr. 1).

Deutschsprachige Gottesdienste: *Evangelischer Gottesdienst: Evangelisch-Lutherische Kirche (Chiesa Luterana):* Lungarno Torrigiani, 11 (südliches Arnoufer, zwischen Ponte Vecchio und Ponte alle Grazie), Gottesdienst jeden zweiten Sonntag 10 Uhr. – *Evangelisches Pfarramt:* Via dei Bardi, 20. – *Schweizerische reformierte Kirche (Chiesa Riformata Svizzera):* Lungarno Guicciardini, 19 (südliches Arnoufer, Nähe Ponte alla Carraia), Gottesdienst: So 10³⁰ Uhr (zweimal monatlich in Italienisch; deutsche Gottesdienste erfrage man im Pfarramt, Via A. del Castagno, 1). – *Katholischer Gottesdienst: Gemeinde der Katholiken deutscher Sprache,* Kirche S. Gaetano: Piazza Antinori, Gottesdienst: So 10 Uhr, *Beichtgelegenheit* vor und nach der Hl. Messe.

Diplomatische Vertretungen: *Bundesrepublik Deutschland:* Honorarkonsulat (Consolato Onorario della Repubblica Federale di Germania), Borgo SS. Apostoli, 22 (S. Trinità schräg gegenüber, Planziffer 20), Mo–Fr 9³⁰–12³⁰ Uhr. – *Österreich:* Diplomatisch nicht vertreten. – *Schweiz:* Konsulat (Consolato di Svizzera), Via Tornabuoni, 1 (neben S. Trinità, Planziffer 20), Mo–Fr 9³⁰–11³⁰ Uhr.

Erste Hilfe: *Unfall in ganz Italien (Polizei und Krankenwagen):* »Soccorso pubblico di emergenza«: Tel. 113. – *Straßenhilfsdienst des A.C.I.:* Tel. 116. – *Krankenwagen* (Pronto soccorso, Misericordia): Tel. 21222. – *Medizinischer Bereitschaftsdienst (0–24 Uhr):* Arciconfraternita della Misericordia, Piazza del Duomo, 20, Tel. 21222. – *Auskünfte über Bereitschaftsdienst* (Guardia Medica): Tel. 477891 (Vermittlung von Ärzten in Notfällen an Sonn- und Feiertagen sowie während der Ferienzeit).

Krankenhäuser *(Ospedali):* Zur Aufnahme in ein Krankenhaus muß der Kranke sich zuerst an den *ärztlichen Erste-Hilfe-Dienst* wenden, den »*Pronto Soccorso Medico*«, der in jedem Krankenhaus eingerichtet ist und der die Einweisung vornimmt. Am besten wendet sich der Tourist (a) an die etwas außerhalb von Florenz gelegenen *Universitätskliniken von Careggi,* Viale Morgani, »Servizio di pronto soccorso«, Tel. 27741 (alle ärztlichen Fachrichtungen außer Dermatologie. – Dermatologie: im Krankenhaus von S. Maria Nuova) oder (b) im Zentrum von Florenz: an den »Pronto Soccorso Medico« des *Ospedale di S. Maria Nuova,* Piazza S. Maria Nuova, 1, Tel. 27741 (verwaltungsmäßig ebenfalls den Universitätskliniken angeschlossen).

Ärzte *(Deutsch oder Englisch sprechend): Allgemeinmedizin:* (a) Dr. Piero Ciuti (deutsch), Via Guerrazzi, 1; (b) Dr. Nina Harkevitch (deutsch), Praxis: Piazza Madonna degli Aldobrandini, 1; privat: Via Laugier, 6; (c) Dr. Andrea Weber (deutsch), Via Porte Nuove, 20. – *Internist:* Dr. Giuseppe Annino (deutsch), Via Manzoni, 2. – *Dermatologe:* Dr. E. Bolaffio (deutsch), Viale dei Mille, 139. – *Cardiologe:* Dr. Giorgio Gargini (deutsch), Via Cinque Giornate, 52. – *Kinderarzt:* Dr. Fabio Romoli (englisch), Via Fra'Buonvicini, 20. – *Gynäkologie/Geburtshilfe:* (a) Prof. G. Abruzzese (deutsch), Via Masaccio, 181; (b) Dr. Viviano Levi D'Ancona (englisch), Via Giambologna, 9; (c) Dr. Ermelando Cosmi (deutsch), Clinica Ostètrica, Careggi.

Zahnärzte: (a) Frau Dr. F. Hubschmann (deutsch), Via B. Lupi, 5; (b) Dr. D'Inzeo (englisch), Via Tornabuoni, 1.

Apotheken *(Farmacie): Täglich auch an Sonn- und Feiertagen von 0–24 Uhr geöffnet:* Farmacia all'Insegna del Moro, Ecke Borgo S. Lorenzo/Piazza di S. Giovanni (Nordseite des Baptisteriums). – *Nachtdienst-Apotheken, 7–24 Uhr (farmacie con Servizio notturno):* u.a. (a) All'Insegna di S. Giovanni di Dio, Borgo Ognissanti, 40r; (b) Comunale n. 13, Interno Stazione S. Maria Novella (Bahnhofshalle). – *An Samstagen, Sonn- und Feiertagen geöffnete Apotheken (farmacie con Turno festivo),* telefonische Auskunft: 110. – *Sonstige Öffnungszeiten:* im Sommer Mo–Fr 8³⁰–12³⁰, 16–20 Uhr; im Winter Mo–Fr 8³⁰–12³⁰, 15³⁰–19³⁰ Uhr.

Verkehrsmittel

Autobusse: Fahrscheine sind nur im Bus am Automaten erhältlich; erforderlich sind *Münzen* zu 50 bzw. 100 Lire. Im Stadtbereich gilt das *biglietto urbano* (100 Lire), für Fahrten außerhalb des Stadtbereiches benötigt man das *biglietto extraurbano* (200 Lire).

Für den Touristen wichtige Strecken sind:

Autobus 1: Via Boccaccio – *S. Marco* (Planziffer 37) – *Duomo* (Dom, Planziffer 2) – *Stazione* (Hauptbahnhof; S. Maria Novella, Planziffer 28) – *Fortezza* (Planziffer 58) – Via V. Emanuele – Via Cappuccini.

Autobus 6: Via Rondinella – *Duomo* (Dom, Planziffer 2) – *S. Frediano* (Planziffer 55) – Monticelli – Via del Filarete.

Autobus 7: Piazza Stazione (Bahnhofsplatz) – *Duomo* (Dom, Planziffer 2) – *Palazzo Medici-Riccardi* (Planziffer 31; S. Lorenzo, Planziffer 30) – *Piazza S. Marco* (Planziffer 37) – *S. Domenico* 6,4 km (vgl. Plan S. 195, Nr. 2; für Badia Fiesolana Nr. 1) – *Fiesole* 8 km (Fahrzeit etwa 25–30 Min., Planziffer 59).

Autobus 10: Piazza Stazione (Bahnhofsplatz) – *Piazza S. Marco* (Planziffer 37) – *Ponte a Mensola* (S. Salvi, Planziffer 44) – Settignano (6,5 km).

Autobus 13: Piazza Stazione (Bahnhofsplatz) – *Duomo* (Dom, Planziffer 2) – *Piazza Giudici* (Rückseite Palazzo Vecchio, Planziffer 13) – Arnoufer – Ponte alla Grazie – Arno-Südufer – *Piazzale Michelangelo* (Planziffer 47) – *S. Miniato al Monte* (Bedarfshaltestelle, Planziffer 49) – Viale dei Colli – *Porta Romana* (Planziffer 54) – Stazione (Hauptbahnhof).

Autobus 17 (C): *Salviatino* (Jugendherberge) – *Duomo* (Dom, Planziffer 2) – Stazione (Hauptbahnhof) – Piazza Puccini – Cascine.

Autobus 19 (schwarz): Stazione (Hauptbahnhof) – *Duomo* (Dom, Planziffer 2) – Piazza Piave – *Piazza Beccaria* (E.P.T.; Automobilclub, vgl. S. 238, 240) – Via Masaccio – Piazza Vittoria – Piazza Indipendenza – Stazione (Hauptbahnhof).

Autobus 37: *Piazza S. Maria Novella* (Planziffer 28) – *Porta Romana* (Planziffer 54) – Due Strade – Galluzzo – *Certosa* (5,5 km, Fahrzeit etwa 20 Min.) – Tavarnusse.

Taxi (Fahrpreisberechnung nach Taxometer): Grundgebühr 450 Lire (Stand Frühjahr 1979). Preiszuschläge werden erhoben: für telefonische Bestellung, für jedes Gepäckstück, für Nachtfahrten (ab 22 Uhr bis 7 Uhr). Ein Trinkgeld (mancia) in Höhe von 10–15% des Fahrpreises ist landesüblich.

Bewachte Parkplätze: Piazza della Stazione, Bahnhofsplatz *(6–21 Uhr)*. – Piazza S. Maria Nuova *(8–20³⁰ Uhr)*. – U. a. Piazza Pitti (Palazzo Pitti), Piazza Ognissanti, Piazza S. Maria Novella, Piazza Indipendenza, Piazza Libertà, Piazza Beccaria *(jeweils 8–20 Uhr)*.

Hinweise für Autofahrer (Unfall: Tel. 1 13, Polizei und Krankenwagen)

»Zona blu« in Florenz *(»Blaue Zone«): Absolutes Fahrverbot für Privatfahrzeuge* zwischen 8³⁰–20 Uhr: Stadtzentrum zwischen Piazza del Duomo (Dom) – Via del Proconsolo (Nationalmuseum) – Palazzo Vecchio – Piazza della Repubblica (mit Ausnahme der Via della Condotta).

Italienischer Automobilclub: *Automobil Club Firenze – Sede Provinciale dell'* *A.C.I.,* 50123 Firenze, Viale Amendola, 36 (Nähe Porta alla Croce).

Pannenhilfe: *In ganz Italien Telefon 1 16.* Vermittlung von A.C.I.-Vertragswerkstätten, Pannenwagen und Abschleppdienst. Die A.C.I.-Pannenhilfe ist für ADAC-Mitglieder kostenlos.

Unterkunft

Zimmerreservierung und Hotelverzeichnisse (mit Kategorien und Preisangaben, jährlich neu erscheinend) bei (a) *E. P. T. (Ente Provinciale per il Turismo):* 50123 Firenze, Via A. Manzoni, 16; (b) *Azienda Autonoma di Turismo:* 50123 Firenze, Via Tornabuoni, 15; (c) *I. T. A. (Informazioni Turistiche Alberghiere):* 50123 Firenze, Stazione S. Maria Novella. – (Vgl. S. 238 »Allgemeine touristische Informationen«).

Auswahl einiger Hotels in Florenz

Nähe Hauptbahnhof – Piazza S. Maria Novella – Piazza Madonna

1. Kategorie: Aerhotel Baglioni, Piazza Unità Italiana, 6. – Astoria, Via del Giglio, 9. – Croce di Malta, Via della Scala, 7. – Grand Hotel Majestic, Viale del Melarancio, 1. – Londra, Via Iacopo da Diacceta, 16/20. – Minerva, Piazza S. Maria Novella, 16. – *2. Kategorie:* Ambasciatori, Via Alamani, 3. – Bonciani, Via Panzani, 17. – Caravel, Via Alamani, 9. – Corona d' Italia, Via Nazionale, 14. – Laurus, Via Cerretani, 8. – Leonardo da Vinci, Via G. Monaco, 12. – Milano Terminus, Via Cerretani, 10. – Rivoli, Via della Scala, 33. – Roma Pietrobelli, Piazza S. Maria Novella, 8. – *3. Kategorie:* Alba, Via della Scala, 22. – Aprile, Via della Scala, 6. – Ascot, Via Nazionale, 8/A. – Atlantico, Via Nazionale, 12. – Basilea, Via Guelfa, 41. – Boston, Via Guelfa, 68. – Corallo, Via Nazionale, 140. – De la Gare e Lorena, Via Faenza, 1. – Delle Nazioni, Via Alamani, 15. – La Gioconda, Via Panzani, 2. – Lombardia e Rebecchino, Via Panzani, 19. – Martelli, Via Panzani, 8. – Nizza, Via del Giglio, 5. – Nord Ovest, Via Cennini, 9. – Nuova Italia, Via Faenza, 26. – Nuovo Atlantico, Via Nazionale, 10. – Palazzo Vecchio, Via Cennini, 4. – Paris, Via dei Banchi, 2. – Polo Nord, Via Panzani, 7. – Rex, Via Faenza, 6. – Romagna, Via Panzani, 4. – San Giorgio, Via Sant' Antonino, 3. – Sempione, Via Nazionale, 15. – Spagna, Via Panzani, 9. – Universo, Piazza S. Maria Novella, 20. – Victoria, Via Chiara, 22. – *Pensionen: 1. Kategorie:* Embassy House, Via Nazionale, 23. – *2. Kategorie:* Centrale, Via dei Conti, 3. – Le Cascine, Via Nazionale, 6.

Nähe Dom – Piazza della Repubblica

Luxus: Savoy, Piazza della Repubblica, 7. – *1. Kategorie:* De la Ville-Florence, Piazza Antinori, 1. – *2. Kategorie:* Cavour, Via del Proconsolo, 3. – Helvetia e Bristol, Via de'Pescioni, 3. – *Pensionen: 1. Kategorie:* Beacci Tornabuoni, Via Tornabuoni, 3. – *2. Kategorie:* Chiari, Vicolo Adimari, 2. – Ducale, Via Martelli, 5. – La Cupola, Piazza Duomo, 1. – La Residenza, Via Tornabuoni, 8. – Medici, Via dei Medici, 6. – Pendini, Via Strozzi, 2.

Nähe Piazza della Signoria – Ponte Vecchio

2. Kategorie: Augustus & dei Congressi, Vicolo dell'Oro, 5. – Berchielli, Lungarno Acciaiuoli, 14. – Continental, Lungarno Acciaiuoli, 2. – Della Signoria, Via delle Terme, 1. – Lungarno, Borgo San Jacopo, 14. – *3. Kategorie:* Columbia-Parlamento, Piazza S. Firenze, 19. – Porta Rossa, Via Porta Rossa, 19. – *Pensionen: 2. Kategorie:* Bretagna, Lungarno Corsini, 6. – Hermitage, Vicolo Marzio, 1. – Quisisana Ponte Vecchio, Lungarno Archibusieri, 4.

Östliches Arnoufer

1. Kategorie: Plaza e Lucchesi, Lungarno della Zecca Vecchia, 38. – *2. Kategorie:* Columbus, Lungarno Colombo, 22. – Jennings-Riccioli, Lungarno delle Grazie. – Mediterraneo, Lungarno del Tempio, 44. – Residence Villa sull' Arno, Lungarno Colombo, 135. – Ritz, Lungarno Zecca Vecchia, 24. – *3. Kategorie:* Arno, Lungarno del Tempio, 16. – River, Lungarno Zecca Vecchia, 18. – Villa Michelangelo, Piazza Piave, 3. – *Pension: 2. Kategorie:* Rigatti, Lungarno Diaz, 2.

Nähe Piazza Ognissanti – Piazza Vittorio Veneto

Luxus: Excelsior Italie, Piazza Ognissanti, 3. – *1. Kategorie:* Anglo-Americano, Via Garibaldi, 9. – Jolly Carlton, Piazza Vittorio Veneto, 4 A. – Kraft, Via Solferino, 2. – Principe, Lungarno Vespucci, 34. – *2. Kategorie:* Adriatico, Via Maso Finignerra, 9. – *3. Kategorie:* Albion, Via del Prato, 22. – Argentina, Via Curtatone, 12. – Melegnano, Via Maso Finignerra, 1. – Palermo, Via della Scala, 49. – Primavera, Via Maso Finignerra, 2. – *Pensionen: 2. Kategorie:* Ariele, Via Magenta, 11. – Casa del Lago, Lungarno Vespucci, 58. – Consigli, Lungarno Vespucci, 50.

Nähe Piazza della Libertà – Piazza dell' Indipendenza

2. Kategorie: Castri, Piazza Indipendenza, 7. – De la Pace, Via Lamarmora, 28. – *3. Kategorie:* Astor, Viale Milton, 41. – Capri, Via XXVII. Aprile, 3. – Rapallo, Via Santa Caterina d'Alessandria, 7. – Royal, Via delle Ruote, 52. – Tirreno, Via Lupi, 21. – *Pensionen: 2. Kategorie:* Genzianella, Via Cavour, 12. – La Favorita, Via Lorenzo il Magnifico, 2. – Panorama-Angelico, Via Cavour, 60. – Splendor, Via San Gallo, 30.

Hotels in Fiesole

Luxus: Villa San Michele. – *2. Kategorie:* Aurora. – *3. Kategorie:* Villa Bonelli. – *Pensionen: 2. Kategorie:* Bencistà. – Pensionato Villa San Girolamo.

Campingplätze

Auskünfte: (a) *Campeggio Club (Camping Club) Firenze e Toscana,* 50123 Firenze, Viale Guidoni, 143; (b) *Federazione Italiana del Campeggio e del Caravanning,* 50123 Firenze, Uscita 19, Autostrada del Sole – Calenzano. – *In der Bundesrepublik Deutschland* erteilen Auskünfte: (a) *ADAC,* 8000 München 2, Sendlinger-Tor-Platz 9; (b) *DCC* (Deutscher Camping-Club), 8000 München 40, Mandlstraße 23.

Campingplätze in Florenz und Umgebung *(Parchi di Campeggio)*

Camping Autostrada del Sole, Uscita 19, Prato-Calenzano. – *Camping Internazionale Firenze,* Via San Cristoforo (Nähe Piazzale Michelangelo, Planziffer 47). – *Camping Panoramico,* Via Peramonda (Fiesole). – *Parco Comunale,* Viale Michelangelo, 80. – *Villa Camerata,* Viale Augusto Righi, 2 (bei der Jugendherberge).

Jugendherberge *(Ostello della Gioventù)*

Die *Jugendherberge* (Viale Auguto Righi, 2/6) erreicht man mit Autobus Nr. 17, Haltestelle Salviatino.

Auskünfte über Jugendherbergen erteilt die *Associazione Italiana Alberghi per la Gioventù* (Vereinigung der Italienischen Jugendherbergen), 50123 Firenze, Viale Augusto Righi, 2.

Hinweise für Studenten

(a) *Centro Turistico Giovanile Studentesco (C. T. G. S.),* 50123 Firenze, Piazza Signoria, 7; (b) *Servizio Turistico Studentesco (C. R. I. S.),* 50123 Firenze, Piazza Madonna degli Aldobrandini, 8; (c) *Centro Turistico Universitario,* Via San Gallo, 25; (d) *Mensa dello Studente,* Via San Gallo, 25.

Kultur und Unterhaltung

Veranstaltungshinweise findet man im Lokalteil der Florentiner Tageszeitung »*La Nazione*« oder man wendet sich an die Azienda Autonoma di Turismo (Fremdenverkehrsamt der Stadt Florenz), Via Tornabuoni, 15 (vgl. S. 238 »Allgemeine touristische Informationen«), hier erhält man auch die vierteljährlich erscheinende Broschüre »*Manifestazioni a Firenze*« mit Angaben über Kunst-, Theater- und Musikveranstaltungen sowie über Kongresse, Exkursionen, Ausstellungen, Messen und Sportveranstaltungen.

Theater *(Schauspiel und Konzerte):* Für den Touristen sind von Interesse (a) *Teatro Comunale*, Corso Italia, 16 (westlich Planziffer 56): Sinfonie- und Klavierkonzerte, Kammermusik sowie Ballett- und Opernaufführungen; (b) *Teatro della Pergola*, Via della Pergola, 18 (bei Planziffer 4): Dramen, Komödien, Konzerte und Ballettaufführungen.

Konzertsäle: (a) *Sala bianca* im Palazzo Pitti (Planziffer 52); (b) *Sala Vanni*, Piazza del Carmine, 14 (Planziffer 55); (c) *Auditorium del Palazzo dei Congressi*, Via Pratello Orsini, 1 (bei Planziffer 58); (d) »*Villa Medicea Poggio Imperiale*«; (e) Chorwerke u. a. in den Kirchen S. Lorenzo, S. Croce, S. Trinità, Ognissanti, S. Miniato al Monte und in der Certosa.

Musikveranstaltungen: (1) »*Maggio Musicale Fiorentino*« (seit 1933): Die Festspielwochen sind das wichtigste Florentiner Musikereignis, das jährlich (Anfang Mai bis Ende Juni) stattfindet. Das Programm umfaßt Opern- und Ballettaufführungen, Sinfonie- und Klavierkonzerte sowie Kammermusik und Chorwerke (internationale Künstler und Ensembles). – (2) Die *AIDEM* (Associazione Italiana Diffusione Educazione Musicale) organisiert 4 Konzertzyklen: (a) *Concerti di Primavera* in der Sala bianca des Palazzo Pitti: März–Juni (Sinfoniekonzerte und Kammermusik); (b) *Serate Musicali Estive* im Hof des Palazzo Pitti: Juni bis August (Sinfoniekonzerte und Kammermusik); (c) *Incontri con la Musica* (Internationales Musikfestival) u. a. im Refektorium von S. Croce, im Florentiner Dom, im Hof des Bargello sowie im »Salone dei Cinquecento« oder im »Salone dei Duecento« des Palazzo Vecchio: Ende August–Anfang Oktober (Sinfonie- und Solistenkonzerte, Kammermusikabende); (d) *Concerti d'Autunno* in der Sala bianca des Palazzo Pitti: Oktober/November (Sinfoniekonzerte und Kammermusik). – (3) »*Concerti alla Certosa*«: Kammermusikveranstaltungen in den Monaten September und Oktober (Certosa: etwa 6,5 km südlich von Florenz; Autobuslinie 37 ab Piazza S. Maria Novella). – (4) »*Estate fiesolana*« (im Römischen Theater in Fiesole): Musikalische Darbietungen, Ballett- und Theateraufführungen (Juni–August).

Kartenvorverkauf: Für *AIDEM-Musikveranstaltungen:* Reisebüro Globus, Piazza S. Trinità, 2 (Planziffer 20). – Für *Teatro Comunale:* (a) an der Theaterkasse, Corso Italia, 16 (westlich Planziffer 56); (b) Reisebüro Universalturismo, Via degli Speziali, 7 (Nähe Piazza della Repubblica, Planziffer 24). – Für *Teatro della Pergola:* an der Theaterkasse, Via della Pergola, 18 (bei Planziffer 4). – Für *Certosa:* Reisebüro Universalturismo, Via degli Speziali, 7 (Nähe Piazza della Repubblica, Planziffer 24).

Die wichtigsten nationalen Feiertage: *Tag der Befreiung* (25. April 1945), *Tag der Arbeit* (1. Mai), *Tag des Kriegsendes* (8. Mai 1945), *Tag der Ausrufung der Republik* (2. Juni 1946), *Ende des Ersten Weltkrieges* (4. November 1918).

Sämtliche Angaben im Informationsteil (Stand vom Frühjahr 1979) erfolgen ohne Gewähr. Bei der Fülle der Daten und den sich oft rasch verändernden Verhältnissen sind Irrtümer nicht auszuschließen. Für Hinweise und Berichtigungen ist der Verlag dankbar.

Adam, Ernst: Vorromanik und Romanik. Frankfurt a. M. 1968. – Amaducci, Alberto: La Cappella di Palazzo Medici. Firenze 1977. – Avery, Charles: Michelangelo e il Cinquecento. Milano 1968. – Bandmann, Günter: Mittelalterliche Architektur als Bedeutungsträger. Berlin 1951. – Barolsky, Paul: Toward an Interpretation of the Pazzi-Chapel. In: Journal of the Society of Architectural Historians, 32/3, 1973. – Battisti, Eugenio: Brunelleschi. Milano 1976. – Bauer, Hermann: Kunst und Utopie. Studien über das Kunst- und Staatsdenken in der Renaissance. Berlin 1965. – Berti, Luciano: Il principe dello studiolo. Francesco I dei Medici e la fine del Rinascimento fiorentino. Firenze 1967. – Ders.: Il Bargello. Firenze 1970. – Ders.: Die Uffizien (deutsch). Firenze 1976. – Bigazzi, Isabella: Il palazzo Nonfinito. Bologna 1977. – Borti, Franco: Firenze del Cinquecento. Roma 1974. – Bousquet, Jacques: Malerei des Manierismus. München 1963. – Braunfels, Wolfgang: Perseus und Medusa (Cellini). Stuttgart 1961. – Ders.: Der Dom von Florenz. Lausanne-Freiburg 1964. – Ders.: Literaturbericht zu Trachtenberg. In: Kunstchronik, 27, 1974. – Ders.: Abendländische Klosterbaukunst. 2. Aufl. Köln 1976. – Brion, Marcel: Die Medici. Eine Florentiner Familie. 2. Aufl. München 1976. – Brües, Eva: Die Fassade von S. Croce in Florenz, ein Werk des Architekten Matas. In: Mitteilungen d. Kunsth. Inst. in Florenz, XII, 1965. – Bucci, Maria: Palazzi di Firenze. 4 Bde. Firenze 1971/1973. – Burckhardt, Jacob: Die Kultur der Renaissance in Italien. 1860. Neuausgabe Stuttgart 1960. – Busignam, Alberto: Le chiese di Firenze. Quartiere di Santo Spirito. Firenze 1974. – Büttner, Frank: Der Umbau des Palazzo Medici-Riccardi. In: Mitteilungen d. Kunsth. Inst. in Florenz, IV, 1970. – Ders.: Die Galleria Riccardiana in Florenz. Kieler Kunsth. Studien Bd. 2. Frankfurt a. M. 1972. – Calzolai, Carlo Celso: S. Michele Visdomini. Firenze 1977. – Chiarini, Marco: Palazzo Pitti (deutsch). Firenze 1975. – Cleugh, James: Die Medici. München 1977. – Clifford, Derek: Geschichte der Gartenbaukunst. München 1966. – Cole, Bruce: Old in New in the Early Trecento. In: Mitteilungen d. Kunsth. Inst. in Florenz, XVII, 1973. – Davidsohn, Robert: Geschichte von Florenz. 4 Bde. Berlin 1896–1927. – Doren, Alfred: Studien aus der Florentiner Wirtschaftsgeschichte. 2 Bde. Stuttgart 1901/1908. – Einem, Herbert von: Die Pietà im Dom zu Florenz (Michelangelo). Stuttgart 1956. – Ders.: Michelangelo. Stuttgart 1959. – Ders.: Masaccios ›Zinsgroschen‹. Köln 1967. – Fanelli, Giovanni: Firenze architettura e città. Firenze 1973. – Ders.: Brunelleschi (deutsch). Firenze 1977. – Firenze. Studi e Ricerche sul centro antico. Vol. 1. Pisa 1974. – Francini-Ciaranfi, Anna Maria: Die Galerie Pitti in Florenz. München 1956. – Friedländer, Max J.: Über die Malerei. München 1963. – Frommel, Christoph Ludwig: Die Farnesina und Peruzzis architektonisches Frühwerk (mit Villa Medici in Fiesole). Berlin 1961. – Goldschneider, Ludwig: Michelangelo. Gemälde, Skulpturen, Architekturen. 5. Aufl. Köln 1964. – Gosebruch, Martin: Florentinische Kapitelle von Brunelleschi bis zum Tempio Malatestiano und der Eigenstil der Frührenaissance. In: Römisches Jb. für Kunstgeschichte, 8, 1958. – Gross, Werner: Gotik und Spätgotik. Frankfurt a. M. 1969. – Grote, Andreas: Das Dombauamt in Florenz 1285–1370. München 1959. – Ders.: Florenz. Gestalt und Geschichte eines Gemeinwesens. München 1965. – Hartt, Frederick: The meaning of Michelangelo's Medici Chapel. In: Beiträge für Georg Swarzenski. Berlin 1951. – Ders.: The Chapel of the Cardinal of Portugal 1434–1459 at San Miniato in Florence. Philadelphia 1964. – Ders.: Michelangelo (deutsch). Köln 1965. – Hay, Denis: Geschichte Italiens in der Renaissance (deutsch). Stuttgart 1962. – Heydenreich, Ludwig H.: Spätwerke Brunelleschis. In: Jahrb. d. Preuss. Kunstg., 52, 1931. – Ders.: Italienische Renaissance. Anfänge und Entfaltung in der Zeit von 1400 bis 1460. München 1972. – Ders.: Italienische Renaissance 1500–1540. München 1975. – Hibbert, Christopher: The Rise and Fall of the house of Medici. London 1974. – Horn, Walter: Das Florentiner Baptisterium.

In: Mitteilungen d. Kunsth. Inst. in Florenz, V, 1937. – Horster, Marita: Brunelleschi und Alberti in ihrer Stellung zur römischen Antike. In: Mitteilungen d. Kunsth. Inst. in Florenz, XVII, 1973. – Hubala, Erich: Michelangelo und die Florentiner Baukunst. In: Michelangelo. Würzburg 1964. – Ders.: Renaissance und Barock. Frankfurt a. M. 1968. – Hueck, Irene: Das Programm der Kuppelmosaiken im Florentiner Baptisterium. Diss. München 1962. – Hyman, Isabelle: Fiftheen century Florentine Studies. New York-London 1977. – Janson, Horst W.: Kunstgeschichte unserer Welt. Köln 1962. – Jacques, Renate: Die Ikonographie der Madonna in Trono in der Malerei des Dugento. In: Mitteilungen d. Kunsth. Inst. in Florenz, V, 1937. – Kauffmann, Georg (G. K.): Florenz und Fiesole (Reclams Kunstführer Italien, Bd. III, 1). 3. Aufl. Stuttgart 1975. – Keller, Harald: Die Kunstlandschaften Italiens. 2. Aufl. München 1965. – Keller, Ulrich: Reitermonumente absolutistischer Fürsten. Staatstheoretische Voraussetzungen und politische Funktionen. München-Zürich 1971. – Kindlers Malerei Lexikon. 6 Bde. Zürich 1964–1971. – Klotz, Heinrich: Die Frühwerke Brunelleschis und die mittelalterliche Tradition. Berlin 1970. – Kühner, Hans: Lexikon der Päpste (Fischer-Bücherei). Frankfurt a. M. 1960. – Lankheit, Klaus: Florentinische Barockplastik. Die Kunst am Hofe der letzten Medici. 1670–1743. München 1962. – Lauts, Jan: Die Geburt der Venus (Botticelli). Stuttgart 1958. – LdK = Das Lexikon der Kunst. 2. Aufl. Stuttgart 1974. – Lisner, Margrit: Holzkruzifixe in Florenz und in der Toskana von der Zeit um 1300 bis zum frühen Cinquecento. München 1970. – Marchini, Giuseppe: Brunelleschi. Firenze 1962. – Mackowsky, Hans: Michelangelo. 6. Aufl. Stuttgart 1939. – Masson, Georgina: Italienische Gärten. München-Zürich 1962. – Morisani, Ottavio: Michelozzo architteto. Turino 1951. – Nencini, Franco: Firenze i giorni del diluvio. Firenze 1966. – Oertel, Robert: Die Frühzeit der italienischen Malerei. 2. Aufl. Stuttgart 1966. – Paatz, Walter: Die Hauptströmungen in der Florentiner Baukunst des frühen und hohen Mittelalters und ihr geschichtlicher Hintergrund. In: Mitteilungen d. Kunsth. Inst. in Florenz, VI, 1940. – Ders.: Die Kirchen von Florenz. Ein kunstgeschichtliches Handbuch. 6 Bde. Frankfurt a. M. 1940–1954. – Paul, Jürgen: Palazzo Vecchio in Florenz. Ursprung und Bedeutung seiner Form. Firenze 1969. – Planiscig, Leo: Donatello. Wien 1939. – Poli-Piccini-Brunetti: Il recupero di un Monumento a Firenze (Palazzo Ricasoli). Firenze 1973. – Saalman, Howard: The Bigallo. New York 1969. – Sanpaolesi, Piero: Brunelleschi. Milano 1962. – Speich, Nikolaus: Die Proportionslehre des menschlichen Körpers. Antike, Mittelalter, Renaissance. Andelfingen 1957. – Stahl, Berthold: Adel und Volk im Florentiner Dugento. Köln-Graz 1965. – Steinbart, Kurt: Masaccio. Wien 1948. – Steinberg, Ronald M.: Fra Girolamo Savonarola, Florentine Art, and Renaissance Historiography. Ohio 1977. – Tintori-Borsook: Giotto. The Peruzzi Chapel. New York-Turino 1965. – Tolnay, Charles de: Nouvelles remarques sur la Chapelle Medicis. In: Gazette des Beaux-Arts, 1969. – Trachtenberg, Marvin: The Campanile of Florence Cathedral. New York 1971. – Università degli Studi di Firenze. Facoltà di Architettura. La Facciata di Santa Maria Novella a Firenze. Pisa 1970. – Weigert, Hans: Geschichte der Europäischen Kunst. 2 Bde. Stuttgart 1951. – Wundram, Manfred: Paradiestür (Lorenzo Ghiberti). Stuttgart 1963. – Ders.: Der Heilige Georg (Donatello). Stuttgart 1967. – Ders.: Stileinheit und künstlerische Entwicklung an der Bronzetüre Andrea Pisanos. In: Kunstchronik, 21, 1968. – Ders.: Frührenaissance (Bibl.). Baden-Baden 1970.

Nachtrag: Middeldorf, Ulrich: The Crucifixes of Taddeo Curradi. In: The Burlington Magazine, 12, 1978.

Folgende Autoren wurden nach Kindlers Malerei Lexikon (vgl. dort) zitiert: Ugo Baldini, Luciano Berti, Henri Bouchot, Ulrich Christoffel, Horst Gerson, Rolf Linnenkamp, K. Malkon, Luisa Marcucci, Luisa Vertova, Volker Plagemann, A. G. Quintavalle, Franz Winzinger.

I. ANHANG

Register

Wichtige Textstellen *kursiv*, Plan- und Objektnummern **Fettdruck**

247

Fotonachweis

Verfasser und Verlag danken folgenden Institutionen und Personen für die freundliche Bereitstellung von Aufnahmen und für die Erlaubnis zur Reproduktion: Alinari/Anderson, Florenz: S. 16/17, 22, 25, 27, 28, 32, 33, 47, 49, 51, 52, 53, 54, 56, 57, 59, 60, 61, 62, 63, 64, 65, 69, 74, 85, 93, 98, 103, 109, 119, 125, 129, 131, 132, 135, 147, 149, 152, 157, 162, 165, 187, 189, 193, 196. Archiv: S. 23, 39, 43 (rechts), 45, 99, 111, 121, 138, 139, 142, 143, 155, 166, 171. Bildarchiv Foto Marburg: S. 73, 123. Bildarchiv Preussischer Kulturbesitz, Berlin: S. 105. Editions Gallimard/La Photothèque, Paris: S. 141. Werner Neumeister, München: S. 6, 35, 41, 43 (links), 70, 71, 81, 83, 95, 97, 102 (links und rechts), 117, 160, 177, 178 (links und rechts), 183, 194.

Wichtige Werke der Florentiner Frührenaissance nach Sachgruppen

Sakralbauten

Wichtige Werke der Florentiner Frührenaissance nach Sachgruppen

Profanarchitektur

beg. 1421	»Findelhaus« *(Brunelleschi)*, S. 170ff.
1446ff.	Pal. Medici-Riccardi *(Michelozzo)*, S. 152ff.
	(erstes Kranzgesims nach antikem Vorbild)
um 1446/51	Pal. Rucellai *(Alberti)*, S. 122f. *(erste Pilasterfassade)*
um 1450	Bibliothekssaal im Kloster S. Marco *(Michelozzo)*, S. 165
	(erster Bibliothekssaal der Renaissance)
1458/61	Villa Medici in Fiesole *(Michelozzo)*, S. 196f.
	(erste Villa der Neuzeit)
1458/66	Pal. Pitti *(Kernbau)*, S. 182
beg. 1489	Pal. Strozzi *(Sangallo d. Ä., Benedetto da Maiano, Cronaca)*, S. 120

Tonnengewölbe in Architektur und Malerei

1425/27	»Trinitätsfresko« *(Masaccio)*, S. 128
beg. 1430	Pazzi-Kapelle bei S. Croce *(Brunelleschi)*, S. 81ff.
1434/45	Korridor in S. Croce *(Michelozzo)*, S. 79
1437/52	Kloster von S. Marco *(Michelozzo)*, S. 164
	(erste tonnengewölbte Treppe)
1448	Tabernakel in S. Miniato al Monte *(Michelozzo)*, S. 180
beg. 1459	Badia Fiesolana *(Fiesole)*, S. 196
um 1460	Rucellai-Kapelle in S. Pancrazio *(Alberti)*, S. 121f.
1461	Sakramentstabernakel in S. Lorenzo *(Desiderio da Settignano)*, S. 145

Bronzearbeiten

1401	Konkurrenzreliefs *(Donatello, Ghiberti)*, S. 66
1403–1424	Zweite Baptisteriumstüre *(Ghiberti)*, S. 30ff.
1422	»Hl. Matthäus« *(Ghiberti)*, S. 116 *(erste Bronzestatue der Neuzeit)*
1425–1452	Dritte Baptisteriumstüre, »Paradiestür« *(Ghiberti)*, S. 33ff.
um 1430/32	»Bronzedavid« *(Donatello)*, S. 63 *(erste Aktfigur der Nachantike)*
beg. 1435	Bronzetüren der »Alten Sakristei« in S. Lorenzo *(Donatello)*, S. 143
	(älteste Tabernakeltüren der italienischen Frührenaissance)
um 1440	Dom, Bronzetüre der nördl. Sakristei
	(Michelozzo und Luca della Robbia), S. 48
um 1460	Bronzekanzel in S. Lorenzo *(Donatello)*, S. 145
1465	»David« *(Verrocchio)*, S. 65
1469/72	Medici-Grabmal in S. Lorenzo *(Verrocchio)*, S. 144f.
um 1480	»Christus-Thomas-Gruppe« *(Verrocchio)*, S. 117

Stein- und Holzplastik

1408	»Quattro Coronati« *(Nanni di Banco)*, S. 114
1408/09	»Marmordavid« *(Donatello)*, S. 62
1414/22	»Gürtelspende« *(Nanni di Banco)*, S. 39
1415/20	»Prophet mit der Schriftrolle« *(Donatello)*, S. 52
1416/20	»Hl. Georg« *(Donatello)*, S. 64 und S. 116
um 1420	Holzkruzifix in S. Croce *(Donatello)*, S. 78f.
nach 1420	Holzkruzifix in S. Maria Novella *(Brunelleschi)*, S. 133
1432/38	»Sängerkanzel« *(Luca della Robbia)*, S. 51
1433/39	»Sängerkanzel« *(Donatello)*, S. 51
um 1435	»Verkündigung« *(Donatello)*, S. 74
1455	»Hl. Magdalena« *(Donatello)*, S. 52f.

Malerei der Frührenaissance *(ohne Museen)*

1424/28	*Masaccio* (Brancacci-Kapelle), S. 187–191
	(Beginn der neuzeitlichen Malerei)
1425/27	*Masaccio* »Trinitätsfresko« (S. Maria Novella), S. 128ff.
um 1440ff.	*Fra Angelico* (Kloster von S. Marco), S. 163ff.
um 1450	*Paolo Uccello* (Refektorium von S. Maria Novella), S. 136
1459/60	*Benozzo Gozzoli* (Palastkapelle im Pal. Medici-Riccardi), S. 154f.
1476/78	»*Portinari-Altar*« des *Hugo van der Goes* (Uffizien), S. 219f.
	(von großem Einfluß auf die Florentiner Malerei der Frührenaissance)
1479/86	*Domenico Ghirlandaio* (S. Trinità), S. 107
1485/90	*Domenico Ghirlandaio* (S. Maria Novella), S. 131f.

Karte von Italien um 1460